弥生時代のモノとムラ

Material Culture and Settlements of
Yayoi Period Japan

秋山浩三［著］
Akiyama Kozo

新泉社

弥生時代のモノとムラ

はしがき―ワクワク感を

　今の私は博物館勤務のため、調査担当者の立場で遺跡の発掘現場に臨むことはなくなったが、以前は日常茶飯事の業務として従事していた。

　発掘にはいわゆる学術目的調査・行政目的調査とする区分が存在するものの、いかなる場合でも調査に着手する前には、その遺跡からどんな遺構が検出され、どのような遺物が出土するか、心楽しい〈ワクワク感〉がわいてきたものである。これは学問的な探究心という高度な精神活動とはひとまずは無縁で、まったく単純で素直な意味合いでの幼い期待感そのものといえる。しかもその発掘は、自らの裁量と素手で進めることができるので、なおさら秘めやかな香りをただよわせている。

　発掘調査において検出できる考古データの内容は千差万別であるが、それらをいかに解釈し、どのように歴史的事実を解明していくかが、私たちの責務となる。その際、自分の従前理解の範囲をこえた事物に遭遇すると、堅い脳を駆使しながらも悪戦苦闘する羽目におちいる。このような発掘後の考究においては、解明のために自分なりの仮説（愚考をふくめ）をいくつか立て、それらの検証への資料調査や多種多様なとりくみを試みる。この過程で、思いがけない大小の発見にでくわすこともある。そしてそこでは常に、おのれの稚拙な想定が本当に実証されるのか、悶々とする場面がくりかえされるわけだが、逆に、この道程でも同じように〈ワクワク感〉が何回も巻き起こってくる。やや大袈裟に表現すれば、科学・学問の醍醐味へとつながる妙々がそこにはふくまれるともいえようか。

　さて、本書タイトルを『弥生時代のモノとムラ』とした。

　弥生をテーマとした拙著をこれまで、『弥生実年代と都市論のゆくえ 池上曽根遺跡』（新泉社）と『弥生大形農耕集落の研究』（青木書店）の2冊を上梓している。前者は新規書き下ろし、後者は学位論文の刊行物に相当する。また後者は、それまで公表してきた拙稿を調整し直し、弥生時代の開始期および大規模集落にかかわる課題をあつかった内容となっている。

一方このたびの出版は、後者本に収載しなかった論考のうち、弥生時代に関する、遺物＝「モノ」、集落＝「ムラ」、にとりくんだ小品をまとめている。やや内実に立ち入って記述するなら、弥生社会の動態を指し示すモノ論、反「弥生都市」としてのムラ論、というような構成をとっている。

　さらに正直に告白すると、学位論文本は、その性格からもやや大幅な補訂などをほどこし苦心しながら作成したものであるが、今回の書物では、おおむね執筆時の原形をとどめるよう心がけた。そのため、各論考を執筆した当時のまさに臨場感を保持したままとなっているが、これは、そのほうが一定の意味があると判断したことによる。

　つまり本書は、私が実際に担当した遺跡の発掘調査や関係した素材を直接的な執筆契機とした拙稿によって配列されており、しかも、上記したような〈ワクワク感〉が成稿の大きな原動力となったものによってしめられる。

　私のような職業として考古世界にたずさわった人間が、稚拙ながらも少年のような感慨をいだいて諸事にあたっていたことを読みとっていただければ幸い、と切に思っている。

　なおここで、本書における凡例的な項目を記しておく。

　各章・補編中に指示した文献の詳細は、巻末「引用・関連文献一覧」に一括。文献表示等における略称は、委＝委員会、教委＝教育委員会、研＝研究所、資＝資料館、セ＝センター、埋文＝埋蔵文化財。遺跡等の所在地は、現行の行政区分名称に変更。機関・所属組織や肩書き等は、初出稿当時のもの。〔付記〕は、初出稿の段階に付していたもの。〔追記〕は、本書作成の段階に付加したもの。〔註〕は、原則として初出稿の段階に付していたものだが、一部に本書の段階で補ったものがあり、その場合は、文脈上において新しい追註として判断できるよう記述。敬称は、第15章以外は省略。

弥生時代のモノとムラ
■
目次

はしがき──ワクワク感を 3

第Ⅰ部　土器移動と地域間交流

第1章　「河内系」土器について …………………………………………… 13
- 1── 弥生土器の集成研究 13
- 2──「生駒山西麓産」土器研究の有効性 14
- 3── 生駒山西麓産土器搬入の実態 18
- 4── 河内系文様：櫛描き簾状文の分布 33
- 5── 生駒山西麓産土器搬入の背景 34
- 6── 課題、静止画から動画へ 38

補編1　山陽系土器について──山城地域 44
- 1── 西方地域との関係追究 44　　2── 弥生前期 44　　3── 弥生中期 46
- 4── 弥生後期以降 47　　5── 今後への見通し 48

補編2　ムラ・ムラの交流　河内や近江から弥生土器が移動 50
- 1── 山城地域の弥生 50　　2── 遺跡数が示す安定した社会 50
- 3── 鶏冠井遺跡の最古銅鐸鋳型 51　　4──「引っ越し型」と「宅配便型」51

第2章　弥生拠点集落における土器搬入の実態 …………………………… 55
- 1── 検討の方向性と概要 55
- 2── 生駒山西麓・河内湖東岸部遺跡群での集計データ 58
- 3── 河内平野・瓜生堂遺跡における生駒山西麓産土器の占有率 70
- 4── 成果の意義とさらなる課題 80

補編3　「赤い器台」と「白い器台」、そして「黒い器台」
──拠点集落：池上曽根・瓜生堂からの発想 88
- 1── 池上曽根遺跡における経験から──目につく「赤い器台」88
- 2── 近畿各地の土器観察で思ったこと──「赤い器台」の分布・製作地と「白い器台」89
- 3── そして、「黒い器台」92　　4── 弥生土器の「色」の意味をめぐって 93
- 5── 瓜生堂遺跡における試み 93

第3章　吉備・近畿の交流と土器 ………………………………………………………………… 95
　　1— 要旨 95
　　2— 古墳出現期の近畿と吉備 95
　　3— 近畿における吉備型甕の分布傾向と特質 97
　　4— 吉備からみた近畿——中河内（生駒山西麓）産の庄内式甕の吉備への搬入 108
　　5— 吉備・（中）河内・大和の相互関係性 109
　　6— 結語 112

　　補編4　変貌する弥生社会　他地域との交流 114
　　　　1— 搬入品研究の有効性 114　　2— 弥生時代後期ほか 114
　　　　3— 弥生時代終末〜古墳時代初頭 115

　　補編5　瀬戸内から搬入された分銅形土製品 117
　　　　1— 亀井遺跡における分銅形土製品の出土 117　　2— 搬入品か否か 118

第4章　近畿の下川津B類土器（讃岐産）をめぐって ……………………………………… 121
　　1— 弥生後期の瓜生堂遺跡にみる搬入土器 121
　　2— 讃岐産土器の認定基準と瓜生堂遺跡例 122
　　3— 下川津B類土器の移動現象とその評価 130
　　4— 搬入土器からうかがえる瓜生堂遺跡の位置づけ 133

第5章　「土佐産」弥生後期土器の近畿初見例をめぐる検討 ……………………………… 137
　　1— 「グロテスク」な弥生後期土器 137
　　2— 瓜生堂遺跡例の概要 138
　　3— 南四国ほかにおける類似資料の検討 140
　　4— 瓜生堂遺跡例の位置づけ 148
　　5— 地元研究者によるコメント 153
　　6— 土佐における熟覧資料調査の所見 154
　　7— 近畿の他遺跡における関連資料について 155
　　8— 「土佐産」土器の搬入経路・契機をめぐって 156

第Ⅱ部　農具と田植え

第6章　「大足」の再検討 ………………………………………………………………………… 161
　　1— 田下駄・「大足」の研究抄史 161
　　2— 田下駄の名称と分類 163
　　3— 「円形枠付き形式縦型」の検出 165
　　4— 山木遺跡「大足」の再評価 168

5― はたして山木遺跡「大足」は代踏み用田下駄か 175
　　　6― 田植えの出現期をめぐって 181

　補編6　水田代踏み・均し農具の可能性 188
　　　1―「方形枠付き形式」田下駄と「大足」の機能 188　　2― 朝鮮絵画の田植え風景 189
　　　3― 代踏み・均し具の可能性 191

第7章　稲株状痕跡の分析視角 ……………………………………………………………… 195
　　　――現生稲の経時観察・「発掘」と軟Ｘ線分析による試考
　　　1― 重要生産遺跡：池島・福万寺遺跡における検出 195
　　　2― 稲株痕跡の既報告事例をめぐって 198
　　　3― 池島・福万寺98－3調査区における稲株状痕跡の様相 204
　　　4― 軟Ｘ線分析による稲株状痕跡の検討 206
　　　5― 現生稲の経時観察・「発掘」記録と稲株状痕跡との比較検討 208
　　　6―「愚行」の意義、さらに問題点と課題 217

第Ⅲ部　理化学分析・試考実験と実年代論

第8章　年代測定法――近年の理化学的手法・「二つの事件」と弥生実年代論 …… 223
　　　1―「二つの事件」と年代 223
　　　2― 公表されだした近畿の炭素14年代 231
　　　3― 新しい弥生時代と近畿 232
　　　4― 新年代と東アジア 236
　　　5― 国立歴史民俗博物館の最新主張をめぐって 237
　　　6― 今後に向けて 240

第9章　弥生時代の被熱変形土器類と試考実験 ……………………………………… 243
　　　1― 被熱変形土器・粘土塊をめぐって 243
　　　2― 試考実験 245
　　　3― 所見 255
　　　4― 展望 258

第10章　銅鐸鋳型の蛍光Ｘ線分析と試考実験 ………………………………………… 261
　　　1― 意図 261
　　　2― 試考実験 265
　　　3― 蛍光Ｘ線分析結果 267
　　　4― 所見 271

補編 7　最古級と魚絵画の銅鐸形土製品　273

　　1— 亀井遺跡における居住域端の大溝群　273　　2— 最古級の銅鐸形土製品　275
　　3— 魚絵画の銅鐸形土製品　277

第 IV 部　大形建物と史跡整備

第11章　教科書に登場する遺跡　池上曽根遺跡　…………………………………………　285

　1— 副読本風に　285
　2— 摘要　285
　3— 遺跡のポイント　286
　4— 集落構造と環濠内部空間利用の解明　286
　5— 大形建物と大形井戸の発見とその変遷　289
　6— 年輪年代測定法による実年代同定　289
　7— 遺跡の意義　294
　8— 情報　294

　補編 8　辞典に登場する遺跡　池上曽根遺跡　297

　　　1— 池上から池上曽根へ　297　　2—『日本古代史大辞典』（大和書房刊・2006年）298
　　　3—『東アジア考古学辞典』（東京堂出版刊・2007年）299

第12章　実録／池上曽根大形建物・井戸の復原工事　…………………………………　301

　1— 史跡整備計画の関連事業をめぐって　301
　2— 整備事業進捗の記録写真　305

第 V 部　集落特性と専業・都市論

第13章　弥生「集住」集落の基本特性　……………………………………………………　331

　1— 弥生集落研究の蓄積／近年の文献史学からの批判　331
　2— 各地の集住集落における構造原理と変遷　331
　3— 集落構成単位の内部構造　336
　4— 集落の経済的側面　336
　5— 集住の形成・解消の要因・背景——農業生産技術の限界性と進展との関連　339
　6— 弥生集住集落の基本特性と歴史的評価　341

　補編 9　縄文から弥生時代へ　久宝寺ムラの誕生　344

　　　1— 縄文・弥生移行期における「住み分け論」から「共生論」へ　344
　　　2— 久宝寺遺跡にみる「共生」の展開　346

補編10　かいだい　ジョウとヤヨイからのメッセージ 348
　　　　　　1— 公開劇「コメと出会った縄文人」348
　　　　　　2— 解題：幼い二人のふれあいと、はぐくまれた愛 351

第14章　弥生の風と火と水と——専業生産の理解をめぐって …………………… 353
　　　1— 池上曽根遺跡の史跡指定40周年と「工房域」353
　　　2— 各地の集落内における工房域の推定例 354
　　　3— 工房域の内容と、風と火と水と 358
　　　4— そのほかの生産・労働 361
　　　5— 専業度の理解との関連 365
　　　6— 弥生集落における生産活動の実相 366

　　　補編11　辞典に登場する弥生大形集落——東奈良・鬼虎川・四ツ池 368
　　　　　　1— 新成果をもりこんだ辞典類 368　　2— 東奈良遺跡 ひがしならいせき 368
　　　　　　3— 鬼虎川遺跡 きとらがわいせき 371　　4— 四ツ池遺跡 よついけいせき 371

第15章　チャイルドの「長距離交易」と唐古・鍵〜纒向の時代 …………………… 375
　　　1— 唐古・鍵と纒向 375
　　　2— チャイルド「都市革命」の10指標 376
　　　3—「唐古・鍵の時代」から「纒向の時代」へ——環濠集落解体の要因をめぐって 379
　　　4— 交流の移り変わり 383
　　　5— 都市の基準 395

引用・関連文献一覧 400
図・表出典一覧 420
写真提供（掲載許可）機関一覧 421
初出文献（原題）・成稿一覧 422
結び・あとがき、として 425

装幀　勝木雄二

第Ⅰ部
土器移動と地域間交流

第1章

「河内系」土器について

1── 弥生土器の集成研究

　1884年（明治17）の弥生3月、東京大学裏手の向ヶ岡弥生町貝塚で、口縁を欠くものの頸部以下が完存で体部が球形をなす見事な壺が有坂鉊蔵によって発見された。この土器が、のちに「弥生（式）土器」や「弥生時代」の名祖となる「弥生式土器第1号」であり、弥生時代という時代認識への第一歩となった（坪井 1889、石川 2008）。

　その後、弥生時代を対象とする本格的研究の実質的な基礎を固めたのが、森本六爾と小林行雄を編者とし1930年代に4回に分け配本、刊行された『弥生式土器集成図録』（森本・小林編 1938・39）、さらにそれを引き継ぐかたちの、小林行雄と杉原荘介を編者とし1950～1960年代に継続的に上梓された『弥生式土器集成』資料編第1分冊、同第2分冊、本編1、同2（小林・杉原編 1958、1961、1964、1968、図2参照）であった。これらの研究は、弥生土器の集成だけにとどまらず、地方ごとにおける弥生土器の編年網を全国的スケールで組み立て、それらの平行関係や派生する問題をも明確にしようとする、強い意志を貫徹し達成された金字塔である。現在の弥生時代研究は、これらの集成研究の定立と成果を基盤としている点は周知の事実となっている。

　このような森本・小林・杉原編による、列島規模の弥生土器集成という研究スタイルの有効性と影響力はきわめて大きく、1970代以降ではそれらを範とし、各地方内でも断続的ではあるが同様の試みが実践されるようになった。

　1970年代の島根県の『八雲立つ風土記の丘研究紀要Ⅰ　弥生式土器集成』（島根県立八雲立つ風土記の丘資 1977）、1980年代の『京都府弥生土器集成』（京都府埋文調査研究セ 1989）、2000

年代の『奈良県の弥生土器集成』(大和弥生文化の会 2003、奈良県立橿原考古学研 2003)、『弥生土器集成と編年―播磨編―』(大手前大学史学研 2007)などが、その代表的な成果といえる。これらは、全国規模でなされた上述の結実に依拠しあるいは批判的に継承し、他地方の様相をも視野に入れながら、当該地内での研究深化を精力的に模索した活動として十分に評価してよいであろう。

また、弥生土器の集成そのものに主眼をおいたものではないが、地方ごとの土器様式・編年的な研究をめざした『弥生土器の様式と編年』が、1980年代末以降に計画された。その各編は現在までのところ、近畿編(寺沢・森岡編 1989、1990)、山陽・山陰編(正岡・松本編 1992)、四国編(菅原・梅木編 2000)、東海編(加納・石黒編 2002)の刊行にとどまっているものの、1930年代における森本・小林の敢行が起点となる集成図録・集成でめざした方向性の延長に位置する。

上記した1970年代以降の弥生土器集成研究のうち、私が京都府内に在職していた際、『京都府弥生土器集成』の企画に1984年頃から数年間、共同研究員などとして加わった。そこでは、府内のいくつかの遺跡から出土した弥生土器の集成作業の成果をとりまとめた(秋山 1989c)が、ほかに、土器からうかがえる他地域との交流実態を追究するというテーマが設定され、そのうち河内地域(大阪府中部)や山陽地域との関係性を私は担当した(秋山 1989a、1989b)。

以下の本章内容は標題に示したように、この企画のなかでの、土器を通してみた京都府諸地域と河内地域との関係性の実態把握と、そこから解明できる当時の交流様相の具体的変遷に関する検討を試みた論考にあたる。ただし、「　」付きでしかも河内系とした事由などは、次節以降で述べることにしたい。

2――「生駒山西麓産」土器研究の有効性

(1) 生駒山西麓産土器:「河内系」土器とは

ここで対象となる「河内系」の土器をあつかう場合、他地域系の土器に比べて有利な点がみられる。

それは、彼地で製作された「生駒山西麓産土器」(図1・2、以下、西麓産土器と表記)の存在である。この土器に対する名称は、大阪府と奈良県の境において南北に連なる生駒山地の、西(大阪)側のふもとに分布する遺跡から多く出土することにより付与された。暗茶褐色系の色調を呈し、胎土中に比較的多くの角閃石粒を含有する点などを特色とし、肉眼観察によってでもそのほとんどは識別できる。本章ではこの西麓産土器を主体とし検討をおこなうことになる。ただしこれは、「河内の土器」あるいは「河内産土器」と呼称されることが多くあるものの、河内全域の土器を意味する別称ではなく、河内の一定領域(主として中河内の生駒山西麓地域)で製作・使用されたものをさす。これが、「河内系」と表記した由縁となる[1]。

さて、西麓産土器の研究は今里幾次(1965)の着眼を嚆矢とする。その後、佐原真や都出比

(1) 船橋遺跡

(2) 船橋遺跡

(3) 加美遺跡

図1　生駒山西麓産の弥生中期土器

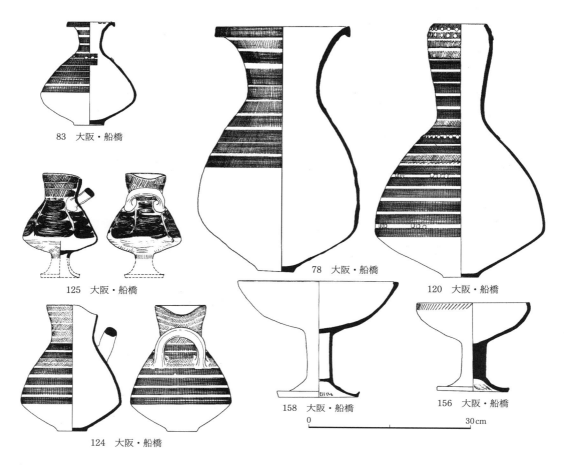

船橋遺跡における生駒山西麓産土器（弥生中期）の代表例（図1－1・2中の個体、弥生文化博物館蔵品で確認）

図2 『弥生式土器集成』（佐原1968ほか）に収載された「大阪府東部（中河内・南河内）」の土器（一部）

呂志らによって、主として弥生時代中期中葉（畿内様式編年における第Ⅲ様式）に帰属する西麓産土器の搬出状況をてがかりに、各地におけるその移動した器種や量的な相違に対して解釈が与えられた（佐原 1970、1980、佐原・高井 1971、都出 1974、1979、1983）。私も、従前の研究をふまえ、京都府内北山城の乙訓地域（桂川右岸部）出土の西麓産土器を悉皆集成する作業をおこない、時期ごとの搬入のあり方を明らかにし、その歴史性や背景に言及したことがある（秋山 1986a）。このような諸成果によると、西麓産土器の移動（搬出・搬入）状況は、地域・時期ごとに必ずしも一様ではないことが一定ていど判明してきている[(2)]。

なお参考として図2には、上で『弥生式土器集成』に言及したことでもあるので、その書中で佐原真（1968）が担当した「畿内地方」に収載される土器実測図のいくつかを示した。まだこの段階では、「河内の土器」や「生駒山西麓産土器」、「生駒西麓産土器」という属性を表徴させた用語が使われることなく、畿内の小地域として区分された「大阪東部（中河内・南河内）」の土器として提示されていた資料である。土器集成にのる当該地域の土器の多くは現在、大阪府立

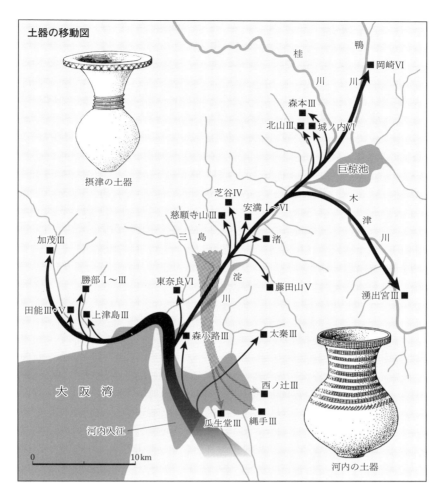

図3 都出比呂志が1979年に提示した弥生土器移動の概要

弥生文化博物館が所蔵しているが、そのうち確実に西麓産土器と実見確認できる船橋遺跡（大阪府柏原市・藤井寺市）例から一部摘出した個体が、図2の資料となる。これらは、諸属性の特徴から典型的な弥生時代中期の西麓産土器に相当する。

　また、西麓産土器に関し研究史的に重要な成果のうち、1970年代までの情報に依拠し都出比呂志（1979）によって整理された、視覚的にも理解しやすい土器移動にかかわる資料を図3としてあわせ掲載した。この図を援用し、地理的環境や研究状況などに付随する事項を、本章との関係において若干言及しておきたい。

　大阪湾の東端には上町台地が北へ岬状にのび、その東には「河内入江」がある。現在までの研究成果では、この入江は、弥生時代以降にはすでに湖になっていると理解されるが、その「河内湖」の北東・東・南側、淀川の左岸一帯が本章でとりあげている河内地域（主にその中・北部）にあたる。一方、淀川の上流、往時存在した巨椋池をふくみ木津川、桂川、鴨川などの流域が、京都府の山城地域における主要エリアにほぼ相当する。いうまでもなくこの山城地域は京都府南

部の一角で、図4にみるように京都府域はさらに北方向へ丹波・丹後地域と展開し、京都府そのものの長軸長は約145 kmを測る。

　図3では、「摂津の土器」と「河内の土器」の各地への搬出状況が明示されている。後者が西麓産土器に該当するが、その移動状況が上（北）方への黒矢印で表現される[3]。直裁に述べてしまえば、この黒矢印の京都府内へのさらなる追究とその個別・詳細評価が、本章の主題ということになる。本図の段階から本章で明らかにできた成果への進展具合を端的にあらわす事象をここで示すならば、図3で「河内の土器」出土の京都府内最南端とされた湧出宮遺跡より南には数遺跡を新たに追加でき、また、図中北端の岡崎遺跡より北では、100 km以上も離れた日本海沿いの丹後地域北端でも確認できるようになる。その結果、京都府内における西麓産土器出土地の最北・南端の直線距離は約130 kmにもいたり、粗密を問題にしなければ、府内のほぼ全体に西麓産土器の分布がおよぶ事実を明らかにしている。

（2）検討の具体基準ほか

　さて本章の考察では、京都府内出土の「河内系」土器（西麓産土器）の詳細や、ひいては彼我の交流関係を解明することを目的とする。主眼としては、搬入された西麓産土器の地域・時期ごとの動態追究を中心にすえることによって、それらの検討材料にすることとしたい。しかしながら、府内出土弥生土器の全点に目を通すことは不可能であるから、とりあつかえた資料は、各報告書の記載によるもののほかに、私自身で確認しえた個体や調査担当者から教示を受けた情報に限定される。確認例に地域的なかたよりがあるのは否めないが、大方の傾向は指摘できよう。

　今回とりあげる対象時期は、弥生時代前期から庄内式期（≒弥生時代終末期）までをふくみ、具体的な期表記としては、前期＝第Ⅰ様式（細分の場合は「古」「中」「新」の３段階区分）、中期前葉＝第Ⅱ様式、同中葉＝第Ⅲ様式、同後葉＝第Ⅳ様式、後期＝第Ⅴ様式、ほかとしている。地域設定は、基本的に該書『京都府弥生土器集成』で採用された地域区分（南から、南山城、北山城、南丹波、北丹波、丹後）にしたがうことにする。この種の検討において、ア・プリオリに地域設定することは本末転倒の危険性をともなうが、重層的な要素を加味したのちの「地域性」を明確にするまでの、作業過程としての暫定的な地域設定としておきたい。また器種分類は、一部をのぞき原則として、弥生時代前期～後期では『弥生式土器集成』（佐原 1968ほか）、庄内式期では『纒向』（石野・関川 1976）に準拠した（なおそのため、同じく壺Ａと表記される細別器種でも、時期により分類基準は異なる）。

　以下、京都府内における西麓産土器の集成資料に依拠し考究を試みる。

3── 生駒山西麓産土器搬入の実態

（1）京都府内における概観（図4、図5、表1）

　京都府内で出土している西麓産土器は、管見にのぼったかぎりで、55遺跡、216個体以上にお

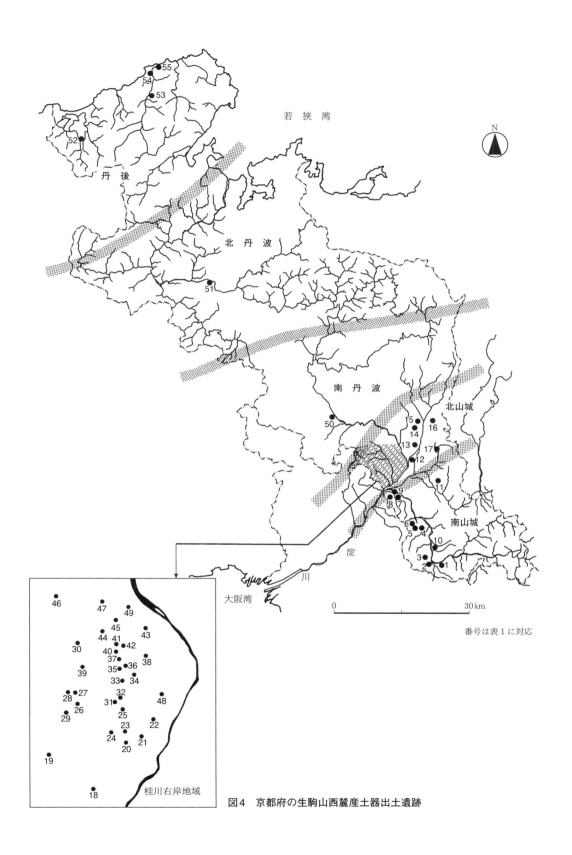

図4 京都府の生駒山西麓産土器出土遺跡

第1章 「河内系」土器について 19

表1 京都府の生駒山西麓産土器一覧表　　遺跡番号は分布図（図4）に対応／（）内の数字は個体数、特記ないものは1個体／文献番号は本章末の文献一覧のもの

地域	遺跡番号	遺跡名	所在地	前期 第I様式 (古)	(中)	(新)	中期 第II様式 (古)	(新)	第III様式 (古)	(新)	第IV様式 (古)	(新)	後期 第V様式 (前)	(中)	(後)	庄内式期 (古)	(新)	掲載図面番号（図7～14）／文献番号／＊備考
南山城	1	燈籠寺	木津川市	甕										壺C					1,9/文献1
	2	大畠	木津川市							太頸壺、甕									3,4/文献1,2
	3	畑ノ前	精華町				壺A、甕												2/文献3
	4	宮の下	京田辺市				中期：壺、甕または鉢												*1
	5	興戸	京田辺市											壺A、壺					5,6/文献4
	6	田辺	京田辺市				中期：高杯ほか												*2
	7	狐谷	八幡市											壺A					8/文献5
	8	幣原	八幡市											壺					文献6,7/*3
	9	木津川河床	八幡市														甕(>10)		10～12/文献8～10/*4
	10	涌出宮	木津川市						壺(2)										文献11～13/*5
	11	羽戸山	宇治市											壺A					7/文献14
北山城	12	鳥羽	京都市							壺蓋							甕		44,97/文献15,16/*6
	13	烏丸綾小路	京都市				中期：壺または鉢							壺A、壺			甕		66/文献17～19/*7
	14	平安宮跡民部省下層	京都市							壺A									45/*8
	15	内膳町	京都市		壺														文献20/*9
	16	岡崎	京都市														甕		文献12,21
	17	中臣	京都市											壺A(3)、壺F			甕(>10)		88～91/文献22～24/*10
	18	下植野南	大山崎町									壺A(2)壺		壺A			甕(3)		39,40/文献25,78/*11
	19	西山田	長岡京市														甕		132/文献26
	20	太田	長岡京市														甕		133/文献27
	21	下八ノ坪	長岡京市														甕		文献28
	22	雲宮	長岡京市	壺(9)無頸壺A甕(6)、甕蓋										壺A(2)					13～27,57,58/文献29～31,78
	23	古市森本	長岡京市	壺(2)甕蓋															28,29/文献32,78/*12
	24	神足	長岡京市						細頸壺	壺A(2)、壺(3)台付無頸壺(2)同蓋、高杯									34～38,50～53,図10/文献33～36,78/*13
	25	馬場	長岡京市														甕(>7)		134～139/文献37,38
	26	陶器町	長岡京市										後期：破片						*14
	27	今里北ノ町	長岡京市											壺A					65/文献39
	28	今里	長岡京市									台付鉢		壺A	壺、甕高杯A(>2)				54,67,68/文献40～42
	29	長法寺	長岡京市									中期または後期：破片							文献43/*15
	30	中野	向日市									中期または後期：壺							文献44
	31	吉備寺	向日市														甕(>2)		94,95/文献45
	32	鴨田	向日市											壺B壺C壺D?壺E、壺			甕(>10)		140～152/文献46,47,78/*16

地域	遺跡番号	遺跡名	所在地	前期 第Ⅰ様式 (古)	(中)	(新)	中期 第Ⅱ様式 (古)	(新)	第Ⅲ様式 (古)	(新)	第Ⅳ様式 (古)	(新)	後期 第Ⅴ様式 (前)	(中)	(後)	庄内式期 (古)	(新)	掲載図面番号(図7～14)/文献番号/*備考
北山城	33	長岡京跡 左京第29次	向日市														甕(>4)	128～131/文献48,78
	34	同上 第120次	向日市														甕(2)	92,93/文献49
	35	堀ノ内	向日市														甕	文献12,50,78/*17
	36	沢ノ西	向日市							太頸壺、壺蓋								42,43/文献51,78
	37	内裏下層	向日市										壺A					64/文献78/*18
	38	鶏冠井	向日市		鉢A												甕	30/文献52,53/*19
	39	北山	向日市						細頸壺									文献12,54,55,78
	40	森本	向日市							壺(2)							器台、甕(>10)	41,55,56,117～127/文献56～58,78
	41	長岡宮跡 第159次	向日市										器台					70/文献59
	42	石田	向日市														甕	文献60,78
	43	東土川西	向日市											壺F 壺C? 甕(7)			甕(>10)	79～87,105～116/文献61,62,78
	44	殿長	向日市						中期または後期：破片									文献63
	45	野田	向日市														甕	*20
	46	中海道	向日市										甕	甕(4) 壺			甕	74～78/文献64,78/*21
	47	修理式	向日市									壺A	壺A(2)、壺(2) 器台				甕	59～63,96/文献65,78
	48	羽束師	京都市										高杯A					69/文献66,78
	49	中久世	京都市					壺	壺A(2)、細頸壺 無頸壺、壺(2)				壺F(2) 壺				甕(>11)	31～33,46～49,71～73,98～104/文献67～69,78
南丹波	50	北金岐	亀岡市										壺A、壺、器台				甕	153/文献70/*22
北丹波	51	青野西	綾部市														甕	154/文献71
丹後	52	橋爪	京丹後市										壺A(2)					155,156/文献72
	53	奈具岡	京丹後市				中期：壺						壺A、壺					157,158/文献74
	54	大山	京丹後市										壺A、壺					160,161/文献75
	55	竹野	京丹後市										壺					159/文献76

備考
＊1 田辺町教育委員会鷹野一太郎の好意で実見し確認 ＊2 鷹野一太郎の教示 ＊3 京都府埋蔵文化財調査研究センター石井清司の好意で実見し確認 ＊4 京都府埋蔵文化財調査研究センター山口博の好意で実見し確認したものをふくむ ＊5 山城郷土資料館高橋美久二の好意で実見し確認したものをふくむ ＊6 京都市埋蔵文化財研究所永田信一・中村敦の好意で実見し、図面未発表資料（44）を図化・公表の快諾を得た ＊7 長刀鉾町遺跡をふくむ、同遺跡および平安京左京六条二坊六町の資料を平安博物館片岡肇・植山茂の好意で実見し確認したものをふくむ ＊8 京都市埋蔵文化財研究所永田信一・中村敦の好意で実見、確認した未発表資料（45）を図化・公表の快諾を得た ＊9 髙橋美久二の好意で実見し確認 ＊10 京都市埋蔵文化財研究所菅田薫の好意で実見し確認したものをふくむ ＊11 かつて宮脇・松田遺跡と呼称されていた遺跡、前稿（秋山 1986a＝本章末文献78、以下同じ）でもそれにしたがったが、下植野南遺跡と改称、のちに近沢豊明によって報告書が刊行 ＊12『長岡京市遺跡地図〔第2版〕』(1987年）では、雲宮遺跡の範囲にふくまれるが、本章では原報告の名称にしたがった ＊13 前稿以降、長岡京市埋蔵文化財センターの岩崎誠によって確認されたものをふくむ ＊14 長岡京市埋蔵文化財センター展示資料で確認 ＊15 長岡京市埋蔵文化財センター小田桐淳の教示 ＊16 前稿以降、向日市埋蔵文化財センター松崎俊郎の好意で長岡京跡左京第161次調査資料で確認 ＊17 本章末文献12では、城ノ内遺跡と表記されていた遺跡 ＊18 前稿では長岡宮跡第159次（1C地区）調査地としていた遺跡 ＊19 前稿以降、向日市埋蔵文化財センター國下多美樹の好意で長岡京跡左京第159次調査資料で確認 ＊20 向日市埋蔵文化財センター山中章の好意で長岡京左京第142次調査資料で確認 ＊21 前稿以降、向日市教育委員会渡辺博、向日市埋蔵文化財センター松崎俊郎の好意で第8・9・12次調査資料で確認 ＊22 石井清司の好意で実見し確認したものをふくむ、庄内式に関しては石井の教示

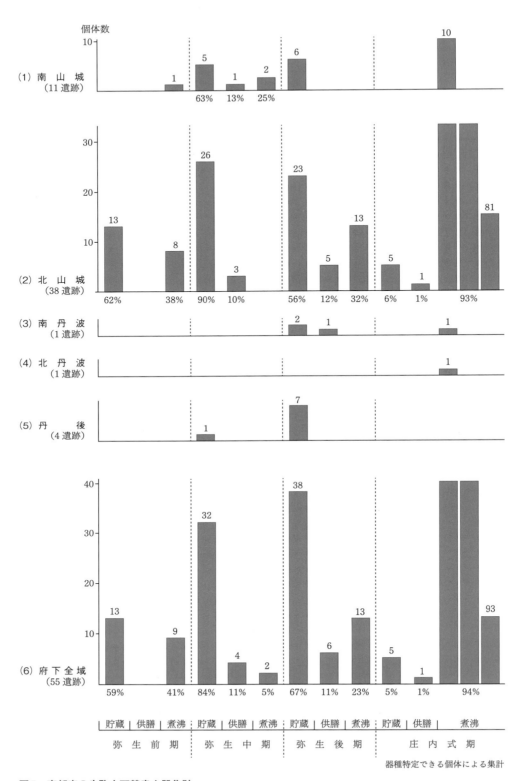

図5 京都府の生駒山西麓産土器集計

22　第Ⅰ部　土器移動と地域間交流

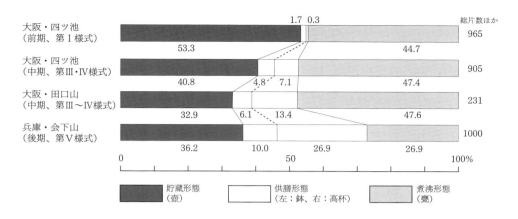

図6　弥生土器の器種構成比

よぶ。同一遺跡で複数期にわたる例も比較的多くみられるが、大別区分による時期別では少なくとも、前期4遺跡（22個体）、中期17遺跡（38個体）、後期24遺跡（57個体）、庄内式期25遺跡（99個体）である[4]。これらのうちで器種が判明する個体を、小時期差を無視し、土器の機能・形態別（貯蔵・供膳・煮沸）に比率を算出してみるとつぎのようになる。

	貯蔵形態 （壺）	:	供膳形態 （高杯・鉢・器台）	:	煮沸形態 （甕）
前期	59%	:	0%	:	41%
中期	84%	:	11%	:	5%
後期	67%	:	11%	:	23%
庄内式期	5%	:	1%	:	94%

　この府内への搬入西麓産土器の割合を、近畿地方の集落出土土器の一般・代表的な器種構成比率（図6）[5]と比べてみよう。

　前期では、四ツ池遺跡の比率と比較的近い割合を示すが、やや貯蔵形態の値が高い。中・後期では、集落土器比率に対して貯蔵形態の割合が非常に高い。他方、庄内式期では、対比資料をグラフ化していないが、煮沸形態の割合が圧倒的に高い。比較に用いた図6の構成比率が、生駒山西麓地域の集落土器比率とも大きく相違しないと仮定してよいなら、京都府内全域に搬入された西麓産土器は、明らかに、彼地の土器比率そのままで持ち込まれているものでないことがわかる。

　つまり一般的傾向としては、弥生時代前期から後期を通して、貯蔵形態器種のほうが主に選択された様相で搬入されている。ただし、前期はその傾向は弱い。他方、庄内式期では、もっぱら煮沸形態器種が搬入されている。そのような傾向を示す。

　つぎに、搬入された器種の細別を概観してみる。

　前期は、通常の広口の壺（13：図7～14中の代表例、以下同じ）、無頸壺（14）、甕（1）、甕

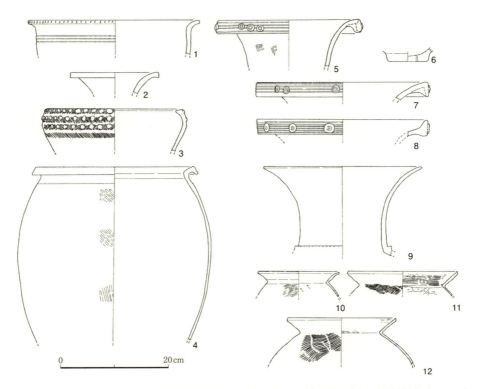

燈籠寺 (1・9)、畑ノ前 (2)、大畠 (3・4)、興戸 (5・6)、羽戸山 (7)、狐谷 (8)、木津川河床 (10〜12)

図7　南山城の生駒山西麓産土器

用蓋（28）が搬入されているが、体部片をも勘案してみると広口の壺が最も多い。

　中期は、貯蔵形態では、口縁端を下方にだけ突出させた広口の壺A（39・45）、細頸壺（33）、（台付）無頸壺（37・図10⁽⁶⁾）、太頸壺（42）など、櫛描き簾状文や円形浮文などで装飾された各種の壺や、壺用蓋（44）がある。供膳形態では鉢（30）や高杯、煮沸形態では甕（4）がある。このうち壺Aが量的に最も多く、しかも装飾性に富む例が顕著となる。なお、同じ壺Aに分類されるものでも、生駒山西麓地域固有の器形である、口縁端部を上・下方ともに拡張し、外端面に櫛描き簾状文や刺突文をめぐらす個体はまったく確認できない。この器形の壺が、他地域には比較的多く搬出されている事実にてらして、注意されてよい[7]。

　後期は、貯蔵形態では、広口の壺A（161）、二重口縁の壺F（72）、口頸部が外湾して開く壺C（9）などがある。供膳形態では器台（61）と高杯（69）が、煮沸形態では甕（86）がある。このうち圧倒的に多いものは壺Aで、しばしば、口縁端に数条の凹線文をほどこしたのちに、竹管文をそなえた円形浮文をめぐらす特徴をもつ器形である。

　庄内式期では、例外的に各種（タイプ）の壺（140〜145）や器台（127）が1個体ずつ搬入されているが、それ以外のかなりの部分（94％）は煮沸形態の甕でしめられる。しかも、これらの甕は、器形、サイズ、技法のいずれにおいても規格性がきわめて強い器形に限定されている。

つづいて、上にみた京都府内の一般的状況をふまえ、南から順に各地域ごとの搬入のあり方を概観することにしよう。各地域の遺跡の分布や特質などに関しては、一部をのぞきふれていないので、『京都府弥生土器集成』に提示された個別内容を参照されたい。また、各遺跡の所在地や西麓産土器関連の文献ほかは、表1および本章末文献一覧に示している。

(2) 南山城（図5‐1、図7）

　南山城においては、11遺跡で確認できる。時期別としては、前期1遺跡（1個体）、中期5遺跡（8個体以上）、後期5遺跡（6個体）、庄内式期1遺跡（10個体以上）となる。

　前期では、燈籠寺遺跡で甕（1：図7〜14中の土器番号、また、とくに点数：個体数を示さない場合は1個体の出土、以下同じ）が確認されている。1点だけではあるが、煮沸形態の器種であることは注意されてよい。

　中期では、第Ⅱ〜Ⅲ様式において畑ノ前遺跡で壺A（2）、甕、第Ⅲ〜Ⅳ様式において大畠遺跡で太頸壺（3）と甕（4）がある。後者の甕は、通常のサイズの甕に比べると大形に属するが、体部外面に煤の付着が厚くみられ、煮沸の実用に供されていたものである。涌出宮遺跡には、壺底部2点がある。共伴遺物から第Ⅳ様式であろう。ほかに中期での時期不明のものでは、宮の下遺跡で壺底部、甕もしくは鉢体部片、田辺遺跡で高杯ほかの出土がある。

　ちなみに、中期全体の西麓産土器の器種比率をみると、貯蔵形態5個体（63%）：供膳形態1個体（13%）：煮沸形態2個体（25%）となる。煮沸形態が一定の割合で存在する点は、後項との関係で留意しておきたい。

　後期では、燈籠寺遺跡で壺C（9）、興戸遺跡で壺A（5）、壺底部（6）、狐谷遺跡で壺A（8）、幣原遺跡で壺体部片、羽戸山遺跡で壺A（7）の出土が確認されている。これらは壺に限定され、しかも壺Aが顕著である点は注意される。また、高地性集落である羽戸山遺跡例は「祭祀」関連遺構からの検出土器とされ、さらに、興戸遺跡例は方形台状墓にともなった可能性の指摘もみられる。ただし、後者例における墓との関連性は今後の検証を必要とする。

　庄内式期では、木津川河床遺跡で確認されているだけであるが、甕（10〜12）の出土が顕著で、10点以上の多くが存在する。

(3) 北山城（図5‐2、図8〜13）

　北山城においては、38遺跡もの多くの遺跡で確認でき、京都府内における稠密地域を形成している。このうち、桂川右岸の乙訓地域には32遺跡（図4・表1の遺跡番号：18〜49）がふくまれる（この遺跡数の多さは、発掘件数の多寡などに起因している可能性も若干考慮する必要があるかもしれない）。北山城全体の時期別としては、前期3遺跡（21個体）、中期11遺跡（29個体）、後期14遺跡（41個体）、庄内式期22遺跡（87個体以上）となる。中期と庄内式期で確認遺跡数の急増がみられ、それぞれ画期をなす。

　前期では、山城最古級の弥生集落である雲宮遺跡で、第Ⅰ様式「中」段階の比較的多くの資料が確認されており、壺9点（13・15・16・20〜24ほか）、無頸壺A（14）、甕6点（18・19・25

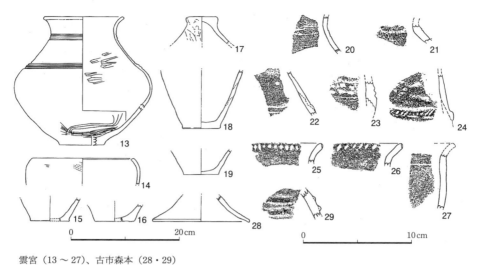

雲宮（13～27）、古市森本（28・29）

図8　北山城の生駒山西麓産土器‐1（前期）

～27ほか）、甕用蓋（17）がみられる。第Ⅰ様式「新」段階では、古市森本遺跡で壺2点（29ほか）、甕用蓋（28）、内膳町遺跡で壺体部片がある。これら前期搬入土器には比較的多くの煮沸形態の甕・甕用蓋がふくまれており注意される。構成比をみると、貯蔵形態13個体（62％）：煮沸形態8個体（38％）になる。前期では一般的に供膳形態器種そのものがきわめて少ない点を勘案すると、この比率が前期集落の土器比率（図6・四ツ池遺跡）に近似している点は興味深い。

　中期では、第Ⅱ様式の例として鶏冠井遺跡の鉢A（30）だけであるが、第Ⅲ～Ⅳ様式では、つぎのような多くの出土例がある。列挙すると、下植野南遺跡で壺A2点（39ほか）、壺底部（40）、今里遺跡で台付鉢（54）と考えられるもの、神足遺跡で壺A2点（35・36）、細頸壺（34）、台付無頸壺2点（37・図10‐右および左下）、壺用蓋（図10‐左上）、壺3点（38・50～53、後者は同一個体2片ずつ）、高杯、沢ノ西遺跡で太頸壺（42）、壺用蓋（43）、北山遺跡で細頸壺、森本遺跡で壺2点（41・55・56、後二者は同一個体片）、中久世遺跡で壺A2点（31・32）、細頸壺（33）、無頸壺（49）、壺3点（46～48）、鳥羽遺跡で壺用蓋（44）、烏丸綾小路遺跡で壺または鉢体部片、平安宮跡民部省下層で壺A（45）がある。

　以上の中期の搬入器種のうち、貯蔵形態の壺類が圧倒的に多く、しかも、櫛描き簾状文や円形浮文などで装飾された壺Aが顕著である点は一部先記のとおりである。構成比は、貯蔵形態26個体（90％）：供膳形態3個体（10％）となるが、多くの搬入土器のなかに煮沸形態の甕が一切ない。この事実は南山城のあり方と大きく異なり、特徴的な現象となっている。

　なお、北山遺跡では、中・後期（第Ⅱ～Ⅴ様式）の全土器片500片中の、第Ⅲ様式10片（2％）が西麓産土器であるという数字が提示されており、詳細は不明であるが、搬入率そのものはさほど高くないことがわかる。

　後期でも、多くの遺跡から検出されている。すなわち、下植野南遺跡で壺A、雲宮遺跡で壺A2点（57・58）、今里北ノ町遺跡で壺A（65）、今里遺跡で壺A（67）、壺、高杯A2点以上（68）、

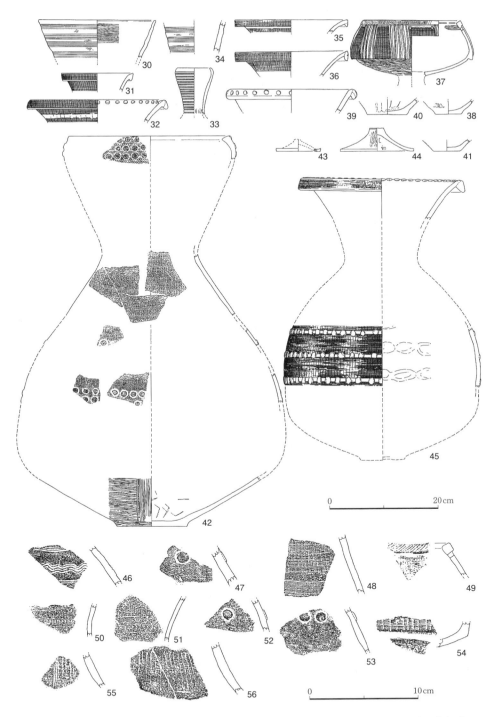

鶏冠井（30）、中久世（31〜33・46〜49）、神足（34〜38・50〜53）、下植野南（39・40）、森本（41・55・56）、沢ノ西（42・43）、鳥羽（44）、平安宮跡民部省下層（45）、今里（54）

図9　北山城の生駒山西麓産土器－2（中期）

 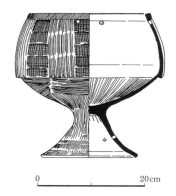

神足（台付無頸壺・同蓋）

図10　北山城の生駒山西麓産土器‐3（中期）

甕底部、陶器町遺跡で体部片、東土川西遺跡で壺F（79）、壺C？（80）、甕7点（81〜87）、中海道遺跡で壺（74）、甕5点（75〜78ほか）、内裏下層遺跡で壺A（64）、長岡宮跡第159次調査地で器台（70）、修理式遺跡で壺A2点（59・60）、壺2点（62・63）、器台（61）、羽束師遺跡で高杯A_2（69）、中久世遺跡で壺F2点（71・72）、壺（73）、烏丸綾小路遺跡で壺A（66）、壺底部、中臣遺跡で壺A3点、壺Fの出土がある。

　これらは貯蔵形態の壺類が多く、なかでも南山城と同様に壺Aがとくに顕著で、ついで二重口縁の壺Fがみられる。しかし、南山城と大きく異なり注意される点は、3遺跡（東土川西遺跡、中海道遺跡、今里遺跡）に煮沸形態の甕がみられ、そのうちには数点以上が確認できる例をふくむことである。

　ちなみに後期全体の構成比をだしてみると、貯蔵形態23個体（56％）：供膳形態5個体（12％）：煮沸形態13個体（32％）となる。これと、図6の会下山遺跡（後期）における集落土器の割合とを対比するならば、供膳形態器種のしめる割合に相違がみられるものの、貯蔵形態・煮沸形態器種の比率は前者のほうが高い割合を示す点、供膳形態が一定の割合をしめるようになっている点など、いくばくかの共通性をよみとることも可能である。北山城の後期での搬入状況の評価における参考とすべき視点になろう。

　なお、今里遺跡のある調査地でなされた、第Ⅴ様式土器の破片数（壺・甕・高杯・器台の口縁部・底部・脚部・柱状部）の集計によると、160片中5片（3.1％）が西麓産土器であるという。

　庄内式期では、搬入遺跡数は急増する。遺跡名をあげると、下植野南遺跡、下八ノ坪遺跡、馬場遺跡、西山田遺跡、太田遺跡、鶏冠井遺跡、森本遺跡、修理式遺跡、東土川西遺跡、石田遺跡、堀ノ内遺跡、長岡京跡左京第29次調査地、鴨田遺跡、野田遺跡、長岡京跡左京第120次調査地、吉備寺遺跡、中海道遺跡、中久世遺跡、鳥羽遺跡、烏丸綾小路遺跡、岡崎遺跡、中臣遺跡である。当該期の所在遺跡のほとんどから出土するといっても過言ではない。

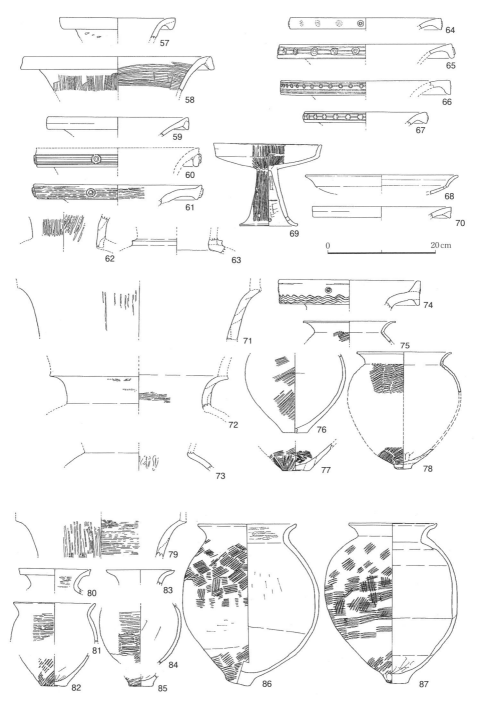

雲宮（57・58）、修理式（59〜63）、内裏下層（64）、今里北ノ町（65）、烏丸綾小路（66）、今里（67・68）、羽束師（69）、長岡宮跡第159次（70）、中久世（71〜73）、中海道（74〜78）、東土川西（79〜87）

図11　北山城の生駒山西麓産土器 - 4（後期）

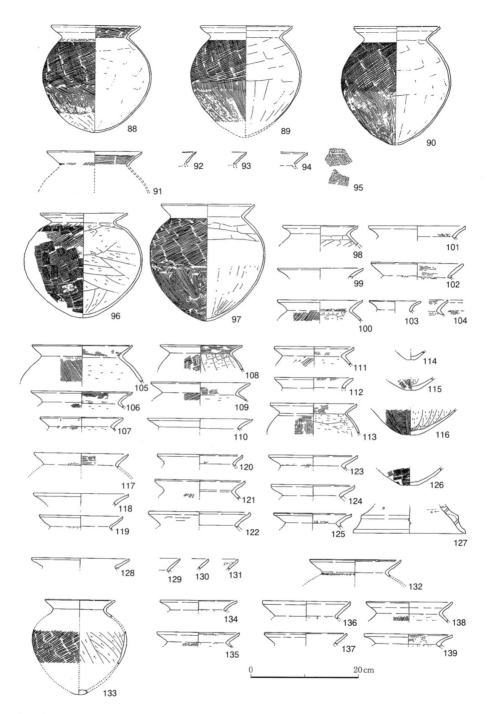

中臣（88～91）、長岡京跡左京第120次（92・93）、吉備寺（94・95）、修理式（96）、鳥羽（97）、中久世（98～104）、東土川西（105～116）、森本（117～127）、長岡京跡左京第29次（128～131）、西山田（132）、太田（133）、馬場（134～139）

図12 北山城の生駒山西麓産土器‐5（庄内式期）

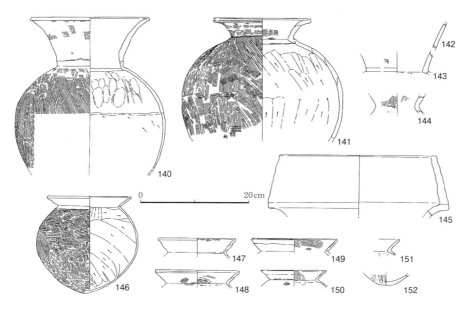

鴨田（140〜152）

図13　北山城の生駒山西麓産土器 - 6（庄内式期）

　上記のすべての遺跡から、甕（88〜126・128〜139・146〜152ほか）が確認される。しかもほぼ半数の遺跡からは複数個体が出土し、10個体以上にもおよぶ例（中久世遺跡、森本遺跡、東土川西遺跡、鴨田遺跡）も稀ではない。甕以外の器種が確認できる遺跡には、森本遺跡、鴨田遺跡がある。前者からは、器台1点（127）をみるだけであるが、鴨田遺跡からは、壺B_1（141）、壺C_1（140）、壺D？（144）、壺E（142・143：同一個体）、壺（145）が各1点ずつみられ、特例的な存在として注目される。

　ちなみに全体の構成比をだしてみると、貯蔵形態5個体（6%）：供膳形態1個体（1%）：煮沸形態81個体（93%）となる。以上のように、庄内式期では、検出遺跡数の急増と、特例をのぞくと搬入器種がほぼ甕に限定されるという、前代までとは顕著な相違点がみられる。

　なお、堀ノ内遺跡では、庄内式期の土器片200片中28片（14%）が西麓産土器という数値が公表されており、比較的高率になっているのがわかる。

(4) 南丹波（図5 - 3、図14）

　南丹波においては、わずか1遺跡で確認されるだけで非常に少ない。前・中期の出土例はなく、後期になって、北金岐遺跡で壺A（153）、壺体部片、器台がみられる。庄内式期では、同遺跡から甕破片が検出されている。

(5) 北丹波（図5 - 4、図14）

　北丹波においても同様に、1遺跡で確認されるだけである。前〜後期のものはなく、庄内式期

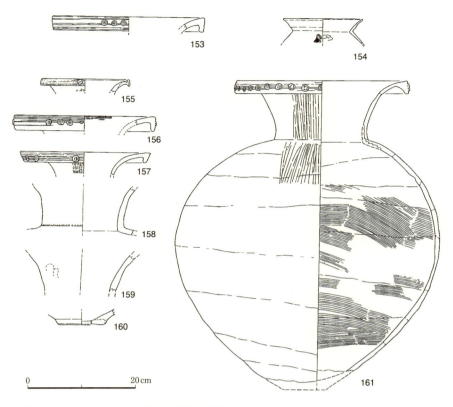

南丹波―北金岐 (153)、北丹波―青野西 (154)
丹後―橋爪 (155・156)、奈具岡 (157・158)、竹野 (159)、大山 (160・161)

図14　南丹波・北丹波・丹後の生駒山西麓産土器

にいたって、青野西遺跡で甕 (154) があるにすぎない。

(6) 丹後（図5‐5、図14）

　丹後においては、比較的多い4遺跡で確認される。上記した丹波より距離的に遠い丹後に多く搬入されている点が注目できる。時期別としては、前期、庄内式期は未確認であるが、中期1遺跡（1個体）、後期4遺跡（7個体）となる。

　中期では、奈具岡遺跡で、櫛描きの波状文と直線文をほどこした壺体部片がある。

　後期では、橋爪遺跡で壺A2点（155・156）、奈具岡遺跡で壺A（157）、壺（158）、大山遺跡・墳墓群で壺A（161）、壺底部（160）、竹野遺跡で壺（159）がある。これらのうち、細別器種の判明するものはすべて、竹管文をもつ円形浮文と凹線文を口縁端部にめぐらす装飾をそなえた壺Aである。また、大山遺跡・墳墓群のほぼ完形に復原できる大形の同種壺は、方形台状墓の墳頂主体部にともなう供献土器に用いられていた個体で注目される。

表2 第Ⅲ・Ⅳ様式の壺頸腹部における櫛描き文使用頻度

地域	河内		大和		摂津		南山城						北山城		南丹波	
遺跡名	瓜生堂		唐古 (北方砂層)		勝部		大畠		涌出宮		狼谷		今里 (SD0732)		千代川	
櫛描き文	度数	%	度数	%	度数	%	度数	%	度数	%	度数	%	度数	%	度数	%
直線文	159	35.7	260	80.2	760	83.0	52	88.1	173	71.2	52	61.2	133	76.9	14	63.6
波状文	73	16.4	157	48.5	430	46.9	35	59.3	96	39.5	36	42.4	110	63.6	16	72.7
簾状文	242	**54.4**	104	**32.1**	20	**2.2**	6	**10.2**	21	**8.6**	5	**5.9**	6	**3.5**	1	**4.5**
斜格子文	3	0.7	38	11.7	99	10.8	10	16.9	17	7.0	5	5.9	8	4.6	0	0
櫛目文	22	4.9	18	5.6	17	1.9	3	5.1	22	9.1	5	5.9	11	6.4	1	4.5
扇形文	17	3.8	5	1.5	7	0.8	0	0	4	1.6	0	0	4	2.3	0	0
流水文	6	1.3	2	0.6	25	2.7	0	0	1	0.4	0	0	0	0	1?	4.5?
その他							0	0	0	0	0	0	0	0	1	4.5
母 数	445		324		916		59		243		85		173		22	

4── 河内系文様：櫛描き簾状文の分布

　河内、ことに生駒山西麓地域およびその南側に位置する石川流域地域の中期弥生土器を最も特徴づけるものは、櫛描き簾状文への異様なまでの固執である（井藤1987）。これらの地域では、周辺地域の土器の装飾手法に凹線文が盛行する中期後半にいたっても、ほとんど凹線文を受け入れないという地域色を保持する。櫛描き簾状文こそ、河内の特定地域（主に中・南河内）の顔をなす中期文様である。ただし、櫛描き簾状文そのものは、上記地域に限定される固有装飾ではなく周辺地域にも分布がおよぶ。

　京都府内での分布は、つぎの諸遺跡に若干みられる[8]（搬入西麓産土器での確認例は除外）。

　　　　南山城──大畠遺跡、涌出宮遺跡、狼谷遺跡、畑ノ前遺跡
　　　　北山城──今里遺跡、中久世遺跡、烏丸綾小路（長刀鉾町）遺跡、雲宮遺跡
　　　　南丹波──千代川遺跡

　このように南・北山城では10遺跡弱に確認できるが、河内から距離的に遠い丹波・丹後には1遺跡をのぞいておよんでいない点は注意されてよい。

　表2は、上記のいくつかの遺跡における、中期第Ⅲ〜Ⅳ様式の壺の頸・腹部にほどこされた各種櫛描き文様の使用頻度を、河内・大和・摂津地域の代表的遺跡の様相もふくめて、集成したデータである[9]。この表中の櫛描き簾状文の使用頻度に着目してみよう。

　生駒山西麓地域の遺跡例はふくまれていないが、西接する河内平野部の瓜生堂遺跡では54.4％、生駒山をはさんだ大和の唐古（・鍵）遺跡では32.1％で、ともに高い頻度でみられる。一方、淀川をこえた摂津の勝部遺跡では2.2％と極端に低くなる。

　京都府内遺跡の集計では、南から順に、南山城の大畠遺跡で10.2％、涌出宮遺跡で8.6％、狼

谷遺跡で5.9％、北山城の今里遺跡で3.5％、南丹波の千代川遺跡（第6・7次調査）で4.5％となる。千代川遺跡の分析母数が極端に低い点は懸念され、母数が増加すればさらに低率になる蓋然性が高い。したがって、この表からは、京都府内では北へいくほど、つまり河内地域から距離的にへだたるほど、使用頻度の低下がうかがえる。これは、弥生土器の地域色は、「隣接する小地域どうしの差は質的なちがいとはならず漸移的に移行する」（都出 1983）という性質の一端を表出していると考えられる。

つぎに、櫛描き簾状文の分布傾向と、先に述べた西麓産土器の搬入状況との関係をみておこう。中期段階では、櫛描き簾状文出土の遺跡分布が比較的濃密な南・北山城では、西麓産土器の搬入が顕著である。反対に、丹波や丹後では、特例的なものをのぞいて櫛描き簾状文、西麓産土器ともにほとんどないという対応関係がある。

つづいて、南山城と北山城の両地域間での関係を確認してみよう。西麓産土器の搬入は遺跡数でも個体数でも、北山城のほうがまさる傾向にある[10]。他方、櫛描き簾状文の使用頻度は、前記データによると、逆に北山城のほうが低い。西麓産土器の出土様相からするならば、北山城においても櫛描き簾状文が濃密な割合で分布してもよいはずなのに、そのようにはなっていない。西麓産土器の搬入頻度（量）と櫛描き簾状文の使用頻度との相応関係が、対応せず逆になっている。

つまり、櫛描き簾状文からうかがえる土器地域色の親縁性における強弱と、搬入土器の多さとは、この場合、必ずしも整合関係にあるものではないことを示す。一方で、西麓産土器の搬入に関し中期段階において、南山城では貯蔵・供膳・煮沸の各器種がそろっているのに対して、北山城では煮沸形態器種が欠如する、という構成にちがいがある点は前述したとおりである。

これらそれぞれの相違が、搬入土器のあり方に対する評価の重要な視座になる。次節で検討してみたい。

5── 生駒山西麓産土器搬入の背景

以上みてきたように、西麓産土器の搬入、櫛描き簾状文の分布（割合）は、京都府内の地域、時期ごとに必ずしも同じような様相を示すものではないことが明らかにできた。

かつて私は、北山城・乙訓地域における西麓産土器の搬入状況を整理した際、先行研究の成果にならって搬入a〜d類型に分類し、それらに与えられている評価を紹介したうえで若干のコメントを述べた（秋山 1986a）。約言し、下記しておく。

搬入a類型
　当時の器種構成のうち、その多くが搬入されている場合。とくに重視したのは、貯蔵・供膳・煮沸の3形態のうち、煮沸形態の甕が確認できること。
　評価：生活用具をたずさえた人間の移動（移住をふくむ）。

搬入b類型
　貯蔵・供膳・煮沸の3形態のすべてはそろわず、特定の器種に重きがおかれ搬入されている場合（貯蔵形態が主体）。
　評価：土器は容器としての役割をもち、土器移動は内容物の交換を示す。あるいは、櫛描き簾状文などで飾られた土器自体のそなえる有価値がゆえの移動。

搬入c類型
　例外的にはいくつかの器種が搬入されているが、そのなかで特定器種の搬入が、遺跡数・土器量の両方で非常に突出している場合。
　評価：特定器種に機能的優位性を認め、「特産品」「交易品」「商品」としての製品移動。

搬入d類型
　棺として転用されている土器や墓供献土器が搬入品である場合。
　評価：棺・墓の被葬者またはその縁故者の出自に密接な関係をもつがゆえの土器移動。

　これらa〜dの搬入類型を、京都府内各地域の時期ごとの、西麓産土器の搬入状況にそくして分類すると表3のようになる。（　）付きのものは、確認例が僅少であるため、将来的な検討が必要であることを示す。
　この表にそって、時期ごとに概観すると以下のとおりである。

(1) 前期

　南丹波以北では搬入例はないが、南山城、北山城ともに搬入a類型で、生駒山西麓地域からの移住をも目的とした人間の移動が予想できる。先にみたように、北山城の搬入品の器種構成が集落出土土器の比率（図6）に近似している点も、その解釈に有利にはたらく。この現象に対しては、つぎのような点が指摘できよう。
　第一として、移住をふくむような密接で頻繁な人の移動は、弥生前期土器（＝遠賀川系土器）の、広い領域にわたる強い様式的斉一性を現出させる基盤となっていると推定できる。第二として、山城最古段階の弥生集落である雲宮遺跡に比較的多くの西麓産土器が搬入されている事実

表3　京都府各地域における生駒山西麓産土器の搬入類型

地域＼時期	弥生前期	弥生中期	弥生後期	庄内式期
南山城	a類型	a類型	b類型	c類型
北山城	a類型	b類型	a類型	c類型
南丹波	―	―	b類型	(c類型)
北丹波	―	―	―	(c類型)
丹　後	―	(b類型)	b・d類型	―

は、水稲農耕の迅速かつ広範囲への伝播の背景となる、農耕技術体得者の移住の具体的実態を想起させる。とともに第三として、それは、山城への弥生文化伝播の実際的な経路の一端を示唆する可能性がある。つまり、生駒山西麓地域周辺の初期農耕民が、何らかのかたちで、山城における「弥生化」達成への端緒や継起する展開にあたっての役割を、部分的にせよになっていたことも推測できる。

(2) 中期

　南丹波と北丹波ではまったく西麓産土器の出土をみない。また、丹後のわずか1例からは搬入b類型の可能性も考えられるが、判断材料にとぼしい。

　他方、南山城と北山城では搬入量が多く、生駒山西麓地域との交流の深さがうかがえる。しかし先に検討したように、山城の南・北両地域では、西麓産土器の搬入様相や櫛描き簾状文の使用頻度におけるあり方に大きな相違点がみられた。

　南山城では、貯蔵・供膳・煮沸形態がそろう搬入a類型で、彼地からの移住をも想定できる。さらに、櫛描き簾状文の使用頻度が京都府内で最も高い地域でもあることから、土器自体にも彼我にいくばくかの親縁性がみられる。つまり、移住などの深い交流関係が存在したがゆえに、南山城の在地産土器に櫛描き簾状文を用いる頻度が相対的に高い結果となる。

　それに対し、北山城では、南山城より西麓産土器搬入の状況は濃密であるにもかかわらず、煮沸形態器種（甕）を欠く搬入b類型である。土器の内容物の交換などを推定させるような地域間交流は活発ではあるが、移住などの人的交流はあまり想定できない。それゆえに、北山城の在地産土器に櫛描き簾状文をほどこす頻度が低くなる結果としてあらわれ、北山城・生駒山西麓両地域の土器間そのものにおける親縁性が薄くなる。

　以上のことから、同じ山城地域でも南部と北部によって、生駒山西麓地域との交流関係の内実様相において中期では大きな相違が存在していたことが明らかになった。そしてそれは、在地土器における文様構成の差異にも少なからずの影響を与えていることも理解することができた[11]。

(3) 後期

　まず山城からみると、中期で把握できた搬入類型が、南山城と北山城との間で逆転する。

　南山城は、貯蔵形態だけの搬入b類型で、移住をふくむような人的交流はほとんどうかがえないようになる。

　一方、北山城は、各器種がそろう搬入a類型に変化する。北山城の後期搬入土器の機能別割合は、集落出土土器例（図6）に相対的には類似する傾向をもち、生活用具をたずさえた移住という解釈に一応は好都合といえる[12]。ただ、搬入された甕は後期後半期のものが目立つため、搬入a類型的な交流関係は、後期でも後半から顕著になった可能性をみせることは、先稿（秋山1986a）でも指摘したとおりである[13]。

　なお、南山城と北山城で、中期から後期にいたって搬入類型が逆転した背景には、生駒山西麓地域と南・北山城との間の交流経路のちがいが継続的に存在したことに起因している可能性が

ある。つまり、南山城の場合は、北河内を経由もしくはそれら地帯との一体性としての交流関係、北山城の場合は、摂津経由あるいは淀川を介しての直接的な交流関係、そのようなあり方のちがいに連動したものとして理解できるかもしれないと、他地域における西麓産の搬入様相から現時点で私は想定している[14]。この評価は、今後の十分な検討を要するが、生駒山西麓地域と各地域間との結びつきの具体的な実態を把握するにあたり有意視点になると思われる。

　丹波では、搬入土器の確認例が少ないため判然としない。ただ、南丹波での1遺跡3個体例から類推すると、搬入b類型となる蓋然性がある。

　丹後では、丹波に比べると、意外にもやや多くの搬入例があり、西麓産土器移動の範囲拡大として重要である。

　それら丹後におけるあり方は、貯蔵形態の壺だけに限定される搬入b類型である。加えて、このうちの1例（大山遺跡・墳墓群）は、方形台状墓の供献土器に用いられたもので、葬送に関連した搬入d類型としてとらえられる。生駒山西麓地域から直線距離にして130kmもへだてた丹後に、比較的多くの土器の移動が確認できるだけでなく、墳墓供献に西麓産土器が用いられている点は注目される。婚入者にともなう土器移動を想定し、首長層間の通婚圏だけは特別に広範囲におよぶとする都出比呂志（1974）の説にも関連して興味深い。

　河内からみれば距離的により近い丹波をとびこえて、丹後に搬入b・d類型がみられる点は、丹後と生駒山西麓地域間の直接的かつ特殊な事情を考えなければならない。あるいは、両地域における首長層間の深い接触関係が、実際に存在した可能性があろう。

(4) 庄内式期

　南山城では、1遺跡ではあるが10個体以上の煮沸形態の甕が搬入される。北山城では、20遺跡をこえる多くの遺跡に数多くの個体が搬入され、しかもその大部分は同様な甕である。両地域とも、特定器種の突出的搬入の搬入c類型であるのはまちがいない[15]。

　南丹波、北丹波ではともに、1遺跡ながら甕の搬入が知られるので、同じく搬入c類型として評価できる可能性はあろうか。丹後ではいまだ確認例はない。

　ところで庄内式土器の場合、統一的規格性の存在すら想定できる甕にほぼ限定されて、広く西日本一帯に移動している。この様相は、それまでの時期の搬入のあり方と根本的に性格を異にし、汎社会的な現象（阿部 1985）であるといわざるをえない。この搬入c類型には、移住をともなうような人的移動は全面的には想定しにくく、往時の土器類のなかにあって優良品とみなせる甕自体の流通を考えてよい。その現象の一端が京都府内にもおよんでいるわけである。

　なお、搬入遺跡数にしても搬入個体数にしても圧倒的に他を凌駕する北山城における、当該期の拠点的な集落と目されている鴨田遺跡に、多くの甕とともに、特例的に貯蔵形態の各種壺が搬入されている。この事実から、土器が広範囲に移動する際の、地域内における中枢的役割を当遺跡がはたしていたのではないかと予想できる。さらに、そのような中心的集落を介して、製品が二次的に移動していることも推定できよう。

6 —— 課題、静止画から動画へ

　以上、西麓産土器の、京都府内各地域への時期ごとの搬入状況を一定基準で整理し、河内（その一地域である生駒山西麓地域）との交流関係のいくばくかを示した。
　検討の結果、地域・時期により、そのあり方が必ずしも一様でないことを明らかにできた。西麓産土器を指標とし確認できた当時の地域間の交流関係は、決して平板的なものではなく、脈々とした動態をそなえたものとして把握できたのではないかと思う。
　仕草や息づかいまでは当然ながら無理としても、「静止画」面ではなく、その場その場、そのときそのときの、弥生人たちが登場し行き交う「動画」をいつの日か描出できれば、と考えたりしている。本章での作業が、その一齣のささやかな素材になるのではないかと密かに思いたい。
　ただし本章では、大きく区分された「大地域」単位ごとに、そのなかで出土した西麓産土器を一括してあつかい、特色を表出させる方法をとった。また、時期区分における細かな差を一応はさしおいて、大局的な変遷を追究した。そのため、各地域内での、たとえば遺跡間もしくは遺跡群間の関係、さらには、それらと生駒山西麓地域との交流関係における小時期差による具体像は、あまり明らかにはできなかった。今後の課題としたい。

〔付記〕
　脱稿後、南山城の木津川河床遺跡に関する1986年度調査概報が発行された（岩松 1988）。
　それによると、「庄内併行期の当遺跡では生駒西麓産（河内産）と判断される土器片の出土が多く認められることは特筆すべき点である。その大多数が甕であるが、甕の口縁部の全破片数に占める河内産の土器の口縁部片数の比率は約25％（602対153）と高い割合を示す」という。

〔註〕
（1）なお、生駒山の東麓に位置する奈良県小平尾遺跡において、出土土器の特徴が西麓産と同様となる個体を主体とすることが確認される点（佐原 1980）にも、注意しておかなければならない。
　　またほかに、製作・生産地の範囲の認識をめぐって議論がみられる（藤田 1984）が、本章では、一般的な認識となっているように、西麓産土器を河内の一地域である生駒山西麓部で製作された土器群としてとらえ行論を進める。
（2）西麓産土器とその移動や胎土の理化学的検討に関する、研究の初期段階から、究明が盛んになされた1980年代までに公表された主要文献には、つぎの各研究者ほかのものがある。
　　今里幾次（1965、1977）、藤井直正（1968）、佐原真（1970、1980）、佐原真・髙井悌三郎（1971）、都出比呂志（1974、1979、1983）、沢田正昭・秋山隆保（1980）、菅原正明（1980a、1980b）、西宮克彦（1980）、東大阪市立郷土博物館（下村晴文・福永信雄）（1980）、安田博幸（1980）、第15回研究集会世話人会編（1984）、藤田憲司（1984）、秋山浩三（1986a、1989a）、広瀬和雄（1986）、三好孝一（1987）
　　また、それらの研究史の概要整理に関しては拙稿（秋山 1986a）を参照されたい。
（3）図3において、黒矢印の河内地域からの出発地点は、図中での「入江」（湖）南岸の瓜生堂遺跡の南側一帯として描出されている。ただし、些少なことがらに属するかもしれないが参考までに付記すると、この起点位置は、近年の研究成果にしたがうなら、厳密にはやや異なっていることになる。

本書第2章ほかでも記すように、現在、弥生時代中期を主とした西麓産土器の製作・生産地の中心と目されている地帯は、本図中の西ノ辻遺跡の付近とそこから南へ11kmほどの範囲の生駒山西麓沿いの一帯に相当する、とされている（図18・19ほか参照）。

（4）遺跡数・個体数に関しては、不確定要素のある資料を除外した数値で示している。本文における記載は以下同じ。

　なお、個体数の算出にあたっては、器種の推定できる底部片や体部片も1個体とした。個体識別は一応心がけたが、必ずしも厳密なものではない。私が実見できた資料については小破片も考慮に入れたが、報告書などの記載に頼らざるをえなかった資料に関しては、報告されている以上に小破片が存在していると考えられる。したがって、これら算出された個体数は、均一な基準のもとになされたものではないものの、当面のところは大方の傾向を把握する拠り所としておきたい。

（5）図6は、都出比呂志（1982）が作成掲載した成果を一部改変した。

　なお、図示されていないが、都出論文には、庄内式期（古相）の数値として、兵庫県川島遺跡第20溝の532点中の比率が記されている。それによると、壺（貯蔵形態）11%、鉢・高杯（供膳形態）19%、甕（煮沸形態）67%となる。

（6）図10に関し追註しておく。

　本章初出稿（秋山 1989a）の段階では、当該個体の実測図は未公表で、写真のみがリーフレットに掲載されていた。重要資料であるので、その写真情報を前稿にもりこんだが、他個体の土器実測図に付与した連番は省略しておいた。その後、台付無頸壺（身）部分の実測図面が公刊されたことから、本書では追加掲載することとした。本来なら、同図に新番号を付すべきではあるが、しかし、同蓋の図面に関しては未見となっているため、混乱を回避するためにも、あえて番号を省略したままとしてある。

（7）この種の壺は、井藤暁子（1987）が壺Bとするもので、管見のかぎり京都府外では、つぎのような各遺跡に搬出が確認される（各報告書などによる）。

　　　〔北河内〕太秦
　　　〔摂　津〕森の宮、東奈良、勝部、上津島、田能、加茂、天神
　　　〔和　泉〕四ツ池、池上（曽根）、栄の池、鈴の宮、西浦橋、菱木下
　　　〔大　和〕唐古（・鍵）、西田中、多、四分
　　　〔紀　伊〕岡村
　　　〔吉　備〕乙多見

（8）本章末文献−1・2・3・18・66、および、高橋美久二編（1980）、水谷寿克・引原茂治・田代弘・森下衛（1985）文献参照。

（9）都出比呂志（1983）作成表、および、本章末文献−2に掲載された集計表を一部改変合成した。

（10）ちなみに、中期の全遺跡数（南山城：15遺跡、北山城：29遺跡）と、西麓産土器搬入のあり方（南山城：5遺跡9個体、北山城：11遺跡33個体、なお、この数値は器種不明破片も算入したデータであるため、図5中の数値とは異なる）から、つぎの①～③のような試算をおこなってみた結果、下記のとおりの数値を得た。

　　　①中期全遺跡数にしめる搬入遺跡数の割合
　　　②1搬入遺跡あたりの搬入平均個体数
　　　③搬入・非搬入遺跡あわせて（つまり全遺跡数）の、仮算出した1遺跡あたりの搬入平均個体数
　　　南山城──①33%、②1.8個体、③0.6個体
　　　北山城──①38%、②3.0個体、③1.1個体

　このことからも、搬入された遺跡数でも個体数でも、北山城のほうが高い出現度数であるといえる。なお、中期の全遺跡数値は、千喜良淳（1987）の成果によった。

（11）関連事項を記しておく。

　弥生時代中期における近畿地方内部では、各小地域の土器にうかがえる地域色が顕在化する。この段階にみられる、北山城・乙訓地域における西麓産土器の搬入状況と人々の移動動向のあり方を連動させ、土器地域

色の発現様相メカニズムについて、先稿（秋山 1986a）で検討をおこなっているので参照されたい。
　つまり、「近畿地方において、地域色の顕在化が著しい弥生時代中期には、その地域を越えての土器製作者の移動と接触の頻度数が低いといえる。これは、搬入b類型とした弥生時代中期の乙訓地域への生駒山西麓産土器搬入の在り方と付合する。すなわち、移住を伴うような活発な人間の移動がみられず、一面において固定化し閉鎖的な集団関係が予想される時期に地域色が著しくなっている」、という相関関係を提示した。
　さらに、縄文後期土器から布留式土師器までを視野に入れつつ、総体的な傾向としては、「土器に共通性がみられる時期と地域色の発現する時期は、それぞれ、（中略）土器の搬入の在り方が、搬入a類型、b類型で示される人間の移動・接触の様相と対応関係があることがわかる」、と理解した。
　粗っぽい議論ではあったが、この視座は現時点でも有効性を保有すると考えている。

(12) ただし、中期の南山城、後期の北山城の搬入a類型において、搬入器種構成は、必ずしも集落土器比率にまったくの酷似した数値を示すものではなく、貯蔵形態器種のほうが高率であるという点は注意を要する。上記地域の搬入a類型においても、搬入b類型的な交流関係が、その基盤に存在していたことは十分に予想できよう。

(13) また、北山城における搬入a類型の根拠とした西麓産後期甕の出土は、これまでのところ乙訓地域（桂川右岸域）でしか確認できない。乙訓地域以外の北山城では、搬入の状況を異にする可能性も残されているが、将来的な出土量の増加をまちたい。

(14) 悉皆調査は実施できていないが参考として、西麓産土器の近接各地域における搬入状況（搬入遺跡数・個体数・器種ほか）を手許の資料で仮集計し、機械的に搬入類型をあてはめてみるとつぎのようになる。

　　　中期——〔摂津〕　12遺跡、約30個体のうち甕1個体（約3％）　：a類型（ややb類型に近い傾向）
　　　　　　　〔北河内〕5遺跡、約10個体のうち甕1個体（約10％）　：a類型
　　　　　　　〔大和〕　7遺跡、16個体のうち甕1個体（6％）　　　：a類型
　　　後期——〔摂津〕　8遺跡、42個体のうち甕10個体（24％）　　：a類型
　　　　　　　〔北河内〕8遺跡、8個体のうち甕なし（0％）　　　　：b類型
　　　　　　　〔大和〕　7遺跡、30数個体のうち甕7個体（約20％か）：a類型
　　　　（摂津に関しては、上町台地の遺跡をはぶく大阪府下分）

　このような心許ない数字から、積極的な発言をするのは慎まなければならない。
　ただ、①中期では、摂津・北河内・大和のいずれもがa類型に分類できるものの、比較的確認例の多い摂津においては、1個体以外が貯蔵・供膳形態器種でしめられておりb類型に近い様相を示す傾向がある点、②後期では、摂津と大和で比較的多くの甕が搬入されているa類型であるのに対して、北河内ではまったく甕が確認できないb類型となる点、は示唆的である。
　これらは、本文で述べた、北山城、南山城の中・後期における搬入類型のちがいと、その変化に関連した現象となる可能性がある、と私は考える。要するに、大和を一応除外しあえて記すならば、北山城は摂津との、南山城は北河内との、その動態における類似性を示すことになろうと想定している。
　くりかえしになるが、中期・後期それぞれの段階における類型差、さらに、中期から後期への類型変化、のあり方において、北山城と摂津、南山城と北河内、が同じ様相展開を示していることになる。
　このような各地への西麓産土器の搬出の様相とその評価に関しては、別の機会に述べたい。

(15) 南山城の場合、確認遺跡数は1遺跡だけであるが、当該期の遺跡数自体がこの地域では少ない点を勘案して、搬入c類型とした。

〔京都府内の生駒山西麓産弥生土器関連文献〕
・西麓産土器関連の文献に限定した（表1、図4参照）。
・西麓産土器に関する記載がまったくない文献でも、出土が確認できた調査の報文もふくめた。
・文献名末尾の〔　〕内の番号は、本章図7〜14に掲載した土器実測図がその文献からの引用であることを示す。なお、原典図を一部改変・合成したものもある。

1 ── 平良泰久 1984「考古編」『木津町史』史料篇Ⅰ［1・3・9］
2 ── 松本秀人・石井清司 1987「木津町大畠遺跡出土の弥生土器について」『京都考古』第47号［3・4］
3 ── 川西宏幸・定森秀夫・植山茂・山田邦和編 1987『京都府（仮称）精華ニュータウン予定地内遺跡発掘調査報告書―煤谷川窯址・畑ノ前遺跡―』［2］
4 ── 奥村清一郎・西川英弘 1981「興戸古墳群発掘調査概報」『田辺町埋蔵文化財調査報告書』第2集［5・6］
5 ── 久保田健士 1983「狐谷横穴群発掘調査概要」『京都府遺跡調査概報』第8冊［8］
6 ── 堤圭三郎・高橋美久二 1969「八幡丘陵地所在遺跡発掘調査概報」『埋蔵文化財発掘調査概報』1969
7 ── 石井清司 1987「八幡市幣原遺跡出土の土器について」『京都府埋蔵文化財論集』第1集
8 ── 長谷川達 1983「木津川河床遺跡発掘調査概要」『京都府遺跡調査概報』第8冊［11・12］
9 ── 黒坪一樹 1984「木津川河床遺跡 昭和58年度発掘調査概要」『京都府遺跡調査概報』第11冊
10 ── 松井忠春・岩松保 1986「木津川河床遺跡 昭和60年度発掘調査概要」『京都府遺跡調査概報』第19冊［10］
11 ── 高橋美久二・林和廣 1969「涌出宮遺跡発掘調査概要」『埋蔵文化財発掘調査概報』1969
12 ── 都出比呂志 1974「古墳出現前夜の集団関係―淀川水系を中心に―」『考古学研究』第20巻第4号
13 ── 釋龍雄 1987「ムラからクニへ」『山城町史』本文編
14 ── 長谷川達・大槻真純・小山雅人 1982「羽戸山遺跡発掘調査概要」『京都府遺跡調査概報』第2冊［7］
15 ── 京都市編 1983『史料 京都の歴史』2 考古
16 ── 鈴木久男・吉崎伸 1975「鳥羽離宮第102次調査」『昭和59年度京都市埋蔵文化財調査概要』［97］
17 ── 大矢義明・玉村登志男・永田信一 1975『平安京関係遺跡発掘調査概報―京都市高速鉄道烏丸線内遺跡発掘調査―』［66］
18 ── 寺島孝一・横田洋三・若松良一 1984『平安京左京四条三坊十三町―長刀鉾町遺跡―』『平安京跡研究調査報告』第11輯
19 ── 植山茂編 1986『平安京左京六条二坊六町』『平安京跡研究調査報告』第17輯
20 ── 高橋美久二 1974「内膳町遺跡発掘調査概要」『埋蔵文化財発掘調査概報』1974
21 ── 円勝寺発掘調査団（橋本久・浪貝毅・梅川光隆）1971「円勝寺の発掘調査（上）」『仏教芸術』82号
22 ── 京都市埋蔵文化財研究所編 1981『中臣遺跡発掘調査概要』昭和55年度
23 ── 京都市埋蔵文化財研究所編 1982『中臣遺跡発掘調査概要』昭和56年度［91］
24 ── 丸川義広・平方幸雄・菅田薫 1987『中臣遺跡発掘調査概報』昭和61年度［88〜90］
25 ── 大山崎町教育委員会（近沢豊明）1985『長岡京跡右京第188次（7ANSKT地区）―町民体育館建設に伴う発掘調査―』（現地説明会資料）
26 ── 山本輝雄・岩崎誠 1984「長岡京跡右京第104次調査概要（7ANOND地区）」『長岡京市埋蔵文化財調査報告書』第1集［132］
27 ── 岩崎誠 1985「長岡京跡左京第54次調査（7ANMOT地区）調査概要―左京七条一坊十町・太田遺跡―」『長岡京市文化財調査報告書』第14冊［133］
28 ── 奥村清一郎・戸原和人・百瀬ちどり・中塚良 1985「長岡京跡左京第53次調査（7ANMSB地区）調査概要―左京六条二坊五・十二町・下八ノ坪遺跡・久我畷―」『長岡京市文化財調査報告書』第14冊
29 ── 戸原和人 1985「長岡京跡左京第18次調査（7ANMTD地区）調査概要―左京六条二坊七町・雲宮遺跡―」『長岡京市文化財調査報告書』第14冊［13］
30 ── 久保哲正 1985「長岡京跡左京第35次調査（7ANMMO地区）調査概要―左京六条二坊一町・雲宮遺跡―」『長岡京市文化財調査報告書』第14冊［57］
31 ── 中尾秀正 1987「左京第132次（7ANMTB-2地区）調査概要」『長岡京市埋蔵文化財センター年報』昭和60年度［17・23・24］
32 ── 岩崎誠 1980「（仮）古市保育所建設にともなう発掘調査概要 長岡京跡左京第17次調査（7ANMMT地区）」『長岡京市文化財調査報告書』第5冊
33 ── 山本輝雄・久保哲正 1980「長岡京第九小学校建設にともなう発掘調査概要 長岡京跡右京第10・28次調査（7ANMMB地区）」『長岡京市文化財調査報告書』第5冊［37］
34 ── 岩崎誠 1984「京都府長岡京市の弥生土器」『埋蔵文化財研究会第15回研究集会資料』［36］
35 ──（原秀樹）「神足遺跡の弥生遺物〜生駒山西麓産の土器〜」（長岡京市埋蔵文化財センター展示室解説リーフレット）［図10－左］
36 ── 原秀樹 1987「右京第187次（7ANMTT地区）・右京第209次（7ANMTT-2地区）調査概要」『長岡京市埋蔵文化財セン

		ター年報』昭和60年度
37	—	山本輝雄 1985「長岡京跡左京第108次調査概要（7ANLHK-2地区）調査概要—左京五条一坊九町（五条大路）・馬場遺跡—」『長岡京市埋蔵文化財調査報告書』第2集［134〜139］
38	—	（木村泰彦）1988『馬場遺跡』『第7回小さな展覧会—昭和62年度発掘調査の成果から—』
39	—	山本輝雄 1987「長岡京跡左京第249次調査（7ANINE-4地区）調査概要—右京三条二坊五町（三条第二小路）・今里北ノ町遺跡—」『長岡京市文化財調査報告書』第18冊［65］
40	—	中尾秀正・谷本進・山本輝雄 1982「長岡京跡右京第53・54次調査（7ANIST-2・3地区）調査概要」『長岡京市文化財調査報告書』第9冊［54］
41	—	小田桐淳 1984「右京第140次（7ANIKE-2地区）調査概要」『長岡京市埋蔵文化財センター年報』昭和58年度［67］
42	—	原秀樹 1987「右京第202次（7ANIAE-4地区）調査概要」『長岡京市埋蔵文化財センター年報』昭和60年度［68］
43	—	小田桐淳 1987「長岡京跡右京第228次（7ANJMM地区）調査概要（1）—右京四条四坊十一町・長法寺遺跡—」『長岡京市文化財調査報告書』第18冊
44	—	渡辺博・亀割均 1986「長岡宮跡第152次（7AN16D地区）〜西辺官衙・中野遺跡〜発掘調査概要」『向日市埋蔵文化財調査報告書』第18集
45	—	國下多美樹 1988「長岡京跡右京第271次（7ANFDC地区）〜右京四条一坊三町、吉備寺遺跡〜発掘調査概要」『向日市埋蔵文化財調査報告書』第24集［94・95］
46	—	山中章・中塚良・亀割均・大井才枝・松崎俊郎 1985『鴨田遺跡』（『向日市埋蔵文化財調査報告書』第14集）［140・141・145〜150］
47	—	宮原晋一・大井才枝・清水みき 1985「長岡京跡左京第106次（7ANFTB-3）〜左京四条二坊六町・鴨田遺跡第5次〜発掘調査概報」『向日市埋蔵文化財調査報告書』第17集［151］
48	—	山中章・松崎俊郎 1980「長岡京跡左京第29・43次（7ANFHM-Ⅰ・7ANFHM-Ⅱ地区）発掘調査概要」『向日市埋蔵文化財調査報告書』第6集［128］
49	—	秋山浩三・山中章・清水みき・亀割均 1986「長岡京跡左京第120次（7ANFZN-2地区）〜二条大路、東二坊第一小路、東二坊坊間小路交差点〜発掘調査概要」『向日市埋蔵文化財調査報告書』第18集［92・93］
50	—	都出比呂志 1980「向日市に運ばれてきた弥生土器」『広報向日市』228
51	—	向日市教育委員会 1991『向日市埋蔵文化財調査報告書』第19集［42・43・117］
52	—	山中章・長谷川浩一・國下多美樹・亀割均・中井公・松崎俊郎・清水みき・伊辻忠司・橋本清一 1983「長岡京跡左京第82次（7ANEIS地区）〜左京二条三坊一町、鶏冠井遺跡第2次〜発掘調査概要」『向日市埋蔵文化財調査報告書』第10集［30］
53	—	向日市教育委員会（國下多美樹）1986『現地説明会資料 長岡京跡左京第159次（7ANENR-2地区）左京南一条三坊四町・左京二条三坊一町・南一条大路 鶏冠井遺跡』
54	—	京都大学文学部考古学研究室向日丘陵古墳群調査団（近藤喬一・都出比呂志）1971「京都向日丘陵の前期古墳群の調査」『史林』第54巻第6号
55	—	松崎俊郎 1983「長岡京跡右京第108次（7ANCKM地区）〜右京南一条二坊三町、北山遺跡第2次〜発掘調査概要」『向日市埋蔵文化財調査報告書』第10集
56	—	長岡京発掘調査団（吉本堯俊・北山惇・浪貝毅）1970『森本遺跡発掘調査概要』［127］
57	—	中山修一・小林清 1983『長岡宮跡 向日市寺戸町東野辺・森本町山開発掘調査概要』
58	—	山中章 1977「長岡宮跡第87次（7AN3A地区）発掘調査概要」『向日市埋蔵文化財調査報告書』第5集
59	—	山中章 1986「長岡宮跡第159次（7AN1C地区）〜東一坊大路〜発掘調査概要」『向日市埋蔵文化財調査報告書』第18集［70］
60	—	長谷川達・山口博・石尾政信 1985「長岡京跡左京第118次発掘調査概要（7ANDKG-3, EJS-3地区）『京都府遺跡調査概報』第15冊
61	—	竹原一彦 1980「長岡京跡左京第36次（7ANDII）発掘調査略報」『長岡京』18号
62	—	國下多美樹 1986「東土川西遺跡の弥生土器—乙訓地域における第5様式〜庄内式土器の変遷」『向日市文化資料館研究紀要』創刊号［86・87］
63	—	秋山浩三・山中章・清水みき 1988「長岡宮跡第200次（7AN6J地区）〜北辺官衙（北部）、殿長遺跡〜発掘調査概要」『向日市埋蔵文化財調査報告書』第24集
64	—	國下多美樹・中塚良 1984「中海道遺跡（第2・3・4・6次）発掘調査概要・第8235次立会調査概要」『向日市埋蔵文化財調査報告書』第13集［75・77・78］

65— 山中章 1981「長岡京跡修理式第1次(7ANBSS-1地区)分布調査概要」『向日市埋蔵文化財調査報告書』第7集
66— 京都市埋蔵文化財研究所 1981『長岡京跡(昭和55年度)京都都市計画道路1等大路第3類第46号外環状線整備事業に伴う埋蔵文化財発掘調査報告書』
67— 六勝寺研究会(梅川光隆) 1973「中久世遺跡、殿城遺跡の土器」『大薮遺跡発掘調査報告書』[32]
68— 京都市埋蔵文化財研究所 1982『中久世遺跡』
69— 上村和直 1982『中久世遺跡発掘調査概報』昭和61年度[33・49・98]
70— 水谷寿克・石井清司・村尾政人・田代弘 1984「国道9号バイパス関係遺跡昭和58年度発掘調査概要」『京都府遺跡調査概報』第12冊[153]
71— 小山雅人 1985『青野西遺跡』(『京都府遺跡調査報告書』第4冊)[154]
72— 石井清司・山口博・伊野近富・杉本宏・黒田恭正・橋本清一 1981「橋爪遺跡発掘調査概要」『埋蔵文化財発掘調査概報』1981 − 第2分冊[155・156]
73— 鍋田勇・戸原和人・藤原敏晃・黒坪一樹・中塚等 1988『古殿遺跡』(『京都府遺跡調査報告書』第9冊)
74— 奥村清一郎・林日佐子 1986『奈具岡遺跡第3次発掘調査報告書』(『京都府弥栄町文化財調査報告』第4集)[157・158]
75— 平良泰久・常盤井智行・黒田恭正編 1983『丹後大山墳墓群』(『京都府丹後町文化財調査報告』第1集)[160・161]
76— 平良泰久編 1983『丹後竹野遺跡』(『京都府丹後町文化財調査報告』第2集)[159]
77— 山中章・國下多美樹・秋山浩三 1985『特別展示図録 米作りの伝来と乙訓─弥生時代のムラとムラの交流─』
78— 秋山浩三 1986「河内からもち運ばれた土器─山城・乙訓出土の生駒山西麓産土器─」『長岡京古文化論叢』[14〜16・18〜22・25〜29・31・35・38・39・40・42・46〜48・50〜53・58〜63・69・71・74・76・79・87・96・99・116・129〜131・142〜145・152]
79(補遺)—岩崎誠・福永伸哉 1991「考古 弥生時代」『長岡京市史 資料編1』[図10 − 右]

補編1
山陽系土器について──山城地域

1── 西方地域との関係追究

　第1章で提示した、生駒山西麓産土器からみた河内地域との関係性の追究につづき、ここでは、同じく『京都府弥生土器集成』（京都府埋文調査研究セ 1989）研究企画のなかで実践した、土器類から看取できる山城地域（京都府南部）と西方諸地域との交流について検討を加える。

　以下では、山城地域の弥生土器のなかで、「山陽系」ではないかと思われる資料を提示する。なお、山陽系としたが、摂津地域（兵庫県南東部～大阪府北部）をも一部にふくめた瀬戸内地方の土器に類似する、もしくは、それらから影響を受けているのでないかと考えられる土器にもふれる。

　では、関連資料を時期ごとにみていこう（図15・16、文中の土器番号は両図中のもの、特記以外は京都府所在遺跡）。

2── 弥生前期

　前期後半：第Ⅰ様式「新」段階において、瀬戸内地方を中心に分布がみられる「瀬戸内型」甕（秋山 1992b、2007b）が数点みられる。口縁端部の外面に粘土紐をめぐらせて突出させ、断面逆L字形になるように口縁付近を成形するもので、雲宮遺跡（1、戸原 1985）、鶏冠井遺跡（2、山中・長谷川ほか 1983）、烏丸綾小路遺跡（3・4、上村・久世 1987）で確認できる。口縁端部の下に、ヘラ描き沈線文をもつもの（1～3）と無文のもの（4）がある。後者は中期初頭にく

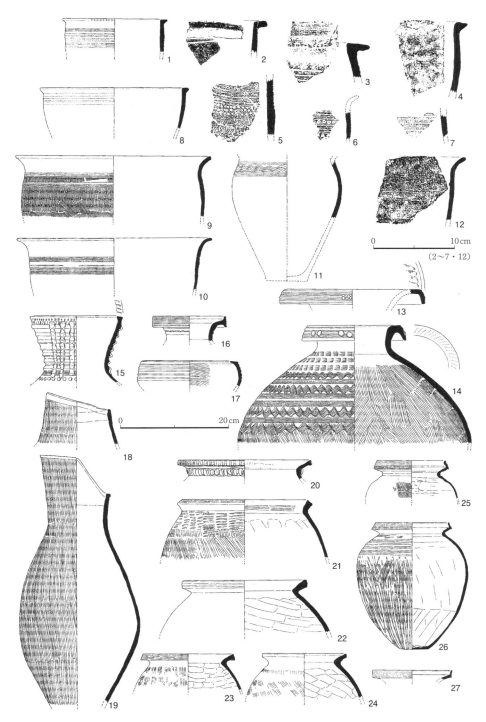

雲宮 (1・14)、鶏冠井 (2・6・7・12)、烏丸綾小路 (3・4)、古市森本 (5・9・10)、南栗ヶ塚 (8・11)、今里 (13・17・20)、西院月双町 (15)、森本 (16)、中久世 (18・19・21～24)、東土川西 (25・26)、馬場 (27)

図15 山城における「山陽系」土器関連資料の代表例 - 1

第1章 「河内系」土器について　45

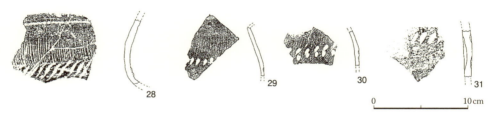

沢ノ西（28～31）

図16　山城における「山陽系」土器関連資料の代表例 - 2

だる可能性もある。

　近畿地方における前期土器の壺や甕の文様は、原則的にヘラ描き沈線でほどこされる。ただし、播磨地域（兵庫県南西部）の前期終末段階では、半截竹管を用いて多条の平行線を重ね、さらに、しばしば円形や三角形の刺突文を併用する例が多いという地域色をもつ。同種の文様構成を甕の口縁部下にもつものが、古市森本遺跡（5、岩崎 1980）や鶏冠井遺跡（6・7、山中・國下ほか 1984）でみられる。

3── 弥生中期

　中期前葉：第Ⅱ様式の甕の、口縁部下に櫛描き文をほどこすものが、瀬戸内から一部山陰地方にまで分布し、近畿の研究者によって「播磨型」甕とよばれる。櫛描き文は、直線文だけの場合と、それに波状文を加える場合がある。後者例は、兵庫県の千代田遺跡（杉原・小林 1961）や小山遺跡（今里 1969）ほかに顕著なように、播磨地域に多い傾向にある。

　山城地域では、櫛描き直線文を1帯もしくは2帯重ねるものが南栗ヶ塚遺跡（8、岩崎・白川ほか 1983）、古市森本遺跡（9・10、岩崎 1980）、吉備寺遺跡[1]、直線文に櫛描き波状文を加えるものが南栗ヶ塚遺跡（11、岩崎・白川ほか 1983）、鶏冠井遺跡（12、佐原・田辺 1965）から出土している。後者の文様構成の存在は、播磨地域との強い関連性が注意される。南栗ヶ塚遺跡の1例（8）の口縁端部は、前期からの系譜をひく逆L字形（「瀬戸内型」）を呈する。他の例は如意形（「く」字形）口縁をなす。

　中期中葉～後葉：第Ⅲ～Ⅳ様式では、壺、鉢、甕に関連資料が確認できる。

　摂津・播磨地域などで散見される壺に、外反口縁部の端部を下方に大きく垂下させ、その外面に数条の凹線文をめぐらしたのち、円形浮文などを貼り付けた形態のものがある。それに類似する例は、今里遺跡（13、高橋編 1980）や雲宮遺跡（久保 1985）をはじめ烏丸綾小路（長刀鉾町）遺跡（寺島・横田ほか 1984）、涌出宮遺跡（高橋・林 1969）など、いくつかの遺跡で確認できる。

　付言すると、このような形態とは異なるが、口縁端部を拡張し円形浮文、刺突文、凹線文などで加飾することに重点をおく壺が、山城地域でやや高い割合でみられる。これらは、播磨か

ら摂津地域の土器との関連性がうかがえる可能性がある。また、外傾する口頸部全体に突帯文を重ねる壺は、中部瀬戸内地方から播磨地域を中心に分布するが、類似資料が西院月双町遺跡（15、京都市編 1983）にある。さらに、中部瀬戸内地方の中期末（「前山Ⅱ式」～「仁伍式」、鎌木 1950、高橋 1955、1980）の壺に類似した例が、森本遺跡（16、吉本・北山ほか 1970）にみられる。頸部から短く外反した口縁部の端部を上下に拡張し、頸部、口縁部の外面に凹線文をほどこす。ただし、中部瀬戸内例では口縁部が強く内傾するのに対して、本例は垂直に近い。

播磨地域に分布の中心があり、口縁端部がほぼ水平に内側方向へ拡張される鉢で、地元研究者によって「鉢B」とよばれるものがある。体部外面には数条の凹線文がほどこされ、完形品では脚が付く。同器形のものは、山城地域では、今里遺跡（17、高橋編 1980）、西院月双町遺跡（京都市編 1983）、中久世遺跡（京都市埋文研 1982、吉村 1985）、大畠遺跡（松本・石井 1987）で、計10個体近く出土しており、比較的高い密度で分布する。

兵庫県田能遺跡（福井編 1982）などで散見され、摂津地域特有の器形とされる「長頸壺」（長胴の体部で、口縁部の一部を抉り取り片口状にする）や、さらには、大阪府安満遺跡（原口 1973）などの前・中期土器で「瓢形土器」（長胴の体部で、口縁部が傾斜する）と称されるような、特殊な器形の土器がある。それに関連する例が、中久世遺跡（18・19、京都市編 1983、吉村 1985）から出土している。ともに文様はない。

中部瀬戸内から摂津の地域にかけてみられる甕に、口縁部が「く」字形に強く屈曲し、頸部との境に粘土紐をめぐらしたのち、刺突文や押圧文をほどこす特徴的なものがある。同例が、今里遺跡（20、高橋編 1980）と畑ノ前遺跡（川西・定森ほか編 1987）にみられる。

なお、上に述べたもの以外に、山城地域の中期の壺に、頸部と体部の境に粘土紐による突帯文を貼り付け、その上に刻み目をめぐらすものが散見される。この種の壺は、山城・摂津地域などの地域色にあげられている。そのうちには、明らかに在地産以外の胎土を用いる個体があり、摂津地域からの搬入品ではないかと想定されるものが、沢ノ西遺跡（28、向日市教委 1991）などにみられる。また、甕体部に刺突文をもつ例が、同じく沢ノ西遺跡（29～31、向日市教委 1991）ほかで確認でき、瀬戸内地方との関連を予想できる可能性がある。

4— 弥生後期以降

近畿地方の中・後期：第Ⅱ～Ⅴ様式土器では、体部内面には原則的にヘラケズリはみられない。他方、瀬戸内地方では普遍的に存在し、両領域の技法のちがいとして一般的に把握されている。

山城地域では、体部内面のほぼ最上部にまでヘラケズリがほどこされる甕が、中期後葉～後期前半の土器にともなって、中久世遺跡（21～24、上村 1987）で確認できる。ほとんどの個体の口縁端部は、ていどの差こそあれ上下に拡張気味に作られ、端面には凹線文をほどこす。この口縁端部形態は、山城地域では少数派に属する。これらの形態・調整の特徴は、中部瀬戸内地方の甕とのいくばくかの共通性がうかがえる。とりわけ、（22・23）の形態・技法は、岡山県上東

遺跡の編年（柳瀬・江見ほか 1977）で後期中葉に位置づけられる「鬼川市Ⅱ式」の甕と強い共通性がみられる。(21)は、外面にタタキ技法がほどこされており、近畿・瀬戸内両地方の折衷ともいえるあり方を示す。なお、ヘラケズリ技法に関して述べれば、森山遺跡（近藤 1977）の中期後葉の大形甕で、体部の内面下半にヘラケズリがみられる例がある。

　吉備地方の南部（岡山県南部ほか）には、口縁部に立ち上がりをもつ特徴的な甕が存在する。従来では「酒津式甕」などとよばれていたものであるが、私は「吉備型甕」と記載している（秋山・小林・後藤・山崎 2000、秋山 2002c、2006cほか、本書第3章参照）。

　そのような甕が、東土川西遺跡（25・26、國下 1986）と馬場遺跡（27、山本 1985）でみられる。前者の完形品（26）は、平底で、体部は、最大径部が上位にあり肩が張る。口縁の立ち上がりは内傾し、端部がやや先細りになる。口縁外面には擬凹線文をめぐらす。体部内面はヘラケズリをほどこす。(25)は、体部下半を欠くが、類似した様相をもつ。これらの特徴から、岡山県上東遺跡における編年の「才の町Ⅱ式」に相当する。遺跡での伴出土器は、後期：第Ⅴ様式の末〜庄内式（新相）である。馬場遺跡例（27）は、口縁端部の立ち上がりがほぼ垂直で、端部は丸くおわっており、東土川西遺跡例より後出的な要素をそなえる。上東遺跡編年の「下田所式」に該当しよう。遺跡での伴出土器は、庄内式〜布留式である。これらの3個体の形態および調整の特徴は、吉備地方の甕そのものといっても過言でない。胎土の点からは判断できないが、搬入品と認定してよいであろう。

5── 今後への見通し

　上記の諸例をふまえ、簡単なまとめをしておきたい。

　①──「山陽系」かとここで理解した土器は、形態・文様・調整などに個性的な特徴をもち、他の在地産土器とは比較的たやすく区別できたものである。また、先に提示した土器のうちには、共伴した他土器の胎土と明らかなちがいをみせ、搬入品と推定できるものが例外的に存在する。しかし、ほとんどの場合は、胎土における峻別基準をみいだしえず、彼地から搬入された土器であるのか、彼地の影響を受けて山城地域で製作されたのか識別できない。したがって、山城地域の土器と類似した属性をかねそなえた土器に関しては、たとえその土器が「山陽系」方面から搬入されたものであっても、残念ながら判断が不可能となる。

　この前提にたって、あえて時期ごとに器種をみてみると、前期〜中期前葉では甕が、中期中葉〜後葉では壺、鉢、甕（前二者が主体）が、後期（以降）では甕が顕著な存在である。ただし、この傾向が、いかほどの実態（当時の地域間の交流）を反映しているのかは、今後の詳細な検討が必要である。

　②──上でふれた諸遺跡のうち、山城地域を南北に分けた場合、涌出宮遺跡、森山遺跡、畑ノ前遺跡をのぞく他の多くの遺跡は、北山城に属する。南山城では北山城に比べて土器の報告例自体が少なくやや問題があるものの、「山陽系土器」の出土する比率は、北山城のほうが高い点は否

定できない。同じ淀川水系に属しながらも、木津川流域の南山城では、瀬戸内地方との交流関係において頻度が相対的に低いといえる。

　③──後期終末以降の吉備地方の甕（「吉備型甕」）は、山城以外の近畿地方の諸地域にも搬入されている。しかしそれらのほとんどは、口縁部の立ち上がりがほぼ垂直をなす、吉備（上東遺跡）編年の「下田所式」段階のものである。そのなかにあって、東土川西遺跡の2例は1型式さかのぼる資料で、近畿地方への搬入例としてはかなり古い部類に属し注目される。

〔付記〕

　脱稿後、長法寺遺跡（長岡京市）出土資料のなかで、後期初頭の岡山県上東遺跡編年「鬼川市Ⅰ式」に相当する壺を確認する機会をえた。形態・調整などから判断して、搬入土器と考えてよいものであろう。また、共伴の甕には、体部内面を上端付近までヘラケズリし、口縁部形態が吉備地方のものに類似した例も数点みられ重要資料となる。未公表資料だったが、（財）長岡京市埋蔵文化財センター小田桐淳の配慮で実見（参考：小田桐1988）。

〔註〕
(1) 長岡京跡右京第289次（7ANFDE-2地区）発掘調査にともなって出土。（財）向日市埋蔵文化財センター松崎俊郎の配慮で確認。

補編2

ムラ・ムラの交流　河内や近江から弥生土器が移動

1── 山城地域の弥生

　ここでは、山城地域（京都府南部）の弥生文化にスポットをあててみます。
　稲作技術がいったん定着すると、人々の生活が安定しました。前期・中期・後期と時期が進むにしたがって、どんどん人口が増え、手工業もさかんになり、さらには、遠く離れたムラとの交流も活発になっていきます。その様子を、最近の発掘や研究成果から、具体的にさぐってみましょう。

2── 遺跡数が示す安定した社会

　京都府最古の弥生ムラは、長岡京市の雲宮遺跡と京都市の下鳥羽遺跡です。
　ともに桂川（淀川水系）流域に位置し、淀川経由で西方から弥生文化が伝えられたことを示しています。雲宮遺跡の最近の発掘では、古い弥生前期土器（遠賀川系土器）と最も新しい縄文土器（突帯文土器）が一緒に出土しており、縄文土器を使用する人々と、農耕技術をたずさえた新来者との接触の状況を垣間見ることができます。
　その後の遺跡数の変遷をおってみますと、前期18、中期初頭25、同中頃34、同末42、後期62となり、時期が新しくなるにつれ増えます。
　これは、農耕生産の発達にともなって人口が増加し、新しい耕地を求めて人々が未開拓の地に進出していった結果です。縄文時代では、山城地域でも時期によって遺跡数の増減が著しく、人

口の大きな変動が推測されています。不安定な狩猟・採集に生活の糧をたよらざるをえなかった時代の限界性でした。農耕という生産手段をそなえた弥生時代が、いかに安定した社会になったかがわかります。

3——鶏冠井遺跡の最古銅鐸鋳型

　向日市にある「鶏冠井」という地名を「かいで」と正確に読める人は、京都府民でも少ないでしょう。ところが、全国の考古学に関心ある人ならたやすいことです。1982年の鶏冠井遺跡における発掘で、中期初頭の銅鐸の鋳型が発見され、一躍脚光をあびたからです。鋳型は幅10cmたらずの石製小片で、鋳造面には、斜格子文様のある鐸身最上部の一部などが残っています（図17－1）。

　この鋳型から造られた銅鐸はまだ発見されていませんが、推定復原される銅鐸は、高さ約18〜20cmの小形品になります（図17－2）。これらの特徴から、最古式あるいは古式の銅鐸と推定されます。銅鐸の鋳造には高度な技術が必要です。鋳型の発見は、弥生時代の早い段階から、山城地域に相当な手工業の発達があったことを明らかにしました。

4——「引っ越し型」と「宅配便型」

　弥生人は、日頃使用する土器を、地元の粘土を用いムラのなかで作りました。そのため特徴的な粘土なら、製作地が判明することがあります。また地域ごとに文様などのちがいもみられ、土器の地域的な特色が存在します。それらの研究によって、山城地域の弥生ムラにも他地域の土器が持ち運ばれてきている事実がわかってきました。

　土器の運ばれ方には、いくつかの相違があります。

　第一は、多種類の土器が運ばれている場合で、煮たき用のカメがふくまれる点が重要です。これは生活用具をたずさえた人々の移動（移住もふくむ）が想定されます。第二は、持ち込まれた土器が、ツボのような主に貯蔵を目的とした種類である場合です。土器に入れられた物を運ぶための容器として土器が用いられた、あるいは土器そのものが珍重されて持ってこられたと考えられます。

　ここでは仮に、前者を「引っ越し型」、後者を「宅配便型」の土器の移動としておきましょう。

　運ばれた土器で識別しやすいのは、「生駒山西麓産」とよばれるものです。河内（大阪）の一部の地域で作られた土器で、チョコレート色に焼き上がっており、素地粘土に黒色粒（角閃石）をふくむ特色をもちます（本書第1章参照）。

　この土器の山城地域への運ばれ方を調べますと、前期では、引っ越し型です。弥生時代の開始期に、河内の人々が土器を持って移動してきたことがわかります。中期になると、山城の南部と

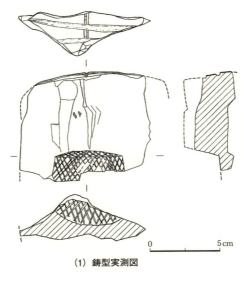

(1) 鋳型実測図

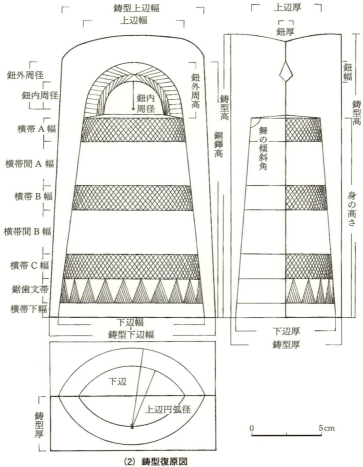

(2) 鋳型復原図

図17 鶏冠井遺跡の銅鐸鋳型とその復原案

北部で様相を異にします。南部では前期からつづく引っ越し型ですが、北部では宅配便型に変化し、人の移住はとだえたようです。ところが、後期になると状況が逆転し、南部が宅配便型、北部が引っ越し型に変わります。

　つぎに、近江地域（滋賀）からきた土器では、持ち運ばれた土器そのものの判定がむずかしいのですが、中期と後期では、山城地域全体が引っ越し型です。中期以降、近江地域からの移住も考えられる密接な交流が推測できます。ほかに、摂津（大阪・兵庫）、播磨（兵庫）、吉備（岡山ほか）などの地域から持ってこられた土器もあります。

　このような弥生土器の移動から、当時、地域間の交流がとても活発で、しかもかなり広い範囲におよび、また、山城地域内部でも、地域や時期により交流のあり方が多様であったことがわかります。

〔主要関連文献〕

　秋山浩三 1986a、1989a、1989b／石井清司 1989／國下多美樹 1989／山中章 1985

〔追記〕

　上記で、「引っ越し型」や「宅配便型」とした仮称ネーミングは、本書第1章で提示した土器搬入状態の分類における、搬入a・b類型にそれぞれ対応する。現在、愚考している搬入c・d類型をふくめての呼称を、蛇足ながら下記しておく。

「引っ越し型」……搬入a類型—器種構成のうち多くが搬入、煮沸形態の甕がふくまれている点を重視
「宅配便型」　……搬入b類型—多くはそろわず特定器種に重きがおかれて搬入、貯蔵形態が主体
「品質型」　　……搬入c類型—例外をのぞき、特定器種（機能的優品）だけの搬入が、遺跡数・土器量で非常に突出
「葬祭型」　　……搬入d類型—棺として転用される土器や墓供献土器が搬入品の場合（なお、葬送に限定するならば葬礼型とすべきではあるが、精神領域における祭祀的要因をも包括する意図をこめて、葬祭型としておく）

第2章

弥生拠点集落における土器搬入の実態

1── 検討の方向性と概要

　弥生時代における物資流通の研究は、弥生社会を理解するうえで重要課題である。
　このうち当時の日常什器類に相当する土器の移動（搬入・搬出）現象は、弥生時代の基層領域の実態を解明するために有効性を発揮する。しかも土器は、考古資料のなかで最も普遍性をそなえるとともに、腐朽などによる土中消滅がほとんどないため、その資料的な実効性は一層保証される。
　しかし従前の研究成果では、土器移動の個別的あるいは概括的な指摘はみられても、それらの資料上の数量的検討には不十分さが残ったままといわざるをえない。そこで本章では、近畿・河内地域の拠点弥生集落（図18参照）を考究の中心にすえ、土器搬入比率の時期別・器種別などの具体的算出をおこない、土器移動現象の詳細・通時的な評価の深化をはかることを目的とし検討を実施した。
　さて、考古学の研究において、産地・製作地が特定できる遺物類は、その分布や移動を追究することによって、当時の生産・流通・交流・集団・政治・社会関係等々の多くの課題究明に有効性を発揮する。弥生土器にあっては、近畿地方の生駒山西麓産土器[1]（大阪府、図19、本書第1章参照）やいわゆる紀伊産土器（和歌山県）がその類で、胎土中に前者では角閃石粒、後者では結晶片岩粒を含有する特徴などをもち、肉眼観察においても比較的たやすく識別が可能である。
　本章における基本的な検討としてまず、生駒山西麓産土器（以下本文では、西麓産土器または西麓産と記載）という、上記のように峻別容易な胎土で製作された土器群の特性を活用し、

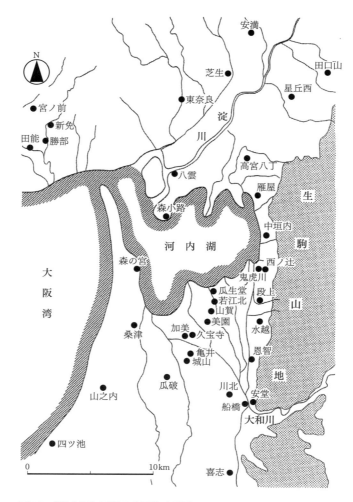

図18 「河内湖」周辺の主要弥生遺跡

弥生土器搬入・搬出（移動）に関する分析を実施する。具体的には、主としてつぎの2項目にわたる作業を試みた。

　第一としては、大阪府中部の生駒山西麓地域に位置する拠点弥生集落（群）を対象とした。

　個別の遺跡名称としては鬼虎川遺跡、西ノ辻遺跡、鬼塚遺跡、水走遺跡、植附遺跡、神並遺跡（いずれも東大阪市）として把握されているものの、それらは相互に隣接し有機的な関係を保有する。このような一個の集合体と認識してよい拠点集落となる「河内湖東岸部遺跡群」（図20）の分析をおこなった。その遺跡群の資料に焦点をあて、報告土器個体の小時期差を考慮した西麓産占有率の集計データを基礎素材に用いることにした。

　これまでにおいても、弥生時代中期後半を中心とした時期の、西麓産土器に関する同様の占有率の検討はみられた。しかし、各小期における具体的な詳細変遷を明示した成果が提出されてなかったので、本章で解明しようとする内容には一定の有意性を認めてよい。さらに、他種土器と

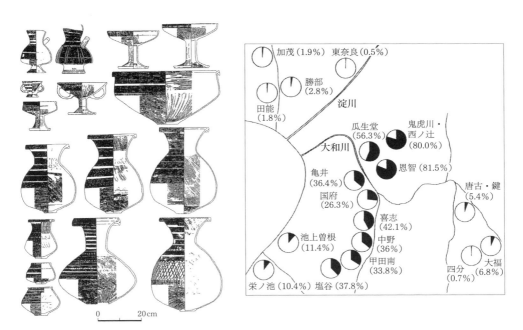

図19 生駒山西麓産土器と各集落におけるその占有比率

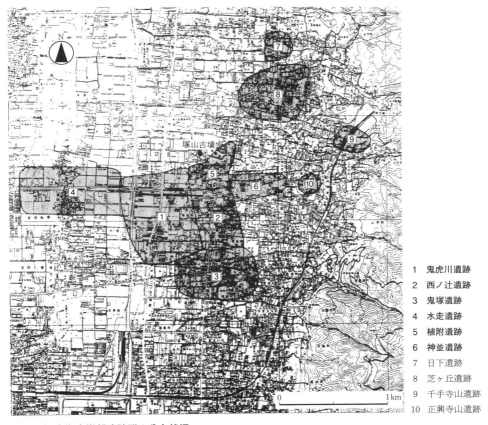

図20 河内湖東岸部遺跡群の分布状況

1 鬼虎川遺跡
2 西ノ辻遺跡
3 鬼塚遺跡
4 水走遺跡
5 植附遺跡
6 神並遺跡
7 日下遺跡
8 芝ヶ丘遺跡
9 千手寺山遺跡
10 正興寺山遺跡

第2章 弥生拠点集落における土器搬入の実態

は明確に区分できるという特異例となる、この在地の西麓産土器の占有割合にみられる消長は、他面では、各時期のその集落で出土した土器総体（消費土器）から在地産量を減ずることによって、他集落・地域から搬入されてきた土器（移動土器）の量的動態をてらしだすことになる。

また、従来から各遺跡・地域で、特定搬入土器の個体数・割合が検討されることはしばしばみられるが、それは特異品の要素だけを抽出する、特化した議論にならざるをえなかった。この点でも本章の作業は、その地域的な普遍特性を有効に活用することによって、偏向度合いのより少ない成果が期待でき、土器移動現象の考究において少なからずの意義をそなえるといえる。さらに、それらのデータを他遺跡・地域と比較することを通じて、土器移動に関する広域的かつ通時的で一般的な傾向をひきだしうる有効材料になると考えられる。

なお、上記した遺跡群名中における「河内湖」は、現在の河内（大阪）平野部において弥生時代に存在した湖沼に付与された呼称であり、図18にみられるような位置にあった。また、本章で主としてとりあげる弥生遺跡の多くはこの河内湖の周辺域に展開しているが、その立地状況などは同図で確認いただきたい。

つぎに第二の作業としては、生駒山西麓のさらに西側に広がる河内平野部に位置し、拠点集落として著名な瓜生堂遺跡（東大阪市）をとりあげた。遺跡位置は、上記した河内湖の南岸部にあたる。

この遺跡内では近年、今までほとんど発掘がおこなわれなかった北東部域で継続的な調査があらたに実施され、近接地点で前期〜後期の弥生土器がまとまって大量に出土している。1999年度から私も発掘にかかわっており、当遺跡における西麓産土器の占有率を意識した検討作業を遺物の整理段階から実施し、上記した生駒山西麓地域（河内湖東岸部遺跡群ほか）でのあり方と比較検討できる資料提示を心がけた（川瀬・秋山編 2004）。当遺跡では、これまでも中期を中心として、西麓産土器の割合が算出される報告（亀井ほか編 1996ほか）がみられたが、通時的な変遷を同じ基準で把握するには、私自身が担当した発掘で出土した土器群が好適と判断されたため検討素材とした。

以下では、これら2項目に関する成果内容を詳述し、それらをふまえた考察を加える[(2)]。

2── 生駒山西麓・河内湖東岸部遺跡群での集計データ

(1) 集計方法

まず上記第一の検討では、2002年11月までに刊行された河内湖東岸部遺跡群6遺跡の報告書（本章末尾の一覧参照）に掲載のある各期の土器個体をもとに、西麓産と非西麓産の比率の集計を実施した。これらの作業は、各遺構や比較的まとまりをそなえた包含層の資料を基本とした。データ数としては総数494件におよんだが、そのなかから夾雑物の少ない資料群を348件にしぼってグラフ化をおこなった。資料はその後、時期別と土器における各機能（貯蔵・供膳・煮沸）器種別ごとに、胎土分類にもとづく比率を割りだした。

表4　本章作業における時期区分

作業仮期	土器様式・時期区分＊	大別時期区分
①	Ⅰ〔一〕	弥生前期
②	Ⅰ〔一〕～Ⅱ〔二〕	―
③	Ⅱ〔二〕	
④	Ⅱ〔二〕～Ⅲ〔三古主体〕	弥生中期前半
⑤	Ⅲ〔三古主体〕	
⑥	Ⅲ～Ⅳ〔三新主体～四〕	
⑦	Ⅳ－1・2〔三新〕	
⑧	Ⅳ〔三新～四〕	弥生中期後半
⑨	Ⅳ－3（主体）・4〔四（古）主体〕	
⑩	Ⅳ〔四〕～Ⅴ〔五〕	―
⑪	Ⅴ〔五前半〕	
⑫	Ⅵ〔五後半〕	弥生後期
⑬	Ⅴ〔五前半〕～Ⅵ〔五後半〕	
⑭	庄内	
⑮	庄内～布留	庄内～布留式期
⑯	布留	

＊原則的に、ローマ数字は寺沢・森井 1989 編年、漢数字は佐原 1968 編年に準拠。

　時期区分（表4）に関しては、最初に、出土状況のあり方を基礎にし、仮①～⑯期というやや時間幅や過渡的状況を勘案した区分で集計した。そして、一定の時期限定が可能な資料をさらに摘出し、弥生時代前期、同中期前半、同中期後半、同後期、庄内式～布留式期（弥生時代終末～古墳時代初頭）という大別時期区分で調整しなおし、傾向を把握する方策をとった。なお、表4および本章本文中の記載においては、ローマ数字は寺沢薫・森井貞雄（1989）の編年、漢数字は佐原真（1968）の編年に依拠したものとなっている。

　機能器種別ごとの集計に関しては、基本的に貯蔵器種は壺類、供膳器種は高杯・鉢類、煮沸器種は甕類として分類[3]し、うち、口縁部径が34 cmをこえる大形甕については、かつて根拠を示したように貯蔵器種にふくめた（秋山 1991a、秋山編 2004）。

(2) 集計対象遺跡について

　分析対象とした河内湖東岸部遺跡群に属する諸遺跡のうち、鬼虎川・西ノ辻両遺跡は、西麓産土器の中心分布地の一角（図19）であり、これまでの研究では、同土器群を製作したと推定可能な遺跡となっている（三好 1987、濱田 1990）。しかも、両遺跡は拙稿（秋山 2007c、秋山・大木 2010、本書補編11参照）でも考察したように、同一集団による痕跡と判断してよい、ほぼ弥生時代全期におよぶ拠点集落であった。

　ここで参考までに、立地条件から鬼虎川・西ノ辻両遺跡の関係性についてあらためて検討しておこう。

立地環境をみると、同じ扇状地上において、鬼虎川遺跡の東側のやや高い場所に西ノ辻遺跡が形成されるという位置関係にある（図20）。両遺跡の関連性を考えるうえで、一つのてがかりとなるのが図21－1・2である。同グラフは、上記作業によって算出できた、仮時期区分（①〜⑯）ごとの両遺跡における、西麓産・非西麓産を合わせた全弥生土器の集計個体数に関する変遷を示したものである。これらをみると、鬼虎川遺跡は弥生時代前期から中期初頭にかけてピークをもつ。一方、西ノ辻遺跡の資料点数は、これに遅れて中期後半でピークを形成する様子がよみとれる。つまり、鬼虎川遺跡の点数が減少する時期に、西ノ辻遺跡では増加する。土器出土量の増減は、人間活動の推移を考えるうえで重要な指標とできる。それぞれの遺跡で土器量がピークになる時期は人々の活動最盛期であり、土器量の減少は活動域がほかへと移動したと考えられるだろう。図21－1・2にみられる様相は、鬼虎川遺跡で活動した人々の多くが西ノ辻遺跡に移動した、もしくは中心活動域が東側へ変化したことを示すと推定できる。

　要するに、両者をほぼ同一の集落遺跡としてあつかうことは、この点からも合理性をもつ。さらに、両遺跡を統合して考えることで、当該地域の土器にあらわれた動向を、ほぼ弥生時代全期を通じて検討することが可能となる。このような視点に立ち、両遺跡の集計個体数を合わせたのが図21－3である。

　上記を基礎として、これらのすぐ隣接地であり、土器製作では弥生時代前後の時期においても一連の動向を示した可能性が高い、鬼塚・水走・植附・神並の4遺跡（図20）の集計データを加味し、この地域（遺跡群）の動向をさぐってみることにしたわけである。

　なお、これら諸遺跡のまとまりは、群把握の仕方がやや異なるが、福永信雄（2001）は「鬼虎川遺跡群」、若林邦彦（2001）は「河内湖東岸遺跡群」と命名しており、他研究者によっても一定の妥当性が保証されている。些少事項に属するかもしれないが、両者理解との厳密な区別が生じる場合を考慮して、本章では仮に「河内湖東岸部遺跡群」と表記しておくことにした。

(3) 在地（生駒山西麓）産土器比率の消長

　図22〜25に、それら6遺跡総計の集計結果をグラフ化した。各図では、トーン部が西麓産、それ以外が非西麓産の占有率を示している（以下同じ）。

　図22は表4に示した仮時期区分ごとであり、数時期におよんだり過渡的な資料をふくむ数値なので参考基礎データとしてとどめておき、大別時期ごとに再整理した図23〜25で傾向を検討してみよう。図23では時期別に全器種・各機能器種ごとの比率、図24では全器種における時期ごとの比率、図25では機能器種別に時期ごとの比率、をグラフ化している。

　このうち最も大局的に時期変遷を把握しやすいのが図24で、全集計個体数中の西麓産比率は、前期88.7％、中期前半67.0％、中期後半80.2％、後期91.8％、庄内式〜布留式期52.2％となる。前期における9割近い比率が、中期前半で一旦かなり低率になり、以降では段階的に増加して、後期にいたると前期とほぼ同率に回復する。そしてその直後の庄内式〜布留式期では再び約5割まで急減する。この傾向は、図25の各機能器種別の比率でも、基本的には呼応する類似した様相をみせると判断してよい。決定的な差異を示すような、特定器種の比率における大きな変動

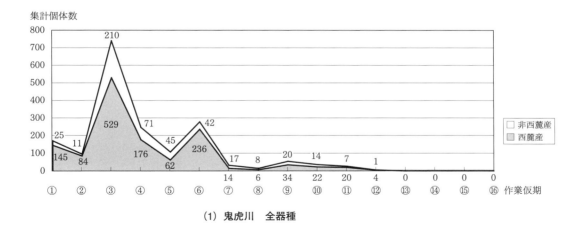
(1) 鬼虎川　全器種

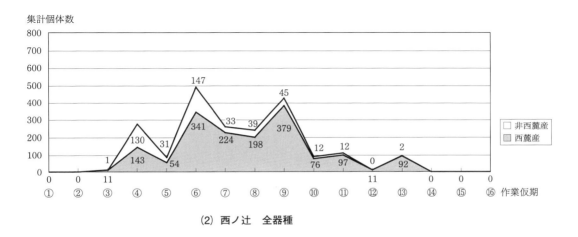
(2) 西ノ辻　全器種

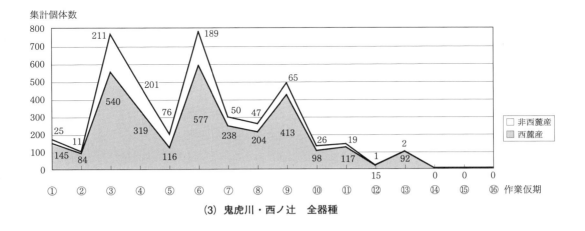
(3) 鬼虎川・西ノ辻　全器種

図21　鬼虎川・西ノ辻遺跡の集計個体数の推移

第2章　弥生拠点集落における土器搬入の実態　61

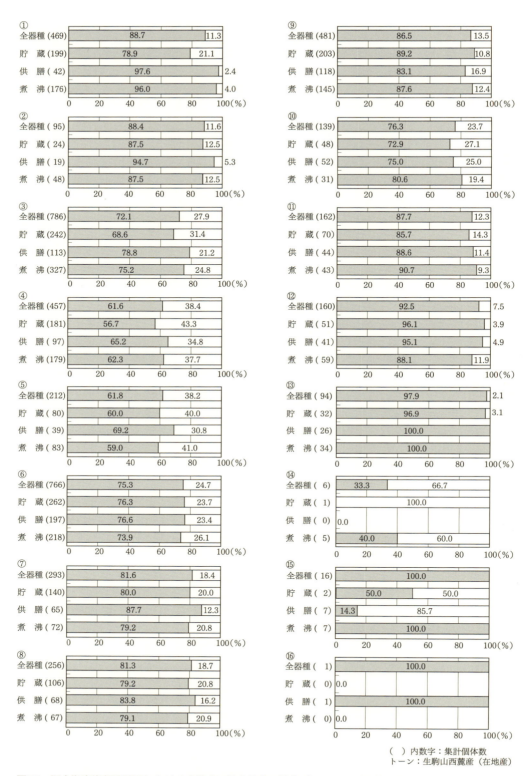

図22　河内湖東岸部遺跡群における生駒山西麓産比率の推移データ - 1（仮①〜⑯期）

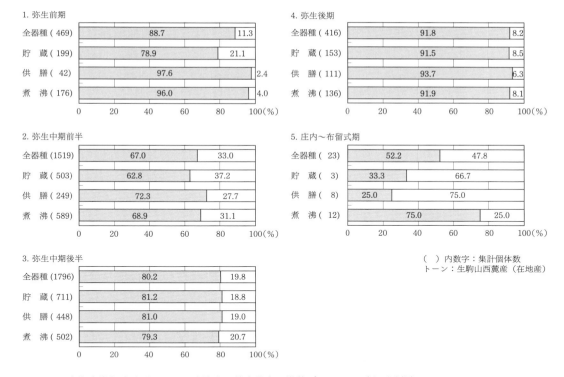

図23 河内湖東岸部遺跡群における生駒山西麓産比率の推移データ - 2（大別時期）

はない。ただ、若干の特色ある徴候として、図23・25では、前期における貯蔵器種の低率、庄内式〜布留式期における煮沸器種の高率、という現象が西麓産比率においてよみとれる。

（4）搬入（移動）土器比率の消長

　上記の傾向を搬入（移動）土器総量という視点で確認してみよう。つまり、在地産でない非西麓産土器の多寡が当該地域へ持ち込まれてきた土器の割合をあらわしているので、その様相を概観する。各図グラフにおける、トーン部以外の占有率に注目していただきたい。

　要するに、上記した在地・西麓産比率の裏返しになるわけであるが、弥生時代前期〜後期のなかでは、各期を通して1割〜3割ていどの当地域外からの土器搬入がみられ、それらは決して固定的な比率を示すものではない。

　前期と後期では、ほぼ共通して1割前後となる様相がうかがえる。だが、中期ではそれらとは大きく異なって搬入割合が増加し、とりわけ中期前半では約3割強と高率で、中期後半では約2割という数値となっている。そして、この各期の搬入率は、基本的には機能器種別でも大きな変異は示さないので、総体としての原則は、特定器種にかぎって土器が移動している現象はなさそうである。ただ先述のように、前期では供膳・煮沸器種に比べて貯蔵器種（壺）がやや目立って搬入された傾向はみられる。

　庄内式〜布留式期では、集計母数が他期に対しかなり少ないので今回のデータは参考資料にと

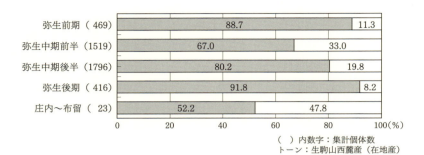

図24 河内湖東岸部遺跡群における生駒山西麓産土器の消長－1（全器種別）

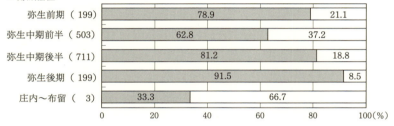

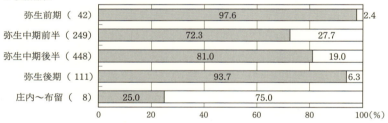

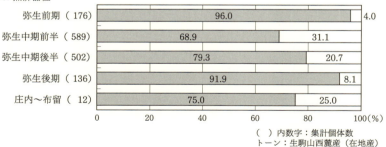

図25 河内湖東岸部遺跡群における生駒山西麓産土器の消長－2（機能別）

どめるべきとも思料されるが、総体としては、在地産と搬入品の比率がほぼ拮抗する。
　しかし、そのなかで煮沸器種においては、非西麓産の割合が低く、西麓産が高率になっている。これは庄内式期に属する西麓産胎土の甕が比較的多く確認できるからである。ただし、この種の甕の生産地は今回の分析対象地とは直接的にはかかわらない可能性が高い[4]。

(5) 当該地における従前算出データとの対比
　ここまで提示してきた集計とその解釈は、報告書に収載され胎土記載がみられる個体数を基礎にした、いわば二次的な作業結果である。そこで、これまでに同じ遺跡群内で同様の西麓産比率がだされている数値と対比し、本章のデータが有効性をそなえるか否か検証しておきたい。しかしながら、従前データで管見に上がった例は意外と少なく、つぎの3件ていどである。
　第一は図26－1の鬼虎川遺跡例（三好 1987）で、個体数という以外に基準の明記はないものの、中期において各器種とも西麓産が約76〜84％、第二は図26－2の西ノ辻遺跡59－4区例（濱田 1987）で、土器重量と個体数による算出が実施されており、西麓産が、中〜後期では86.6％と84.5％、中期（畿内三・四様式）では82.1％と80.8％というデータがだされている。第三は中期の鬼虎川遺跡（下村・福永 1980）に関する記述で、算出基準の提示はないが西麓産は約70％、という。
　これらの数値は、本章図22〜25と比較すると、厳密な時期的相応はむずかしいが、おおむね照応できる前後期データと対比するなら、それぞれ相互に大きくは乖離した比率ではない。このことから、本章の検討では相当量の母数を確保できたこともあり、有効性があるていど保証されていると判断してよいであろう。
　なお、この検証過程で付記しておきたい点は、上記のように本地域の土器資料では、西麓産土器の製作地と高唱されるにもかかわらず、具体的な比率算出の実施された例が決して多くはなく、しかも中期例に集まる実態である。要するに、従前になされた西麓産土器の占有比率をめぐる評価は、時期的にかたよった一面的で「静的」なものであった。この意味においても、本章の西麓産占有率の作業は、この種の議論において、通時的でいわば「動的」な変遷・傾向を提示しえた重要性をもつといえる。

(6) 他地域における既出の算出成果との関係
　以上、生駒山西麓の河内湖東岸部遺跡群における、弥生時代各期の在地産土器（西麓産）と搬入土器（非西麓産）の比率の変遷傾向を明らかにした。では、他地域の遺跡ではどうであろうか。かつて私がかかわる経緯があった遺跡の資料を中心に概観してみよう。

A　鶏冠井遺跡での実践例との比較
京都府南部・山城地域における弥生時代前期〜中期前半の拠点集落例（向日市所在）である。
　この地域にみられる弥生土器の在地胎土は容易には判別できない。そこで、鶏冠井遺跡の弥生土器に観察できる、含有鉱物の種類や多寡、色調、焼成具合、器表状況などにおける一定の相関

(1) 鬼虎川遺跡
　　器種構成表

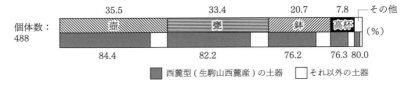

(2) 西ノ辻遺跡
　　59-4区自然河川出土弥生土器の生駒山西麓産土器の割合および器種構成表

　　　　1．出土土器にしめる生駒山西麓産土器の割合
　　　　　（a）自然河川出土土器（中期～後期）

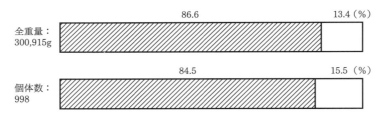

　　　　　（b）自然河川弥生包含層Ⅰ出土土器（中期）

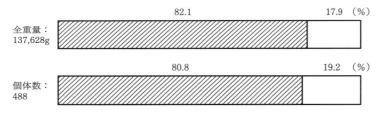

　　　　2．器種構成
　　　　　自然河川弥生包含層Ⅰ出土土器（中期）

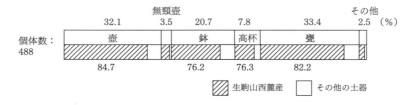

図26　河内湖東岸部遺跡群における生駒山西麓産比率の従前データ

度合を基準にし、中期前葉（畿内第二様式）土器群を対象に胎土類別をかつて試みた。そして表5に示したような、大別6類（A～E・X）・細別8類の区分（X類は分類不可能な雑多分）をおこなって集計を実施した（秋山1991a）。

　その結果、A・B類土器が比較的類似した胎土特徴をそなえつつ、両者ともに一定の割合値を示し、他の類では、雑集のX類以外はいずれも極端な低率になった。このことから、全体の69.6％に達するA・B類が鶏冠井遺跡における在地産土器で、それ以外の30.4％の他類が遠隔・隣接地からの搬入品に相当するだろうと推定できた[5]。

　この約3割の搬入比率は、上述した河内湖東岸部遺跡群の中期前半での割合とまさしく合致しており、注目できよう。

　B　亀井遺跡での実践例との比較

　大阪府中部・河内平野における弥生時代前期～後期の拠点集落例（八尾市・大阪市所在）である。生駒山西麓の諸遺跡とは約6～10㎞離れるだけで、当遺跡にとって在地産品でない西麓産土器が、「恒常的な供給体制」（広瀬1986）によって搬入されたとも評価される遺跡にあたる。

　この地域にみられる弥生土器の在地胎土も一瞥だけでは峻別できないが、亀井遺跡におけるある調査地点の中期出土資料では、土器色調や胎土含有鉱物、調整などの基準で、当遺跡産が約6割、西麓産が約3割、その他が約1割と分類されている（畑1980）。このデータの在地（当遺跡）産以外に注目すると、西麓産が大半をしめつつ、4割前後が遺跡外からの搬入品ということになる。

表5　鶏冠井遺跡の弥生中期前半土器における胎土類別集計

遺構	SD20930-B（B2層）					SD20930-B（B3層）					SD20952					SX20951					SD20954					総計								推定
	壺	鉢	甕	他	小計	壺	鉢	甕	他	小計	壺	鉢	甕	他	小計	壺	鉢	甕	他	小計	壺	鉢	甕	他	小計	壺	鉢	甕	他	小計		数字：口縁部片数		
A1	1	1	1		(3)	3	1	10		(14)	1	2	1		(4)											5	4	12		(21)	14.2%	39 (26.4%)	103 (69.6%)	鶏冠井産
A2						1	1	4		(6)	2		1	1	(4)			1		(1)						4	1	5	1	(11)	7.4%			
A3						1		3		(4)			2		(2)											1		5		(7)	4.7%			
B	1				(1)	14	2	24		(40)	5	5	11	1	(22)			1		(1)						21	7	35	1	(64)	43.2%	64 (43.2%)		
C	2				(2)						1				(1)											3				(3)	2.0%	3 (2.0%)	45 (30.4%)	搬入品
D1						1				(1)																1				(1)	0.7%	3 (2.0%)		
D2	1				(1)						1				(1)											2				(2)	1.4%			
E		1			(1)		2			(2)	1				(1)	1				(1)							5			(5)	3.4%	5 (3.4%)		
X	2		1		(3)	4		16		(20)	6		4		(10)	1				(1)						12	1	21		(34)	23.0%	34 (23.0%)		
					(11)					(88)					(42)					(4)					(3)					(148)	100%	(100%)	(100%)	

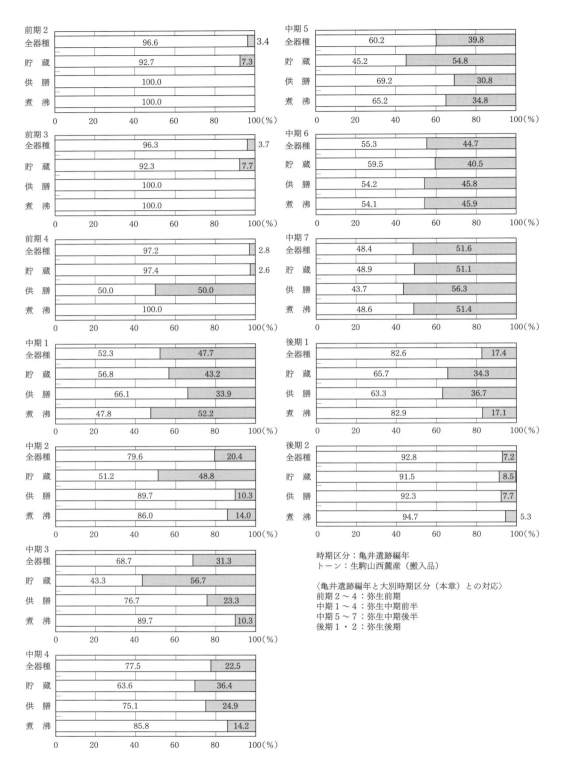

図27 亀井遺跡における生駒山西麓産比率の推移データ

(1) 亀井遺跡編年区分

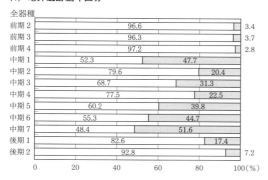

(2) 大別時期区分

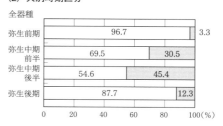

図28 亀井遺跡における生駒山西麓産土器の消長 - 1 (全器種別)

(1) 亀井遺跡編年区分

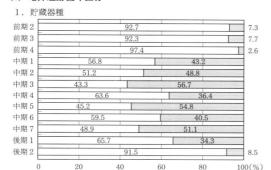

(2) 大別時期区分

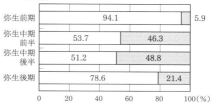

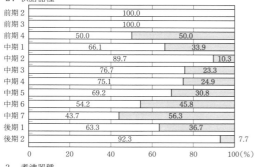

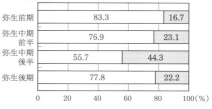

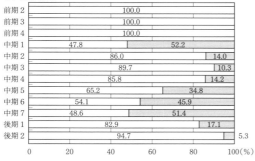

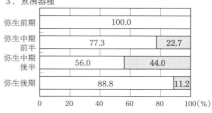

図29 亀井遺跡における生駒山西麓産土器の消長 - 2 (機能別)

第2章 弥生拠点集落における土器搬入の実態 69

また、私も発掘・整理にかかわった亀井遺跡の別調査地点では、搬入品のすべてには相当しないが西麓産の搬入比率を、詳細な時期変遷（亀井遺跡編年）にのっとって報告している（広瀬・石神・辻本・秋山ほか 1986）。その数値を基礎素材として、本章のデータ提示に準拠してグラフ化を試みたものが図27〜29にあたる。
　これらをみると、細別時期変遷や機能器種別の搬入現象のあり方には興味深い諸様相が看取でき、各種議論が可能となる要素を多含する。だが、個別検討は煩瑣になるので別の機会にはたすこととし、ここでは本章の大別時期区分（表4）に合わせ作成した図28－2、図29－2のグラフを中心に概観してみよう。
　全器種における比率動向を示す図28－2では、当遺跡搬入品の代表格である西麓産の割合は、大局的にみれば、前期と後期が低く、中期では高い。さらに、機能器種別比率（図29）においても、おおむね同じ様相を示す。この傾向は、河内湖東岸部遺跡群で把握できた図24の動向、つまり、前期と後期では在地産の西麓産がかなり高率で搬入品が低率、中期では西麓産が減少し反対に搬入品がやや突出様相を呈するという算出結果、とよく呼応する表裏相関関係の現象となる。
　要するに両地域（遺跡・遺跡群）ともに、中期段階における土器移動の比率が、前・後期に比べて極端に高くなっている実態を明示する。ただし、やや詳細に図24と図28－2の両グラフを対比するならば、亀井遺跡のほうが搬入（移動）比率において、前・後期段階では後期がやや高く、中期段階では前半に対して後半が高くなるという、河内湖東岸部遺跡群と比べての逆転現象がうかがえる。これらの相違に関しては、各遺跡・地域でのそれぞれの事情が反映していると推定できるが、これ以上の議論は不可能なので立ち入れない。
　このように、個別的現象においては様相差が看取できるが、大局的な流れとしては、河内平野部の亀井遺跡と生駒山西麓部の河内湖東岸部遺跡群の両者における共通動向が確認でき、非常に興味深い。

3 — 河内平野・瓜生堂遺跡における生駒山西麓産土器の占有率

(1) 瓜生堂遺跡北東部の調査
　私がかかわった1999年度以降の瓜生堂遺跡北東部域の発掘調査では、大略的には弥生時代各期にわたる多くの土器資料が得られており、前節における成果との資料対比に好条件をそなえている。また、当遺跡は、生駒山西麓地域に近接する沖積地・河内平野に立地し、しかも当地域を代表する弥生時代の拠点集落である点（秋山 2004e、2007b）からも、対比材料としては良資料と判断できた。そこでここでの出土品を対象とし、前節での実践内容と同様な手法で検討を加えてみることにした。なお念のために確認しておくと、当遺跡では、西麓産土器は在地産ではなく、いわゆる搬入土器となる。

（2）資料内容と集計・算出方法

　集計資料は、瓜生堂遺跡北東部域の1999年度および2001年度の各調査区（99－1～10区、01－1～3区）で出土した弥生土器片の全点を対象とした。2002年度調査区に関しては、弥生土器の出土がほとんどみられなかったので除外している（図30）。

　検討をおこなった各資料の詳細時期について述べておく。前期は、前半新相段階がほとんどで、若干の新しい土器をまじえる。中期は、後半段階が中心で、中葉段階をごく一部ふくむ。後期以降は、弥生後期前葉～庄内式期の幅をもつが、大部分は後期前葉段階に比定できる。そのような土器群資料となる。ただし、各期とも主体となる時期以外の個体数がきわめて僅少なので、データ集計上の夾雑物となる要素をほとんど排除できていると考えられ、集計算出値には大きくは影響をおよぼさないと判断できる。したがって、ここでの各期の対比資料は、前期前半（新相）、中期後半、後期前葉の土器群となる。

　出土状況では基本的に、前期では集落域、中期では集落域と墓域、後期では性格不明の集石遺構ほか、である（図30参照）。このうち中期では、極端に遺構様相が異なる二者で構成され、しかも、両者域が明瞭に空間的な分別ができるので、集落域と墓域に区分した集計も別途におこなった。

　前節の河内湖東岸部遺跡群における分析では報告書に掲載された土器資料を用いたのに対し、瓜生堂遺跡では実際の発掘品を検出・整理段階から対象にできたことになるが、集計・算出基準は基本的に前節でおこなった方法を踏襲した。

　ただし、前期の如意形（外反）口縁鉢については、口縁端付近だけの小片では甕との峻別が困難な個体が多いので、それらは一括して甕にふくめている。3機能（貯蔵・供膳・煮沸）別の集計は、口縁端部が遺存する個体でカウントし占有率を算出した。また、全器種とした個体数では、端部が遺存する蓋・脚、底部などをそれらに加算して作業をおこなっている。この算出方法によったため、データ上では、3機能器種の総計数と全器種数とは合致していない。

　さらに、本節での資料提示値は、それぞれの個体識別をおおむね実施したうえでの算出結果である。よって、資料的には個体数として置き換えてよい集計データとなっている。なお、実際の作業における検討では、個体識別を一応へた体部片をふくめた集計、さらには、破片点数にもとづく集計を、各調査区の遺構面や遺構ごとにおこない記録化した。しかし、それらを逐一紹介するのは煩雑になると判断し、具体的な算出値やグラフ化資料の提示はひかえた。

（3）生駒山西麓産比率の様相

　以下では、瓜生堂遺跡における算出結果をみていこう。

　図31には、時期別に全器種、貯蔵、供膳、煮沸の順で、西麓産の占有率をグラフ化した。

　本図をみると、前・中・後期いずれにも共通する事項として、特定の機能器種だけが高率になるということはなく、各器種が万遍なく搬入されているのがわかる。一方、相違点として、各期の占有率が決して近似したものではなく、大きく変化をみせることである。全器種における西麓産の値では、前期が85.1％、中期が38.4％、後期が19.3％となる。前期では、「搬入土器」とし

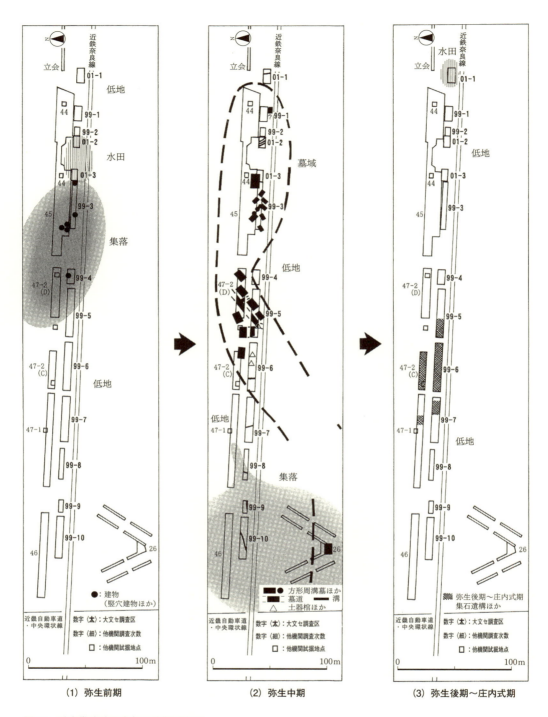

図30　瓜生堂遺跡北東部の時期別変遷

てよぶのに躊躇をおぼえるほど突出した西麓産の割合になっており、中・後期でも比較的高率を示す。なお参考までに付言しておくと、ここでの中期の占有率は、三好好一（2001b）や大庭重信（2002a）がかつて提示した瓜生堂遺跡の西麓産占有データ：56.3％（図19）より低い値になっている[6]。

つづいて、上記作業による算出値を、図33では全器種別で時期ごとに、図34では3機能器種別で時期ごとに配列しなおしグラフ化したものであるが、前述傾向の各期ごとの変遷がより把握しやすいであろう。

他方、図32は、弥生時代中期における集落域（2a）と墓域（2b）の占有率を、別個にグラフ化したものにあたる。

資料母数の少ないデータを一応除外するなら、ここでも特定器種において高率を示すことはないようである。しかし、全体（全器種）における占有率では、西麓産が集落域で36.5％、墓域で74.1％となり、検出された遺構の性格のちがいによって、倍以上のきわだった数値差となる。このことは、集落域に比べて、墓域からの出土土器（そのほとんどが方形周溝墓群の供献土器）において、西麓産土器が明らかに意図的な選定をへたうえで多用されたことを示す。

以上のとおり、瓜生堂遺跡内の近接調査区における西麓産土器の占有率は、時期ごとに変動を

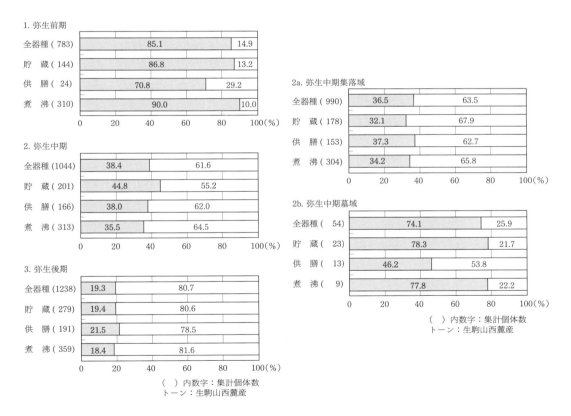

図31 瓜生堂遺跡における生駒山西麓産比率の推移データ－1（大別時期）

図32 瓜生堂遺跡における生駒山西麓産比率の推移データ－2（中期集落域・墓域別）

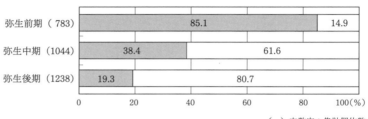

図33 瓜生堂遺跡における生駒山西麓産土器の消長 - 1（全器種別）

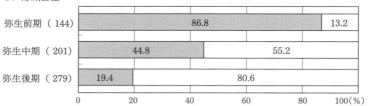

1．貯蔵器種

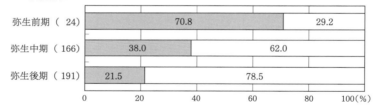

2．供膳器種

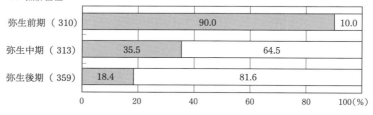

3．煮沸器種

図34 瓜生堂遺跡における生駒山西麓産土器の消長 - 2（機能別）

みせるいわば「動的現象」をあらわし、加えて、中期では、集落域と墓域で明確で大きな格差がみられる。これらの内容把握は、重要な成果といってよいであろう。

(4) 他遺跡との比較

　このような瓜生堂遺跡における西麓産土器の集計データを、前節でとりあげた河内湖東岸部遺跡群（鬼虎川・西ノ辻・鬼塚・水走・植附・神並遺跡）と亀井遺跡における様相（図24・28ほか）などと比較し、若干のコメントを付しておくことにする。

　西麓産土器群の製作地域と考えてよい河内湖東岸部遺跡群は、瓜生堂遺跡の北東約3.5～4kmの生駒山西麓扇状地に立地する。亀井遺跡は、瓜生堂遺跡の南南西約5kmの沖積地・河内平野部に位置する（図18）。前節では、これら2遺跡（群）における西麓産の占有率データから、河内地域における土器の移動現象が、大別時期的な動態として、中期段階において顕著で、それに比べ前期と後期では相対的に頻度が低かった、と推定した。

　これらの数値のあり方と、本節の瓜生堂遺跡データとを対比してみよう。

　中期と後期における瓜生堂遺跡での様相は、同じ河内平野部の亀井遺跡の状況と比較的類似した比率になっている。

　しかし、前期段階では、亀井遺跡と瓜生堂遺跡では様相がまったく異なる。つまり、西麓産の比率は、亀井遺跡では3.3％と低率[7]であるのに対して、瓜生堂遺跡では85.1％と突出的な高率を示す。今回の瓜生堂集計データ地点と同じ弥生前期集落域にふくまれ、すぐ北側で実施された東大阪市教委調査区の土器資料でも西麓産は8～9割（横山2002）をしめ、ともに異常ともいえる前期西麓産の高占有率をみせる。この瓜生堂遺跡での割合は、西麓産土器の製作地である河内湖東岸部遺跡群の前期占有率（約89％）に近接しており、河内平野部の遺跡としては特例ともいえる状況となっている。しかも重要な点として瓜生堂遺跡では、容器としての土器ではない土製品にも、西麓産胎土で製作された労働用具としての紡錘車（非土器片転用）や土錘がふくまれており、関連事項としておおいに注目できる。

　この前期段階の特殊な現象をめぐっては、次項であらためてやや詳しくとりあげるが、河内平野部の弥生開始期における、在来集団（縄文系）との関係性を考察するうえで肝要な素材となり、この地域ならではの背景が存在したと考えざるをえない。

　つぎに図35は、弥生中期段階の亀井遺跡と城山遺跡（大阪市）における、集落域土器と墓域（方形周溝墓群）供献土器中での西麓産の割合を、広口壺にかぎって示された集計結果である（若林1997、1999）。この2遺跡は、亀井遺跡が集落域主体、城山遺跡が墓域主体というように、遺構性格がまったく異なっているが、同じ集団が営んだセットとなる一遺跡群と判断してよいものである。ここでのデータでは、西麓産比率が集落域で約40％であるのに対し、墓域の供献土器では約70％にも達するという、重要な内容が得られている。このように、集落とは大きく異なった高い頻度で、墓域には西麓産が供されている実態が明確に提示されている。

　今回の瓜生堂遺跡における、中期段階の集落域と墓域での西麓産の占有率のあり方（図32）も、まさにこの傾向と合致していることになる。しかも重要なこととして、本節での集計からは、こ

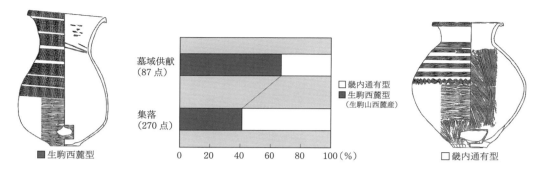

実測図土器―城山遺跡出土品（左：19号方形周溝墓、右：16号方形周溝墓）

図35　亀井・城山遺跡の弥生中期集落・墓域における広口壺の生駒山西麓産比率

の明確な格差をみせる様相は、図35で示された広口壺にかぎった特殊な現象ではなく、貯蔵・供膳・煮沸の各器種にわたり一応に貫徹されている蓋然性が高いと判断できよう。

(5) 河内湖南岸域の初期農耕集落における生駒山西麓産占有率の突出性

A　瓜生堂遺跡と若江北遺跡の高率現象

瓜生堂遺跡（北東部域）で出土した弥生前期土器における、西麓産の高率化現象（約85％）の位置づけをあらためてここで述べておく。

弥生開始期つまり初期農耕集落の段階にあたる瓜生堂遺跡において、在地で採取できる粘土素材を用いる土器製作よりも、生駒山西麓地域の胎土や土器に多くを依存している事実をどのように考えるかである。このように西麓産土器が高率をしめる現象に対する解釈として、胎土そのものが当遺跡の所在する沖積平野部まで運ばれてきて、すなわち、土器胎土の移動（搬入）を想定しての土器製作がおこなわれたと言及されることがある。しかしこの点に関しては、当遺跡北東部域の前期土器群と一緒に比較的多く出土した焼粘土塊からの所見では、胎土自体の移動は想定しにくいとほぼまちがいなく判断できた（秋山・手島ほか 2004）。

さて、瓜生堂遺跡における西麓産前期土器の突出性を検討するにあたり、重要な要素となるのは、当集落の南南西約800ｍという近接地にあり、時間的に先行し近畿最古段階の前期集落と評価される若江北遺跡（東大阪市、三好編 1996）である。この初期農耕集落でも同様に、西麓産前期土器が約80％もの高比率をしめており、他の地域や時期にはみられない、河内湖南岸域における弥生開始期にかぎった一種特殊な現象となっている。

B　近畿弥生開始期における「共生」論との関係

ところで、近年の発掘調査の進展によって、近畿地方における縄文・弥生移行期の様相が、遺構・遺物の詳細にそくして具体的に判明するようになってきている。それらの現象整理から私は、河内湖周辺地域においても、つぎのような展開がみられると想定した（秋山 1999b、1999c、

2004c、2007b）。

　すなわち、「在来・縄文系」集団と「新来・弥生系」集団の、居住・生産領域を異にするという従来説による「住み分け」論（中西 1984 ほか）ではなく、両系集団による隣接・近接地内での「共生」（共存関係）こそが、当地の弥生開始期における複雑な過渡的様相の実態を把握できるものと考えている。そして、突帯文土器（縄文晩期土器）と遠賀川系土器（弥生前期土器）という使用土器種のちがい、さらには、環濠集落や本格的水稲耕作の有無という集落形態と経済的基盤の差異をこえて、両系集団の間には、接触のおおむね当初段階からかなり密接で恒常的な交流関係が達成されていたと想定する。平たい言葉で表現するなら、「親しい近所つき合い」ともいうべき緊密状況が形成されていたと考えるわけである（本書補編10参照）。

　具体的には、大阪府中部にあたる河内湖南岸の奥地では、長原遺跡（大阪市）と八尾南遺跡（八尾市）との関係（図36）、および、田井中遺跡（八尾市）内でのあり方（図37）、さらには、近年の（財）大阪府文化財センター調査（旧JR操車場部）における久宝寺遺跡（八尾市・東大阪市）内での状況（本書補編9参照）などが代表的な事例となっている。単純化して表現するならば、これらの遺跡間・内では、ごく隣接地において、縄文末・突帯文土器（長原式ほか）を保有する在来・縄文系集団と、古い段階の遠賀川系土器をたずさえた新来・弥生系集団の両者が、その存続期の全期間といえないまでも一定の間は共生していた様相を、近年成果から十分想定できるようになってきたといえる。

　同様な現象整理は、本章2節で西麓産土器の占有率について検討を加えた、河内湖東岸域（生駒山西麓地域）においても把握できる。「河内湖東岸部遺跡群」（東大阪市）と称した集落群に包括される、鬼塚遺跡内部でのあり方、あるいは、鬼塚遺跡と植附遺跡との関係、水走遺跡と鬼虎川遺跡との関係における状況、がその具体例となる。さらには、大阪府南部・和泉地域の池浦遺跡（泉大津市）と虫取遺跡（同）との関係、四ツ池遺跡（堺市）内部の様相からも理解が可能である。加えて、この近畿地方におけるあり方は、瀬戸内地方での弥生開始期の集団関係（秋山 1995、2007b）と比較的類似したものと評価できる。

　では、今ここで問題にしている、河内湖南沿岸域、ウォーターフロントとでもいうべき瓜生堂遺跡一帯での縄文・弥生移行期における状況はどうだろうか。

　若江北遺跡、瓜生堂遺跡、および隣接地で近似した時期の山賀遺跡（東大阪市）の、直近周辺部では現在のところ、在来・縄文系集団ともいうべき突帯文土器を主体的に出土する遺跡はまったく存在しない。そのため、上記したような隣接・近接地域内での縄文・弥生両系集団間の直接的な共生関係は想定できない。今後、未知の在来・縄文系集落が発見される可能性は絶無ではなく断定はさしひかえるべきだが[8]、現状ではつぎのように推定しておきたい。この問題を考えるにあたって、一部先述したように、若江北遺跡や瓜生堂遺跡（北東部域）の弥生前期土器における、西麓産品の突出的な高比率が重要な要素となってくるわけである。

　本地域の古い段階の遠賀川系土器に非在地の西麓産が多くふくまれ、しかも前記のとおり、生業において重要な紡錘車や土錘もその胎土製であるという現象からは、在来・縄文系集団の存在が確認できる生駒山西麓地域との密接な関係は決して否定できない。一方、生駒山西麓地域は河

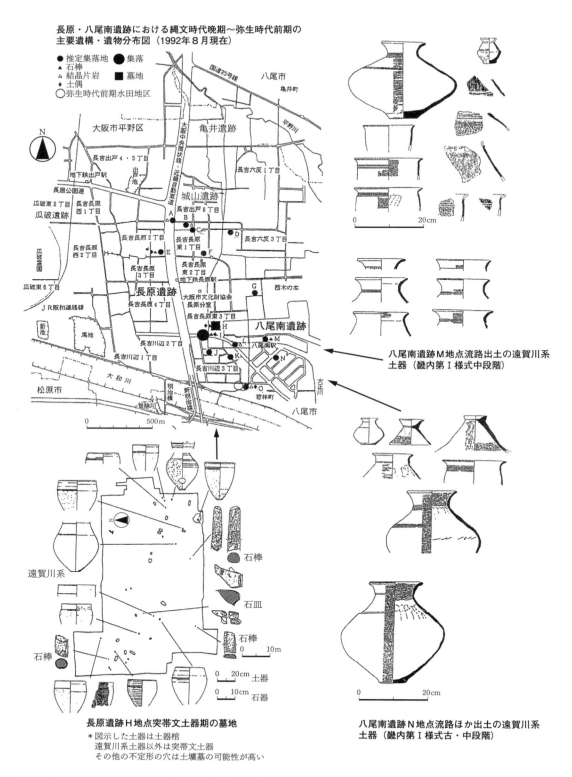

図36 縄文系集団と弥生系集団の具体的「共生」状況 − 1（長原遺跡・八尾南遺跡）

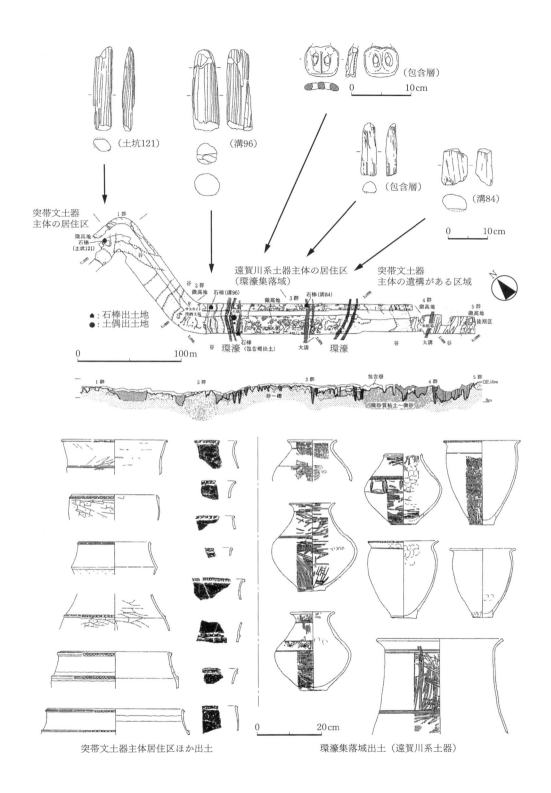

図37 縄文系集団と弥生系集団の具体的「共生」状況 - 2 (田井中遺跡)

内湖の東接部にあたり、そのすぐ沿岸域には突帯文土器やその後続型式（「水走式」）を主体的に出土する鬼塚遺跡や水走遺跡が立地するわけである（図18・20）。それら生駒山西麓地域の突帯文土器（系）集落と、初期農耕集落の瓜生堂遺跡との直線距離は約3.5 kmを測る。そして、両者間には河内湖が存在する。そのため、ともにウォーターフロント立地の集落どうしでは、湖上ルートを巧みに利用すれば指呼の間ともいうべき地理的環境にあることになる。

　したがって、河内湖を有効的に介在させることによって、湖南岸の若江北遺跡や瓜生堂遺跡の新来・弥生系集団と、湖東岸の鬼塚遺跡や水走遺跡の在来・縄文系集団とは、密接で恒常的な交流関係を形成していたのであろう。それはあたかも、他の多くの内陸地域において縄文・弥生両系集団が隣接・近接地で共生していた状況と、ほぼ同質で類似したものと推測したい。河内湖の存在自体が、陸路とは比べものにならないほど、両者間の距離感を縮めたと理解される。

　このような想定が、当時の河内湖をはじめとする自然環境的要素と、西麓産前期土器の高率という人的要素の双方を結びつけ、現状では整合的な解釈に導くものと考えられる。いうなればこの場合も、両系集団の「住み分け」というよりは、場所的特性に相応した「共生」関係の一形態として位置づけるべきと判断したい。

　上述してきた地域的関係が内在した点を前提にすることによって、この共生期およびその直後期における、河内湖南岸域での西麓産前期土器の突出的現象や同胎土の紡錘車や土錘の存在が理解できるものと考える。おそらく、生駒山西麓地域内で在来・縄文系集団と共生していた弥生系集団、もしくはその過程で「弥生化」をとげた在地集団によって製作された日常什器の遠賀川系（前期）土器や土製労働用具が、あたかも同一集団内での自給と同じようなかたちのもとで、若江北遺跡や瓜生堂遺跡へ恒常的にもたらされたのであろう（秋山 2004b、2007b）。

4— 成果の意義とさらなる課題

（1）生駒山西麓産土器研究における従前の到達点

　西麓産土器がこれまでの弥生時代研究にはたした役割は大きい。

　第一義的には、理化学的な方法を用いなくとも肉眼観察によってたやすく峻別できるという、土器胎土における属性がその最も大きな資料上の武器となっている（本書第1章参照）。ここでは詳述しないが、研究の当初段階では、その属性に着目した各地における土器移動・分布の現象整理が有効性を発揮し、それらを基礎にした分析が、当時の地域間交流や集団関係の解明への重要な切り口になった。その後、この種の胎土を使用する土器類の様式的把握や製作・生産状況、さらには、社会機能論的な位置づけにまでおよぶ議論がくりひろげられつつある。

　なかんずく本章の検討作業との関係では、三好孝一（1987、2001b）と濱田延充（1990）による一連の研究が重要である。一部先述したように両者は、それまでの地元研究者による蓄積（藤井 1968、下村・福永 1980ほか）などをふまえ、土器全体のなかでの西麓産土器の占有率を検討し、この種の土器群の製作地を究明・限定するのに少なからずの貢献をなした。

つまり、土器小様式としても独特な展開をみせる弥生時代中期（主に後半）に関して、出土土器にしめる西麓産の割合が8割前後ないしそれ以上に達する遺跡・地域を明確にした。具体として、大阪府東部の東大阪市から柏原市の生駒山西麓地域に所在する諸遺跡、北から、植附遺跡、西ノ辻遺跡、鬼虎川遺跡、鬼塚遺跡、山畑遺跡、段上遺跡（いずれも東大阪市）、水越遺跡、恩智遺跡（ともに八尾市）、安堂遺跡（柏原市）を示し、その一帯で西麓産（型）土器が製作されていた事実を解明した。三好は、このうち鬼虎川・西ノ辻遺跡、恩智遺跡における製作地としての重要性を早くから指摘している。ただし、それらの研究は中期（後半）を中心とした集計データにかぎる検討のうえに成り立っており、弥生時代のなかでの時間的一断面の、いうなれば静的現象に対する理解に依拠していた、という点は前記した。

　他方、関連事項としてかつて私は、弥生時代以外をふくめ各時代における、西麓産土器の各地への搬出状況や、土器移動の類型を考察したことがある。それにあたり、まず、生駒山西麓地域での、在地西麓産胎土による土器の製作・生産状況そのものを通時的に把握することが肝要と考え作業を実施した（秋山 1986a、1989a、1994）。本章内容とかかわりがある部分について若干ふれておく。

　具体的には、縄文時代早期から現代にいたる在地・西麓産土器類の占有率を変遷史的に検討し、概略的な叙述を試みた。すなわち、生駒山西麓地域における西麓産土器の製作・生産の画期として、①日常土器類を基本的に在地産でまかなった第Ⅰ段階（縄文時代〜庄内式期）、②特定器種だけを在地で生産し、そのほかの多器種を他地域産でおぎなった第Ⅱ段階（奈良時代〜平安時代中葉）、③在地品をまったく生産せずに、すべて他地域産品を使用する第Ⅲ段階（平安時代後葉〜現代）、というように3段階に整理でき、布留式期〜飛鳥時代は第Ⅰ段階から第Ⅱ段階への過渡期ととらえた。

　また、第Ⅰ段階に属する弥生時代では、上記の基本様相（①）をベースとしながらも、一方で、時期によっては約1〜3割の搬入品となる非西麓産土器をまじえ、それは中期で最も顕著になるようだ、と記した。そのように、弥生時代内における動態を一定ていど意識した評価を提示したつもりである。

　これらの現象理解は、基本的には今も大きな変更を必要としない。ただし、先稿（秋山 1986a）時の作業では、現在ほどには土器資料の蓄積・報告がみられない段階だったので、断片的な個別データを援用したやや粗っぽい素描、換言すれば、基盤となる資料的な質・量が相対的に低い状況下での検討だった事実は否めない。

　そのようなこれまでの付帯状況をふまえて、本章での検討を実施したことになる。内容としては頭書に示したように2項目にわたり考察を進めてきたが、それぞれの結果にかかわる事項について、従前成果を意識しつつあらためて以下に記しておく。

(2) 河内湖東岸部遺跡群での成果をめぐって

　第一項目として実施した生駒山西麓部・河内湖東岸部遺跡群における作業は、特定の遺跡群に限定した実践ではあった。しかし、中期に限定することなく弥生時代内の各小期にわたって、西

麓産土器にみられる製作・生産状況の把握をおこない、いわば動的現象として解明し具体的に描出できたといえる。さらに、そのベースとなる資料の質と量はかなりのていど担保できたとしてよいであろう。また、今回分析の河内湖東岸部遺跡群にふくまれる鬼虎川・西ノ辻両遺跡は上記の三好・濱田の研究にもあるように、当地域内では西麓産土器の製作において重要な位置をしめるだけに、その意義は大きい。

　本章の検討で明らかにできたその消長を大別時期ごとに再言すると、全器種内での西麓産の占有率は、弥生時代前期88.7%、中期前半67.0%、中期後半80.2%、後期91.8%となり、変遷史的にみて決して平板的なあり方ではなかった事実を詳細に理解できた。また、機能器種別でも、これらの数値におおむね呼応するあり方をみせる様相を、個別的に提示できた点も注目してよい。

　ただ、数値だけをとりあげるなら、中期前半において在地産土器の製作が衰退したとも、一面では短絡される向きがあるかとも考える。だが、それは実態ではなく、むしろ在地産以外の土器比率こそが、他面では重要な解明内容となっているのである。在地産品が明確に峻別できることの効用として、他地域から搬入されてきた土器類の量的変遷が理解できることになってくる。

　その視点での成果を概述すると、個別特殊な事象を除外するなら、土器移動比率は大局的様相として、前期と後期では低く中期では高い、さらに、中期段階では後半より前半のほうが土器移動が顕著、という小時期差をあるていどふまえた変遷を把握できた。要するに、各地から河内湖東岸部遺跡群へ土器が持ち込まれてきた動態を、これらのデータは従前にまして遺憾なく伝えてくれる。弥生時代を通しての、この遺跡群と他地域との交流実態を細かく動的に追究するうえで、今後の重要な定点となろう。

　また、この遺跡群における動態と他地域との対比においては、山城地域（京都府）・鶏冠井遺跡の中期前葉では近似した移動比率を示し、河内平野部（大阪府）・亀井遺跡では前・中・後期という大略区分では類似した消長をみせる、という実態も提示できた。このように、広域動向に関する評価にもつながる重要な見通しを得ることができた点も、大きな収穫として特筆してよい。

(3) 瓜生堂遺跡出土品での成果をめぐって

　第二項目としては、河内平野部・瓜生堂遺跡の弥生土器を俎上にのせた。土器比率の時期的変遷を一定ていど解明できた、生駒山西麓地域の河内湖東岸部遺跡群（鬼虎川・西ノ辻遺跡ほか）ならびに河内平野部の亀井遺跡（および城山遺跡）における西麓産占有率と、それら両地点のほぼ中間に位置する瓜生堂遺跡（北東部域）の土器データとを比較検討した。

　その結果、現象面として、同じ平野部の瓜生堂遺跡と亀井遺跡は中期と後期の段階では、土器移動における類似した傾向を示した。また、中期にあっては、集落域と墓域で西麓産占有率において格差をみせるあり方も、両遺跡（および城山遺跡）はおおむね共通したものであった。

　一方、前期段階では、瓜生堂遺跡は亀井遺跡とは異なり、むしろ生駒山西麓地域との強い共通性（占有率）をみせた。通常の観点からするなら瓜生堂遺跡にとってまさしく搬入品となる、非在地産の西麓産土器が85％も存在するというデータである。瓜生堂遺跡の前期におけるこの様相は、第一項目で把握した大局的傾向＝前期では土器移動比率が低い、という実態とはまったく

相反するものとなる。この現象の解釈をめぐって、前節末で仮説的な見通しを示した。

　約言すると、瓜生堂遺跡おいて前期西麓産の占有率が高いという特殊性は、この地域の初期農耕集団と生駒山西麓・縄文系集団との間に密接で恒常的な関係性があったことを前提とした、弥生開始期の小地域ごとの対応のあり方を反映したものと考えられる。このように、当地域特有の「弥生化」の具体相を考究することによって、生駒山西麓地域の在来・縄文系集団と、若江北遺跡や瓜生堂遺跡（北東部域）の新来・弥生系集団との間には、やや変則的な一種の「共生」関係が存在したとする推断を提示した。要するに、瓜生堂遺跡や若江北遺跡における前期西麓産の高率化（80～85％）には、ウォーターフロントにあたる河内湖南岸域ならではの、縄文・弥生移行期における個別・特殊的な事情が大きく投影されていたわけである。

（4）今後に向けて

　上記してきたような、河内湖東岸部遺跡群や河内平野部（瓜生堂遺跡、亀井遺跡ほか）における解析の結果は、ケーススタディのほんの若干例にすぎない。加えて、周辺部との対比結果でも、他遺跡・地域でのデータ蓄積や検討がはなはだ不十分である。したがって、本章の分析傾向がいかほどの範囲の遺跡群・諸地域にまで普遍化できうるのか、もしくは跛行性をもつものなのか、まったく検証過程をへていない点はもとより痛感しているつもりである。

　今後、周辺遺跡での実態を同様な視点でより綿密に検討するならば、弥生土器の移動現象や供給体制からみた、地域社会における動態の具体像がよりいっそう明確になろう。

　また、分析結果に対する詳細な解釈や背景の究明、さらにはそれらへの歴史的評価にも、本章では一部をのぞいて意識的には言及しなかった。その意味において、爾後への試金石として「作業経過報告」ともいえる考察をあえておこなった次第であり、不備点に関しては将来の課題として銘記するとともに大方のご寛恕を願いたい。

〔特記以外の主要関連文献〕
　秋山浩三 2005a、2005b／井上巖 1998、2004／（財）大阪府文化財センター 2003a／大野薫 1992／荻田昭次 1986／金村浩一・曽我恭子ほか 1999／川瀬貴子・秋山浩三 2004／小林行雄 1958／菅原章太編 1988／菅原正明編 1980／中西靖人 1992／西口陽一・宮野淳一・上西美佐子ほか 1984／西村歩編 2003／東大阪市教育委員会 1971、2001／福永信雄編 2002／三好孝一 2001a／山本博 1957

〔註〕
(1) 本書第1章でも素材とした「生駒山西麓産」土器のタームに関し、若干言及しておく。
　　私は一連の拙稿（秋山 1986a、1989aほか）において、「生駒西麓産」ではなく「生駒山西麓産」を用いている。現在では前者が多用されているようではある。しかし私自身が後者用語に固執する根拠は、この種研究の嚆矢に属する佐原真（佐原・高井 1971）の研究において、すでに「生駒山西麓（中河内）の土器」という表現が用いられたという、学史上の事項を尊重していることによる。また、佐原真の研究を引き継ぎ、発展的に生駒山西麓産土器の移動現象を整理し類別評価を与えた都出比呂志（1989a）の著作においても、「生駒山西麓産の土器」「生駒山西麓産の胎土の土器」という用語を使用し当該土器を叙述している点を付記しておきたい。
(2) 本章内容は、〈良き時代〉に存在した、（財）大阪府文化財センター 2002年度研究助成という制度のもとで実

践を進めた、生駒山西麓産土器の占有比率にかかわる研究調査報告である点を明記しておきたい（成果公刊は2006年：秋山 2006e）。

また、以下の記載では、煩瑣になるため具体的な原データや図面等々を省略した部分が多いが、それらの詳細については、かつて提示した拙稿（秋山 2004b、2004e、秋山・朝田・中川・池谷 2002、秋山・瀬川・中川 2003、秋山・中川・長友・河村 2004）ほかをぜひ参照いただきたい。

(3) この3機能器種別の区分のほかに、底部とその他（蓋、ミニチュア土器ほか）に関する集計もおこなったが、複雑になるので本章では具体的数値を提示していない。ただし、全器種の集計母数にはそれらをふくめている。
(4) 生駒山西麓（河内）産の庄内式甕の生産地に関しては、当該土器の稠密分布状況から推測して、河内湖東岸部遺跡群（東大阪市域）ではなく、より南側の生駒山西麓部（八尾市域あるいは柏原市域）に想定すべきと考えられる（本書第3章参照）。
(5) その後の、同様な胎土類別の手法を用い鶏冠井遺跡の他地点土器で分析された結果では、前・中期ともに在地産が約8割をしめるというデータが提出されている（國下 2001）。その類別基準と私がおこなった類別との相関性に関しては、いずれ検討してみたい。
(6) 三好孝一（2001b）・大庭重信（2002a）文献ともに、図示データ値は同一であるが、算出対象時期の明示がみられない。だが、両者とも弥生中期土器に関する項目における提示となっているので、対比資料として引用した。
なお、以下の本章本文で記すように、当遺跡における方形周溝墓の供献土器群では西麓産土器が高頻度をしめるので、両名算出データの原資料は墓域出土品が主体となっていたのかもしれない。
(7) 亀井遺跡における弥生前期総体としては、今回とりあげた瓜生堂遺跡での弥生前期土器より新相の土器を多くふくむ。そのことが要因で、西麓産の割合に両遺跡間で差異がでている可能性も若干考慮しておくべきではある。しかし、瓜生堂遺跡土器とほぼ同時期から直後期に相当する「亀井編年・前期2」の土器集計（図28－1）においても3.4％という低率になっており、本章での対比結果とその評価に有効性は認められよう。
(8) 山賀遺跡では、若干の縄文晩期末・突帯文土器（長原式ほか）の出土がある。この遺跡の周辺部が、未知の在来・縄文系集団の遺跡が発見される可能性をもつ候補の一つとはなる。しかし、当遺跡においては、弥生前期・遠賀川系土器の膨大な出土量に比べて突帯文土器の量は微々たるもので、現有情報ではいかんとも評価のしようがない。

〔河内湖東岸部遺跡群・土器集計データ検討文献一覧〕（発行年順、本文中で特記した文献は基本的に除外）
〈鬼虎川遺跡関係〉
東大阪市遺跡保護調査会 1980『鬼虎川遺跡調査概要Ⅰ』
東大阪市遺跡保護調査会 1981「鬼虎川遺跡発掘調査概報—昭和52・53年度—」『東大阪市遺跡保護調査会発掘調査概報集』
東大阪市遺跡保護調査会 1981『鬼虎川の銅鐸鋳型』
国道308号線関係遺跡調査会 1981『鬼虎川遺跡—東大阪都市高速鉄道東大阪線計画事業に伴う発掘調査概要（その2）—』
（財）東大阪市文化財協会 1982『鬼虎川の金属器関係遺物』
（財）東大阪市文化財協会 1983『鬼虎川遺跡第16次発掘調査概報』
（財）東大阪市文化財協会 1983『鬼虎川遺跡—東大阪都市高速鉄道東大阪線計画事業に伴う発掘調査概要（その2－2）—』
東大阪市郷土博物館 1983『鬼虎川遺跡出土遺物にみる 弥生人のくらし』
大阪府教育委員会 1984『神並・西ノ辻・鬼虎川遺跡発掘調査概要・Ⅰ—東大阪市東石切町・西石切町所在—』
（財）東大阪市文化財協会 1984『鬼虎川遺跡第7次発掘調査報告3—遺構編—』
（財）東大阪市文化財協会 1984「鬼虎川遺跡第16次発掘調査概報」『（財）東大阪市文化財協会年報 1983年度』
大阪府教育委員会 1986『神並・西ノ辻・鬼虎川遺跡発掘調査概要・Ⅱ—東大阪市東石切町・西石切町所在—』
大阪府教育委員会 1986『神並・西ノ辻・鬼虎川遺跡発掘調査概要・Ⅲ—東大阪市東石切町・西石切町所在—』
大阪府教育委員会 1987『神並・西ノ辻・鬼虎川遺跡発掘調査概要・Ⅳ—東大阪市東石切町・西石切町所在—』
（財）東大阪市文化財協会 1987『鬼虎川の木質遺物—第7次発掘調査報告書 第4冊—』
（財）東大阪市文化財協会・東大阪市教育委員会 1987『鬼虎川遺跡第12次発掘調査報告』
大阪府教育委員会・（財）東大阪市文化財協会 1988『鬼虎川遺跡第29・30次発掘調査報告』
東大阪市教育委員会・（財）東大阪市文化財協会 1988『西ノ辻・鬼虎川遺跡—西ノ辻遺跡第6次、第7次、第8次調査・鬼虎

川遺跡第18次調査概要報告書—』
(財)東大阪市文化財協会・東大阪市教育委員会 1988『鬼虎川遺跡第19次発掘調査報告』
(財)東大阪市文化財協会 1988『鬼虎川遺跡調査概要Ⅰ 遺物編 木製品』
(財)東大阪市文化財協会 1990『鬼虎川遺跡第1～3次発掘調査報告』
(財)東大阪市文化財協会 1990『鬼虎川遺跡第31次発掘調査報告』
(財)東大阪市文化財協会・東大阪市教育委員会 1992『水走遺跡第2次・鬼虎川遺跡第20次発掘調査報告』
(財)東大阪市文化財協会 1994『西ノ辻遺跡第27次・鬼虎川遺跡第32次発掘調査報告書』
大阪府教育委員会・(財)東大阪市文化財協会 1995『鬼虎川遺跡第26次・西ノ辻遺跡第18～20次調査報告—東大阪市東石切・西石切町所在—』
(財)東大阪市文化財協会 1996『鬼虎川遺跡第33次発掘調査報告』
(財)東大阪市文化財協会・東大阪市教育委員会 1997『水走遺跡第3次・鬼虎川遺跡第21次発掘調査報告』
(財)東大阪市文化財協会 1997『鬼虎川遺跡第35－1次発掘調査報告』
(財)東大阪市文化財協会 1997『鬼虎川遺跡北部の歴史時代耕作地跡と地震層序—国道170号線被服団地前交差点立体交差事業に伴う鬼虎川遺跡第38次発掘調査報告—』
東大阪市教育委員会・(財)東大阪市文化財協会 1998『鬼虎川遺跡第25次発掘調査報告』
東大阪市教育委員会・(財)東大阪市文化財協会 1998『水走・鬼虎川遺跡発掘調査報告—阪神高速道路東大阪線水走ランプ建設に伴う調査—』
(財)東大阪市文化財協会 1999「鬼虎川遺跡第40次発掘調査」『東大阪市下水道事業関連発掘調査概要報告—1998年度—』
(財)東大阪市文化財協会 2000『鬼虎川遺跡第42次発掘調査報告書——般国道170号線他鬼虎川遺跡第42次発掘調査報告書—』
(財)東大阪市文化財協会 2000『鬼虎川遺跡北部の中・近世耕作地跡—浄化槽埋設に伴う鬼虎川遺跡第43次発掘調査報告書—』
東大阪市教育委員会 2000『一般国道170号西石切立体交差事業に伴う鬼虎川遺跡第44次発掘調査報告』

〈西ノ辻遺跡関係〉

大阪府教育委員会 1984『神並・西ノ辻・鬼虎川遺跡発掘調査概要・Ⅰ—東大阪市東石切町・西石切町所在—』
大阪府教育委員会 1986『神並・西ノ辻・鬼虎川遺跡発掘調査概要・Ⅱ—東大阪市東石切町・西石切町所在—』
大阪府教育委員会 1986『神並・西ノ辻・鬼虎川遺跡発掘調査概要・Ⅲ—東大阪市東石切町・西石切町所在—』
福永信雄 1986「西ノ辻遺跡出土縄文土器について」『東大阪市文化財協会ニュース』2－1 (財)東大阪市文化財協会
大阪府教育委員会 1987『神並・西ノ辻・鬼虎川遺跡発掘調査概要・Ⅳ—東大阪市東石切町・西石切町所在—』
東大阪市教育委員会・(財)東大阪市文化財協会 1988『西ノ辻・鬼虎川遺跡—西ノ辻遺跡第6次、第7次、第8次調査・鬼虎川遺跡第18次調査概要報告書—』
(財)東大阪市文化財協会 1989「西ノ辻遺跡第24次発掘調査概報」『(財)東大阪市文化財協会概報集 1988年度』
東大阪市教育委員会・(財)東大阪市文化財協会 1989『西ノ辻遺跡第10次調査概要—遺物編—』
(財)東大阪市文化財協会 1990「西ノ辻遺跡第26次調査概報」『(財)東大阪市文化財協会年報 1989年度』
東大阪市教育委員会・(財)東大阪市文化財協会 1990『西ノ辻遺跡第16次調査概要—遺物編—』
(財)東大阪市文化財協会 1990『西ノ辻遺跡第21次調査報告』
(財)東大阪市文化財協会 1991『西ノ辻遺跡第28・29次発掘調査報告』
東大阪市教育委員会・(財)東大阪市文化財協会 1992『西之辻遺跡第23次発掘調査報告』
(財)東大阪市文化財協会 1992「西ノ辻遺跡第34次発掘調査報告」『東大阪市下水道事業関連発掘調査概要報告—1991年度—』
(財)東大阪市文化財協会 1993『西ノ辻遺跡第35次発掘調査報告』
(財)東大阪市文化財協会 1994『西ノ辻遺跡第27次・鬼虎川遺跡第32次発掘調査報告書』
(財)東大阪市文化財協会 1994『西ノ辻遺跡第36次発掘調査報告』
(財)東大阪市文化財協会 1995『西ノ辻遺跡第30次発掘調査報告』
大阪府教育委員会・(財)東大阪市文化財協会 1995『鬼虎川遺跡第26次・西ノ辻遺跡第18～20次調査報告—東大阪市東石切・西石切町所在—』
東大阪市教育委員会・(財)東大阪市文化財協会 1995『西ノ辻遺跡第22次発掘調査報告書』
(財)東大阪市文化財協会・東大阪市教育委員会 1996『西ノ辻遺跡第9次発掘調査報告』
(財)東大阪市文化財協会 1996『西ノ辻遺跡第32次発掘調査報告』

（財）東大阪市文化財協会 1996『西ノ辻遺跡第33次発掘調査報告』
（財）東大阪市文化財協会 1997「西ノ辻遺跡第31次発掘調査報告」『（財）東大阪市文化財協会年報―1996年度（1）―』
東大阪市教育委員会・（財）東大阪市文化財協会 1999『東大阪市都市高速鉄道東大阪線建設計画事業ならびに国道308号線及び都市計画道路築港枚岡線建設計画事業に伴う西ノ辻遺跡第17次発掘調査報告書』
（財）東大阪市文化財協会 1999「西ノ辻遺跡第25次発掘調査報告」『埋蔵文化財発掘調査概要集―1998年度（2）―』
（財）東大阪市文化財協会 2000『西ノ辻遺跡―第5次発掘調査概要報告書―』
東大阪市教育委員会 2000「西ノ辻遺跡第41次発掘調査」『東大阪市埋蔵文化財発掘調査概報―平成11年度―』
東大阪市教育委員会 2001「西ノ辻遺跡の第43次調査」『東大阪市下水道事業関連発掘調査概要報告―平成12年度―』

〈鬼塚遺跡関係〉
大阪府立花園高校地歴部 1970「鬼塚遺跡」『河内古代遺跡の研究』
東大阪市遺跡保護調査会 1975「鬼塚遺跡」『東大阪市遺跡保護調査会年報』
東大阪市教育委員会 1978『鬼塚遺跡発掘調査概要Ⅰ』
東大阪市遺跡保護調査会 1979「鬼塚遺跡Ⅱ」『鬼塚遺跡Ⅱ．若江遺跡発掘調査報告』
東大阪市教育委員会 1984『馬場遺跡・鬼塚遺跡・出雲井古墳群発掘調査概要』
（財）東大阪市文化財協会 1997『鬼塚遺跡第8次発掘調査報告書』
（財）東大阪市文化財協会 1997「鬼塚遺跡第20次発掘調査報告」『東大阪市下水道事業関連発掘調査概要報告―1995年度―』
（財）東大阪市文化財協会 1999「鬼塚遺跡第11次発掘調査概要報告―共同住宅建設に伴う鬼塚遺跡の調査―」『埋蔵文化財発掘調査概要集―1998年度（2）―』
（財）東大阪市文化財協会 1999「鬼塚遺跡第12次発掘調査概報」『埋蔵文化財発掘調査概要集―1998年度―』
（財）東大阪市文化財協会 1999『鬼塚遺跡第13次（遺物編）15次発掘調査報告書』
東大阪市教育委員会 2001「鬼塚遺跡の第24次調査」『東大阪市下水道事業関連発掘調査概要報告―平成12年度―』
東大阪市教育委員会 2001「暗峠越奈良街道・鬼塚遺跡（第25次）の調査」『東大阪市下水道事業関連発掘調査概要報告―平成12年度―』
東大阪市教育委員会 2001「額田寺跡（第2次）・鬼塚遺跡（第26次）の調査」『東大阪市下水道事業関連発掘調査概要報告―平成12年度―』
東大阪市教育委員会 2001「鬼虎川遺跡の第51次調査」『東大阪市下水道事業関連発掘調査概要報告―平成12年度―』
東大阪市教育委員会 2001「第11章 鬼塚遺跡の調査」『東大阪市下水道事業関連発掘調査概要報告―平成12年度―』
東大阪市教育委員会 2001「第21章 鬼塚遺跡の調査」『東大阪市下水道事業関連発掘調査概要報告―平成12年度―』

〈水走遺跡関係〉
大阪府教育委員会 1984『水走遺跡―東大阪生駒電鉄建設予定地内発掘調査概要―第6次（VE区）』
（財）東大阪市文化財協会・東大阪市教育委員会 1992『水走遺跡第2次・鬼虎川遺跡第20次発掘調査報告』
（財）東大阪市文化財協会 1995「水走遺跡第12次調査報告」『東大阪市下水道事業関連発掘調査概要報告―1993年度―』
（財）東大阪市文化財協会 1995「水走遺跡第13次調査報告」『東大阪市下水道事業関連発掘調査概要報告―1993年度―』
（財）東大阪市文化財協会 1995「水走遺跡第14次調査報告」『東大阪市下水道事業関連発掘調査概要報告―1993年度―』
（財）東大阪市文化財協会 1997「水走遺跡第10次発掘調査報告」『（財）東大阪市文化財協会年報―1996年度（1）―』
（財）東大阪市文化財協会・東大阪市教育委員会 1997『水走遺跡第3次・鬼虎川遺跡第21次発掘調査報告』
東大阪市教育委員会・（財）東大阪市文化財協会 1998『水走・鬼虎川遺跡発掘調査報告―阪神高速道路東大阪線水走ランプ建設に伴う調査―』
東大阪市教育委員会・（財）東大阪市文化財協会 2000『水走遺跡第4次発掘調査報告』

〈植附遺跡関係〉
（財）東大阪市文化財協会 1997「植附遺跡第2次発掘調査報告」『（財）東大阪市文化財協会年報―1996年度（1）―』
（財）東大阪市文化財協会 1997『植附遺跡第3次発掘調査報告』
（財）東大阪市文化財協会 1997「植附遺跡第9－1次発掘調査報告」『東大阪市下水道事業関連発掘調査概要報告― 1995年度―』
（財）東大阪市文化財協会 1997「植附遺跡第9－2次発掘調査報告」『東大阪市下水道事業関連発掘調査概要報告― 1995年度―』
（財）東大阪市文化財協会 1999『植附遺跡第5次発掘調査報告書』

〈神並遺跡関係〉
東大阪市教育委員会・（財）東大阪市文化財協会 1986『神並遺跡Ⅰ』

東大阪市教育委員会・(財) 東大阪市文化財協会 1987『神並遺跡Ⅱ』
東大阪市教育委員会・(財) 東大阪市文化財協会 1988『神並遺跡Ⅲ』
(財) 東大阪市文化財協会 1988『神並遺跡第12次発掘調査概報』
(財) 東大阪市文化財協会 1990『神並古墳群遺跡第3次発掘調査報告』
東大阪市教育委員会・(財) 東大阪市文化財協会 1992『神並遺跡ⅩⅢ―第二阪奈有料道路建設に伴う神並遺跡第13次発掘調査概要報告書―』
(財) 東大阪市文化財協会 1996『神並遺跡ⅩⅣ―第二阪奈有料道路建設に伴う神並遺跡第14次発掘調査概要報告書―』
(財) 東大阪市文化財協会 1997『神並遺跡西端部の水路跡と埋積谷 下水1－10工区管渠築造工事に伴う神並遺跡第8次発掘調査報告』
(財) 東大阪市文化財協会 2000『神並遺跡発掘調査報告集―第9・10・18・19・22次調査―』
東大阪市教育委員会 2001「神並遺跡(第28次)・若宮古墳群の調査」『東大阪市下水道事業関連発掘調査概要報告―平成12年度―』

〈各遺跡関係〉
東大阪市教育委員会・(財) 東大阪市文化財協会 1987『発掘20年のあゆみ 市政20周年記念特別展示』

補編3

「赤い器台」と「白い器台」、そして「黒い器台」
——拠点集落：池上曽根・瓜生堂からの発想

1── 池上曽根遺跡における経験から──目につく「赤い器台」

　遺跡調査に従事していると、弥生土器にかぎらず、さまざまな時代に属する各種の土器類に接する。それら出土品のなかで、多くの他資料に比べて、妙に印象に残る色合いをみせる個体にでくわす経験がしばしばある。それらは従来なら一般的に、他地域からの搬入品だろうかと、土器胎土などによる厳密な峻別をへなくとも漠然と推定することが多い。私のそのような体験の一例が、1995～1999年に発掘調査ほかにかかわった池上曽根遺跡（大阪府和泉市・泉大津市）の弥生土器をあつかっていたときにあった（図38）。

　池上曽根遺跡は、本書第11・12章でも概説するように、畿内地方南部の和泉地域に所在し、大規模で環濠をともなう全国的に著名な弥生拠点集落である。当遺跡にかぎらずこのような拠点集落では、ともかく遺物発掘量が他の中・小規模の弥生遺跡に比べ桁外れで、なかんずく土器類の出土蓄積が多い。量が膨大なだけにそれらを通覧していると、以前では見落としていた、重要で有意味な事実に気づくきっかけを獲得できることがある。その内容を以下で述べたい。

　すなわち、当遺跡のおびただしい弥生中期後半の土器中に、ほかとちがって変に目につく赤褐色系の資料があった。しかも、それはやや大形の器台にかぎられており、当時は「赤い器台」とよび注意していた（図38－2～4、いずれも筒部～脚部片）。「赤い」個体以外の器台は、淡灰白褐色～淡橙灰白色系の色調で、一瞥して色合い的にいうならば「白い器台」である（同－1）。中期弥生土器のなかで器台という器種は、壺や甕に比べ出土量はさほど多くないが、池上曽根遺跡では、単純化すると「赤」と「白」の2種色調の器台があったことになる。

　このうち「白い器台」は、当遺跡出土の他器種にみられる土器色調と比べると、やや白さが印

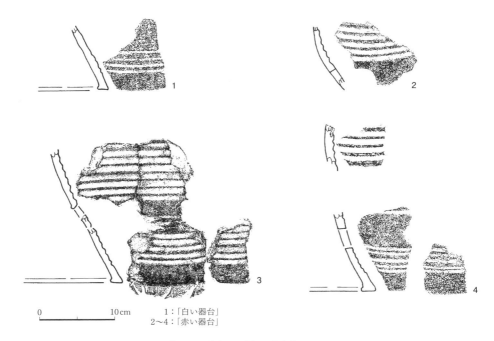

図38 池上曽根遺跡における「白い器台」と「赤い器台」

象的だが一見したところでは大きくかけ離れないため、そのほとんどが在地産品で、「赤い器台」は他地域産の搬入品だろうと単純に推測していた。そして、器台の外面にみられる凹線文の各条が、「白い」個体では幅狭く、「赤い」個体では幅広い傾向にあるようなので、色調のちがいが施文様相にも相関性をもち、ひいては製作地の別を反映している可能性を想定した（秋山編 2004）。

2── 近畿各地の土器観察で思ったこと──「赤い器台」の分布・製作地と「白い器台」

　その後、何回か近畿各地の弥生土器を観察する機会があった。すると、池上曽根遺跡で刮目した「赤い器台」に類似した資料が、各地の中期後半土器群のなかに少ないながら存在するのが判明した。実見した遺跡数自体が多くないものの、確実な例として、池上曽根遺跡と同じく和泉地域の四ツ池遺跡（大阪府堺市）、河内地域（大阪府中部）の西ノ辻遺跡（同東大阪市）、雁屋遺跡（同四條畷市、図39－2・手前2点、図40－4・5[(1)]）、長尾谷町遺跡（同枚方市）、東摂津地域（大阪府北部）の森小路遺跡（大阪市）で確認でき、少なくとも大阪府内一円の比較的広い範囲に、点在して分布する状況を把握するにいたった（秋山 2001bほか）。

　しかも、同様な「赤い」色調をみせる製品は、他の大小の器種にはなく、この種のやや大形の器台にしかみられない可能性が高いと推測できた。したがって、「赤い器台」は大阪府外のどこかに製作地があり、それが各地域に搬出されていると推定した。また、その色調以外の器台では、池上曽根遺跡で確認したような「白っぽい」資料が多い傾向もみられた。

(1) 方形周溝墓の供献土器群における「白い器台」—加美遺跡

(2) 墓域の土坑から一括出土した「赤い器台」（手前2点）と「黒い器台」（奥2点）—雁屋遺跡

(3) 生駒山西麓産土器群における「黒い器台」—瓜生堂遺跡

図39 「白い器台」「赤い器台」「黒い器台」と共伴土器ほか

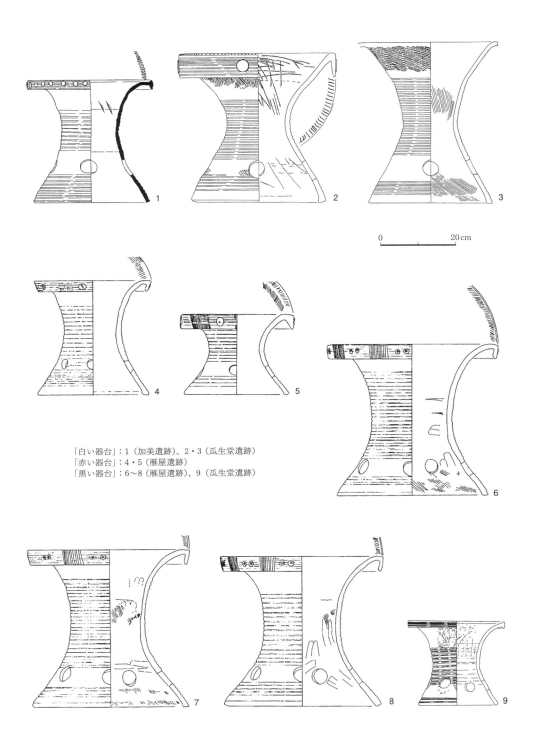

「白い器台」：1（加美遺跡）、2・3（瓜生堂遺跡）
「赤い器台」：4・5（雁屋遺跡）
「黒い器台」：6〜8（雁屋遺跡）、9（瓜生堂遺跡）

図40　近畿における「白・赤・黒の器台」の代表例

「赤い器台」にみるようなこの種の器台は、当時の土器のなかにあって決して小形品ではなく、かなり重量がかさむ個体である。類似した「大きくて重たい」土器の移動現象には、弥生時代中・後期に、生駒山西麓産の太頸壺や有段口縁壺、広口壺などの貯蔵用器種の大形品が、中河内地域から近畿各地に搬出されている事実がみられる。このように、特定地域で製作されたかぎられた器種の大形品が、やや特殊に各地へ持ち運ばれていた実態が弥生時代にあったことになる。
　なお、この「赤い器台」の製作地に関してであるが、2000年7月に開催された第10回「大阪の弥生遺跡検討会」において一定の見通しを得ることができた。
　先述した枚方市長尾谷町遺跡の「赤い器台」を観察しながら、上記のような私の雑感を森岡秀人に説明したが、そのとき、この種の赤褐色系の弥生土器は西摂津地域（兵庫県南東部）にみられる資料で、しかも胎土中に六甲花崗岩の細粒がふくまれている点から相違ないという指摘を受けた。そうすると、全点とは断言できないものの「赤い器台」は、西摂津地域の土器のなかから大形器台が選ばれ、それらが大阪府内まで遠距離移動してきた蓋然性が高いことになる。

3 ── そして、「黒い器台」

　ところで、中河内地域の生駒山西麓産土器（本書第1・2章参照）は、胎土中に角閃石粒を含有し暗褐色〜茶褐色系の色調を呈することから、肉眼観察でも峻別が容易である。その土器の色合いは、俗に「チョコレート色」とも表現されるように、近畿地方の他の土器に比べると相対的にかなり「暗い（黒い）」。
　この生駒山西麓産土器は、弥生中期土器の段階において、簾状文をはじめ櫛描き文様を駆使するが、凹線文様ではほとんど装飾されないという属性をそなえる。したがって、土器外面に凹線文を多用することが通有である器台においては、生駒山西麓産胎土で製作された個体はきわめて稀有な存在になっている。
　そのような状況にあって、全容が判明し貴重例となる生駒山西麓産胎土の大形器台が、上記した雁屋遺跡の墓域に設けられた土坑中から、「赤い器台」2個体と一緒に3個体も出土している（図39－2・奥2点、図40－6〜8）。しかも、この生駒山西麓産器台は、図・写真を瞥見するだけでわかるように、いずれも大きさや文様構成が非常に酷似しており、同一人物の製作品になる可能性も指摘されている（四條畷市教委 1994、大庭 2002b）。
　このように、同じ土坑中から完形に復原できる器台があわせて5個体も発見されたわけだが、それらは意図的に割られた状態で埋められていた。破砕埋納の背景には、何か特殊な意味合いがありそうである。そのなかに当時一般的には製作されていなかった生駒山西麓産の大形器台がふくまれていた事実からは、特別な事情のもとで特注品としてそれらが製作された可能性が指摘できよう。
　ともあれ、上記した「赤い器台」と「白い器台」のほかに、出土量は少ないものの、生駒山西麓産のいわば「黒い器台」が存在することになる。

4 ── 弥生土器の「色」の意味をめぐって

　以上のことから、近畿地方の弥生時代中期後半には、単純かつ象徴的に表現すれば、「白・赤・黒」という3色の（大形）器台があった。うち、「赤」は西摂津産の可能性が高く、「黒」は中河内（生駒山西麓）産で、他方、「白」は個別特定はできないが総体として各在地産だろうか、ということになる。つまり、3色の器台のうち「赤」「黒」の特徴的な色合いの器台では製作地がおおむね限定できるわけであり、ひいては、特定の「色」そのものが搬入土器の峻別や土器移動の研究にとって有効性を発揮するといえるのである。

　ところで、土器の色調は、各地の素地胎土中に含有されている諸成分の状況によって、焼き上がりの色合いに変化がおこり、それが製作地の個性や相違を反映する、つまり自然現象的な発露の結果である、とこれまででは一般的に理解される傾向にある。

　だが一方で、「赤」や「黒」の色調以外の器台には、通常その地域地域で観察できる土器類の普遍的な色調のなかにあって、意識的な比較をおこなうならば「白い」色合いを指向する個体が多いのではないかという傾向も、一面では看取できる可能性がある（ただし、詳細で客観的な比較検討をまったく実施していない）。

　加えて、ここまで記載してきたとおり、「白・赤・黒」というような単純タームを用い象徴化して表現できた背景には、製作地やそこで通常使用される胎土の差異だけにとどまらない何らかの要因や意図が存在したのではないか、そのように考慮すべき余地があるかもしれないと考えられる。

　上記をふまえさらに積極的な発言をするならば、弥生土器の色調に関しては、製作地（素地粘土）の比定をめぐる事項とは別に、「土器色調の意味」にかかわる問題提起や研究への方向性も含有されていることになる。弥生土器の色調のちがい自体が当時の社会において一定の意味があった、しかも、その色調差異は胎土調整の段階からあるていど意図されていた「可能性」があるのではないかという、より具体的な見通しが想起されることにもなる。

5 ── 瓜生堂遺跡における試み

　このあたりの類推を考慮して、本書第2章でもふれた瓜生堂遺跡（大阪府東大阪市、川瀬・秋山編 2004）の中期土器を中心素材とし、弥生土器の色調研究への模索的な作業・分析を実施できればと考えた。

　器台の色調をめぐって上述してきた内容は、肉眼観察によって得られた、個人的なやや情緒的ともいえる主観的印象に依拠した成果である。それに対し、上記の土器色調についての可能性を追究するには、客観的かつ具体的な検討の実践をおこなう必要性が求められる。それにあたり、当遺跡出土品の整理作業にかかわってくれていた長友朋子によって、計測器を用いることを前提

とした、土器色調に関する定量的数値化へのとりくみが実践され、比較考察が試みられた。

　ここではその検討作業における結論的な事項だけを示すと、瓜生堂遺跡出土品と他地域土器の色調を比較考察することによって、先の見通しに対するあるていどの展望を得ることができた。つまり上記の可能性がまったくの荒唐無稽ではなく、当時の社会において土器色調の差異が一定の意味をそなえており、それは胎土調整の段階から意図されていたものではないか、というものである（長友・秋山 2004）。このように、いくばくかの有効性のある成果を瓜生堂遺跡から発信できた。

　このような検討は、近畿地方の弥生土器では今までほとんど意識されたことのない分野である。それだけにまだ試行錯誤の過程でもあるが、本編の内容をふくみある問題提起の一つとして理解され、弥生土器のいろいろな色合いに意識的な観察が向けられることがあればと念じたい。

　本来ならば、計測器を駆使した瓜生堂遺跡ほかのデータや、それらに関する分析・検討内容の個別を収載しておくべきではあるが、本書の主旨から省略にしたがった。具体的な詳細等々は、長友朋子・秋山浩三（2004）や長友朋子（2013）が提示した内容において確認いただきたい。

〔特記以外の主要関連文献〕
　秋山浩三編 1998 ／（財）大阪府文化財調査研究センター 2002c ／（財）大阪府文化財調査研究センターほか 1996 ／寺沢薫・森岡秀人編 1989 ／（財）東大阪市文化財協会 1989

〔註〕
(1) 雁屋遺跡の「赤い器台」2個体は、池上曽根遺跡の破片例や他遺跡例のように、全体がやや目立つ赤褐色を呈するものではなく、部分的には淡褐色系色調を示す部分がある。したがって、他諸例とは若干様相を異にする可能性があるが、本例は全体的なイメージが赤褐色系をなすので「赤い器台」にひとまずはふくめておきたい。
　　また、そのような色調具合から、本文で後述する西摂津産品とはならないことも考慮しておくべきであろう。なお、調査・報告者の野島稔は、報告書（四條畷市教委 1994）の記載にはないが、この2個体は在地産土器の可能性を想定しているようである。

第3章
吉備・近畿の交流と土器

1 ― 要旨

　土器様（型）式にいう庄内式は、弥生時代終末または古墳時代初頭のどちらにふくめるかで研究者間において見解が分かれており、現在なお最終的な統一は図られていない。本書では原則として前者評価に与する立場をとるが、その庄内式期前後に属する、吉備系土器（吉備型甕ほか）の近畿地方出土例にかかわる検討を本章でおこなった。
　その結果、とくに吉備型甕は河内地域への圧倒的集中を示すことが明確となり、また、吉備地方で出土する外来系土器の様相などから、吉備（南部）と（中）河内との直接・相互的な強い関連性が把握できた。古墳出現にあたり吉備と大和地域は重要な位置をしめたとされるが、その大和・吉備間における密接関係の前提として、河内・大和の地域的一体性を想定すべきと理解した。
　さらにここでの成果は、近畿と吉備を中心とした土器の併行関係や実年代の検討などにおいても素材提供することができよう。

2 ― 古墳出現期の近畿と吉備

　古墳（定型化した大形前方後円墳）の誕生は近畿地方なかんずく奈良盆地東南部で達成され、その契機にあたって吉備地方が重要な位置をしめたのは大方の認めるところである。この吉備と近畿との重要な関係性をめぐって、当時の土器の交流から検討を加えてみたい。

表6　吉備・近畿の土器編年併行関係

吉　　備		近　　畿	
川入・上東編年	高橋編年	米田編年	関川編年
才の町Ⅰ	Ⅸ-a		
才の町Ⅱ	Ⅸ-b Ⅸ-c	庄内Ⅰ	纒向Ⅰ
下田所	Ⅹ-a	庄内Ⅱ	纒向Ⅱ
	Ⅹ-b Ⅹ-c	庄内Ⅲ	纒向Ⅲ（古）
亀川上層	Ⅹ-d	庄内Ⅳ	纒向Ⅲ（新）
	Ⅹ-e	庄内Ⅴ 布留Ⅰ	纒向Ⅳ

併行関係：川入・上東遺跡編年と高橋編年とは亀山 1996a、高橋・米田・関川編年
相互は庄内式土器研究会 1999 による。

　具体的には、かつて私がとりくんだ近畿出土の吉備系土器のあり方を基軸にすえ、さらに吉備出土の近畿系土器などの様相を加味し、当時の地域間交流・交渉をさぐる。また、本章の主題とした「吉備型甕」は以下でふれるように、その盛行期が古墳出現期前後に相当するため、近畿と吉備を中心とした当該期土器の併行関係や実年代の検討、古墳出現の歴史的・政治的背景の解明にあたって、本章での検討が一定の意義をもつだろうという見通しに立つものでもある。
　さて、吉備系土器の移動現象に関し最もよく周知されるのは、弥生時代末から古墳時代初頭にかけて、吉備（南部）中枢部で製作された「吉備型甕」（別称＝酒津型甕・「ボウフラ」ほか、形態的特徴などについては図43〜45、57−1参照）が、吉備以外の地域、しかも近畿をふくめた遠隔地からも出土する事実である。この吉備型甕は、その特徴的な器形や製作技法などから認識については比較的安定しており、吉備以外の地域での出土例においても峻別しやすい。そこでまず、この吉備型甕を中心素材としてとりあげ、その分布様相やそれから派生する問題などに検討を付す。
　なお、吉備における吉備型甕の分布様相は、当該地域内に普遍的にみられるのではなく、岡山県南部平野のごくかぎられた範囲に稠密分布圏を形成する。具体的には、備前（県南東部）地域南部の旭川下流域と備中（県西部）地域南部の足守川下流域の2箇所に分布中心が存在することが、近年の研究によって詳細に提示されている（松尾 1997ほか）。
　この種の甕について、近畿での出土例の集成・資料化作業をおこなったが、その多くは胎土や色調などの属性に依拠した判断によって、吉備からの搬入品としてよい例でしめられる。だが、一部には、吉備型甕と強い関連性をもって近畿で製作されたと推測できる個体も存在する。しかし、その厳密な分別が容易でないことも多い。そのため後者例もふくめて集成・検討したが、報文などで吉備型甕との関連性に言及される資料でも、十分な論拠がみられない個体は除外した。
　時期区分は、吉備では高橋護（1980、1988a、1988b、1991）による編年を、近畿各地域では基本的に庄内式編年（米田 1994）を用いた。両者の併行関係については、主として最近の『庄

内式土器研究』誌（庄内式土器研 1999 ほか）に提示される成果（表6）などを援用した。もとより、集成土器資料には小片が多く、明確な編年的位置を確定できない個体が少なからずあるが、可能性を勘案して時期比定したものもふくむ。

このようにして集成した個体を基礎にしつつ、近畿各地での分布状況を図41・42に、最も稠密分布を示す河内地域の該当資料を図43～45に掲載しておいた。

3── 近畿における吉備型甕の分布傾向と特質

(1) 分布の偏在性

近畿各地における吉備型甕を集成した結果では、現状で約80遺跡から約365点の出土例を把握することができる[1]。これらのデータをもとに、その特質について検討を加えておこう。

まず全般的な分布傾向としては、近畿中央部にあたる「畿内」各地域[2]からの出土が90％をこえることから、その分布はほぼ畿内にかぎられるといえる（図41・42・46・47）。また、畿内においても山城・和泉のしめる比率はごくわずかであり、その大半は河内・大和・摂津といった畿内中枢部に集中する。

現時点において、畿内以外での確実な搬入品例が認められるのは播磨と淡路だけであり、紀伊の諸例に関しては吉備型甕の影響を受けたと推定される個体の出土である。これらの地域では、とくに播磨や淡路における吉備との地理的近接さにもかかわらず、近畿全体にしめる出土点数の割合は10％未満である。このことは、吉備型甕の多寡が、吉備からの距離と相関関係をもつものでないことを提示している。要するに、自然拡散的な伝播分布ではなく、畿内中枢部での吉備型甕の多さは、何らかの特別な「意図」が反映された結果と解釈できる。また、播磨における出土は沿岸部に顕著であり、おそらく吉備と畿内との交通路上に主として分布していると考えられる。

つぎに、畿内内部にみられる分布傾向としては、約30遺跡・約200点を数える河内への圧倒的な集中が指摘できる（図46・47）。そして河内のなかでも、とくに旧大和川の下流部を中心とする中河内地域で突出する。弥生時代終末から古墳時代初頭にかけての河内における集落遺跡内では、約70％以上に達する遺跡で吉備型甕の出土が確認でき（図48）、この高い割合は畿内の他地域の様相とは明らかに異なる。

このように河内では、中河内地域を中心にその分布が面的な広がりを示すのに対し、摂津や和泉では、弥生時代以来の拠点集落（摂津―安満遺跡・東奈良遺跡、和泉―四ツ池遺跡）や、弥生時代終末から古墳時代初頭にかけて新たに出現する臨海部の遺跡（摂津―崇禅寺遺跡・阿倍野筋遺跡、和泉―脇浜遺跡）にかたよって分布する傾向がみられる。とくに後者の諸遺跡からは漁撈具や製塩土器が出土するなど、搬入（海上）ルートを考えるうえで示唆的である。

大和では、従来から吉備型甕の出土が多いと漠然とは理解されてきた。だが集成作業では、近畿全体の点数にしめる割合は約15％で、大和における当該期遺跡内での出土比率では約14％と

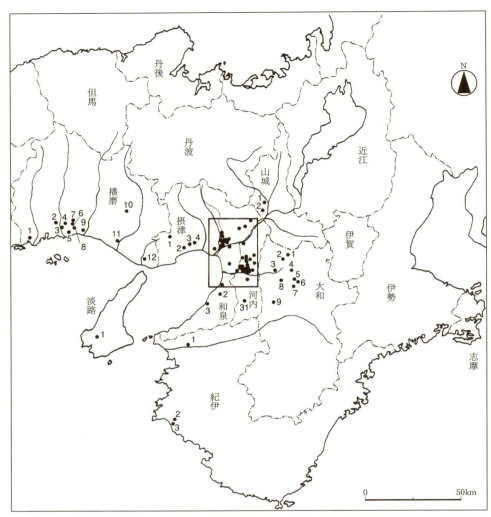

方形枠内：図42参照、その他の遺跡名：秋山（2002c）、秋山ほか（2000）文献参照。

図41　近畿における吉備型甕出土遺跡分布

なる（図47・48）。出土傾向としては摂津・和泉と同様に、弥生時代終末から新たに出現する遺跡（纒向遺跡・矢部遺跡ほか）に集中する特徴がみられる。また、纒向遺跡では未報告分が多いようであるがそれらを勘案すると、この一遺跡における点数は突出して最多になると推定できる（本書第15章参照）。纒向遺跡における詳細（報告）がより明らかになれば、大和が河内に準ずる出土量に達する可能性は高いが、残念ながら現状での追究ははたせない。

　また、山城で出土例がみられる東土川西遺跡と馬場遺跡は、ともに乙訓地域（桂川右岸域）の拠点集落である。國下多美樹（1999）によれば、乙訓地域の該期の拠点集落は、弥生時代中期から断続的につづく「弥生型集落」と、庄内式期を中心に営まれ始める「庄内型集落」とに分類でき、前者が乙訓地域北部に、後者が同南部に立地して、それぞれ遺跡群を構成するという。さらに外来系土器の搬入傾向も若干異なり、北部は近江・東海系、南部は山陰・丹後系がそれぞれ

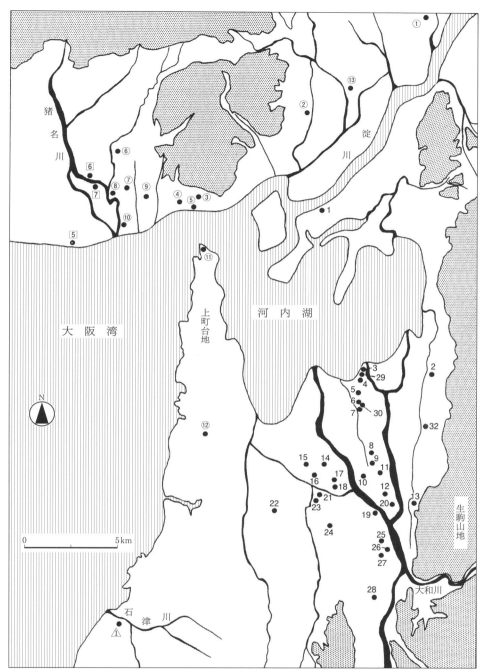

〔河内地域〕1：西三荘・八雲東、2：鬼塚、3：新家、4：西岩田、5：巨摩、6：若江北、7：山賀、8：萱振、9：東郷、10：成法寺、11：小阪合、12：中田、13：恩智、14：久宝寺、15：加美、16：亀井北、17：跡部、18：太子堂、19：志紀、20：東弓削、21：城山、22：瓜破、23：長原、24：八尾南、25：本郷、26：船橋、27：西大井、28：野中宮山（古墳）、29：意岐部、30：若江、32：池島・福万寺
〔摂津（西部）地域〕5：猪名庄、6：口酒井、7：田能高田
〔摂津（東部）地域〕①：安満、②：東奈良、③：垂水南、④：蔵人、⑤：五反島、⑥：新免、⑦：穂積、⑧：利倉西、⑨：小曽根、⑩：島田、⑪：崇禅寺、⑫：阿倍野筋、⑬：溝咋
〔和泉地域〕△：四ツ池

図42 河内・摂津・和泉の主要地域における吉備型甕出土遺跡分布

第3章 吉備・近畿の交流と土器　99

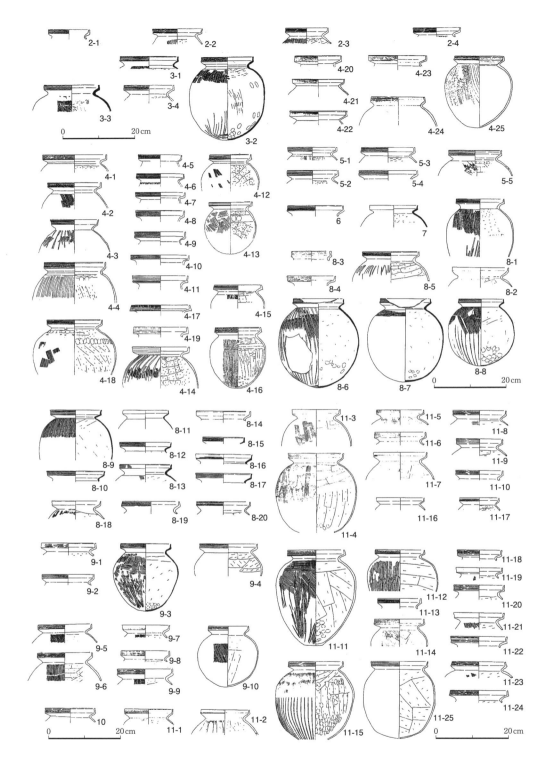

鬼塚（2）、新家（3）、西岩田（4）、巨摩（5）、若江北（6）、山賀（7）、萱振（8）、東郷（9）、成法寺（10）、小阪合（11）

図43　河内地域出土の吉備型甕集成 - 1

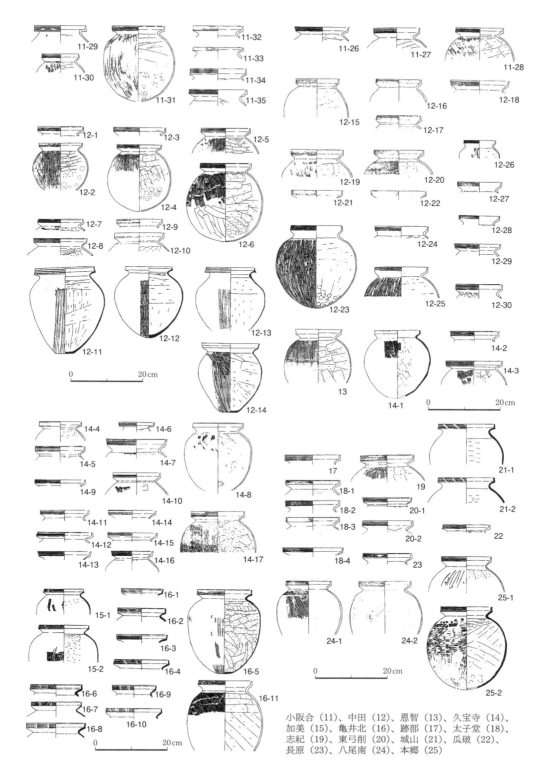

小阪合（11）、中田（12）、恩智（13）、久宝寺（14）、加美（15）、亀井北（16）、跡部（17）、太子堂（18）、志紀（19）、東弓削（20）、城山（21）、瓜破（22）、長原（23）、八尾南（24）、本郷（25）

図44　河内地域出土の吉備型甕集成 - 2

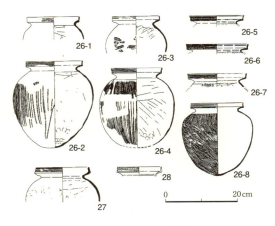
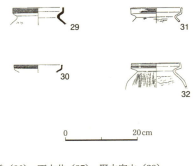

船橋（26）、西大井（27）、野中宮山（28）、
意岐部（29）、若江（30）、三日市（31）、
池島・福万寺（32）

図45　河内地域出土の吉備型甕集成・3

主体になると指摘されている。東土川西遺跡は北部の弥生型集落、馬場遺跡は南部の庄内型集落に該当する。しかし、吉備型甕に関しては両者に大きな差異がみられず、ともに少量ながらも認められることは興味深い（本書補編1参照）。

(2) 時期の偏在性

　吉備型甕の編年研究では、体部における球形化の進行具合を主たる指標とした、精緻な編年が存在する（髙橋 1980、1988bほか、表6参照）。しかし、近畿資料の大部分をしめる口縁部片では、体部に比べてバリエーションが少なからずあり変化も緩慢である。そのため、厳密な時期比定するには限界があり、時期を特定できないものがやや多い。ただ、口縁部外面にほどこされた退化凹線・沈線の粗雑化と口縁拡張部下の稜線における鈍化に時間的変化を看取でき、大局的には、髙橋編年のⅨ期～Ⅹ期前半（主としてⅩ-a期をさす）のものとその後続期との間では、あるていどの峻別が可能である。このような視点から、近畿各地域で出土している吉備型甕の時期的特徴について検討をおこなってみよう[3]。

　Ⅸ期～Ⅹ期前半では、河内において西岩田遺跡、中田遺跡、小阪合遺跡からⅨ期の甕が出土している（図43－4-17、図44－12-11～14、同－11-29）。また、本章では図示していないが、山城の東土川西遺跡（前掲図15－25・26）や大和の纒向遺跡の一部も、平底を残すⅨ期もしくはその可能性がある例で注目される。摂津（西）の口酒井遺跡および畿内以外の播磨における若干例も、その候補にあげられる。Ⅹ期前半では、河内において西岩田・中田・小阪合3遺跡のほか、亀井北遺跡（図44－16-5）、船橋遺跡（図45－26-2）などでも出現し、河内以外では、摂津（東部）の崇禅寺遺跡、和泉の府中遺跡、大和の纒向遺跡などで散見される。

　Ⅹ期後半に入ると、各地域において急激に資料が増加する。すなわち上述の資料以外の大半が、この時期の所産と考えられる。近畿でのこの現象は、四国地方から出土する吉備型甕がⅩ-e期に集中するとされる傾向（出原 1995）とも符合する。

　なお、表7は、かつて実施した集成データ（秋山 2002c、秋山・小林・後藤・山崎 2000）に

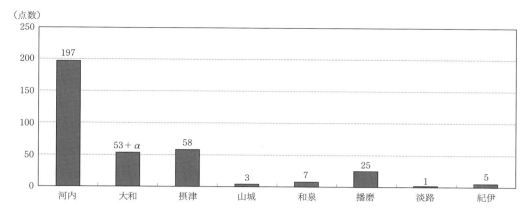

図46 近畿各地域における吉備型甕の出土点数

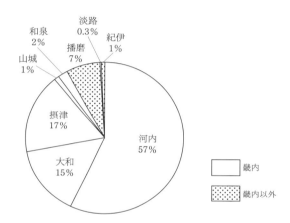

図47 近畿各地域における吉備型甕の出土比率

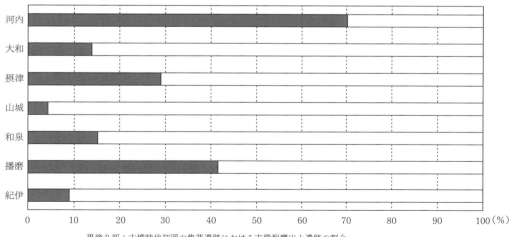

黒塗り部：古墳時代初頭の集落遺跡における吉備型甕出土遺跡の割合
各地域の当該期の遺跡数は、河内・和泉―西村（1996）、大和―青木（1995）、摂津―森岡（1999）、山城―國下（1995）、播磨―渡辺（1999）、紀伊―土井（1995）による。

図48 近畿各地域における吉備型甕の出土遺跡比率

第3章 吉備・近畿の交流と土器 103

表7　吉備・近畿の土器共存関係

		庄内I	庄内II	庄内III	庄内IV	布留I	布留II
IX	a	2					
	b	1					
	c	3	1				
X	a	2	4	1	3		
	b	1	6	7	7		
	c	1	1	3	2	1	
	d			1	8	5	
	e					2	1

依拠し、吉備（高橋）編年と近畿・庄内式編年との共存関係性が整理されたものである（亀山2002）。先稿時の作業ではやや機械的なわりふりを敢行した個体も多いため、一種の責任感とともに杞憂をおぼえなくもない。しかし本表では、吉備型甕の個体数における時期的な増減傾向をいかんなく提示しているとともに、一定の振幅をもちながらも、両地方（編年）間における土器型式の併行関係の実態を示唆する重要な内容になっているであろう。

（3）河内地域における搬入の類型

　上記で把握できた分布・時期の偏在性をふまえて、資料の多い河内を対象に、吉備型甕の搬入パターンについて述べる。
　河内の遺跡ごとの出土点数をグラフ化したものが図49である。まず、中田遺跡の30点、西岩田遺跡、小阪合遺跡の各28点は群を抜いて多いことがわかる。この3遺跡だけで、河内の全出土量の約43％をしめる（図50）。3遺跡以外では、20点前後の萱振遺跡、久宝寺遺跡、14〜10点の巨摩遺跡、亀井北遺跡、東郷遺跡がつづく。10点以上出土する遺跡は28遺跡中わずか8遺跡にすぎないが、その集計量は全体の80％におよぶ。すなわち、これらの遺跡が存在する中河内地域では、吉備型甕の分布自体は面的な広がりをみせるが、その出土量には地域内の遺跡で偏在性が認められる。
　また前述した所属時期に関していえば、IX期の甕が出土するのは西岩田遺跡、中田遺跡、小阪合遺跡だけであり、X期前半の甕が出土する遺跡も8点の船橋遺跡のほかは10点以上出土の諸遺跡にかぎられる。さらに、本章では直接的な分析対象から除外したが、甕以外の鉢・高杯・壺など吉備系の他器種が確実に出土している遺跡は、管見では西岩田遺跡と中田遺跡（図51）である。
　つまり河内では、多量に吉備型甕が出土する遺跡には、古い時期の吉備型甕の資料が存在し、かつ甕以外の吉備系器種も認められるという特徴がある。加えて、東郷遺跡や萱振遺跡、小阪合遺跡からは、吉備に由来をもつ特殊器台ないしは特殊器台形埴輪（図52、および、大阪府文化財セ 2005b）の破片が出土しており、吉備とのより密接な関係をうかがわせる。

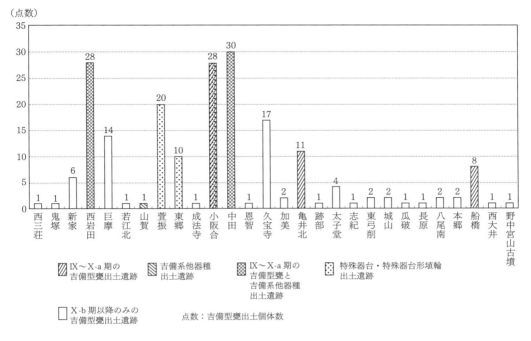

図49　河内地域における吉備型甕の出土点数

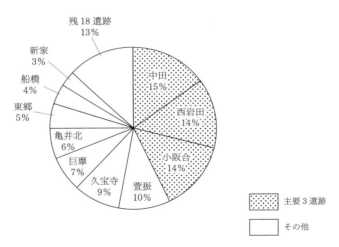

図50　河内地域における吉備型甕の出土比率

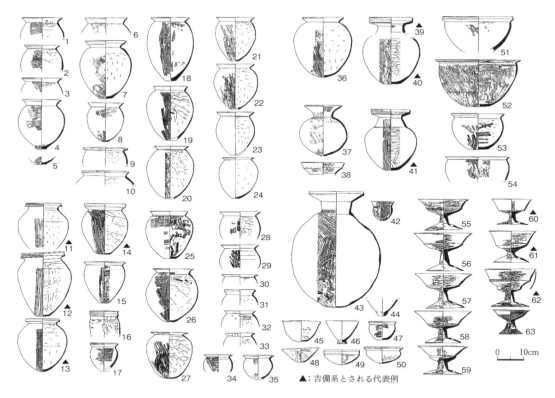

図51 中田遺跡（中河内地域）刑部土坑の土器

　このような搬入状況は、都出比呂志（1983、1989a）や私（秋山 1986a）の土器移動類型（本書第1章・補編2参照）にてらすと、吉備からの移住など直接的なインパクトをふくむ公算が大きい。また、中河内地域の上記したような主要遺跡は、当地域における吉備型甕の拡散にあたり先駆的かつ重要な役割をはたしたと想定される。

　一方、現在のところ吉備型甕が1、2点しかみられない遺跡では、時期もⅩ期後半に属する新しい段階の個体であり、かつ吉備系器種は甕に限定される。このことから、それらの遺跡への搬入状況は、すでに吉備型甕を受容していた集落から、二次的あるいは間接的に搬入された可能性がある。

　河内と同様に大和においても、纒向遺跡出土の点数が地域全体の約60％をしめ、未報告分をふくめるとそれ以上の割合におよぶことになる。すなわち、河内と酷似して、出土量における強い偏在性が大和でも認められる。さらに、纒向遺跡には、Ⅸ期〜Ⅹ期前半に属する可能性がみられる比較的古い段階の資料が存在し、河内の中田遺跡や西岩田遺跡などと等しく、吉備型甕拡散の先駆的な役割をはたした蓋然性が高い。また、特殊器台・特殊器台形埴輪片の出土もある。

（4）吉備型甕搬入の評価をめぐって

　以上、主として分布傾向の分析を基礎とし、河内を中心に、近畿各地における吉備型甕の搬入

特殊器台・特殊器台形埴輪：河内では八尾市の3遺跡で、吉備に起源のある特殊器台や特殊器台形埴輪の破片が出土している。いずれも旧大和川流域であり、大和の前期古墳でも確認されていることから、これらの移動は河内を経由して大和に向かったことが想定できる。ただし、東郷遺跡出土のものは大和で出土している特殊器台よりも古いタイプ（向木見型）であることは注目される。

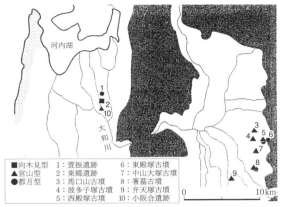

河内・大和における主要分布図

■：向木見型　1：萱振遺跡　6：東殿塚古墳
▲：宮山型　　2：東郷遺跡　7：中山大塚古墳
●：都月型　　3：馬口山古墳　8：箸墓古墳
　　　　　　　4：波多子塚古墳　9：弁天塚古墳
　　　　　　　5：西殿塚古墳　10：小阪合遺跡

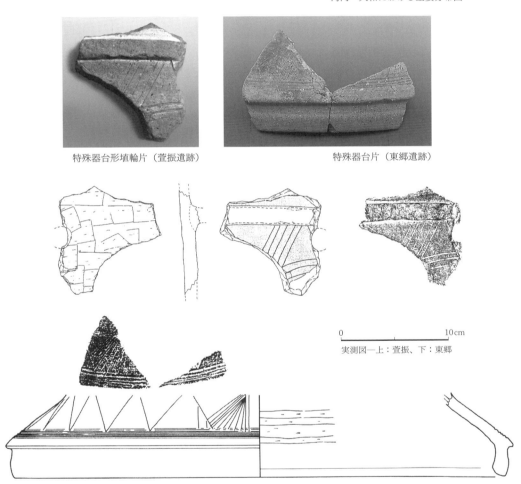

特殊器台形埴輪片（萱振遺跡）　　　特殊器台片（東郷遺跡）

実測図―上：萱振、下：東郷

図52　中河内地域出土の特殊器台・特殊器台形埴輪

第3章　吉備・近畿の交流と土器　107

状況の検討をおこなってきた。その結果、河内および大和を中心とする畿内中枢部に多く分布する事実を再確認することができた。加えて、その具体的なあり方では、それらの地域のなかでは、さらに分布の偏在性が顕著であるという実相が把握できた。

そして重要な点は、偏在的に集中分布するそのような諸遺跡では、つぎの事項が指摘できることである。

つまり、吉備型甕の拡散分布の先駆的な役割をはたしたと想定できること、とともに、そのうちの、中河内地域の中田・西岩田・小阪合の3遺跡は、西日本各地に広範な動きをみせる庄内式甕を製作したとされる一帯およびその周辺に所在する遺跡であり、大和の纒向遺跡は前方後円墳の出現をみる範囲にあたることである。要するに、畿内において空間的にみた場合、古墳時代への動態のなかでの先導的立場にあった地域と考えられる。また、時間的にも、それら地域で吉備型甕が顕著になりだす吉備編年Ⅸ期〜Ⅹ期前半前後の時期は、河内における庄内式土器の成立期、さらには大和における箸墓古墳や中山大塚古墳などの初現期の大形前方後円墳が築造されるまさに直前の時期（庄内式土器研1999ほか）に合致する。

類した状況は、四国地方における吉備型甕の分布にもあらわれている。出原恵三（1995）が、四国内で「吉備型甕が多く搬入されている地域」は「古墳時代への胎動を顕在させた地域」として把握したような、吉備型甕の歴史的特質を提示する理解とも連動性をもつといえる。

以上のように、古墳時代に向けての鍵・画期となる遺跡・地域・時期において、吉備型甕の存在が大きく連動しているわけである。また重要事項として、近畿内部出土の吉備系土器類そのものからみた場合、現状把握できる諸データ（分布密度・点数・時期ほか）にもとづくならば、このような社会の大きな変革期に、吉備（南部）と、なかんずく中河内地域との間に強い関係性をうかがうことが可能となる点を、ここではあらためて認識しておきたい。

4— 吉備からみた近畿——中河内（生駒山西麓）産の庄内式甕の吉備への搬入

では、視点を反対にして、吉備地方から近畿地方を見通したならばどのようになるだろうか。

吉備においては一定量の近畿系土器が出土している。それらのなかでも、中河内地域で製作された生駒山西麓産胎土を用いる庄内式甕の主要搬入例では、百間川原尾島遺跡をはじめとする備前南部地域の百間川遺跡群で数点以上、津寺遺跡、加茂B遺跡、矢部南向遺跡などがふくまれる備中南部地域の足守川遺跡群で十数個体以上が確認できている。これら出土遺跡の分布傾向としては、瀬戸内沿岸の拠点集落にあたる吉備南部の百間川・足守川両遺跡群で顕著であり、しかも、そこでは吉備・畿内折衷型の甕も一定量が把握されている（秋山2001a、および宇垣匡雅・亀山行雄ほか教示）。また近年の集計では、甕にかぎるなら、吉備で出土した畿内系土器は70点弱の確認があり、そのうちのかなりの割合（約80％ほどか）が生駒山西麓産胎土で製作されたものであるという（亀山2001、2002、および亀山教示）。

この搬入点数は多いか少ないか、評価が分かれるところであろう。しかし、1980年代はじめ

頃から、生駒山西麓産庄内式甕の西日本を中心とした各地への移動現象に関心がもたれた以降においても、たとえば北部九州や四国地方への搬出例が急激な資料増加をみていない事実がある。これらからも推定されるように、中河内産の庄内式甕自体の搬出が依然として多くはないという実態がみられる（阿部 1985、森岡 1985、米田 1997、梅木 1999、久住 1999 ほか）。この現在における西日本各地の状況を勘案するならば、吉備における上記の生駒山西麓産甕の搬入現象は、他地方に比べてやはり多いと判断せざるをえない。このように、搬入土器類からみた場合、中河内地域から吉備（南部）への直接的な関連性が看取できる。

　庄内式甕の各地への流通・搬出に関する背景や評価については、甕自体が「特産品」「交易品」「商品」的な性格をそなえるとみなし、さらには、政治的な意味合いで評価しようとする傾向が従前からみられた（置田 1982、都出 1983、東大阪市立郷土博 1980 ほか）。しかし、森岡秀人（1991）は、庄内式甕の遠隔地への流通のあり方は、拠点的でしかも海運をたくみに利用していることから、伝播の事由に政治的要素は稀薄と理解し、「瀬戸内ルートを基幹に据えた邪馬台国による西方海上交易圏の拡充政策といった経済的背景を負う」とする。

　このような庄内式甕の移動に関して、角南聡一郎（1997）が示唆的で重要な論考を発表している。角南の研究は、畿内系甕全般を視座にすえたものだが、それによると、上記の生駒山西麓産甕の搬入現象をふくめて、吉備へは中河内の庄内式甕に関する情報が多くもたらされるのに対し、吉備以外の西日本各地へは、播磨などの畿内周辺部の庄内式甕に関する情報がもたらされた可能性が高い、と詳細な検討から整理している。そして、このことは甕の機能的側面よりも当時の「社会的変動」によると評価する。

　さらに角南の研究において肝要な点は、庄内式甕を通してみた場合、畿内（近畿）と他地方という漠然とした関係ではなく、とくに、吉備と中河内の直接的で密接な関連性を摘出できるということである。この理解は、上に示したように、近畿出土における吉備型甕の半数以上が中河内例でしめられる状況と、きわめてよく符合する相関現象となる。要するに、吉備型甕の中河内への著しい集中度およびその背景と関連するわけである。

5 ── 吉備・（中）河内・大和の相互関係性

　ところで、「畿内地域と吉備地域の提携・連合を核とし、近畿西部・近畿北部・山陰・四国北岸・北部九州・北陸・東海などのほとんど全部またはかなりの部分が加わったと推定される大連合の中で、前方後円墳は創出された」、また、「初現的前方後円墳の成立に当たって大和あるいは畿内の勢力と備中あるいは吉備の勢力との連合が、想定しうるいかなる他の連合にまして不可欠な要件であった」（近藤 1998）、と説かれるように、定型化した前方後円墳の誕生において大和と吉備は最も重要な位置をしめた。このことは、吉備で出現し発達をとげた葬送用祭器である特殊器台の最終型式・宮山型が、初現期の大形前方後円墳である大和の箸墓古墳、中山大塚古墳、西殿塚古墳や弁天塚古墳で確認されている事実（図52参照）が、重要で象徴的な証左となって

いる。

　さて、前節までの土器分析からみた、中河内における吉備系土器の突出的なあり方や、角南の畿内系甕の比較研究から得られたような、一般的な日常土器（甕）の間にみる中河内と吉備（主に南部）との相互・直結的関係の存在と、出現期の前方後円墳からうかがえる、大和と吉備の関係性がどのようにからむかが問題となる。上述のような、「吉備と（中）河内」「吉備と大和」のそれぞれの関係性は厳密には独立事象ともいえる。そのため、前方後円墳出現期の地域的な諸関係を把握するにあたって、吉備・大和・河内の三者相互間の結びつきへの理解が、最も重要な課題となってくるわけである。

　河内（とくに中河内）と大和には、両地域間に生駒山地が存在するという「隔離性」がある一方、狭隘部を流れる大和川で直結された「隣接性」がみられるという、地理的な両面属性をそなえる。また、一般的には、土器類の搬入・交流現象から、河内は吉備を中心とする西日本各地からの、大和は纒向遺跡が示すように東海をはじめとする東日本からの、交流における東西世界からの各玄関口としての役割をになうと理解される。このように、河内・大和両地域の上記した地理的隔離性は、土器にみられる流通現象にも大きく反映されているのは事実である。この実態と、大和川を介する両地域の隣接性とがどのようにかかわってくるかが焦点となる。

　この場合、河内と大和との関係性において、解釈は主として二通りに分かれる。第一は、河内と大和がそれぞれ独立した地域集団を形成していたとする前提に立つ場合、第二は、両地域が同一の地域集団をなしていたと理解する場合である。

　前者では、まず吉備・河内間の親縁性が基礎となり、河内・大和の両地域間における地理的な隣接性による交流結果を介在させることによって、連鎖（リレー）的に、吉備・大和間の重要な関係性を成立させたことになる。この理解は、かつて吉備系土器の各地への搬出を考究した宇垣匡雅（1995）が想定する「方程式」に近い。つまり、中河内を中継拠点としつつ、あるいは、中河内を新たな基点とし、纒向遺跡に代表される大和との交流がなされた帰結として、吉備と大和との密接関係が成立したと想定され、古墳出現期における吉備のはたした重要性が説かれる。

　一方、後者の理解では、近畿各地における初現期古墳の偏在的な分布状況（図53～55参照）から、邪馬台国ひいては初期ヤマト政権の地域的基盤が、大和と河内（北河内以外）を合わせた大和川水系の広大な範囲にあった、とする白石太一郎（1999、2000）の理解に符合する。さらに白石の解釈では、大和と河内は古墳出現以前から強固な政治的まとまりを形成しており、しかも、当時すでに奈良盆地東南部（箸墓古墳等付近）の勢力による覇権が確立していたため、大和川水系にあっては奈良盆地東南部以外の地域において初期古墳の構築が許されなかったとする（図55参照）。また、近年、「邪馬台国河内説」を唱える米田敏幸（1997、1999）の、「邪馬台国の宮都の所在地は中河内にあり、大和盆地東南部は墓域」と明言する説と一脈でふれあうことになる。

　私としては、吉備から大和へいたる主要な交通経路上において、河内は回避しえない地理的位置にあるという現実を重視する立場から、河内を抜きにしては吉備・大和間の実質的で具体的な接触や交流は決して成立しないと理解する。そして、吉備との直接的な関係性において、中河内

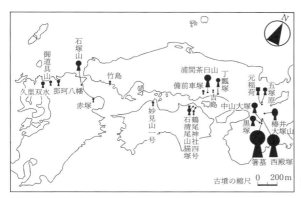

図53 西日本における出現期古墳の分布

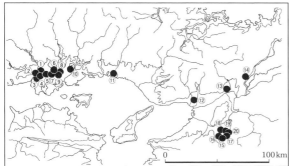

①矢部B42号墳　②矢部大坨古墳　③矢部伊能軒遺跡
④矢部堀越遺跡　⑤中山茶臼山古墳　⑥都月坂1号墳
⑦七つ坨1号墳　⑧網浜茶臼山古墳　⑨操山109号墳
⑩浦間茶臼山古墳　⑪権現山51号墳　⑫西川遺跡
⑬元稲荷古墳　⑭壺笠山古墳　⑮箸墓古墳
⑯纒向遺跡　⑰中山大塚古墳　⑱馬口山古墳
⑲西殿塚古墳　⑳東殿塚古墳

＊ただし①は小墳、③⑫⑯出土地は性格不明、④は円筒棺、ほかに大阪府柏原市玉手山9号墳に東殿塚と同様な退化型が知られている。

図54 都月型円筒埴輪発見の前方後円（方）墳ほかの分布

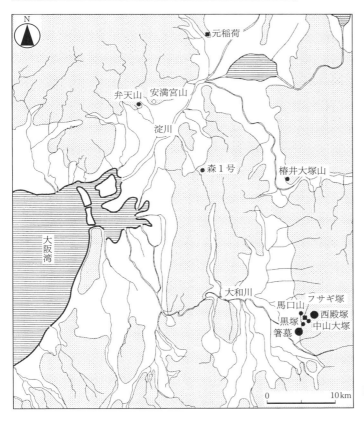

図55 近畿中央部における出現期古墳ほかの分布

のしめた重要性は、くりかえし述べているように軽視できるものではない。また、大和の初現期大形古墳に吉備起源の特殊器台や特殊器台形埴輪が採用されたという重要事実を背景として、吉備・大和間の強い結びつきを是認する前提に立たなければならない。

したがって、これらの諸要素に対し過不足なく無理のない解釈を求めるのであれば、大和と河内の地域的集団としての一体性を想定するのが最も整合的とする立場をとりたい。この評価は、上記の後者理解に近いものではある。しかし、現有の考古資料からは、邪馬台国の所在地にかかわるような議論は積極的には展開できない点だけは付言しておきたい。

6 ── 結語

近畿地方で出土した、庄内式期前後に属する吉備系土器（主に吉備型甕）にかかわる評価を中心課題として検討をおこなってきた。

その結果、吉備型甕は（中）河内地域への圧倒的集中を示す実態、加えて、吉備地方における生駒山西麓（中河内）産の庄内式甕の搬入や、当時の西日本全体での土器様相から、吉備（南部）と（中）河内地域との直接的で相互的な強い関連性が把握できた。

また、このような日常土器類から看取できた理解とは別に、初現期古墳の誕生にあたり、吉備と大和はとくに重要な位置をしめたと評価される。そこで、吉備・河内・大和の相互関連性が問題になってくるが、その解釈として、吉備と大和の密接な関連性が成立する前提には、河内・大和の地域的一体性を想定すべきとする理解にいたった。

〔特記以外の主要関連文献〕

青木勘時 1995 ／秋山浩三 1989b、2002d、2014a、2014b ／石野博信・関川尚功 1976 ／梅木謙一 2002a ／大阪府教育委員会 1989 ／（財）大阪府文化財センター 2003c、2005b ／（財）大阪府文化財調査研究センター 2002a ／（財）大阪文化財センター 1983 ／大野薫 1983 ／岡村秀典 2001 ／置田雅昭 1985 ／香芝市教育委員会・香芝市二上山博物館 2002、2003 ／亀山行雄 1996a、1996b、2003 ／國下多美樹 1986、1995 ／合田幸美 2000 ／小林和美 1998 ／近藤義郎 2001 ／杉本厚典 1999 ／田中清美 1988 ／寺井誠 2002 ／土井孝之 1995 ／西岩田瓜生堂遺跡調査会 1971 ／西村歩 1996 ／原口正三・田辺昭三・田中琢・佐原真 1958 ／樋口吉文 1984 ／間壁忠彦 1958 ／森岡秀人 1999 ／八尾市教育委員会 1981 ／（財）八尾市文化財調査研究会 1994、1996 ／（公財）八尾市文化財調査研究会 2014 ／八尾市立歴史民俗資料館 2002 ／柳本照男 1984 ／山田隆一 1994 ／山本昭 1984 ／（株）雄山閣 2003 ／米田敏幸 1985、1986、1992、1993 ／米田文孝 1983 ／渡辺昇 1999

〔註〕

(1) 以下の本文中における数値データなどは、基本的にかつて提示公表した拙稿（秋山 2002c、2003a、秋山・小林・後藤・山崎 2000ほか）の情報に依拠している。最新の出土例や報告・確認例については一定ていどは把握しているが、近畿全体に対しての資料的均質性が現時点では保証できないので、それらに関しては追加算していない。ただし拙稿（秋山 2002c）では、摂津・河内・和泉地域におけるそれまでの新出例をおぎなっており、また、本章図41〜45では新資料も加え作成している。

煩瑣をさけるため本章では省略した、河内地域以外の近畿全体における吉備型甕の出土例個々の詳細情報・

実測図、および、本章に関連する研究史や図表等々に関しては、上記した諸文献に多載してあるので、それらをあわせ参照願いたい。

（2）本章では、各地の空間（地域）的範囲をさし示す際、「畿内」および旧国区分による呼称を便宜的に用いる。いうまでもなく畿内は、大和＝奈良県、摂津＝大阪府北部・兵庫県南東部、河内＝大阪府中部、和泉＝大阪府南部、山城＝京都府南部であり、また、本章中で記載のみられる畿外の旧国は、紀伊＝和歌山県、播磨＝兵庫県南西部、淡路＝兵庫県淡路島、近江＝滋賀県、丹後＝京都府北部である。

（3）以下の本文中に記載した土器個体で、本章に図示していない諸例に関しては、拙稿（秋山 2002cほか）を参照願いたい。

補編4
変貌する弥生社会　他地域との交流

1── 搬入品研究の有効性

　考古資料において各地との交流を最も敏感に反映するのは、他地域産品の搬入・搬出状況である。ただし、有機物材は腐朽してしまうので、私たちの追究ではおのずと土器類などがきわめて有効となる。
　ここでは、大阪府中部に位置する河内地域から発掘された、主として弥生時代後期から古墳時代への移行期の土器や土製品に焦点をあて、他地域との交流様相の概要をさぐってみる。

2── 弥生時代後期ほか

　弥生時代後期では、河内への搬入品は、巨摩遺跡（東大阪市）、瓜生堂遺跡（同）、亀井遺跡（八尾市・大阪市）などの瀬戸内系土器が知られる。とくに後期初頭の巨摩遺跡例では、山陽地方ほかの土器が集中的に出土していて注目されてきたが、近年でも瓜生堂遺跡で讃岐産土器などが比較的まとまって確認された（本書第4章参照）。このように西方の瀬戸内地方からの土器類の搬入が顕著である。
　土器以外では、「分銅形土製品」とよばれる吉備地方に中心分布圏をもつ土製の呪術具も、中期後半から後期にかけて河内に数点もたらされ、亀井遺跡では4点も出土している（図56－1・2、図59、本書補編5参照）。この現象は、単に器物の移動だけでなく、精神分野における交流の証左となる。

中田遺跡（八尾市）の大形器台（図56－3）は、近畿地方の器台のなかでは装飾性と大きさで特異な一例であるが、吉備地方において墳墓祭祀との関連で大形・加飾化をとげた「特殊器台」との関連性が想定できる可能性がうかがえる。

3── 弥生時代終末～古墳時代初頭

　弥生時代終末～古墳時代初頭になると、中河内では東郷・中田遺跡群（八尾市）や加美・久宝寺遺跡群（大阪市・八尾市・東大阪市）といった大形遺跡が突如として形成され、それらの遺跡群を中心として、各地の土器がさらに多く持ち込まれるようになる。

　それ以前の時期ではほとんど確認できなかった東海（図57－5～7）、近江、北陸などの東方地方の土器が散見されるのは、従前とは異なった交流範囲の広域化を示す。

　ただ依然として顕著なのは、吉備（図57－1）、山陰（同－2）、四国（同－3・4、讃岐、阿波ほか）などに代表される西方からの搬入品である。とくに吉備産が突出して目立ち、河内では30数遺跡で200個体以上の確認があり、なかんずく中河内での出土が際だつ（本書第3章参照）。

　河内は、吉備を中心とする西日本各地からの交流の玄関口としての役割をにない、大和川を介して大和へいたる重要拠点としての位置をしめていたといえよう。

（1）分銅形土製品（八尾市亀井遺跡）

（2）分銅形土製品（八尾市亀井遺跡）

（3）大形器台（八尾市中田遺跡）

図56　河内地域出土の分銅形土製品・大形器台

(1) 吉備系甕(八尾市亀井北遺跡)

(2) 山陰系器台(八尾市久宝寺遺跡)

(3) 四国系器台(大阪市加美遺跡)

(4) 四国系壺(東大阪市西岩田遺跡)

(5) 東海系台付甕(大阪市加美遺跡)

(6) 東海系台付甕(大阪市加美遺跡)

(7) 東海系壺(大阪市加美遺跡)

図57 河内地域出土の搬入・外来系土器

補編5
瀬戸内から搬入された分銅形土製品

1── 亀井遺跡における分銅形土製品の出土

　亀井遺跡（八尾市・大阪市）は、大阪府中部・河内平野に位置する弥生拠点集落である。私が調査・整理にかかわった、この遺跡の近畿自動車道建設にともなう発掘（亀井その2、広瀬・石神・辻本・秋山ほか 1986）において、集落域の北西端部に設定された調査区（24区）の遺物包含層から「分銅形土製品」が出土した（図56－2、図59）。

　分銅形土製品は、弥生時代中期中葉から後期にかけて、吉備地方（岡山県ほか）を中心に中・四国などに分布がみられ、円形ないし楕円形の中央左右に大きなU字形の抉り込みを入れた、板状の土製品である（図58、大阪府立弥生文化博 2013参照）。重さを量る近世の繭型分銅に形状が似ていることから、この名称が付与された。長さ10～16cmほどと5cm前後の例の、大小が

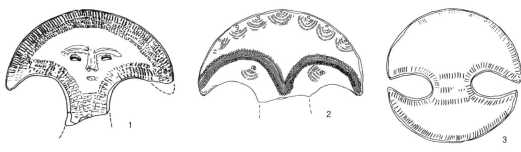

1：岡山市加茂政所遺跡、2：岡山市津島遺跡、3：倉敷市上東遺跡　　　　　　　　　　　　　　　　　　　（縮尺不同）

図58　吉備地方の分銅形土製品

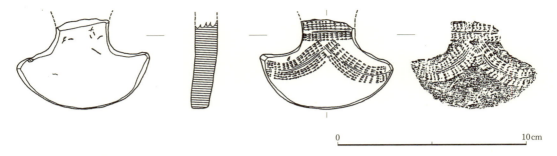

図59　亀井遺跡の分銅形土製品

みられる。外表面には、人の顔や、顔面表現をデフォルメしたような意匠がみられる個体もしばしば確認されている。

　その機能については、護符、バッヂ、ペンダント、仮面などという解釈もされてはいるものの、具体的な用途に関する評価は定まっていない。だが、一般的には祭祀・呪術具として理解され、吉備地方を中心とした領域における、独自な精神世界を象徴する特徴的な土製品である。

　このような分銅形土製品が近畿地方で確認されるのは稀有に属するので、詳細な観察記録を残しておくのも一定の意義があると考えられるため、それらを以下に示す。

2 ── 搬入品か否か

　亀井その2調査区での出土例は、つぎのような特徴をもつ。

　通常、分銅形土製品の上半部には、端面から裏面ほかへ貫通する小孔が存在するが、本例にはそれがみられないため下半部に相当する。また、「櫛描き文タイプ」と「刺突文タイプ」に分けた場合（東1971、下澤1984）、前者に属する。残存長4.9cm、幅7.0cm、最大厚1.2cmを測る。

　わずかに凸面状をなす外表面だけ文様で飾られている。抉り部中央には横位方向に1帯、左右抉り部のラインに沿う位置に各1帯の櫛描き文帯をほどこす。現存する3箇所の櫛描き文帯はそれぞれ、まず中央に櫛描き文を直線あるいは弧形に描き、つぎにその両側に、一部重複するように同じ櫛原体を用いて粗雑な一種の簾状文をほどこす。これによって、その部位に先行施文されていた櫛描き文はなかば以上が消されてしまい、簾状文間に一部を垣間見ることができるのみになる。今、粗雑な簾状文と表現したものは、櫛原体を連続的に刺突することに重点がおかれており、結果的に簾状文状を形成するもので、近畿地方の弥生土器などにみられるような精美な簾状文とはまったく異なる。

　これらの各櫛描き文帯は、①抉り部中央部のもの→②左抉り部沿いのもの→③右抉り部沿いのものの順で描かれ、また③では、抉り部ライン側の簾状文が先に、内側の簾状文があとからほどこされているのが、文様相互の切り合い関係から判明する。

　外表面、内裏面、端面の各所に、ごくわずかではあるが、赤色顔料が塗布されていた痕跡がみ

られる。文様がほどこされる前の調整は、ナデによって全体の表面を平滑にするが、必ずしもていねいなものではなく、部分的に凹部が残る。内裏面には、外表面が櫛描き文で飾られる際に付いたと思われる爪先圧痕が部分的にみられる。

　胎土中には2mm以下（大部分は0.5mm以下）の石英、長石、黒雲母のほか、微細な角閃石粒と考えられるものがふくまれ、焼成は良好である。色調は全体的に淡灰白褐色を呈し、亀井遺跡の一般的な土器の発色とは大きく異なる。

　以上の文様構成、胎土、色調などの特徴から、吉備をはじめとする瀬戸内地方あたりからの搬入品と判断してまちがいないであろう。また、吉備地方ほかの分銅形土製品の編年にしたがえば、中期後半ぐらいに所属するものとなる。

第4章
近畿の下川津B類土器（讃岐産）をめぐって

1── 弥生後期の瓜生堂遺跡にみる搬入土器

　第2章で、弥生拠点集落における土器移動の実態を総合的に検討した。その際、大阪府・河内地域に所在する瓜生堂遺跡（東大阪市）については、私が担当した遺跡北東部域の1999年度などの発掘成果（川瀬・秋山編 2004）に言及した。ここで出土した弥生時代前期から後期までの各期におよぶ土器資料は多量で、それらを駆使することによって有効な考察内容を先章では提示しえたといってよい。

　発掘成果の大略はすでに記したので省略するが、そのときの調査では、弥生後期土器が主に99－5区〜7区から、集石遺構1を中心としてまとまって出土した（区位置ほかは図30－3参照）。これらの土器の大半は後期前葉から中葉にかけての時期に属すると考えられ、複数の地域からの搬入品と思われる土器もふくまれていた。当遺跡における過去の発掘調査においても、後期段階での搬入土器については指摘がおこなわれており、その関連する地域も瀬戸内地方から近江地域などさまざまである。また近年の他調査でも、同様に多くの地域からの搬入品の出土が報告されている（東大阪市教委 2002）。

　以下では、弥生後期の搬入土器のなかでも、1999年度区において出土量が比較的多かった讃岐地域（香川県）からの搬入品を中心として、他地域との人々の往来を示唆する土器に対する検討を加え、当該期の瓜生堂遺跡の位置づけもおこなってみたいと思う。

　なお本章では、河内地域以外の地域で製作されたと考えられる土器を「搬入土器」、河内地域で製作はされているが、従来の在地技法とは異なる方法で製作された土器を「模倣土器」や「外来系土器」と呼称する。

2 ── 讃岐産土器の認定基準と瓜生堂遺跡例

(1) 搬入土器の認定方法

　本章で讃岐産の搬入土器としてあげたものは、その胎土に角閃石粒をふくみ、器面の色調が暗茶褐色を呈するという特徴をそなえている。このような特徴は、河内地域でも生駒山西麓産土器に認められるものでもある（本書第1・2章参照）。しかし、讃岐地域や播磨地域では従来より、同様の胎土・色調をもつ土器の存在が「雲母土器」などの呼称で指摘されてきた。また、その種の資料に対し、讃岐地域の下川津遺跡（香川県坂出市）では、「下川津B類土器」と命名され、角閃石粒をふくむ胎土の土器として分類されている。

　上記のような個体は、讃岐地域でも全域において主体をしめる土器群ではなく、分布範囲は比較的広いものの、讃岐地域で通有に製作された土器とは製作技法などの点で一線を画すとの指摘もなされている。またその製作地は、高松平野の旧香東川流域とされる比較的狭い範囲に限定できるという（大久保 1990、1995、図60参照）。

　以上のように、胎土・色調の特徴は河内地域の生駒山西麓産土器との類似性も認められるが、本章の検討対象とした土器群は、器形や製作技法などに河内地域では認められない特徴もあわせて有しており、複数属性から判断することにより搬入土器として抽出できるものと考えられる。

　また、瓜生堂遺跡の調査で検出された讃岐産と分類できる土器や、その他、播磨地域や摂津・河内地域で讃岐産とされる土器は、そのほとんどが上記した下川津B類土器、またはその影響下にある土器とみなすことができる。よって、他の一般的な讃岐産土器と区分するためにも、本章であつかう当該土器に対して、従来の研究史にもとづき、下川津B類土器と呼称しておきたい。

　なお、この下川津B類土器は、認識が地元の讃岐地域でさえも未確立だった研究段階においては、その胎土や色調の類似性から、近畿地方では生駒山西麓産土器だろうと一般的には誤認されていた。したがって20年ほど前までは、たとえば、「瀬戸内地方の特徴をそなえた中河内産（生駒山西麓産）の土器」というような理解が支配的であった。このように、生駒山西麓産土器と讃岐産・下川津B類土器の胎土・色調は、一瞥しただけではかなり酷似する。

　だが、両者のちがいに関しては、本章で今回とりあげる瓜生堂遺跡例において観察するかぎり、下川津B類土器と、それと共伴した生駒山西麓産土器とを比較検討すると、つぎのような差異が把握できる。つまり、下川津B類土器のほうが、①胎土素地（基質）自体の粒度が比較的細かくしかも均質、②角閃石ほか含有される鉱物片の粒度が小さく加えて量がやや少ない、③焼成具合がより硬質である、という諸特徴が看取できる（秋山 2002c）。この所見を下川津B類土器とされる他個体にも普遍化できるかどうかは、今後の詳細な観察事例をふやす必要性があるが、両者土器に対する峻別基準への一定の見通しとなる蓋然性が高いであろう。

(2) 1999年度出土の下川津B類土器の概要

　瓜生堂遺跡の1999年度調査で出土した讃岐産・下川津B類土器は、図61～65に示したうち

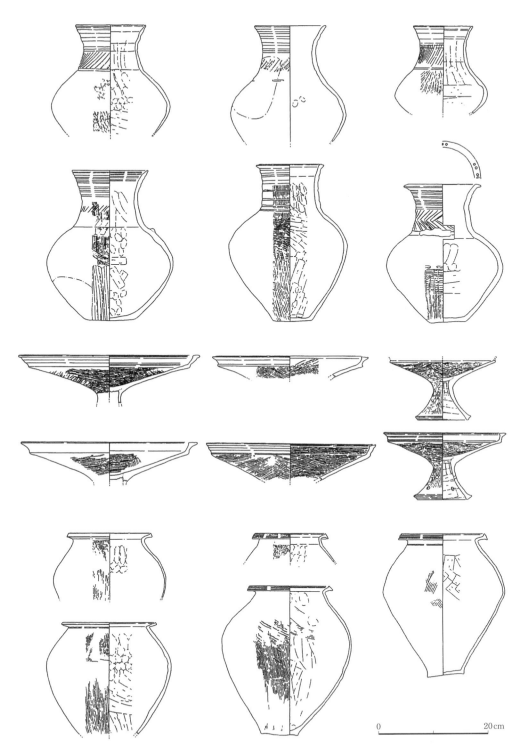

図60 下川津Ｂ類土器の壺・高杯・甕（高松市上天神遺跡出土例）

の壺1点、高杯1点、甕8点となり、煮沸具の甕が多数をしめる。以下では、土器個々の諸特徴について簡単に述べておく。

　A　壺（図61－8、図64）
　底部付近は欠損しているものの、上半部の調整などはよくわかる。まず、口縁から頸部外面にかけて凹線状の8条の沈線がめぐり、頸部から体部上半においてはハケメの痕が認められる。また、頸部には、ハケメ原体状工具を短い間隔で静止させながら一周させ、列点文状の文様効果をもたせた調整も確認される。体部下半はあまり残存しないが、縦方向のヘラミガキで仕上げられると推測できる。内面は、体部下半部に横方向のヘラケズリがおこなわれ、上半部には指頭圧痕が特徴的なあり方で残る。
　全体的な形態は、図61－7の古曽部・芝谷遺跡（大阪府高槻市）出土例との類似性が指摘できよう。

　B　高杯（図61－9、図65）
　脚柱部はわずかに残存するのみであるが、外面はナデ、内面はヘラケズリをほどこしている。杯部は口縁端部を拡張して面を作り、上面に擬凹線をめぐらせる。調整はヘラミガキで仕上げるが、河内地域で通有に認められる放射状におこなうミガキとは異なるものである。つまり、内外面ともに全体をいくつかに区分して、外面は横～斜め方向に、内面は横に近い方向に、ヘラミガキによって最終調整されている。このようなヘラミガキのほどこし方は「分割ヘラ磨き」と呼称され、下川津B類土器に特徴的に認められるとともに、高い割合で採用されている手法である。

　C　甕（図62－4～11）
　完形に復原できる個体もかなりふくまれ、底部まで残存する資料では平底状を呈する。口縁は端部をやや上方につまみ上げる個体も存在する。
　外面は全体をハケメで整えたのち、底部から器高中位ほどまでヘラミガキをおこなう。内面は底部から最大径部あたりまでをヘラケズリしたのち、上部をナデで整えているため、そこには指頭圧痕が顕著に残る。
　器壁は、共伴して出土した多数の在地産甕よりも、かなり薄く作られているのも大きな特徴の一つである。

　D　強い画一性・規範
　以上、各器種ごとに概観してきたが、とくに個体数がやや多く出土した甕については、河内地域の在地土器と比較して、形態だけでなくその調整方法など製作技法にきわめて強い画一性が認められる。さらに、上にも述べたような高杯の調整手法など、甕以外の器種にあっても、下川津B類土器では中期段階の伝統をかなりのていど固執しつづけ画一性があるという指摘がされている。そして瓜生堂遺跡の当該品においても、それに符合するような顕著な規範の存在が看取でき

図61 瓜生堂遺跡の下川津B類土器（壺・高杯）と類例

1・12：巨摩　2〜5：芥川　7・11：古曽部・芝谷
10・13：亀井　6・8・9：瓜生堂

第4章　近畿の下川津B類土器（讃岐産）をめぐって

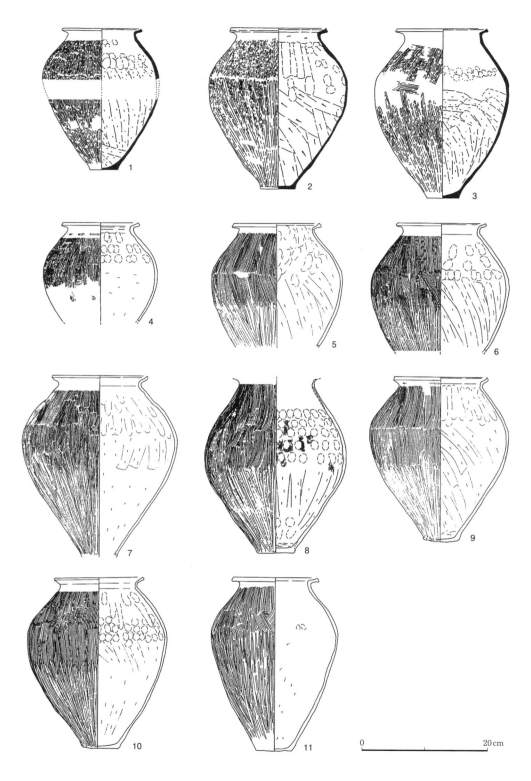

図62　瓜生堂遺跡の下川津B類土器（甕）

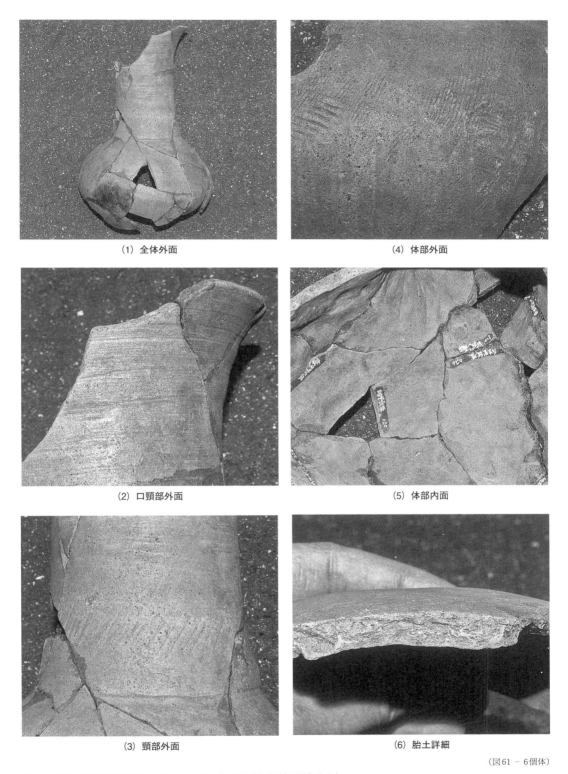

(1) 全体外面
(2) 口頸部外面
(3) 頸部外面
(4) 体部外面
(5) 体部内面
(6) 胎土詳細

（図61 − 6個体）

図63 瓜生堂遺跡の下川津B類土器・壺（大阪府教委試掘調査出土）

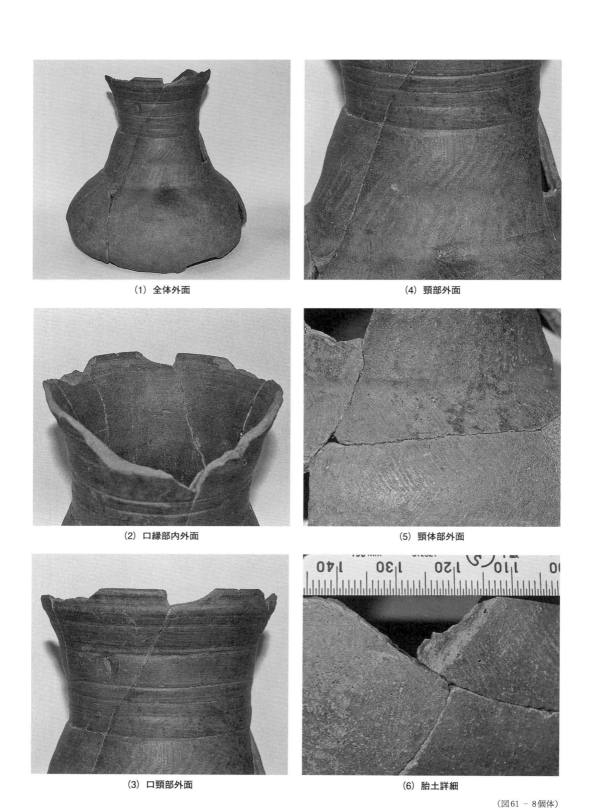

(1) 全体外面　　　　　　　　　　　　(4) 頸部外面

(2) 口縁部内外面　　　　　　　　　　(5) 頸体部外面

(3) 口頸部外面　　　　　　　　　　　(6) 胎土詳細

(図61 - 8個体)

図64　瓜生堂遺跡の下川津B類土器・壺（99 - 6区出土）

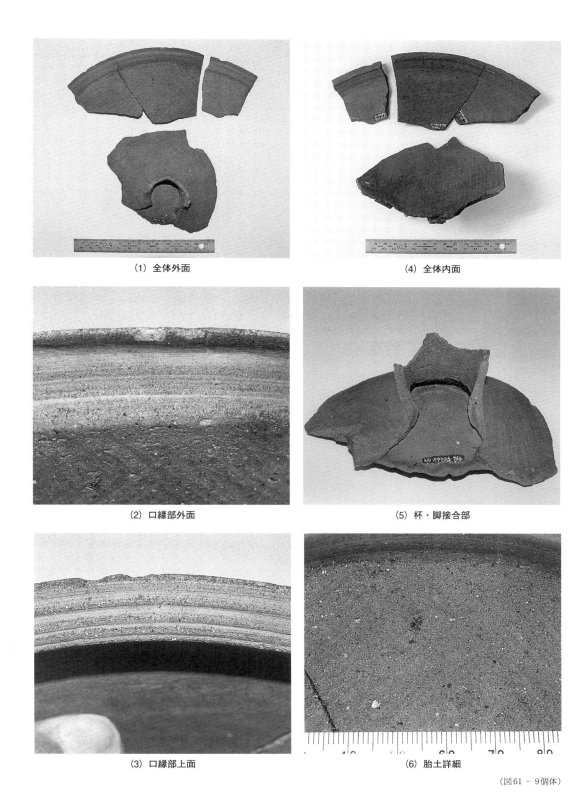

(1) 全体外面　　　　　　　　　　　　(4) 全体内面

(2) 口縁部外面　　　　　　　　　　　(5) 杯・脚接合部

(3) 口縁部上面　　　　　　　　　　　(6) 胎土詳細

(図61 – 9個体)

図65　瓜生堂遺跡の下川津B類土器・高杯（99 – 6区出土）

るわけである。

3 ─ 下川津B類土器の移動現象とその評価

(1) 関連データの集成

　下川津B類土器として現研究下で呼称される類が讃岐周辺地域へと移動している現象は、1970年代に漠と認識されて以降、従来から指摘されていることである（今里 1977、松下 1990 ほか）。
　本節では、そのような移動状況のうち、主要範囲となる播磨地域と摂津・河内地域（兵庫県南部～大阪府北・中部）で確認されている、弥生後期段階の下川津B類土器に関する集成をおこなった。その結果は表8に、出土遺跡の分布図は図66に示した（なお、ここでは弥生後期を対

表8　下川津B類土器集成表

番号	遺跡名	所在地	時期	遺構	器種
1	瓜生堂	東大阪市	後期前葉～中葉		壺・高杯・甕
2	巨摩	東大阪市	後期前葉～中葉		壺・高杯
3	亀井	八尾市・大阪市	後期前葉～中葉		高杯
4	古曽部・芝谷	高槻市	後期前葉～中葉		壺・高杯
5	芥川	高槻市	後期前葉～中葉		壺
6	戸田	三木市	後期後葉～庄内	溝	壺
7	出合	神戸市	後期後葉～庄内		甕
8	吉田南	神戸市	後期後葉～庄内	溝	壺・甕
9	大中	加古郡播磨町	後期		甕
10	小山Ⅴ地点	姫路市	後期後葉～庄内	土坑？	壺
11	船場川東第2地点	姫路市	後期後葉～庄内	溝	壺・甕
12	長越	姫路市	後期後葉～庄内	住居7	甕
				住居9	甕
				住居10	甕
				土坑2	甕
				落込1	甕
				大溝	壺・甕
13	権現	姫路市	後期後葉～庄内	河道	甕
14	丁・柳ヶ瀬	姫路市	後期後葉～庄内	溝	壺・甕
15	川島	揖保郡太子町	後期後葉～庄内	溝	壺・甕・高杯
16	上溝	揖保郡太子町	後期後葉～庄内	溝	壺
17	片吹	たつの市	後期後葉～庄内	河道	壺・甕
18	宝林寺北	たつの市	後期後葉～庄内	包含層	甕・小型坩
19	門前	たつの市	後期後葉～庄内	河道	甕・小型坩
20	北山	たつの市	後期後葉～庄内	溝	壺・甕・小型坩
21	養久・谷	たつの市	後期後葉～庄内	溝・包含層	壺・甕
22	本位田	佐用郡佐用町	後期～庄内	溝	甕

1～3：河内地域（大阪府）　4・5：摂津地域（大阪府）　6～22：播磨地域（兵庫県）

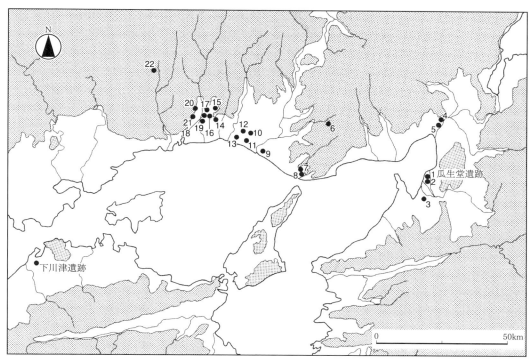

遺跡番号：表8に対応

図66　下川津B類土器の出土遺跡分布図

象としたため、確実に時期がくだる庄内・布留式期以降の資料に関しては除外）。この集成データに依拠しつつ以下述べる。

(2) 搬入時期の問題など

　まず時期的な変遷をみると、播磨地域（兵庫県南西部）に持ち込まれた下川津B類土器は、弥生後期後葉から庄内式併行期にかけての時期を中心として確認されている。これに対して、摂津・河内地域（大阪府北・中部）で把握された諸例は、弥生後期前葉から中葉にかけてであり、播磨地域とは時期が異なる。また、摂津・河内地域では、かぎられた遺跡にしか確認できないことも指摘できる。

　ところが、表8・図66にふくめなかったが、その後の確実な庄内・布留式併行期以降にいたると変容がみられるようになる。つまり、集成などについては畑暢子（1998）の研究に詳しいが、「四国系複合口縁壺」（讃岐産・下川津B類土器を多数含）とされる大形壺が多くの地域で確認され、広範囲に運ばれたり、各地でその影響を受けたと推定できる製品（外来系土器）がみられるようになる。大阪府内でも、弥生後期までと比較して庄内・布留式併行期以降では、この種の製品の移動量や影響の受け方が大きくなるという傾向が、畑の成果やその後の梅木謙一（2006）の研究などからよみとることができる。このような大形壺は土器棺として使用されたり墳墓にも持ち込まれるなど、特殊な性格をおびた土器ということもでき、その讃岐地域などからの拡散や

第4章　近畿の下川津B類土器（讃岐産）をめぐって　131

影響波及の背景に関してさまざまな考えが示されている。

　さて、瓜生堂遺跡出土の下川津B類土器の時期については、先述したような高杯の形態・調整などからも、弥生後期前葉から中葉にかけての頃と考えられる。この時期の大阪府内で搬入例が認められる遺跡は、瓜生堂遺跡のほかには古曽部・芝谷遺跡（高槻市）、芥川遺跡（同）、亀井遺跡（八尾市・大阪市）、巨摩遺跡（東大阪市）があげられる。しかし、将来的に増加する可能性は残るものの、上述のとおり、今のところこれらのかぎられた少数遺跡以外では確認ができない。

　付言すると、この後期前葉～中葉期は、当時の土器様相全体を考えるならば、土器の製作とくに高杯の製作において、近畿地方では瀬戸内地方からの影響が広まり、さらに東進して東海地方にまで達することが指摘される段階にあたる。その土器製作の東方への影響をめぐっては、下川津B類土器の移動現象との関連性にも注意されるところである。

(3) 搬入遺跡の特質

　また、摂津・河内地域（大阪府内）における下川津B類土器の検出遺跡をみると、青銅器の鋳型や鉄製品など注目すべき遺物類が出土し、それぞれの地域における拠点集落と考えられる大規模な遺跡が際立っている。

　とくに古曽部・芝谷遺跡は、前段階から継続する拠点集落である安満遺跡（高槻市）と有機的に関係しながら成立したという評価もある遺跡であり、ことに、吉備地方などに由来をもつ分銅形土製品も出土し、瀬戸内地方との関連性が高い遺跡となっている（西谷 1999、秋山 2016aほか）。同じく亀井遺跡でも、4個体もの分銅形土製品が出土している（大阪府文化財調査研究セ 1995、秋山 1986cほか、本書補編4・5参照）。

　さらに、近畿地方の土器では総論として、同時期に瀬戸内地方との影響関係が強く認められる点は上述したとおりであるが、瓜生堂遺跡についてもこれまで出土した在地の土器群をみるならば同様の傾向であることが十分理解できるところである。

　このように、摂津・河内地域での下川津B類土器の確認遺跡の主体は、瀬戸内地方との関連性が顕著な様相を示し、かつ、各地域における拠点弥生集落、ということができる。

(4) 搬入器種と模倣土器の問題

　つぎに、搬入された下川津B類土器の器種構成について考えてみたい。

　播磨地域では、総体として数多くの器種が確認されている。とりわけ煮沸機能器種の甕がかなりの遺跡において出土している点は注意されてよい。

　一方で、先にあげた摂津・河内地域の遺跡においては、その器種構成にややかたよりが認められる傾向にある。たとえば現状において特徴となる一例として、瓜生堂遺跡のみで甕が検出されており、その出土量もかなりの点数にのぼるのである。だが、他遺跡において甕は確認されない。

　なお蛇足的に記すなら、下川津B類土器の出土器種・量からみると、とくに河内地域では瓜生堂遺跡に第一次的に持ち込まれた土器が、その周辺の拠点集落などに第二次的に運ばれたと考えられる可能性もあろうか。

さらに、搬入遺跡で製作された模倣土器（外来系土器）のあり方をみると、播磨地域では川島遺跡（太子町）などでその存在が指摘されているが、表8・図66中の摂津・河内地域のいずれの遺跡でもその出土は確認されてはいない。

したがって、同じく下川津B類土器が移動しているといっても、播磨地域への移動と摂津・河内地域への移動の意味合いは本来的に異なるものであった可能性があるだろう。

(5) 小結

以上をまとめると、瓜生堂遺跡例とほぼ同時期の下川津B類土器は、河内湖周辺域の拠点集落が対象の中心となるかたちで持ち込まれたものと考えられる。また、それらの拠点集落は、瀬戸内地方との関係性を強く示す遺跡である。

弥生後期前葉から中葉にかけての段階は、通常の土器そのものにも、瀬戸内地方の影響が広域に認められるようになる時期である点は再三記した。いうまでもなく下川津B類土器を製作していた高松平野も瀬戸内地方の一部に相当する。したがってこの地域の土器移動は、それら瀬戸内地方全体の動きに連関したものと考えることが妥当であろう。

他方で、下川津B類土器がごく一部の地域でしか、在地土器として模倣されないという事実は興味深い。ことに河内地域の土器様相に目を移したとき、一般論としては瀬戸内地方の影響の存在は従来から指摘されてきたことであるが、下川津B類土器にかかわるような模倣品（外来系土器）はみられない。

瀬戸内地方のなかでも、どの地域の土器の製作技法から影響を受け、どの地域のものは採用されなかったかを、これまで明確には峻別されてきてはいないが、今後はこのような土器製作技法の受容の背景や様相差を明らかにしていくことが重要と考えられる。それと関連して言及するならば、下川津B類土器にみられる、移動はしてくるが在地土器としては模倣はされないという摂津・河内地域での実相は、それらの問題を追究するにあたり対比データとして一定ていどの有効性をもってくると思われる。

4── 搬入土器からうかがえる瓜生堂遺跡の位置づけ

(1) 讃岐からの移住

今まで述べてきたように、下川津B類土器は、瀬戸内地方全体の動きのなかで、大阪府内（摂津・河内地域）の河内湖岸各遺跡へと持ち込まれたものと考えられる。そして、府内出土の他遺跡と比較して、瓜生堂遺跡の下川津B類土器は、その搬入された器種構成が異なる。また、その出土量が多いことも特徴としてあげることができよう。

ところで、弥生土器の移動形態を検討した都出比呂志（1983、1989a）や私（秋山 1986a、1989a、本書第1章・補編2参照）の類別に準拠すれば、当時使われていた全器種もしくはその大部分が移動する背景には、生活様式をともなう人々の移動（≒移住）が考えられる。

本章で示した瓜生堂遺跡出土の下川津B類土器には、器種として鉢が欠落している。しかし、もともとこの土器群には鉢の存在自体が不明確であるという指摘もなされている。鉢の有無の問題を除外しても、貯蔵・供膳・煮沸という機能別形態のいずれもがそろって搬入されていることになる。また、煮沸機能にあたる甕の個体数が多いことにも注目される。出土した下川津B類土器のこのような器種構成から考えると、瓜生堂遺跡に讃岐地域からの人々の移住現象などが弥生時代後期にあったと推断してよい。

　そもそも瓜生堂遺跡は、特定小地域に限定した表現ではなく「瀬戸内地方」という大略的なとらえかたではあるが、その地方から人々が移住してきただろうと従来から予測されている遺跡ではあった（西谷 1999ほか）。また、1999年度調査区で同時に出土した土器群にも、甕の口縁形態や内面ヘラケズリ技法など、瀬戸内地方からの影響下で製作されたと考えられる土器が多い。ほかにも、備後地域（広島県東部）からの搬入品かと考えられる土器も存在する（報告書：川瀬・秋山編 2004に掲載の図218 - 5101）。以前に指摘された近江地域からの若干の影響をのぞけば、上記のように当遺跡では、河内よりも東方の地域からの影響はほとんど確認できず、逆に、西方からの影響が非常に強いものであったといえる。本書次章で検討する、弥生後期土器における「土佐産」例の搬入現象もその一端を示している。

　このような状況のなかにあって本章で、具体的かつ確実な考古資料の裏づけをともない、弥生時代後期における、讃岐という特定地域からの当遺跡への移住現象などを高い蓋然性で提示できた意義は大きいであろう[1]。

(2) 弥生後期前半における西方からの玄関口

　以上のような考えにもとづくと、瓜生堂遺跡には、生活様式をともなった瀬戸内地方の人々との交流拠点としての集落、河内地域における西方地域との窓口的な集落としての一側面を想定することができる。

　このような評価は、後続する時期における土器移動・交流にみられる現象整理と連動性をもつことになる。すなわち、弥生後期末～庄内式期前後では、河内地域は吉備地方を中心とする西日本各地からの、大和地域は纒向遺跡（奈良県桜井市）が示すように東海地方をはじめとする東日本からの、交流におけるそれぞれの玄関口としての役割をになったと一般的に理解されている。その段階では、「吉備型甕」をはじめとする搬入土器の分析から判断すると、河内地域においては加美・久宝寺遺跡群（大阪市・八尾市・東大阪市）や東郷・中田遺跡群（八尾市）などが重要な位置をしめた窓口拠点であった（秋山 2002c、2006cほか、本書第3・15章、後掲図206 - 1参照）。

　他方、時期がさかのぼりまさにその前史ともなる弥生後期前半の段階では、それらの両遺跡群などよりさらに北側に立地する河内湖南岸域の瓜生堂遺跡が、西方各地からの玄関口として最も大きな役割をはたしていたことになる。このような実態が、本章における、讃岐地域からの搬入品である下川津B類土器の検討によってあらためて解明できたことになろう。

〔特記以外の主要関連文献〕

　今里幾次・松本正信ほか 1984 ／（財）大阪文化財センター 1981、1984 ／大野薫 1992 ／香川県教育委員会ほか 1995 ／岸本道昭 1998 ／髙槻市教育委員会 1995、1996 ／寺沢薫 1974 ／藤田憲司 1984 ／渡辺昇 1990

〔註〕

（1）参考として述べると、四国・讃岐地域から河内地域などへの移住をともなう人々の移動については、縄文時代から弥生時代への移行期においても顕著にみられた現象である（本書補編10参照）。

　　讃岐地域からの新来・弥生系集団が、灌漑水田農耕などを、はじめてかつ直接的に河内地域一帯へ伝播させたことが、多くの考古学資料による実証的担保をともない想定できる。この問題に関する詳細は、拙稿（秋山 1999c、2007b）を瞥見願いたい。

第5章

「土佐産」弥生後期土器の近畿初見例をめぐる検討

1──「グロテスク」な弥生後期土器

　第4章で検討した、讃岐産土器が多く確認できた瓜生堂遺跡（大阪府東大阪市）1999年度発掘（川瀬・秋山編 2004）において、明らかに近畿地方一帯の資料とは異なる胎土・色調・形態的特徴をそなえる2個体の弥生後期土器が出土した（図67）。99 − 6区（図30 − 3）の第18面

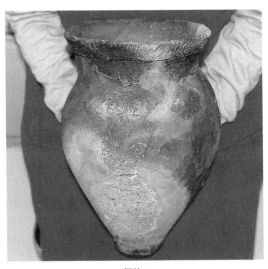
個体A

個体B

図67　近畿初見例となった瓜生堂99 - 6区出土の「土佐産」弥生後期土器

関係層準から、後期前半の相当量の土器群とともに検出された資料にあたる。

　それらは、外面に煤が厚く付着していることもあって漆黒状を呈し、それゆえに煮沸用器種（甕ほか）とは推測できた。が、破片で検出した際には、近畿通有の甕とは形態的に大きくへだたり、文様なども異彩を放ち、一種「グロテスク」な印象を与えていた。類例に接したことがなかったので、「〈東国〉からの搬入品かな」と、まったく根拠なく調査担当者間で話題にし注意をはらっていた。弥生土器に造詣ふかい同僚や研究者にも質問してみたが、何故かしら多くは同様に「東の土器ちゃうか」と、これまた理由なき無責任な言葉を発するだけで、当該資料の故事来歴は一切判然としないままであった。

　そんな折、かつて（財）大阪府文化財調査研究センター専門調査員として私と総持寺遺跡（大阪府茨木市）の調査などにあたり、現在は高知県で職を得て活躍中の久家隆芳が来阪し、「南四国西半部の弥生土器」という論文（久家 2002）の抜刷を謹呈してくれた。その直後は雑事に翻弄されページもめくれなかったが、後日に通読すると、何と上記の「グロテスク」土器の類例図が多く掲載されている。さっそく、件の土器実測図を久家に送付し意見を聞いたところ、ほぼ確実に高知県（土佐）産土器というお墨付きをもらった。しかも、遠隔地の近畿で「土佐産」弥生後期土器が確認されたのはこれまで絶無で、きわめて重要な発見と彼も驚愕した。弥生後期前後では、四国地方の讃岐（香川）産や阿波（徳島）産の土器が近畿へ搬入された例の認識はある（本書補編4・第4章参照）が、確実な土佐産はまぎれもなく初見であろう。

　そこで、これらの考古学上の意義を検討するため、関連資料などの調査を計画した。また、四国関係者に問い合わせをするとともに、久家にも再来阪の際に実見してもらい、さらに私自身も高知に赴き在地品を熟覧し、比較検討をおこなった。本章では、それらの探究で認識できた考察内容を記載しておくことにしたい。

　以下ではまず、瓜生堂遺跡の「土佐産」弥生後期土器の特徴をあらためて確認する。そして、在地四国における関連土器の概要をまとめることをへて、瓜生堂例と類似する土器資料の集成をおこなう。これらの作業にもとづき、現地での実見結果などとあわせて、当該例の位置づけを試みることにする。

2── 瓜生堂遺跡例の概要

　最初に、当遺跡「土佐産」土器の2個体（A・B）の甕について、その詳細な特徴を観察する（図67・68）。

　個体Aは、全容が判明する貴重例である。

　口縁部形態をみると、外面に上下幅約2.7cmの粘土帯を貼り付けた粘土貼付口縁をもつ。粘土帯外面にはナデののちヘラ状工具による列点文をほどこし、粘土帯は比較的ふくらみをもつ。体部形態は、体上位の肩部に最大径があり、胴部から外反して立ち上がる口頸部につづく。外面調整は、工具によるナデをほどこし、胴部下半にはヘラミガキがみられる。肩部には列点文をめ

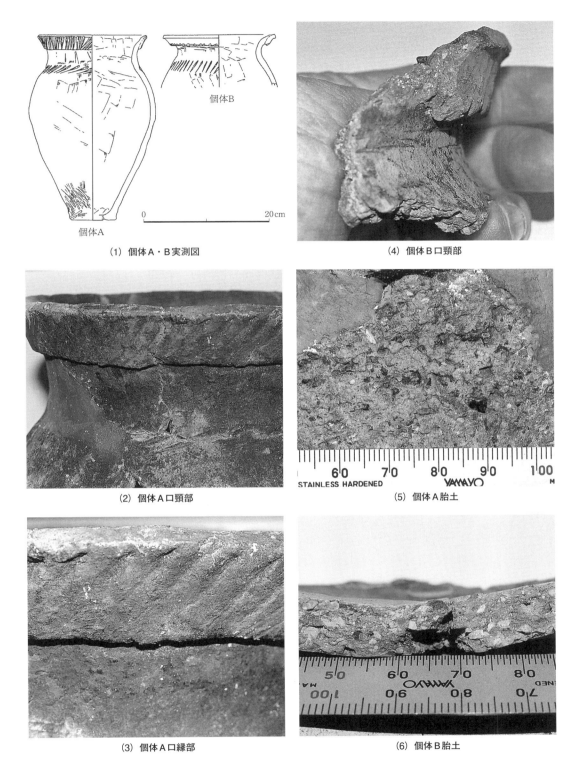

(1) 個体A・B実測図

(4) 個体B口頸部

(2) 個体A口頸部

(5) 個体A胎土

(3) 個体A口縁部

(6) 個体B胎土

図68 瓜生堂遺跡の「土佐産」弥生後期土器の詳細

ぐらす。内面調整は、全体に工具によるナデで仕上げる。遺存状態は比較的よいが、部分的に摩滅が著しいことや、内外面ともに多量の煤などが付着するため、調整が不明瞭な箇所がある。

個体Bは、口縁部から頸部付近の破片である。

口縁部形態をみると、外面に上下幅約2.2cmの粘土帯を貼り付けた粘土貼付口縁をもつ。粘土帯外面にはヨコナデがみられ、下端部に刻目をほどこし、粘土帯のふくらみは個体Aに比べて一層顕著である。頸部形態は、胴部からゆるやかに外反する。内外面ともに工具によるナデをほどこし、肩部には列点文をめぐらす。

両個体とも、胎土中に4.5mm大のチャートや2mm大の長石などの鉱物粒が多くみられる特徴をもつ。このうちチャート粒は、円磨度がかなり進んだ灰色〜暗灰色系のもので、しかもその大きさや多さは比較的顕著な属性となっており、他地域産土器の搬入品であることは胎土の点からも首肯できそうである。

3── 南四国ほかにおける類似資料の検討

上記の瓜生堂例の観察をふまえ本節では、高知県外をふくめ四国での類似資料の集成をおこない比較検討を試みたい（表9、図69〜74）。

このような特徴をそなえる土器に関しては、地元高知の出原恵三（1990、2001、2002、2003ほか）による一連の研究成果に詳しい。それらによると、口縁部外面に粘土帯を貼付する独特な手法をもつ一群の土器は、研究当初において「土佐型甕」として提唱され、近年では「南四国型土器（甕）」と命名されている。地域的に特色あるこの系譜の土器群は、弥生時代前期末に成立し、中期に盛行をみせ、後期前半まで継続するといわれる（後掲図75・76参照）。

「土佐型甕」や「南四国型土器（甕）」のうち、瓜生堂例の位置づけを試みるための基礎作業として、それらに近似した諸特徴をあわせもった個体の探索を、集成資料の検討をとおして実施した。この作業は主に、本章本文中・末尾にのせた関連文献に図示報告される諸資料を対象としている。

まず、関連品出土が確認できた四国側資料を、分布・立地状況から、図69・表9に示したように、(1)物部川以東、(2)物部川以西、(3)鏡川周辺、(4)仁淀川流域、(5)四万十川流域以南、(6)宇和島、(7)松山平野、という7地域に便宜的に区分する。そして、それぞれの地域において関連資料がみられた遺跡とそれらの土器概要について簡略に解説し、そのうえで各地域の特徴を把握し、瓜生堂例との検討の素材とする。

また、各資料の対比上における抽出ポイントとなる諸特徴の記載にあたっては、後項でも紹介する浜田恵子（2001）による分類基準（粘土貼付口縁の形態ほか）を援用し、つぎのようにタイプ分別した表現を用いる（ただし数字やアルファベットは新たにふりなおした）。

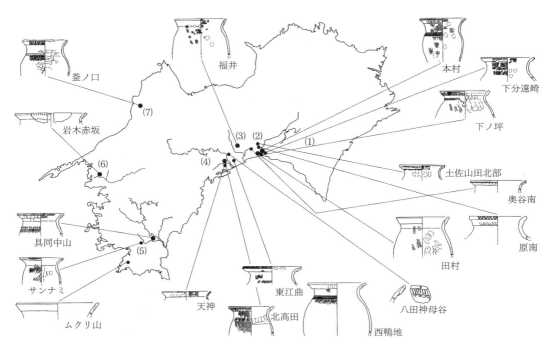

(1) 物部川以東地域　(2) 物部川以西地域　(3) 鏡川周辺地域　(4) 仁淀川流域地域
(5) 四万十川流域以南地域　(6) 宇和島地域　(7) 松山平野地域

図69　南四国地方ほかにおける類似資料出土遺跡分布

・口縁部形態の分類　　　1：胴部から口縁部はゆるやかに外反する
　　　　　　　　　　　　2：胴部から直立した頸部をもち、口縁部はゆるやかに外反する
　　　　　　　　　　　　3：胴部から直立した頸部をもち、口縁部は大きく外反する

・粘土貼付口縁部のあり方　A：明瞭な段をもつ
　　　　　　　　　　　　B：指頭圧痕によってわずかな段を残す
　　　　　　　　　　　　C：粘土帯のふくらみのない扁平なもの

　　　　　　　　　　　　a：粘土貼付口縁の粘土帯が短いもの
　　　　　　　　　　　　b：粘土貼付口縁の粘土帯が長いもの

・胎土中におけるチャートほか粗粒砂の含有の有無

　この基準に照会すると、瓜生堂例の口縁部付近の様相は、個体Aが2－Bbタイプ、個体Bが1－Aaタイプとして分類できることになる。
　瓜生堂例が属するこの両タイプまたは近似する土器の摘出や、それらとの対比を主眼とし、上

表9　南四国地方ほかにおける類似資料出土遺跡一覧

地域名	遺跡名	所在地	類似資料が出土した遺構とその時期
(1) 物部川 以東地域	本村遺跡	高知県香南市	竪穴住居・土坑（中期後半～後期前半）・不明遺構（中期末～後期前半）
	下分遠崎遺跡	〃	土坑（中期Ⅱ期前半）・包含層
	下ノ坪遺跡	〃	自然流路
(2) 物部川 以西地域	田村遺跡群	高知県南国市	溝（中期中葉）・その他（中期）
	奥谷南遺跡	〃	段状遺構（中期末～後期初頭）
	原南遺跡	高知県香美市	円形竪穴住居（Ⅳ様式後半）
	稲荷前遺跡	〃	包含層（中期後半末）
	土佐山田北部遺跡群	〃	竪穴住居（中期）
(3) 鏡川周辺地域	福井遺跡	高知県高知市	谷流路（中期後半～後期前半）
(4) 仁淀川流域 地域	八田神母谷遺跡	高知県吾川郡いの町	包含層（？）
	東江曲遺跡	高知県高知市	竪穴住居（後期中葉）
	天神遺跡	高知県土佐市	包含層（後期）
	西鴨地遺跡	〃	包含層（後期前葉）
	北高田遺跡	〃	土坑・ピット・包含層など（後期）
(5) 四万十川流域 以南地域	具同中山遺跡群	高知県四万十市	土器集中（後期）・その他（後期前葉）
	ムクリ山遺跡	高知県幡多郡大月町	包含層（中期）
	サンナミ遺跡	高知県宿毛市	包含層（中期～後期前葉）
(6) 宇和島地域	岩木赤坂遺跡	愛媛県西予市	包含層（中期）
(7) 松山平野地域	釜ノ口遺跡	愛媛県松山市	9次SD3（後期中葉）

記した各地域における土器様相を以下に概観していく。胎土特徴に関する情報についてはそのつど言及することにする。

　なお、記載における各タイプの割合（％）は、少なくとも口縁部から肩部にかけて遺存する残存率のよい個体を対象とし算出している。図示報告された資料に依拠しているため、母数に差異がみられ、しかも総数が少ない事例もふくまれるが、大方の傾向を把握するにあたっての次善策として諒解されたい。

(1) 物部川以東

　高知県中央部にある高知平野の東端を流れる物部川の左岸に位置する。この地域は弥生時代を中心とする多くの遺跡が確認されている。ここにふくまれる香南市（旧・香我美町および野市町域）を対象とし類似土器の集成をおこなった結果、本村遺跡、下ノ坪遺跡、下分遠崎遺跡から関連資料が得られた（図70 − 1）。

　類似資料が多かった本村遺跡は、旧・野市町中央部にのびる山地の南側丘陵部に立地する、弥生中期末から後期前半まで営まれた集落遺跡である。残存率のよい土器を概観すると、瓜生堂個体Aと同じ2 − Bbタイプは全体の18％、他方、当遺跡で割合が最も高いのは3 − Bbタイプで36％である。後者タイプは、個体Aと同じ粘土貼付口縁に属するが、口縁部の形態が、直立する

頸部から大きく外反する特徴をそなえる。

下分遠崎遺跡は、山北川と香宗川の間を南西にのびる山地の南端裾部に形成された沖積地に立地する、弥生前期末から中期前半まで営まれた集落遺跡である。集成した土器を概観すると、本村遺跡で主体となっていた3－Bbタイプである。

下ノ坪遺跡は、物部川下流の左岸に形成された扇状地に立地する。集成した土器を概観すると、瓜生堂個体Bと同じ1－Aaタイプである。

以上のような当地域資料の総体としては、瓜生堂近似例は全体の27％であるのに対し、3－Bbタイプが45％となる。つまりここでは、瓜生堂例と同様な特徴をそなえる土器ではなく、部分的に類似する特徴をもつ土器がかなりの割合をしめることが明確である。一方、本章で集成したなかでは数少ない1－Aaタイプの土器がみられたことは注意される。

(2) 物部川以西

上記した物部川の右岸に位置する。ここにふくまれる地域にある香美市（旧・土佐山田町域）から南国市におよぶ地域を対象とし類似土器の集成をおこなった結果、表9にかかげた諸遺跡からつぎのような関連資料が得られた（図70－2）。この地域は、弥生前期から後期に継続する平野部の田村遺跡群を主体としつつ、弥生中期から後期前半の短い期間に高地性集落が多くみられる。そのような展開のなかで、以下に示すような粘土貼付口縁土器の存在は、最終的には、田村遺跡群の衰退とともに減少していったと考えられる。

本地域内で類似資料が多かった田村遺跡群は、南四国における弥生時代の拠点集落である。集成した土器で残存率のよい土器を概観すると、瓜生堂個体Aと同じ2－Bbタイプはみられなかったが、個体Bの1－Aaタイプが全体の8％をしめている。ほかに2－Baタイプや2－Cbタイプが、それぞれ15％で存在する。

原南遺跡と稲荷前遺跡では、3－Baタイプが全体の50％と大きな割合をしめ、2－Bbタイプも若干ながらみられる。

土佐山田北部遺跡群と奥谷南遺跡から出土した土器は小片がほとんどで、明確なことはいえない。しかし、Bbタイプの粘土貼付口縁があり、端部に刻目をほどこす。さらに、胎土にチャートをふくむ粗粒砂が入ることなどから、瓜生堂例と関連する同一系統の土器である可能性が高い。

以上のような当地域資料の総体としては、瓜生堂近似例は全体の12％に満たない。このようにここでは物部川以東と等しく、瓜生堂例と同じ形態的特徴をもつのではなく、部分的に類似した特徴をもつ土器がかなりの割合をしめる。

(3) 鏡川周辺

高知県中央部にある高知市にふくまれ、北側の山地から南側の浦戸湾に注ぐ鏡川の周辺地域に位置する。地形は北部山地・中央低地・南部山地・南部低地に分けられる。地域内の平野部のほとんどは低湿地であり、鏡川の氾濫の影響を受けている。そのためこの地域では、近世以前の遺跡はほとんど検出されていない。ここでは高知市の相当域を対象に類似土器の集成をおこなった

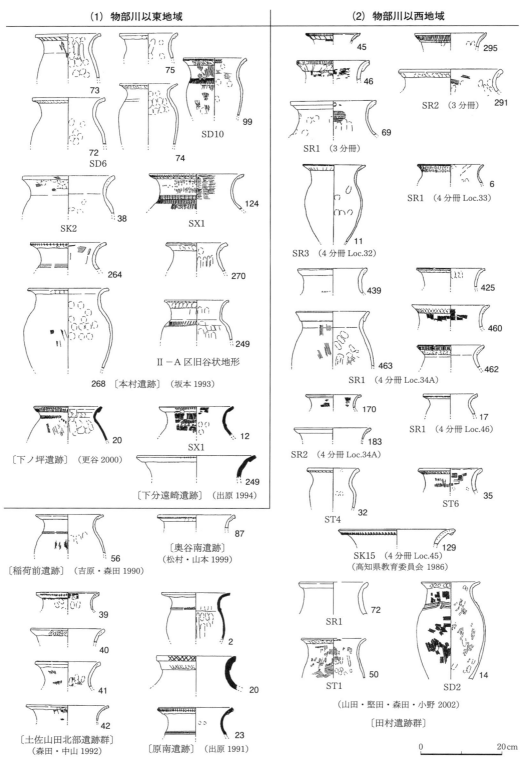

図70　南四国地方ほかにおける類似資料集成図 - 1

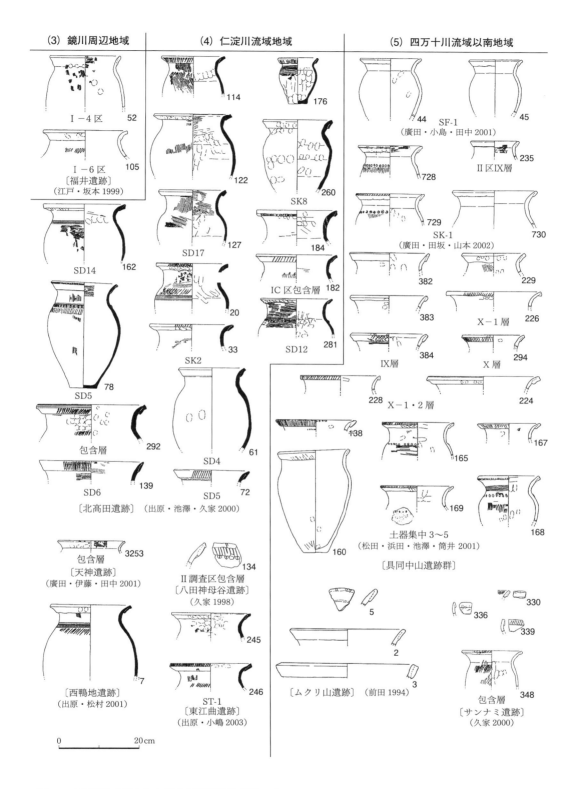

図71 南四国地方ほかにおける類似資料集成図 - 2

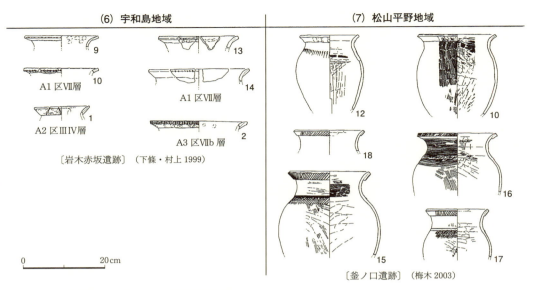

図72　南四国地方ほかにおける類似資料集成図 - 3

結果、福井遺跡から関連資料が得られた（図71 - 3）。

当遺跡は、縄文時代から中世にいたる複合遺跡であり、類似資料の土器は、弥生中期後半から後期前半の谷状流路などにともない出土している。それらは他地域と比較するなら少ないが、瓜生堂個体Aと同じ2 - Bbタイプの土器がみられる。ほかの土器は小片であるため、詳細なことはいえない。

以上から、類似資料が少ないため明確でないが、当地域では前述した2地域よりも瓜生堂近似例の出土割合が高くなる可能性も考えられる。

(4) 仁淀川流域

高知県中央部を流れる仁淀川流域の吾南平野・高東平野に位置する。この地域は弥生〜古墳時代の集落遺構が多く確認されている。ここにふくまれる須崎市・土佐市・いの町・高知市におよぶ地域を対象に類似土器の集成をおこなった結果、表9にかかげた諸遺跡からつぎのような関連資料が得られた（図71 - 4）。

本地域内で類似資料が多かった北高田遺跡は、高知県の中央部に位置し、独立丘陵の西裾部、および低湿地に埋没する自然堤防上に立地する。当遺跡は、縄文晩期と弥生後期の遺構・遺物が多く検出され、仁淀川流域では最大級の弥生後期集落であることが周知されている。ここで集成した土器で残存率のよい土器を概観すると、瓜生堂個体Aと同じ2 - Bbタイプは全体の46％で、ほかに1 - Abタイプ、2 - Aaタイプ、3 - Bbタイプなどがある。

西鴨地遺跡と東江曲遺跡は、瓜生堂個体Aと同じ2 - Bbタイプが大半であり、ほかに3 - Bbタイプもある。

八田神母谷遺跡と天神遺跡から出土した土器は小片であり、明確なことはいえない。

以上のような当地域資料の総体としては、瓜生堂近似例は全体の50％をしめる。ほかに3－Bbタイプが19％で、1－Abタイプ、2－Aaタイプはそれぞれ13％に満たない。

（5）四万十川流域以南

高知県南西部を流れる四万十川の支流である中筋川流域に位置する。この地域は縄文時代から近世におよぶ多くの遺跡が確認されている。ここにふくまれる四万十市から土佐清水市におよぶ地域を対象に類似土器の集成をおこなった結果、具同中山遺跡群、サンナミ遺跡、ムクリ山遺跡から関連資料が得られた（図71－5）。

本地域内で類似資料が多かった具同中山遺跡群は、高知県の西南端に位置し、四万十川と中筋川が形成した沖積平野に立地する。当遺跡の集成資料で残存率のよい土器を概観すると、瓜生堂個体Aと同じ2－Bbタイプは全体の56％で、ほかに1－Bbタイプや2－Baタイプなどがある。

サンミナ遺跡とムクリ山遺跡から出土した土器は小片がほとんどで、明確なことはいえない。しかし、Bbタイプの粘土貼付口縁をもち、胎土に粗粒砂をふくむことから瓜生堂例と同一系統の土器である可能性が高い。

以上のような当地域資料の総体としては、瓜生堂近似例は、仁淀川流域と同じく全体の50％をしめ、ほかに1－Bbタイプ、2－Baタイプがそれぞれ20％である。

（6）宇和島

愛媛県の宇和島をふくむ南予地域に位置する。そのなかでも宇和島地域は、古代以前の遺跡が最も多く分布する一帯である。ここに立地する西予市を対象として類似土器の集成をおこなった結果、岩木赤坂遺跡から関連資料が得られた（図72－6）。

当遺跡は、南予地域の宇和盆地に位置する。ここから出土した土器は小片がほとんどで、明確なことはいえない。しかし、Bbタイプの粘土貼付口縁をもち、胎土に粗粒砂をふくむことから瓜生堂例と同一系統の土器である可能性が高い。

（7）松山平野

愛媛県松山市を中心とする中予地域に位置する。ここにふくまれる松山市を対象として類似土器の集成をおこなった結果、釜ノ口遺跡から関連資料が得られた（図72－7）。

当遺跡は、松山平野中央部の石手川中流域の扇状地上に立地する。集成した土器はすべて、弥生後期中葉の溝SD3からまとまって出土している。共伴土器には豊後系土器がみられる。ここで集成した土器を概観すると、瓜生堂個体Aと同じ2－Bbタイプは全体の83％で、ほかに2－Baタイプがある。なお、この地域での類例資料は、松山平野の在地品ではなく、搬入土器などとして考えられる個体にあたる。

4— 瓜生堂遺跡例の位置づけ

　これまで主として、南四国地方ほかにおける類似資料の集成と、それらが出土した地域および遺跡の概要をみてきた。その結果をふまえてここでは、瓜生堂「土佐産」土器の出自地域とその時期について検討したい。

(1) 出自
　上記の、(4) 仁淀川流域の北高田遺跡、(5) 四万十川流域以南の具同中山遺跡群、(7) 松山平野の釜ノ口遺跡出土の各土器は、その形態・製作技法・文様構成など、総合的な属性比較の結果、瓜生堂例と多くの共通点をもつことが明らかとなった（図73・74参照）。このことから、搬入品として理解されている (7) 地域資料を一応除外するなら、瓜生堂例は、(4)(5) 地域の周辺である高知西半の一帯（県中央西部〜南西部）から搬入された土器となる蓋然性が高いと考えられる。

　ただし、ここまでの対比検討は、実測図面や写真図版に依拠したものである。胎土および色調などに関しては十分に実施できていないので、その属性領域からの追究は射程外とならざるをえない。

(2) 時期
　つぎに、瓜生堂例の搬入時期について、南四国地方における類似資料の編年と対応させて検討したい。

　ここで最も参考になる研究成果は、図75である。これは、前述遺跡の一つである具同中山遺跡群の弥生時代〜古墳時代初頭土器に関し、各時期区分の様相が浜田恵子（2001）によって整理された、甕の形態分類・変遷図にあたる。

　本図では、Ⅰ期が弥生前期末、Ⅲ期が中期中葉、Ⅳ期が中期末、Ⅴ－1期が後期前葉、Ⅴ－2期が後期中葉、Ⅴ－3期が後期後葉、Ⅵ期が終末期、に比定されている。瓜生堂例は、具同中山遺跡群の同図中における形態分類では、甕A－1類タイプ（張りのある胴部から一旦すぼまったのち大きく外反し口縁部にいたる形状）に該当する。このタイプは、当遺跡群では弥生後期前葉まで依然として高い比率をしめている。瓜生堂例に近似した土器資料は、このうちのⅤ－1期（後期前葉）に相当する。

　また、出原恵三（2001）の「南四国型甕」の変遷整理（図76）でも、後期前葉において類似資料がみられる。

　以上のことから瓜生堂例は、南四国の地元編年における弥生後期前葉に比定される土器となる。瓜生堂遺跡の発掘での共伴土器は近畿編年の弥生後期前半であり、併行関係上は整合性をもつことになり、この時期に搬入されたことは明らかである。

図73　南四国地方における類似資料の口頸部詳細 - 1（四万十川流域以南・具同中山遺跡群出土）

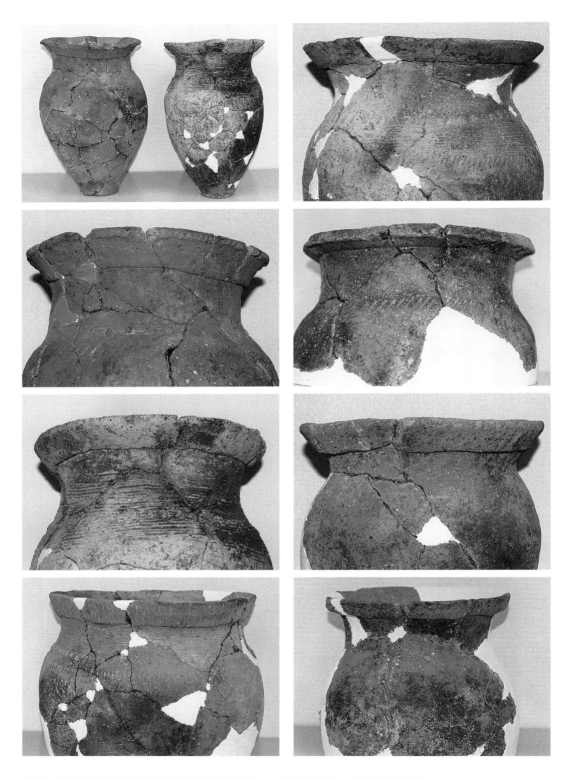

図74　南四国地方における類似資料の口頸部詳細 - 2（仁淀川流域・北高田遺跡出土）

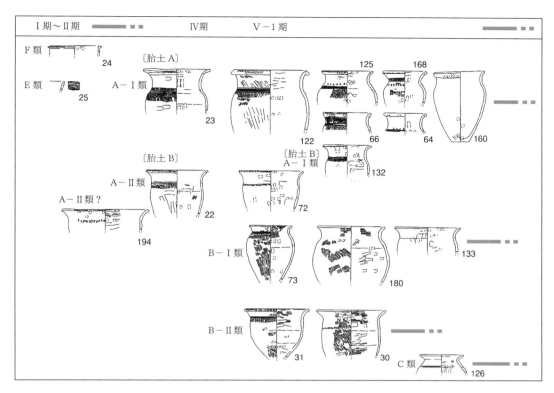
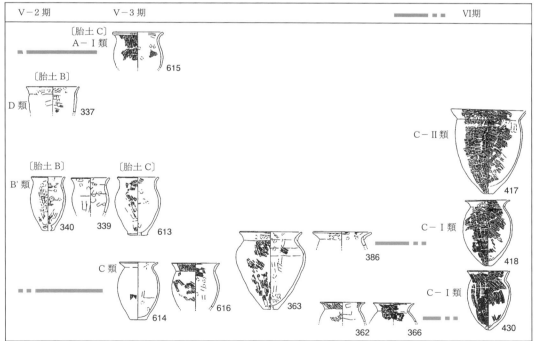

図75 具同中山遺跡における甕の形態分類・変遷図

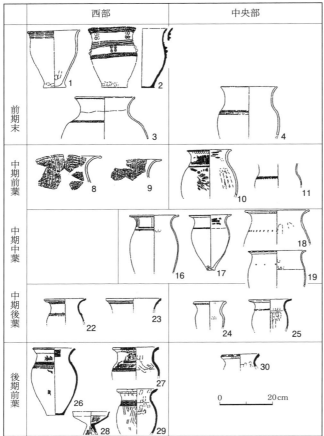

1・3：具同中山遺跡群Ⅱ区Ⅸ〜Ⅺ層（1）
2：居徳遺跡群 1C 区Ⅳ層（2）
4：田村遺跡 Loc.10－SK26（3）
5：下分遠崎遺跡 SK10（4）
6：下分遠崎遺跡 SK18（4）
7：下分遠崎遺跡 SD1（5）
8・9：永野遺跡（6）
10・11：田村遺跡 Loc.36A－SD2（7）
12：下分遠崎遺跡 SD1（4）
13・15：下分遠崎遺跡 SK15（8）
14：下分遠崎遺跡 SD3（8）
16：田村遺跡 Loc.45－SD2（7）
17〜19：田村遺跡 Loc.44A－SD1（3）
20・21：下分遠崎遺跡弥生中期遺物包含層（4）
22・23：バーガ森北斜面遺跡（9）
24：田村遺跡 Loc.45－ST5（7）
25：原南遺跡 ST1（10）
26：北高田遺跡 SD5（11）
27・28：北高田遺跡 SK2（11）
29：北高田遺跡 SD14（11）
30：下ノ坪遺跡 SD55（12）

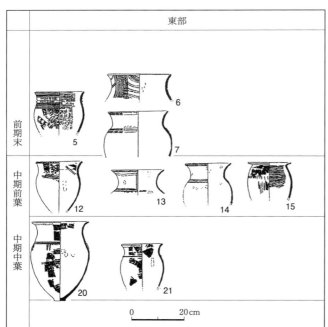

出典：上記各末尾の番号に対応
（1）高知県埋蔵文化財センター『具同中山遺跡群Ⅰ』1997 年
（2）高知県埋蔵文化財センター『居徳遺跡群Ⅰ』2001 年
（3）高知県教育委員会『高知空港拡張整備に伴う埋蔵文化財発掘調査報告書 田村遺跡群』第 3 分冊 1986 年
（4）香我美町教育委員会『下分遠崎遺跡（1）』1989 年
（5）香我美町教育委員会『下分遠崎遺跡試掘調査概報』1987 年
（6）葉山村教育委員会『高知県葉山村埋蔵文化財発掘調査報告書—姫野々上町・新土居宇津ヶ藪・永野遺跡』1984 年
（7）高知県教育委員会『高知空港拡張整備に伴う埋蔵文化財発掘調査報告書 田村遺跡群』第 5 分冊 1986 年
（8）香我美町教育委員会『下分遠崎遺跡』近刊予定
（9）松村信博「高知県」『弥生時代中期の土器と集落』古代学協会四国支部第 8 回大会資料 1994 年
（10）高知県文化財団『原南遺跡』1991 年
（11）高知県埋蔵文化財センター『北高田遺跡』2000 年
（12）野市町教育委員会『下ノ坪遺跡Ⅱ』1998 年

図76 「南四国型甕」の変遷図

（3） 異タイプの併存

　つづいて、口縁部形態や施文状況の様相に差異が存在する瓜生堂例2個体において、時期差の有無を考慮すべきか否かについて考えておきたい。

　この種の土器の粘土帯貼付口縁のあり方を概観すると、①扁平な粘土帯の外面と下端への強い指頭圧痕によって1mm以下のわずかな段をなすタイプ、②粘土帯外面に指頭圧痕を認めるが2～5mmていどの明瞭な段をなすタイプ、に大別分類できる。しかし、南四国において①②の両タイプは、弥生中期から後期前葉を通じ併存して認められることから、同じ時期の所産と考えられている（浜田 2001）。タイプ①は瓜生堂個体Aと、タイプ②は同Bに該当することから考えると、これらの瓜生堂2個体例においても、ほぼ同時期の所産と考えるほうが自然であろう。

　この点に関しても、発掘調査時においてともに同層準から検出されたという出土状況によって、瓜生堂両個体にあえて大きな時間差を想定できるものではない事実と過不足なく符合する。

5―― 地元研究者によるコメント

　ここで、今回の瓜生堂「土佐産」弥生後期土器に対する、地元研究者の意見を紹介しておきたい。

（1） 久家隆芳

　まず、来阪時に両個体の全容を詳細に観察した、久家隆芳の所見はつぎのとおりである。

　形態・技法・文様構成・色調は高知県の土器に類似するので、模倣土器というような資料ではなく、搬入品でまちがいない。しかし、胎土については、高知平野で出土する当該土器類と比較するなら、チャートを含有する点は一致するが、全体の雰囲気がやや異なる。また、個体A・Bの形態・文様が同一ではないが、高知県内でもこれら両タイプの土器が共伴して検出されることから、時期差はないと考えてよい。文様について観察すると、両個体とも構成がシンプルなので、高地県西部地域の可能性は皆無に等しく、それより東の、物部川流域からその東側などの可能性がきわめて高い。しかしながら、県中部にあたる、高知平野部の土器に該当するものではないと現時点では考えられる。

　そのような点などから、今後、これまで調査がほとんど進んでいない高知県東端部の安芸・室戸地域との関連性が期待できる可能性がある。なお、高知県内では、弥生中期～後期に河内（生駒山西麓）産土器がほとんど出土しないこともあり、直接交流のあった可能性はかなり低い。

（2） 坂本憲昭・出原恵三

　つぎに、私が資料調査で高知県におもむいた際、持参した瓜生堂遺跡の個体A体部片と個体Bや実測図面・写真を実見した二人の研究者から意見を受けた。

　坂本憲昭は、形態や文様からは高知県西部のものと酷似する。しかし、胎土に関しては、その

地域の土器では素質が瓜生堂例に比べてもっと「ザラザラ」といった印象がある。出原恵三は、形態・文様・胎土などの全体的な特徴から、仁淀川流域の北高田遺跡の製品と非常に酷似し、瓜生堂例は北高田遺跡例「そのもの」といってもよいのではないか。このような所感であった。

(3) 下條信行

　一方、瓜生堂例を実見する機会はなかったが、送付した実測図にもとづく検討を得た下條信行からは、つぎのようなコメントがあった。

　西土佐に分布するタイプであろう。しかし、田村遺跡群などの土佐中央部・高知平野にも類例が存在するので考慮の必要がある。南予地域（伊予南部）も類例土器の分布範囲内だが、口縁に厚い粘土帯を貼り、長条の刻目を入れるタイプは分布しない。南予地域では、この時期の「西南四国系土器」の粘土帯は、おおむね痕跡的になっている。一方、土佐では、この時期でもしっかり粘土帯を貼っている。なお、中予地域（伊予中部）の松山市釜ノ口遺跡資料は、西土佐のもので、後期中葉におよぶものである。

(4) 小結

　以上のように、地元の弥生土器に精通している研究者の間においても、瓜生堂例に関して必ずしも完全な見解の一致をみない。要するに、本章で不十分ながらも検討を加えてきた内容と整合性をもつ事項が多く確認できるものの、齟齬をきたす部分もあわせてみられるわけである。

　ただ、上記してきた試考成果が決してまったくの荒唐無稽でないことだけは、少なからず保証されたといえるであろう。

6—土佐における熟覧資料調査の所見

(1) 具同中山遺跡群（四万十川流域）・北高田遺跡（仁淀川流域）の出土品

　ところで私は、2004年1月22日、（財）高知県文化財団埋蔵文化財センターにおいて、実際に当地の関連土器類を観察する機会をもつことができた。同センターの配慮を得て具体的に熟覧できた資料は、高知県西部・四万十川流域の具同中山遺跡群（松田・浜田・池澤・筒井 2001での報告資料）と高知県中部（高知平野西部）・仁淀川流域の北高田遺跡（出原・池澤・久家 2000での報告資料）から出土した弥生後期前葉の土器群である。その際の観察所見を記しておくことにする。なお、図73・74に掲載した細部写真は当日のものであるが、瓜生堂例との対比が可能となるよう留意して撮影したつもりである。

　まず、具同中山遺跡群例（図73）における全体的な印象では、形態や文様が類似はするが、瓜生堂例とは「しっくりとこない」個体が多いように感じた。色調や胎土も瓜生堂に共通するような個体も散見されたが、大勢としては、灰白褐色系を呈し、胎土の素質が粗く、灰色系チャートをふくむものの長石粒のほうが顕著となる個体が多いように見受けられた。要するに、瓜生堂

例とは同じ諸特徴をそなえるが、やや違和感を与える要素もあるといった実感をもった。

　一方、北高田遺跡例（図74）では、瓜生堂個体A・Bとまったく等しい属性をそなえる個体そのものは確認できなかったが、個々の要素をとりあげると、おおむね共通項が多いと判断できた。

　具体的には、全体形状における微妙な器表カーブの印象や、粘土帯口縁における成形やふくらみ具合、さらにその部分のナデなどによる微細な「クセ」ともいうべき処理の仕方が、まさに瓜生堂と「瓜二つ」ともいえる個体がいくつか存在した。灰茶褐色系の色調や胎土中におけるチャートなどの含有状況も近似した印象をもった。しかも、器表面におけるやや「皮膜が貼った」ような焼成の仕上がり具合も、瓜生堂例に類似する特徴のように感じられた。

　よって、仁淀川流域の北高田遺跡例は、総体としては瓜生堂例にきわめて近い諸属性を保有し、比較的「しっくりとくる」資料と理解できた。少なくとも、北高田・瓜生堂両遺跡例は、ほぼ等しいともいえる同質規範のもとで製作された土器と推定できる、という所見をもちえた。

（2）瓜生堂遺跡例の故地推断

　したがって、私には総合的で最終的な判断のしようがないものの、先に土器実測図などから検討した瓜生堂例の故地推定と大略的には矛盾しない。しかも、そのなかでは、少ない実見結果の印象ではあるが、高知平野西部にあたる仁淀川流域の土器と共通性が多く、調和的と評価できたことになる。当然ながら可能性の範囲内であるが、遠く近畿・河内地域にまで持ち運ばれてきた瓜生堂「土佐産」甕の出自については、仁淀川流域がその有力な候補になろうか。

　以上のことは、前記の地元研究者による意見のなかでは、出原の所見と近似する。ただし、私の推断は2遺跡以外の土器群には直接的に接していない状態のものであるので、いかんともしがたい。だがこのように、本章での先の推論と実見観察の結果が相互に矛盾しない点、さらには、より立ち入って故地推定をしぼり込める情報を獲得できた点は、重要な成果といえよう。

7― 近畿の他遺跡における関連資料について

　さて、本章で提示した瓜生堂「土佐産」土器は、弥生後期段階における近畿出土の確実資料として初見なのはまちがいない。

　しかし、弥生前期の壺では、口縁部に粘土帯を貼り付ける特徴をもち「南四国型土器」となる可能性のある資料が、近年の和歌山県御坊市堅田遺跡における調査で、環濠出土品中に確認されていた（図77－1、久貝 1999、2000）。この比定に相違ないなら、堅田遺跡の場合、近畿南部の太平洋に面した立地環境にある遺跡でもあり、外洋をたくみに利用した南四国との直接的な交流の結果として搬入されたと想定できる。その意味において、同じ近畿地方であっても、河内地域の瓜生堂遺跡とは立地環境や状況が異なっている遺跡でのあり方といえるであろう。

　ところが、本稿準備の資料調査段階で、愛媛県の梅木謙一からつぎのような教示を得た。

　粘土貼付口縁部をもち「南四国型土器」の可能性がいくぶんあるかもしれない資料が、瓜生堂

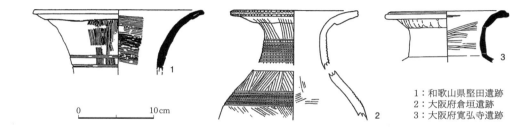

1：和歌山県堅田遺跡
2：大阪府倉垣遺跡
3：大阪府寛弘寺遺跡

図77　近畿における「土佐産」土器関連資料

以外に、以下の近畿2遺跡で出土しているというのである。これらの土器について、確実例として断定できるのか私には不分明ながら、参考として概要をここで紹介しておこう。

　倉垣遺跡（図77－2、辻本1999）は、大阪府の北端部、摂津・丹波地域の山に囲まれた豊能郡能勢町倉垣地内に位置する。当遺跡のピットから出土した粘土貼付口縁をもつ壺は、弥生前期末の土器である。形態は、細い頸部から外方に大きく屈曲して広がる口縁部をもつ。外面調整は全体にハケメをほどこし、装飾文様として、口縁端部に刻目と1条沈線、頸部と肩部に多条沈線を加える。本例は、堅田遺跡例と関連して注目できる弥生前期資料である。

　寛弘寺遺跡（図77－3、橋本1995）は、大阪府の東南部、金剛・葛城山脈の西麓、千早川と宇奈田川にはさまれた南河内郡河南町大字寛弘寺地内に位置する。当遺跡の土坑群から、粘土貼付口縁をもつ壺が出土している。形態は、胴部から直立する頸部をもち、そこから広がる口縁部をそなえる。同じ土坑群からの出土品としては、弥生後期前半の土器が報告されている。本例は、所属時期から、今回の瓜生堂例に関連して留意すべき資料である。

　以上のとおり、堅田遺跡のような外洋環境の遺跡だけでなく大阪府内の遺跡において、遠隔地である土佐ないし南四国と関連をもちそうな属性をそなえる土器が、瓜生堂遺跡以外にも存在する可能性がでてきたことになる。今後、意識的な資料調査を詳細に実施すれば、近畿において、「土佐産」の特徴をもった土器がさらに追認される公算が大きいともいえよう。

8―「土佐産」土器の搬入経路・契機をめぐって

　本章ではまず、近畿初見例となった、瓜生堂「土佐産」弥生後期土器（甕）の提示をおこなった。つづいて、それに類似する資料について、南四国を中心とした地域での集成作業と比較検討などを進め、当該搬入品の出自追究を試みた。

　しかし、検討対象の領域内では発掘自体がほとんど進んでいない地域もあり、今回の状況把握においては不完全な地域も多々ある。また四国地域全域についても資料の検討集成を実施する必要もある。今後の課題として、四国全体をも視野に入れて悉皆収集を敢行し、具体的な搬入経路なども追究していきたい。

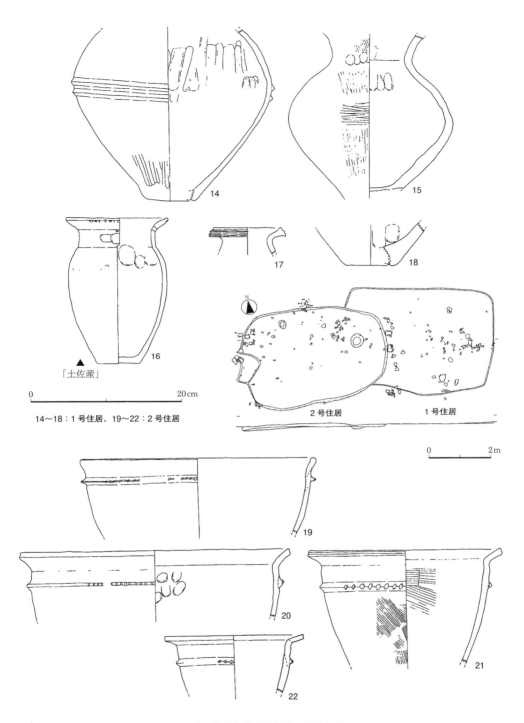

図78　宮崎県鬼付女西遺跡における「土佐産」弥生後期甕の出土状況

それに関し付言しておくと、瓜生堂例とほぼ同時期となる「土佐産」土器の遠隔地への搬出例が、宮崎県鬼付女西遺跡で確認されている（図78、長津 1989、出原 2002）。これは、当遺跡の立地からみて、近畿弥生前期末の堅田遺跡と同様に、外洋交流の産物として評価するのが最も妥当であろう。上記したように、このような搬入経路・契機と、本章の瓜生堂例の場合とは同等・同質にはあつかえないと考える。

　また一方で、近年の研究によって、弥生後期前半の「南四国型土器」が、四国の瀬戸内沿岸側の諸遺跡からも確認されだしているようである（出原 2002、梅木 2002bほか）。そして関連し重要な事項として、1999年度の瓜生堂遺跡発掘ではこれらの「土佐産」土器とともに、本書前章で検討したように、四国・讃岐産の下川津B類土器が比較的顕著に搬入されている実態がみられる。

　このような、四国側での近年における「土佐産」品の出土状況と、瓜生堂遺跡での各種土器の搬入現象とを関連させて考察するならば、本章提示の瓜生堂「土佐産」弥生後期土器は、讃岐地域など四国瀬戸内沿岸部を仲介としたあり方で搬入されてきたものと想定できる蓋然性があろう。だが、その真否のゆくえは、今後の積極的な検討を待たねばならない。

〔特記以外の主要関連文献〕

　梅木謙一 2003／江戸秀輝・坂本憲昭 1999／久家隆芳 1998、2000／高知県教育委員会 1986／（財）高知県文化財団埋蔵文化財センター 1996／坂本憲昭 1993／更谷大介 2000／下條信行・村上恭通 1999／出原恵三 1990、1994、2000／出原恵三・小嶋博満 2003／出原恵三・松村信博 2001／廣田佳久・伊藤強・田中涼子 2001／廣田佳久・小島恵子・田中涼子 2001／廣田佳久・田坂京子・山本純代 2002／前田光雄 1994／松村信博・山本純代 1999／松田直則・伊藤強・山崎正明・筒井三菜・久家隆芳 2000／森田尚宏・中山泰弘 1992／山田和吉・堅田至・森田尚宏・小野由香 2002／吉原達生・森田尚宏 1990

第Ⅱ部
農具と田植え

第6章
「大足」の再検討

1── 田下駄・「大足」研究抄史

　田下駄・「大足（オオアシ）」の研究が、弥生時代における農耕技術発達（灌漑水田農法）の究明にはたした役割は大きい。
　その実質的な出発点になったのは、戦後間もない1950年に発見された静岡県伊豆の国市（旧・韮山町）山木遺跡の約40点の「異様な木器」であった（図79 − 1 〜 4）[(1)]。それらは弥生時代後期[(2)]と推定された鰹節形の扁平なスギ板製品で、両端に抉れや穿孔をそなえ、板の中ほどには3孔が下駄の鼻緒のようにあけられていた。それまで弥生時代木器の多量の出土をみていた登呂遺跡（日本考古学協会 1949、1954）や唐古遺跡（京都帝国大学文学部考古学研究室 1943）にも類品がなかったので、調査担当者ほかはその用途を判断するのに苦慮した。
　その一人、木下忠（1954、1964）はこの木器を、土地の老農の言に示唆を受け、当時なお使われていた、苗代（田）に肥料（緑肥・刈敷）を踏み込むのに用いる「大足」（図79 − 5）に比定し、平面方形の梯子形の外枠が取り付くとする構造復原をおこなった。それと、古文献にみられる「大足」用法のあり方、加えて民俗例では「大足」使用が田植えの前提となる苗代に限定されている点を論拠に、弥生時代後期の施肥および移植栽培法（田植え）を傍証する材料にした。
　また、田下駄の民俗学的研究（宮本 1952）を参考にし、考古資料ではあまり厳密には区別されていなかった水田用下駄の使途の相異、つまり、湿田作業において身体沈下を防ぐために履く「田下駄」と、代踏み・施肥に用いる「大足」のちがいを明確にしようとする提言をおこなった（木下 1962）。さらに、弥生時代の「大足」の機能に対しては、苗代に肥料を踏み込むための農具とする当初の理解に加え、岡本明郎（1962）による田下駄の多角的検討を受け入れ

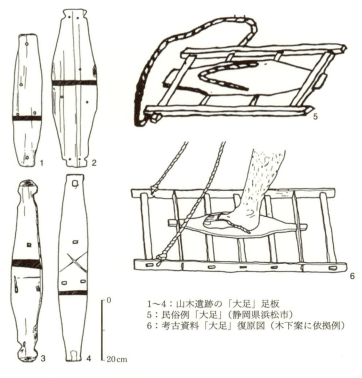

1〜4：山木遺跡の「大足」足板
5：民俗例「大足」（静岡県浜松市）
6：考古資料「大足」復原図（木下案に依拠例）

図79 「大足」と従来の復原図

て、稲株移植前の本田に残稈（収穫後の稲株）を踏み込む、あわせてその攪拌作業によって、適切な耕作用の素地土を形成するのに用いられた、とも記す（木下 1967、1969）。

　この木下の「大足」を媒介にした施肥・移植技法立証の研究をふまえ、近藤義郎（1962）や岡本明郎（近藤・岡本 1962）は、弥生時代における移植栽培法存在説の重要な考古学的な根拠とし、弥生時代以降の農業発達を論じた。移植技法の有無は、水稲農耕における土地生産性や人間労働集約性のあり方を大きく左右する問題（近藤 1983、都出 1970、1989b）だけに、その研究起点となった木下による「大足」の評価は重要な位置をしめる。

　さて、「大足」の構造復原に関しては当初、ほとんどの場合、足板（足をのせる板材）だけが出土することもあって、枠の形状は民俗例「大足」と同等のものであろうと推定されていただけであった。しかしその後、山形県嶋遺跡（山形県教委 1964、山形市史編纂委 1960）や大阪府友井東遺跡（大阪府教委ほか 1983）で、民俗例「大足」に類似する梯子形枠をともなった状態の考古資料（図86 - 1、図87 - 24）が出土するにおよび、山木遺跡での木下復原案がまさに裏付けられた状況を呈するにいたる。その結果として、考古資料「大足」（枠付き田下駄）全般に木下復原案が予想されてきている。

　1950年代になされたこの構造推定は、一時、木下（1962）自身によって、民俗学でいう「輪かんじき型」[3]のように平面円形の輪枠が付く可能性にもふれられたことがあったが、木下（1980、1985b）によるその後の論考中の主張にもみるように長年にわたり否定されていなかっ

た。また、その推定理解は考古学研究者の間で根強く生きつづけており、一般向け冊子や書物にも、この復原案に依拠した想像図や、山木遺跡の「大足」足板と民俗例「大足」を並列した写真を掲載している事例がじつに多い（図79 - 6ほか、直木編 1978、奈良県立橿原考古学研附属博編 1987、仙台市教委 1989、佐原 1983）。

このように、田下駄・「大足」の考古学的研究は、民俗学研究と不可分のあり方で進められ、考古資料における用途不明品の使途を、民俗学の援用で「解決」した最も典型で代表的な事例といわれている（木下 1967）。

しかし、そこには「陥穽」があったのである。考古資料の田下駄に対する上の直截的な評価が、弥生時代以降の農耕技術階梯の研究に重要な位置をしめているだけにことは重大である。そこで、その陥穽の内容を明らかにすることに本章の目的はある。すなわち、山木遺跡「大足」の構造復原案がはたして妥当であったかを考古学的に検討し、そこから派生する問題について論じる。

以下ではまず、現時点までに得られた考古資料にもとづいて田下駄の大別分類を示し、「大足」構造の再検討の契機となった京都府鶏冠井清水遺跡例を紹介したのち、この種の田下駄の構造復原を試みる。さらには、私の復原案に立って、あらためて「大足」をふくむ田下駄の機能などについて論考する。

2— 田下駄の名称と分類

田下駄の分類はこれまで、民俗学、民具学、考古学、さらにはそれらの混合によってさまざまに形態の細分がなされ、数多くの名称が与えられている。民俗学[4]の場合、形態（型）分類と機能分類が不可分の関係にあることがほとんどで、付与された分類名称は、「ナンバ」「オオアシ」のように近年まで各地域の農民が使用していた呼称を用いることが多い。

考古学における研究・分類では、大場磐雄（1949）、後藤守一（1954）の先行する基礎的な分類をもとにしながらも、木下忠の研究を代表例とし、斉藤宏（1967）、兼康保明（1985）、田辺常博（1985）の諸研究にみられるように、民俗学で用いる分類名称を部分的にせよ借用する。ただし、民俗学での名称および機能比定と、考古資料のそれとの整合性が必ずしも保障されているのではない。さらに、考古学的な実証研究をへたうえで民俗学的成果を援用するということもなく、無批判に混用される傾向にある。そのため以下で明らかにするように、実際にはかなりの齟齬がおきている。

したがって本章では、機能と不可分にある民俗学上の分類名称は用いない。また、機能区分にもとづいた「田下駄」（枠なし）と「大足」（枠付き）という大別区分は前提としてはおこなわず、それらの総称として「田下駄」とする。

さて、既知の考古資料にみる田下駄は、図80に模式的に示したように、大別して3形式とそれを構成する諸型式に分かれる。

まず、田下駄の本体部にあたり、足が直接のる板材部である、足板だけの「枠なし」形式と、

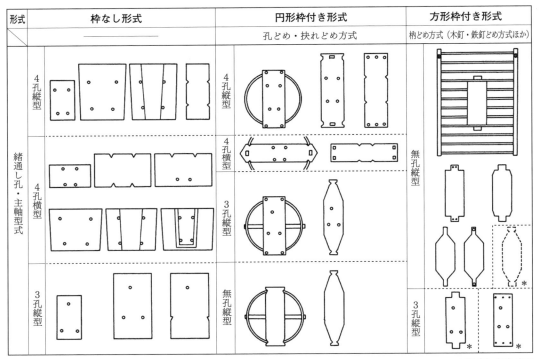

図80　田下駄（足板）の基本3形式と主要型式

それ以外に何らかの枠[5]が取り付けられる「枠付き」に区分できる。枠付きには、平面が円形もしくは楕円形にたわめられた環（輪）形の枠をもつ「円形枠付き」形式と、平面方形で梯子形（あるいは一部に格子形状）に組み合わされた枠をもつ「方形枠付き」形式が確認できる。

枠付き品にともなう足板の両端には、枠を結合させるための細工が加えられている。その方法は原則として、円形枠付き形式では「孔どめ」か「挟れどめ」、または両者の併用、方形枠付き形式では「柄どめ」の方式である[6]。

以上の「枠なし」「円形枠付き」「方形枠付き」の三者が、田下駄の各型式を派生させる母体となる基本「形式」である。

足板における足固定用の緒通し孔は、「4孔」型または「3孔」型を基本とするが、「無孔」型も一定量が存在し、「1孔」「2孔」の型式もわずかながらみられる。また、穿孔のかわりに足板側縁に切り欠きを入れて緒通し孔の代用とする例があるが、本章では、これも「孔」としてあつかい分類する。枠の有無を問わず、足甲の軸に対して足板長軸が平行する「縦」型と、直交する「横」型があるが、方形枠付き形式には、これまでのところ横型は存在しない。これら足板区分の組み合わせによって、「4孔縦」型、「4孔横」型、「3孔縦」型、「無孔縦」型などが、上述の基本形式内にみられる。

さらに各形式内には、足板平面形が方形・舟形・圭頭形、全体形が小型・大型、足板上の加工として、足ののる台や足を囲う突帯をもつ型式、足板裏面に突起をもつ型式など、さまざまな細

分型式がみられる。

これらの各形式・型式内には、地域的・時期的な偏在性や変遷が看取できるが、詳細は別の機会に論じることにしたい[7]。ひとまずは肝要事項として、考古資料の田下駄において、基本3形式とその下位レベルの各型式がある点を確認できればよい。

なお、従前の考古資料田下駄の分類と上記私案との差異はいくつかある[8]が、ここでは、「形式」にかぎって若干言及しておく。これまでは「田下駄」（枠なし）と「大足」（枠付き）の二大別であったが、本章では、後述する機能の問題をもふくめて、上の3形式を基本区分とする点が大前提となる旨を強調しておきたい。したがって、このうち本章で検討素材にしようとする、これまで「大足」と呼ばれていた田下駄の足板は、本章分類では、円形枠付き形式および方形枠付き形式の資料にともなう板状木製品に相当する。

3──「円形枠付き形式縦型」の検出

前述の諸型式のうち山木遺跡などで主体的に出土する、枠付き田下駄の縦型足板（図79参照）に関しては、これまで、円形枠付きになる資料があるとはまったく意識されていなかった。ところが1989年春に京都府鶏冠井清水遺跡（向日市埋文セほか 1992）において、円（輪）形の枠と横木がともなった状態で、田下駄元来の構造を把握できる好資料が確認された。これにより、「円形枠付き形式縦型」田下駄の存在と、その具体的構造を考古学的にはじめて明らかにできた。加えてその観察によって、山木遺跡ほかの「大足」の再検討の契機ともなりえた（秋山 1992a）。その後、静岡県瀬名遺跡、同川合遺跡でも同型式田下駄の好出土例が徐々にではあるが追加されつつある[9]が、ここではすでに報告書の刊行をみている鶏冠井清水遺跡例のあり方を紹介し、山木遺跡「大足」の分析に資することにしたい。

鶏冠井清水遺跡は、京都府向日市鶏冠井町清水・極楽寺ほかに位置する。山城盆地北部の沖積低地に立地し、縄文時代後期から中近世にいたる複合遺跡である。1989年の調査では、黒色粘質土が堆積する沼状遺構（SX21400）が広範囲に分布しており、その最上層から古墳時代後半期と推定できる田下駄が複数検出された（図81、以下の番号ほかは同図中のもの）。

田下駄は、部材片数で計10点、実体数で片足4個体分（A〜D）からなる。うち個体A・Cは、田下駄を履いて沼上を歩行中に、足をとられその場に残置された状態の円形枠付き形式縦型である。それ以外の個体Bは同型式の足板単体、個体Dは方形枠付き形式の縦枠（受火ののち投棄された断片）である。

好資料2例のうち、個体A（図81−左・右上）は、3孔縦型の足板2枚（4・5、緒通し孔各3孔のほかに枠固定用孔をもつ）がおおむね重なって出土し、その間に横木（3）がほぼ直交してはさまれていた。足板2枚の形態は異なるが、1枚の足板（4）の裏面（同図右）両短辺側には、円形枠を固定する目的の凹部が円弧状にみられる。横木の表裏面両端にも同機能をもつ凹部がある。枠自体はまったく検出できなかったが、これら凹部に元来は円（環）形の枠が固定されてい

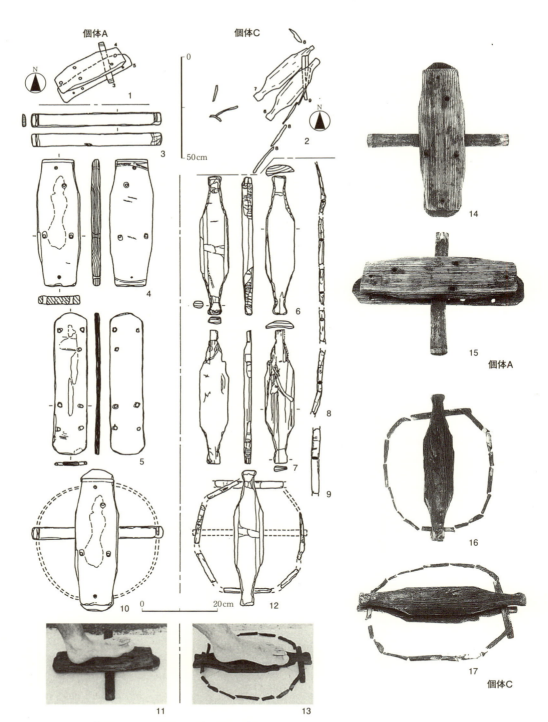

1・2：出土状況図　4～9：足板・横木・円形枠実測図
10～17：復原図・復原写真

図81　鶏冠井清水遺跡の円形枠付き形式田下駄

たにちがいない。枠は、つぎの個体Cのような、小樹枝（粗朶）か藤蔓のような有機材を束ねただけの、遺存しにくい材質と形状であったと推定できる[10]。

　個体C（図81 – 中央・右下）は、同一原材から割いて製作された無孔縦型の足板2枚（6・7）が、一部で重なりほぼ平行しながら近接して出土した。足板の平面形はともに、細い舟形を呈する。両端付近に抉り細工を加え、枠固定は抉れどめ方法をとる。ただし、ともに足固定用の緒通し孔はまったくみられない。本例は実際に使用されていたので、無孔型の足板も、従来の解釈（木下 1962）のように未成品ではなく、完成品ということを実証する資料である[11]。出土時は両足板の間に、上から横木状材（9）や円形枠の一部（8）が、あたかも緊縛からとかれたような状態で検出された。円形枠は、何ら加工の施されない小樹枝である[12]。

　以上の個体A・Cは、その出土状況から判断して、実際に使用されていた各片足1個体分の田下駄と考えてよい。両個体とも、これまで「大足」とされていた枠付き田下駄の足板によって構成される。それが、ともに片足分として2枚の足板が重ねられ[13]、その間に横木または横木状材を併用して、推定円（環・楕円）形の決して堅丈とはいえない枠をはさみこむ。おそらくもとは、紐などを用いて緊縛し、それら諸材を固定していたと推定される。これらの出土状況から想定できる円形枠付き形式田下駄の復原案は、図81 – 10～17のようになる[14]。

　ところで、円形枠付き形式の田下駄に関しては、これまで、枠がともなった状態での出土例がないわけではなかった。

　滋賀県森浜遺跡例（弥生後期、図82、本田 1977、滋賀県教委ほか 1978）がそれにあたり、4孔型式の足板に完存する円形枠がそなわるが、横木はともなわない。本例の評価にあたっては、従来、つぎのように理解されていた。民俗例では、枠なし形式の4孔型田下駄は一般的に「ナンバ」と呼ばれ、横型に使用されている。このことからこれまで、考古資料の4孔型もすべて横型

足板長軸48.9cm

図82　森浜遺跡の円形枠付き形式田下駄

であると考えられてきた。それに規定され、円形枠付きの森浜遺跡例も横型そのものに想定されてきており、「輪檪付きナンバ」と呼ばれた（兼保 1985）。

滋賀県大中の湖南遺跡例（弥生中期、図87 - 7、滋賀県立近江風土記の丘資 1976、滋賀民俗学会 1967）も、森浜遺跡例と同型式と私は想定するが、詳細が判然としないこともあってか、ほとんどとりあげられることがなかった。このように、枠付き田下駄のうち「横型」の足板には、円形枠が取り付けられる例がごくわずかにあり、それには横木はともなわないとする認識が近年おこりつつあるという状況であった[15]。

そのなかにあって、縦型の足板に関するなら、円形枠付きのままでの出土については鶏冠井清水遺跡が初出であり、重要な調査例ということができる。その意義や派生する問題をめぐっては、かつて言及したことがある（秋山 1992a）ので、詳細はそれを参照していただきたい。

それら検討作業のうちで最も注目できた点として、当遺跡の円形枠付き形式縦型の足板の形状が、これまで方形枠付き形式の代踏み用田下駄＝「大足」に推定されてきた、山木遺跡の足板と類似している事実である。さらにそれを起点とすることによって、山木遺跡「大足」の構造的な推定復原に再検討をうながす材料になりえたことであり、これについては次節で述べる。

4— 山木遺跡「大足」の再評価

（1）出土田下駄の型式

山木遺跡の調査では、報告書の分類名称による「田下駄」（本章分類の枠なし形式）が第1次で41点、第2次で19点、計60点、「大足」（同じく枠付き形式）が第1次で46点、第2次で74点、計120点も出土している。加えて、その後の同遺跡の調査や近接する内中遺跡や宮下遺跡などの旧・韮山町内からの出土点数は相当数にのぼり、とりわけ「大足」はその傾向が顕著である（斉藤 1967）。

それら諸調査の概要報告のいくつかはすでに公にされ、他の多種多量の木製品とともに田下駄の内容のおおむねが判明する（図83、以下の番号は同図中のもの）。山木遺跡第1・2次の概報の図示個体を本章分類で示すと、①枠なし形式の4孔横型（1〜4）、②枠なし形式の3孔縦型（5〜7）、③枠付きの3孔縦型（8〜22）、④枠付きの無孔縦型（23）の足板がみられ、ほとんどが大型のものである。このうち、①②が「田下駄」、③④が「大足」として、分類報告されている。

各足板の特徴は、①では、短軸長の短い例（1）や長い例（2）があり、4孔の内側に足をのせる台を作り出した型式（3・4）もみられる。

②では、3孔のものに小型（5）と大型（6）がみられ、ほかに足板中には1孔だけで、のこる2孔のかわりに長側辺に切り欠きをそなえる型式（7）がわずかに存在する。

③の足板の平面形では、縦長長方形の四隅を長軸に沿って斜めに欠いた舟形のもの（8〜13・16・17ほか）が大多数をしめるが、足板幅が広い例（8）や狭い例（13）があり、また、足板長側縁が直線状を呈する方形、またはそれに近い形状（18・21・22）や圭頭形（15）などがみら

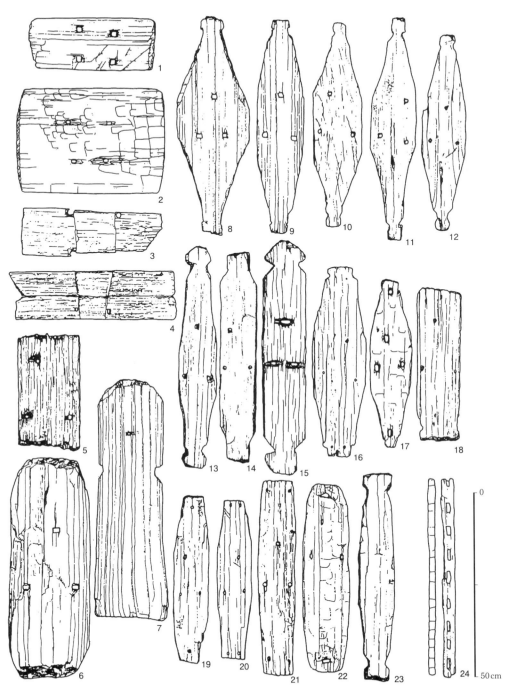

1～4：枠なし形式・4孔横型　5～7：枠なし形式・3孔縦型　8～22：枠付き・3孔縦型
23：枠付き・無孔縦型　24：方形枠付き形式（縦枠）（24以外は足板）

図83　山木遺跡の田下駄

れる。足板上下端の枠固定用の細工としては、抉れどめ方法（8〜15）、抉れと孔どめ方式の併用（16〜18）、孔どめ方式（19〜22）が存在する。枠固定方式と足板平面形との明確な対応関係はみいだせないが、舟形には抉れどめ方式、方形、方形状および舟形でも方形状に近いものには孔どめ方式が多い傾向が看取できる。

　④は、緒通し孔がないことから未成品としてあつかわれていた個体であるが、前述のように完成品と判断してよく、本例は、舟形で抉れどめ方式の型式に属する。

　さらに、図示はされていないが、第2次出土例には、緒通し孔が1孔（ないし2孔）だけの可能性のある個体や、4孔縦型のものもみられるようである[16]。

　以上の足板以外に、報告者が「大足」の縦枠と推定した部材がある。山木遺跡の第1・2次調査では計3例の出土をみるが、足板の膨大な点数に比べると極端に少ない。そのなかの1例（24）は、残存長50cm強の細長い棒状品で、その幅広い面に小方形孔を3.2〜4cm間隔に穿った製品である。

(2) 山木遺跡「大足」の構造復原

　上記した足板③④の上下端部における抉れや穿孔は、枠固定用の細工と理解される。しかしながら、そのような間接的な情報以外に、報告書に示された「大足」足板に関する記載・実測図・写真図版を一瞥するかぎりにおいて、枠そのものの形状などに関する推定材料はない。また枠（24）とされる部材が足板と組み合わさったまま検出された例が皆無であることや、足板の点数に比べてそれら枠材の確認数はきわめて少ないという、不均等で奇異な出土状況である。

　この現象に対して木下忠（1954）は、「現在の「おおあし」のようにこの両端（足板の細くなった上下端部：秋山）を柄として、柄孔を利用して枠にとりつけた場合、水にもまれて分解する率が高いので、枠のついた例が発見されておらなくても不思議ではない」とし、かくして最初でふれたように、山木遺跡の枠付き3孔縦型の足板を「大足」（方形枠付き形式田下駄）に比定したのである。

　はたして、このような民俗学を直截的に援用した構造復原が正しいか否か、を以下で検討する。

　先述した鶏冠井清水遺跡では、円形枠付き形式の縦型の足板が、円形枠や横木がともなったままで検出された。その事実や関連資料の分析から、これまで一般的に方形枠付き形式（「大足」）に想定されてきた、枠付き縦型の足板の大部分には円形枠を想定したほうが妥当と推定できた。そして、山木遺跡例も例外ではないと、先稿（秋山 1992a）において判断した。その後、山木遺跡の田下駄ほかを実見する機会[17]をもつことができ、以前に示した根拠以外にも、山木遺跡「大足」を円形枠付き形式の縦型田下駄と断定するに十分な確証が得られたので、先稿と一部重複するがその根拠を提示しておく。

　A　足板の形態
　第一に、鶏冠井清水遺跡例と共通した形態の足板が、山木遺跡にも存在する点である。
　山木遺跡例の主体をしめる足板は、細長い舟形で上下端の幅が一層狭くなり、枠取り付けに抉

れどめ方式を用いる型式（図83－9〜13ほか）であるが、鶏冠井清水例と類似した足板を指摘すると、図81－4と図83－19・20、図81－5と図83－21・22、図81－6・7と図83－23とが、それぞれ対応しよう。地域的にも時期的にも相異する資料であるので若干の差異はみられるが、それらは同一型式と判断してよい。

ただ、山木遺跡例のほうが、足板の全体形が大きくなる点は否定できない。これは、時期的なちがいを反映していると考えられる[18]。

鶏冠井清水遺跡の足板には、山木遺跡で主体となる形状（図83－8〜13・16・17ほか）に近似した資料はみられない。しかし、その細別型式の差異よりは、全体的様相としては類似した型式的なあり方を示すことがここでは重要事項となり、両遺跡の足板にともなう枠の構造が異なるとする積極的な根拠にはならない。

B　織機「ちきり」の評価

つぎに、鶏冠井清水遺跡において、足板にほぼ直交してみられた、円形枠と足板を結びつける横木（図81－3）についてである。山木遺跡では、このような用途に推定される木器はまったく報告されていない。そこで、先稿ではその候補品を、報告書にのせられた「大足」出土状況を示す写真図版など（図84－1・2[19]）からてがかりを得て推定した。

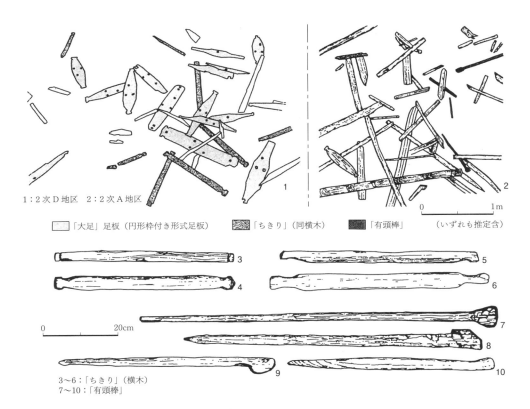

図84　山木遺跡「大足」「ちきり」「有頭棒」出土状況図

それは、第1次の報告では、用途不明品としてあつかわれている資料で、細長い扁平な棒の両端を削って、そこに紐で結わえるような頭を作りだした製品（図84－3～6）である。それらは木下（1962）によって、桟梯子の桟、あるいは、両端の溝（抉れ）どうしの間隔が40cm前後でほぼ一定していることから織機の布巻具であるかもしれない、と推定された。第2次の報告では、「大足」足板の周辺に集中的に発見されるという示唆に富む重要な指摘があったものの、織機「ちきり」として報告されている。このような木製品が第1次で19点、第2次で55点、旧・韮山町内の内中遺跡で22点もの量が出土している。

さて、第2次調査では図84－1に示したように、おびただしい数の「大足」足板（枠付き3孔縦型）が、洪水などで押し流されて水田畦畔の付近に漂着したような状況で検出されている。それら足板に混在して、別種の織機部材はおろか他の木器がほとんど出土していないにもかかわらず、上でとりあげた「ちきり」だけが数多く存在するのである。そのような出土状況から、この「ちきり」こそが田下駄の横木であろうと判断した[20]。

C　足板・横木の痕跡

ただし、「ちきり」が円形枠付き形式田下駄にともなう横木であるという想定が正しいとしても、図84を見てもわかるように、足板と横木（「ちきり」）が組み合わさった状態を示す例は皆無である。よって、足板1個体に何条の横木がそなわっていたのか、またどのように取り付けられていたのかが判断できなかった。しかし、出土した足板や「ちきり」（横木）自体に、組み合わさっていたときの何らかの痕跡が遺存している可能性があると予測できた。そこでつぎに、それら実物資料の観察結果を記すことにする。

山木遺跡の大量の木器は、実見当時、原則的に自然乾燥の状態で、韮山町立郷土史料館に保管されていた。同館には、内中遺跡をはじめ旧・韮山町内出土の田下駄類も同様に収められており、あわせて観察をおこなった。山木遺跡第1次の木器は出土からかなりの歳月もへており、しかも自然乾燥のままであるため遺存状態が懸念されたものの、大きく変形することなく多くの資料は原形を保持している。はたして、組み合わせ状態を推測できる痕跡はほとんどの資料には確認できなかったが、山木遺跡の第1・第2次の数個体と内中遺跡の1個体には、図85に模式的に示した痕跡が観察できた[21]。

図85－1は、山木遺跡第2次出土の足板で、長軸長約60cm、短軸長約10cmを測る。平面舟形で3孔縦型に属するが、緒通し孔が特例的に4孔みられ、孔の位置関係から前後兼用の足板と推定される。両端は抉れどめ方式である。

足板裏面には、トーンで示した位置に、他の部位とは色調を異にする凹部（最大深さ約1mm）が2箇所で観察できた。中央部の痕跡は、中央の緒通し孔2個に接する位置に、短軸長約4.2cmで直線的にみられることから、上で推定した横木（「ちきり」）が固定されていた圧痕、足板上端の抉れ部の痕跡は、短軸長約2cmで枠材（円形と推定されるが圧痕は明瞭な円弧をなさない）があたっていた形跡、を示すと判断される。

同図－2は、内中遺跡出土の足板で、長軸長約61.5cm、短軸長約9cmを測り、平面舟形で、

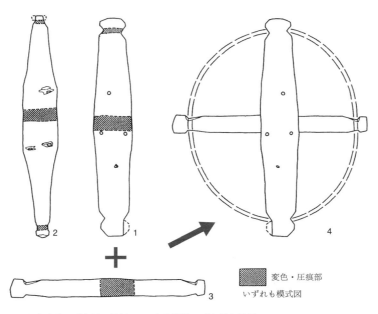

1：山木遺跡の「大足」足板　2：内中遺跡の「大足」足板
3：山木遺跡の「ちきり」（横木）　4：山木遺跡の円形枠付き形式田下駄の復原図

図85　山木遺跡・内中遺跡の円形枠付き形式田下駄復原図

3孔縦型、抉れどめ方式である。

　本例裏面にも同様の凹部が3箇所で確認できた。中央の横木圧痕は短軸長約3cmであるが、位置は前後の緒通し孔の中央からやや前孔に寄った位置にあたる。足板抉れ部の枠痕跡は、短軸長約1.5cmを測り、上下両端に観察された。

　同様の痕跡をもつ足板例は、山木遺跡第1・第2次の別資料にも数例みられたが、横木痕跡はいずれも1条で、しかも緒通し3孔の内側に存在するという共通性をもつ[22]。

　同図−3は、山木遺跡第2次調査で「ちきり」として報告された、田下駄の横木である。長軸長約52cm、短軸長約4.5cmを測り、両端に抉れをもつ。片面中央部には、長軸長約8.5cmの、足板で観察できた痕跡と同様の凹部が存在した。この長さは、山木遺跡の一般的な足板の短軸長（幅）にほぼ相当するので、その部分に足板が直交して固定されていたと考えられる。なお、本例の抉れ部には、枠のあたっていた明瞭な痕跡は見受けられなかった。

　以上のことから、報告書でいう「ちきり」は田下駄の横木と断定してよい。横木は、足板裏面の緒通し孔の内側に、しかも足板に直交して1条だけ、図85−4のように固定されていたと考えられる。足板には、鶏冠井清水遺跡例（個体A）のような円形枠を受ける溝状凹部は観察できなかったが、抉れ部には、幅1.5〜2.0cmの枠の痕跡が認められたので、簡単な構造の円形枠が取り付けられたと推定してよい。また、足板1個体に横木痕が1条であるので、木下が復原した民俗例「大足」（方形枠付き形式）のような梯子形の枠、つまり足板に直交して複数条の横木が取り付けられていたとはまったく考えられない。

したがってこれらの観察所見は、山木遺跡の「大足」とされる枠付き田下駄が、鶏冠井清水遺跡ほかで検出されつつある、円形枠付き形式の縦型田下駄と考えてまちがいない考古学的な証左となる。

D　方形枠付き形式の枠と足板

それでは、山木遺跡においてわずか3例といえども検出されている、方形枠付き形式の縦枠材（図83－24）をどのように解釈するかが問題となってこよう。

方形枠付き形式で、梯子形の大形方形枠に足板が組み合ったまま出土した好例が、山形県嶋遺跡（古墳時代末～奈良時代前半、図87－24、図86－7、山形県教委 1964、山形市史編纂委 1960）、大阪府友井東遺跡（弥生時代終末：庄内式期～古墳時代初頭、図86－1・4、大阪府教委ほか 1983）にあり、その後では静岡県池ケ谷遺跡（平安時代、静岡県埋文調査研 1991）、同川合遺跡（飛鳥時代）[23]などから出土が伝えられている。

この形式田下駄の足板に関して、これまでまったく注意されなかった興味深い事実がある点を先稿（秋山 1992a）で指摘し、本章の分類の項でも少しふれた。

すなわち、これら諸例の足板（図86－2～7ほか）は原則として、①上下端に出枘または出枘状の細工をもち、②出枘基部の足板端部は直線状をなす場合が多く、③緒通し孔の存在しない無孔型のものである。これは、①②では、枠との結合が枘どめ方式をとる、つまり足板両端を枠横木に穿たれた枘孔に挿入して固定するためである。本形式の足板にみる最も特徴的な属性となる③では、足の固定にあたり、足板と枠横木材との交差部を利用して紐などを用いておこなっていたと十分に予想できる。また、縦枠材に設けられた縦孔などに引綱を通し、それを手に取って腕の力の助けを得て田下駄を上下したと判断できるので、脚力への依存は相対的に低くてもかまわない可能性があろう。そのため、足板に緒通し孔がまったくなくても、紐などの補助的な活用によって使用可能であると推定される。あるいは、紐を用いずに足板に足をのせていただけかもしれない[24]。

これまで一般的に、民俗例「大足」にみるごとく、いかなる田下駄足板にも緒通し孔が必ずやある、とする固定観念が考古学にもあった。そのため、上の①～③などの特徴をもつ板状木器を田下駄足板とは認識せずに、しばしば用途不明品や織機部品などとしてあつかってきている。

上述の新たな視点で既出資料を再検討すると、①～③に類似した形態的特徴をもち、かつ、裏面に枠横木の痕跡を何条にもとどめることから、確実に方形枠付形式の足板となる好例が、福井県江端遺跡（時期不明、田辺 1985）、滋賀県鴨田遺跡（弥生時代中期～古墳か、滋賀県教委 1973）、京都府古殿遺跡（古墳時代前期、京都府教委 1978）、奈良県平城宮下層遺跡（古墳時代中期、奈良国立文化財研 1980）、同星塚1号墳（古墳時代後期、天理市教委 1990）、福岡県拾六町ツイジ遺跡（奈良時代～平安時代初期、福岡市教委 1983）などで認められる（図86－3・5・6・8・9ほか）[25]。

したがって、考古資料にみる方形枠付き形式の田下駄足板は、山木遺跡などで一般的にみる、枠付き縦型の足板の形状とは原則的に異なると考えるほうが妥当である。山木遺跡の既出資料中

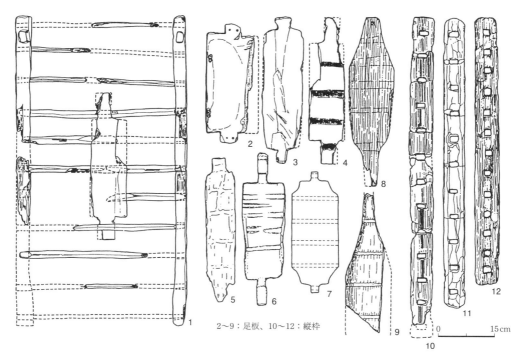

1・4：大阪・友井東　2：福岡・高畑　3：福岡・拾六町ツイジ　5：奈良・星塚1号墳
6：奈良・平城宮下層　7：山形・嶋（復原図）　8：滋賀・鴨田　9：福井・江端　10：佐賀・野田
11：奈良・平城京朱雀大路下層　12：京都・千代川

図86　方形枠付き形式田下駄

には、上の①～③の特徴をそなえた方形枠付き形式の足板は、若干の可能性をもつかとも思われる例[26]をのぞき、確実な資料は皆無である。これは、方形枠付き形式の縦枠材がわずか3例という出土数の少なさから推測して、これまで未検出または未報告であると考えられる。将来的には山木遺跡においても、既出の縦枠材と組になる、明確な方形枠付き形式の足板が確認されると予測できる。よって、報告で「大足」の縦枠材とされた製品は、ここでとりあげている円形枠付き形式田下駄の足板とは無関係と考えてよい。

ここまでの検討結果から、山木遺跡の「大足」の構造は、木下が推定し、また考古学においても根強く受け入れられているような、民俗例「大足」に類した方形枠付き形式ではなく、円形枠付き形式の縦型に復原すべきものであることが考古学的に実証できた。

5── はたして山木遺跡「大足」は代踏み用田下駄か

（1）円形枠付き形式の構造的特質

以上のことから、確実な方形枠付き形式と判断される例をのぞくと、一般的に「大足」と呼称され、方形枠が付くと想定されたり枠構造が不明とされている、他遺跡の枠付き田下駄足板の大

部分にも、山木遺跡や鶏冠井清水遺跡と同様に円形枠がともなうと考えてまちがいないであろう。
　では、つぎに機能の問題である。円形枠付き形式の構造であっても、木下忠（1954、1964ほか）らが想定しているように、民俗例「大足」と同様の代踏みを主体とした使い方であれば、前節までの検討は単なる構造復原の相違だけの事項にとどまる。以下、円形枠付き形式田下駄の使途をめぐって、いくつかの点から検討を加えたい。
　まず、構造自体から類推できる点に関してである。
　足板に直交して1条だけの横木が取り付けられるが、そのための特別な細工が存在しない事実から、紐などで緊縛していただけと予想できる。円環状の枠は、遺存しにくい材と構造であるので、鶏冠井清水遺跡例のように単に小樹枝をたわめたような簡単なものを、足板と横木に紐などで固定したと考えてよい。このような組み合わせから想像できる田下駄は、軽量でしかも弾力性に富んだ形状になり、一方で、構造的な強度はあまり期待できない。
　代踏みや残稈・緑肥踏み込みには、田下駄をくりかえし上下する長時間で重度の動作を必要とするので、円形枠付き形式では強度の面において不適格である。また、間隙が多いという平面形態や、それに関係するが横木が1条だけという点、田下駄全体の底裏面（総体としての接地面）が必ずしも安定した水平を維持できない点などからも、耕作土を攪拌したのち平滑に仕上げるための、現用「大足」のような機能はほとんど期待できない。
　つづいて、この類推の当否を別の角度から検討してみたい。

(2) 田下駄3形式の消長と共存性

　先に区分した田下駄の、枠なし、円形枠付き、方形枠付きの基本3形式の、全体的な消長の概要をまずみておく（図87、以下の番号は同図中のもの）。
　詳細は別稿で述べる予定だが、近年出土例をふくめ既出資料を再検討してみると、この3形式はいずれも、弥生時代の比較的早い段階から出土例が確認でき、以降、3形式共存のあり方が奈良・平安時代まで継続し、一部に変容をもちつつも中世まで追跡できる。
　とくに、弥生時代における各形式田下駄の出現に関して述べておくと、以下のとおりである。
　枠なし形式では、これまでの指摘（兼保 1985）にあるように近畿地方では、大阪府恩智遺跡（瓜生堂遺跡調査会 1980）で前期（畿内第Ⅰ様式新段階）の4孔縦型の確実例（1）がある。
　枠付きでは、円形枠付き形式に推定される古い時期の出土資料として、大阪府鬼虎川遺跡で中期初頭（畿内第Ⅱ様式）例（6、4孔縦型、東大阪市文化財協会 1988）[27]、鳥取県目久美遺跡で前期または中期の例（9、無孔縦型、米子市教委ほか 1986b）が確認されるようになった。また、以前の出土品だが滋賀県大中の湖南遺跡例（7、4孔縦型、滋賀県立近江風土記の丘資 1976、滋賀民俗学会 1967）[28]も中期初頭である公算が大きい。
　方形枠付き形式では、枠と足板が組み合った古い時期の明確な例はないが、方形枠の縦枠片となる可能性の高い資料に、大阪府鬼虎川遺跡では中期初頭例（10・11、東大阪市文化財協会 1987、同ほか 1988）、愛知県篠束遺跡では中期中葉（瓜郷式）例（13、愛知県小坂井町教委 1960）などがあり[29]、前者では、それにともなう足板かもしれない板材品（12）の出土もみら

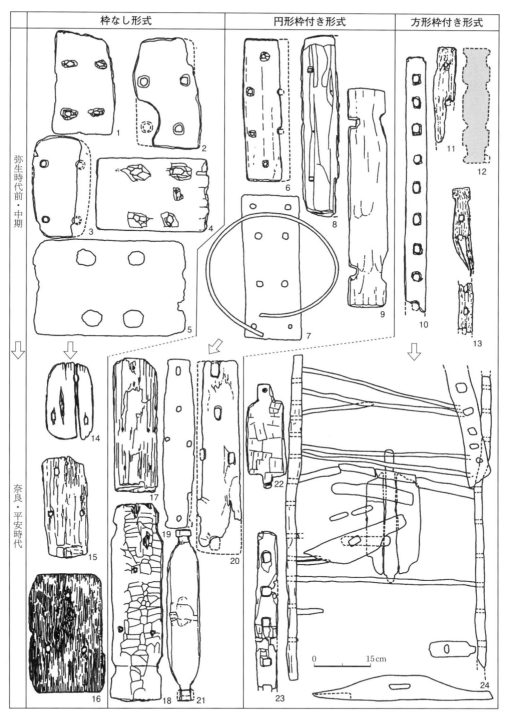

1：大阪・恩智　2・3・6・10〜12：大阪・鬼虎川　4：鳥取・池ノ内　5：静岡・長崎　7：滋賀・大中の湖南
8：滋賀・馬場　9：鳥取・目久美　13：愛知・篠東　14・15：滋賀・光相寺　16：長野・箕輪
17・18：兵庫・八長　19：静岡・池ケ谷　20：宮城・富沢　21・22・23：福岡・拾六町ツイジ　24：山形・嶋

図87　田下駄3形式の共存性

第6章 「大足」の再検討

れる（東大阪市文化財協会 1987）[30]。

　これまで一般的には、枠付き田下駄は、弥生時代のうちでも後期以降に出現するとされる。そして、その展開をもって、当時進行しつつあった諸条件地（半乾燥壌土地帯など）への耕地拡大とあいまった、湿地帯の再開発と湿田農法の革新ととらえられてきた（兼保 1985、都出 1989b）。

　ところが以上のとおり、その後の出土資料の検討の結果、少なくとも近畿地方（大阪・河内地域）において、中期初頭には本章分類の3形式の田下駄がそろっているのが明らかになったことになる。それとともに、枠なし形式ではすでに弥生前期に確実例があり、円形枠付き形式でも前期にさかのぼる可能性を若干もつ資料が近畿以外にみられる。それらのことから、総論としては、これら3形式の組み合わせが弥生時代の比較的早い段階（もしくは当初）から存在していた蓋然性が考えられる。

　それ以降、これらの3形式は、古墳時代中・後期では出土数がかなり増加するとともに、九州から東北地方にいたる広範囲の各地域でも確実に存在し、その様相は平安時代まで連綿として維持される。ただし、3形式共存のあり方は、各地で均質な状況をみせるのではなく、時期的にも地域的にも特定形式の量的な多寡や欠如を示すが、それはそれぞれの土地条件にそくした使用状況を反映しているものであろう。

　このような跛行性はあるものの、弥生時代の初期頃から古代末期まで、3形式が存在するという基本的なあり方が継続されている事実は、重要な意味をもつ。これは、3形式のうちのある形式が機能的な発展をとげた結果として、別形式が出現したという分化を示すものではないと理解してよい。すなわち、3形式の田下駄はほぼ同時に出現し、当初から機能的な区分があったと考えられる。

(3) 古代都城と田下駄

　田下駄3形式における個々の機能を追究するうえで示唆に富む様相をみせるのが、古代日本の都城遺跡での出土例である。

　『延喜式』巻四十二・左右京職の条（黒板・国史大系編修会 1972）に「凡京中不_レ_応_レ_営_ニ_水田_一_」とあるように、京域内での水田耕作は禁止されている。また、藤原京から平安京にいたる各都城の考古学による発掘調査においても、水田遺構は未検出であるし、判明している京内利用状況から考えても立証されない。このように湿田はおろか乾田さえ存在しない地帯でも、つぎのとおり、田下駄が発見されるという興味深い事実がある。

　これまでのところ、平城京や平安京などでは在都期における田下駄の確実な検出例はないが、長岡京（784〜794年）では10例の出土がある（図88）。いずれも長岡京期遺物を多く共伴する条坊側溝や都城造営時の整地層中などからの発掘品なので、在都時に使用・遺棄された田下駄にまちがいない。

　たとえば、左京第22次調査（左京三条二坊八町[31]＝太政官厨家跡）では、円形枠付き形式の田下駄足板が、町内中央の排水用溝SD1301から多量の記年銘木簡などとともに出土している（奈良国立文化財研 1985）。また、左京第169次調査（左京一条二坊十六町）では、町内の一角

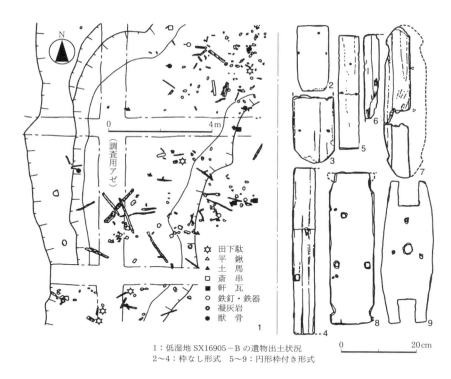

1：低湿地SX16905−Bの遺物出土状況
2～4：枠なし形式　5～9：円形枠付き形式

1：左京第169次／2：右京第102次、3～5・7：左京第169次、6・9：左京第130次、8：左京第22次
図88　古代都城・長岡京の田下駄

に当時存在した低湿地部を埋め立てる作業を実施した際に、大量の長岡京期の土器、瓦、土馬、斎串、鉄器、凝灰岩、平鍬などの各種遺物を投棄した状況がみられ、それらにともなって、枠なし形式と円形枠付き形式の田下駄足板が少なくとも各2個体ずつ出土している（図88 − 1、向日市埋文セほか 1990）。ここでの田下駄は、低湿地埋め立て作業時に実際に活用されたものが、破損した（あるいは不要になった）ため、他の塵介とともに廃棄されたと推定される。また同時に投棄された平鍬片もその埋め立て作業に用いられたものであろう。このあり方は、田下駄は水田作業専用に履かれたものではなく、低湿地歩行を必要とするような作業の際にも使用されたことを如実に示してくれる。

さらに重要な点は、上の2調査例をふくめて、これまで長岡京で出土した田下駄（他報告として、長岡京市埋文セ 1984、向日市埋文セほか 1984ほか）[32]はすべて、枠なしと円形枠付きの2形式にかぎられていることである。方形枠付き形式の資料は、足板はおろか方形枠の縦・横枠材の断片すらまったく出土していない[33]。

つまり、水田が存在しない都城という特殊な地域では、田下駄3形式のうち、枠なし形式と円形枠付き形式は、京内低湿地における土木作業用に駆使されることはあっても、方形枠付き形式はその組成から欠落し使用されなかったことを示す。このことは逆に、方形枠付き形式の田下駄は、水田作業専用に供された蓋然性を提示していよう。

第6章　「大足」の再検討　179

(4) 田下駄3形式の機能

　上の諸点から、①円形枠付き形式は、構造的特徴から代踏みなどの重作業には不適格である、②田下駄の3形式は初現期から長い期間にわたり原則的に共存しているので、それぞれに機能上の相違があると予測できる、③枠なし形式と円形枠付き形式は、水田以外の低湿地での土木作業などに活用されることもある、④方形枠付き形式は水田作業専用として使用された蓋然性が高い、ということが明らかになった。

　したがって、田下駄3形式それぞれの主要な機能は、つぎのようになろう。

　枠なし形式（図89－1）は、一般的にいわれているとおり、湿田（地）作業用に履かれたものであり、それは身体の沈下防止を目的とすると考えられる。ただし、岡本明郎（1962）が指摘するように、泥質耕土のきわめて厚いところではその効果は大きくは期待できないので、つぎの円形枠付き形式の使用場所より相対的に泥質耕土の浅い、つまり湿潤度の低い箇所で使用されたと推定できる。

　また岡本は、湛水時の軟弱になった畦畔上の歩行用として、この種の田下駄の役割を解釈しようとする。岡本の指摘以降に明らかになった、近畿地方の弥生時代における枠なし形式の小型田下駄（4孔縦型）こそが、元来そのような使途に主として用いられた可能性が高いかもしれない。その使用時には、畦畔の崩壊防止のみならず、足裏面の保護・保温にも役立ったにちがいない。このような小型品にかぎらずとも、東海地方や山陰地方の弥生時代に多くみる、大型の枠なし形式（4孔横型・3孔縦型）の田下駄においても、それらの目的や効用（畦畔歩行や足保護など）の比重がかなりふくまれていただろうと推測できる。

　円形枠付き形式（図89－2）は、足板に横木1条と簡単な円形枠を取り付けただけの、決して堅丈とはいえない構造をなし、枠なし形式の改良型ともいうべき田下駄である[34]。

　横木と円形枠の最大の効用は、まず、田下駄の各部材間に間隙部を形成することによって、水田面と田下駄との実際の接地箇所をせばめ、あわせて全重量を極力小さくして、田下駄の水田面

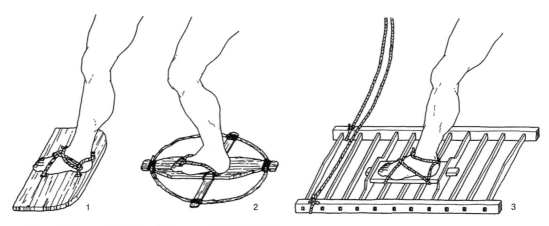

1：枠なし形式　　2：円形枠付き形式　　3：方形枠付き形式

図89　田下駄3形式の使用復原

からの離れ具合をよくする。加えて、円形枠をめぐらすことで水田面と田下駄総体の接する範囲そのものを広くとり、身体の沈下防止に一層の効果をあげることにある。

したがって、枠なし形式の場合より、泥質耕土が厚いつまり湿潤度の高い場所でも使用が可能であったであろう。その効果をより高めるには、円形枠の平面径を大きくする方向に進むわけであるが、その際、田下駄の全体重量を著しく増大させない方策として、足板の長軸を長くはするものの短軸幅はできるだけ狭く作ることになろう。

これらの形態的な特性に加えて、先述したように、円形枠付き形式は構造的には強度に欠け、重作業には耐えないことから、代踏みなどの農具としては基本的には不向きと推定できる。よって、再言にもなるが、木下忠（1954、1964ほか）が山木遺跡「大足」の足板に対しておこなった理解は、枠の構造復原のみならず、機能比定においても適格でなかったと判断される。

一方、方形枠付き形式（図89-3）は、前二者に比べて構造的に大きく異なり、機能上にも質的な差異があると予想できる。

梯子状大形の方形枠は、枠材を多用することからおのずと重量がかさむが、反面、各材が原則として柄孔結合で組み立てられているから、強度には優れる。形態的にも、耕土を撹拌して沈下させ、水平にならすのに適した構造を呈する。これらの諸特徴こそが、これまで考古資料「大足」の機能として想定されてきた、代踏み、残稈・緑肥踏み込みなどに適した構造と強度といえよう。

したがって本形式は、枠なし・円形枠付き両形式とは、機能の面で二大別すべき内容のものであり、まったく異質な農具ともいえる性格をそなえる。さらに、機能の区分を反映して、本来的には直接的な使用状況・場所も相違していたものと考えられる[35]。

以上のことからつまるところ、民俗学の援用として「大足（オオアシ）」という用語そのものを考古学であえて用いる場合、枠付き田下駄のうちでも、円形枠付き形式と方形枠付き形式の両者における厳密な峻別を個体ごとにおこなったうえで、方形枠付き形式に限定して使用すべきである。

6 ── 田植えの出現期をめぐって

(1)「大足」の再検討が提起するもの

最後に、本章の簡単なまとめと、それに関連し肝要となる問題をめぐり言及しておきたい。

本章ではまず、考古資料としての田下駄の再分類案、つまり、「枠なし形式」「円形枠付き形式」「方形枠付き形式」の基本3形式と、それらから派生する諸型式の概要を提示した。このうち後2形式の枠付き田下駄にふくまれる、山木遺跡などの3孔縦型の足板には、梯子形の方形枠が付くと1950年代以降において一般的に想定されてきた。

しかし、その後明らかになった鶏冠井清水遺跡などの実態をもとに検討した結果、それらは円形枠付き形式として復原すべきである点を論証できた。あわせて、方形枠付き形式固有の足板の

諸特徴を示し、足板部だけでも他形式の田下駄と峻別できる方向性を述べた。
　また、田下駄3形式の構造的特徴、三者の通時的な共存性、非水田地＝都域における形式の偏在性などから、各形式の田下駄は基本的に機能をそれぞれ異にすると理解した。
　そして、既出考古資料の枠付き田下駄足板の多くは、円形枠付き形式にふくまれるものであり、主として強度な湿田（湿地）における作業時の、身体沈下の防止用に使われたことを提示した。これは、これまで考古学において「大足」（「オオアシ」）と一般的に呼称されてきた、枠付き田下駄の構造復原と機能に対する認識を大きく変えるものである。
　ところで、弥生時代以降における稲作の移植栽培法（田植え）や水田（苗代）への施肥の存否は、水田の生産性や労働力集約化の評価にあたって大きな位置をしめる問題だけに、看過できない要素である。これに関する学史をふりかえるとき、田下駄の研究は重要な役割をになっていた。それらは、考古資料にみる枠付き田下駄（足板）のほとんどが方形枠付き形式（「大足」）だとする認識に依拠して、弥生時代における施肥や移植栽培法が間接的に「立証」されていただけに、惹起する問題は大きい。

(2) 田下駄と農耕技法の展開
　移植栽培法に関しては、その後、岡山県百間川原尾島遺跡（岡山県教委 1984）の弥生時代後期水田で稲株痕が確認され、近藤義郎（1983）や都出比呂志（1989b）は、移植栽培法が直接的に考古資料として証明されたとする。今日では、同様な稲株痕が滋賀県服部遺跡（弥生時代前期、滋賀県教委ほか 1979）、岡山県今谷遺跡（弥生時代後期、岡山県古代吉備文化財セ 1986）、京都府内里八丁遺跡（同、竹原 1991）、大阪府上田町遺跡（同、松原市教委 1991）などで確認例を増加しつつある。
　しかし、これらの「稲株痕」が整然と列を形成して分布する状態を示さないこともあり、工楽善通（1991）は、穿孔散播の跡かと推定し、遺構としての苗代田の確認がないかぎり、移植栽培法は立証できないとする消極的な立場をとる。また、佐原真（1975、1983）をはじめとして、移植栽培法に対して慎重な態度をとる研究者も少なくない。このように、発掘現場で検出される稲株痕に主眼をおいた研究だけからでは、弥生時代の水稲耕作における移植栽培法の存否は、必ずしも完全には決着をみていないのが現況である。
　稲株痕の評価に対する上の実状をかんがみるなら、つぎの点は許されるであろう。
　つまり、直接的な証明法ではなかったが、移植栽培法の「立証」に重要な位置をしめた木下忠（1954、1964ほか）による田下駄研究の方向性を批判的にとらえなおし、再度、考古資料田下駄にもとづいてこの課題を掘り下げることは一定の今日的意義をみいだせると思われる。
　これにあたって、本章で明らかにできた内容にそくして立論するには、今回新たに提示した分類による方形枠付き形式こそが、木下のいう代踏み、残稈・緑肥踏み込み用と推定・仮定されるので、本形式田下駄の出現と展開があらためて問題にされなければならない。
　各地の枠付き田下駄の多くが円形枠付き形式であると把握できた現在、方形枠付き形式と認定できる資料は意外に少ない。これまでの検出例では、足板と枠が組み合った確実例は、弥生時代

終末〜古墳時代初頭（庄内式期〜布留式期）の大阪府友井東遺跡例（大阪府教委ほか1983）を最古とする。しかし、本形式固有の足板資料や、縦枠・横枠・横木材の出土例の集成検討から判断しあらためて整理すると、方形枠付き形式田下駄に関してはつぎのような消長をとらえることができる。

　出現については先述したように、現在のところ近畿地方では弥生時代中期初頭（畿内第Ⅱ様式）、東海地方では弥生時代中期中葉（瓜郷式）であるが、他地方ではこの時期の検出例は不明確である（追記1参照）。しかし、弥生時代前期における各種の木製農耕具などの体系的で完成されたあり方（近藤1962、1983、都出1989a、黒崎1970）から推量して、弥生時代の初頭期にまで方形枠付き式田下駄の出現がさかのぼる蓋然性があるだろうと理解できる。その後、弥生時代終末（庄内式期）〜古墳時代前期にいたって出土例が増える傾向をみせる。さらに、確認例が一層顕著となり、分布域も九州、山陰、関東、東北の各地方にまで拡大されるのは、古墳時代中期〜後期であり、この時期が本形式田下駄の出土傾向からみて画期になる。以降は、大きな変容を示すこともなく古代末まで継続するが、中世では各地方とも現状では不明瞭な点が多い[36]。

　このように方形枠付き形式田下駄の変遷を総括したうえで、かつて木下忠らによって考究された内容・方法を再評価・援用することが仮に許されるならば、移植栽培法などは弥生時代の初期段階より存在していた可能性が考えられる。そしてその後、施肥ほか各種の技術領域の問題などと関連するのかもしれないが、古墳時代中・後期に画期をむかえたと推測しうる。

　さて章末にあたり再度強調しておきたい事項の一つが、上述の点となる。つまり、今回おこなった田下駄による検討の結果として、弥生農業研究で議論がつづく稲作移植栽培法（田植え）の出現期については、弥生時代の比較的早い段階（あるいは初頭期）であった公算が認められる、という見通しが得られたことである。

　ともあれ、水稲農耕技術の進展度理解に大きく影響する移植栽培法などの検証には、先にみた稲株痕の評価の当否（本書第7章参照）をふくめ、ここでとりあげた農具をはじめ多方面からの追究が必須となってこよう。

〔付記〕
　脱稿後、民俗学でいう「足駄型」に類した、短辺側の枠高が高い枠付き田下駄の、元来の状態を保持し組み合ったままの奈良時代もしくは平安時代例が、兵庫県砂入遺跡であらたに出土したと仄聞した（（財）向日市埋蔵文化財センター松崎俊郎教示）。

　同タイプ田下駄の部材片などはこれまで、鳥取県池ノ内遺跡（古墳時代後期〜奈良時代、米子市教委ほか1986a）や静岡県山木遺跡（第5次調査、安井敏博教示）などで出土していたが、必ずしも良好な検出状態ではなかった。本タイプの評価をふくめ、田下駄の全般的な形式・型式、地域的差異や変遷については、稿をあらためて述べたい。

〔特記以外の主要関連文献〕
　（財）京都府埋蔵文化財調査研究センター1992／佐賀県教育委員会1985／滋賀県教育委員会ほか1984／（財）静岡県埋蔵文化財調査研究所1988／仙台市教育委員会1991／中主町教育委員会1991／長野県1988／奈良市

1974／福岡市教育委員会 1989

〔註〕
(1) 山木遺跡の主要な調査報告類には多くのものが存在する。学史的に著名な研究報告として、『韮山村山木遺跡』（静岡県韮山村 1962）や『山木遺跡―第2次調査概報―』（韮山町山木遺跡発掘調査団 1969）があるが、ほかに、韮山町教育委員会（1976、1977、1981）や原茂光（1988）による文献などがみられる。
　本章における当遺跡に関する情報は、特記しないかぎりこれらによる。
(2) 山木遺跡から出土した木器類の時期は弥生時代後期とするのが「定説」であるが、近年の土器研究から、遺跡の主体は弥生時代終末〜古墳時代前期にあると一般的に考えられる。ことに「大足」の主体は、出土状況から、古墳時代にまでくだる可能性が高い。
　また、詳細な論拠にふれる余裕はないが、当遺跡出土の各種田下駄に関する所属時期は、出土状況や他遺跡との比較から、弥生時代後期〜古代という時間幅でとらえておく必要がある。よって本章では、当遺跡の田下駄類の時期的な問題にはあえてふれず、構造・機能に関してのみ述べる。時期比定についての判断は、（財）静岡県埋蔵文化財調査研究所山田成洋より示唆を受けた。
(3) 民俗学で田下駄やその分類をあつかった主要な文献には、宮本馨太郎（1952）、潮田鉄雄（1967、1973）、中村俊亀智（1976）、中村たかを（1981）、市田京子（1990）らによるものがある。
(4) 本章では以下、民俗学・民具学をあわせて民俗学とする。
(5) 民俗学では主に、田下駄の「枠」は梯子形状例（本章で後述する方形枠付き形式）に限定して用いるが、本章では足板以外の外部構造そのものを「枠」とする。
(6) 方形枠付き形式と推定される足板には、ほかに、「木釘どめ」「鉄釘どめ」方式が若干ある。
　さらに、平面舟形・挾れどめ方式の足板で、裏面に複条の横木跡（平行条線でない例も多い）かと思われる痕跡をもつ数例が、福岡市拾六町ツイジ遺跡（福岡市教委 1983）にある。当遺跡例の枠構造がどのようになるか定見をもっていないが、方形枠付き形式、あるいは、円形枠付きと方形枠付きを折衷した形式になる可能性がある。つまり、方形枠付き形式にも「挾れどめ」方式が存在する要素がごくわずかにみられるわけだが、当該品は特殊例であろう（本例については、図80において、右端の下から2番めとして示した）。
(7) 参考として、各地域・各時期例に看取できる顕著で特徴的な傾向のみ、つぎに若干列挙しておく。
　①枠なし形式において、足板上に台をもつ型式、3孔縦型のうち足板側縁に切り欠き（孔の代用）をもつ型式、4孔縦型の孔がすべて切り欠きで代用される型式が、東海（静岡）地方に限定される。
　②足板上に囲い突帯をもつ型式が、確認点数は少ないものの、東日本だけに分布する。
　③4孔横型の孔がすべて切り欠きで代用される型式が、ほとんど山陰地方に限定される。
　④弥生時代では、4孔縦型の小型が近畿地方に、4孔横型の大型が山陰・東海地方に、主体的に分布する。
　⑤弥生時代〜古墳時代の九州地方における枠なし形式は、3孔縦型の小型である。
(8) 従前分類との最大の相違は、枠付き田下駄において、原則として、孔どめ・挾れどめ方式のものを円形枠付き形式、柄どめ方式のものを方形枠付き形式、に分類したことであるが、これに関しては以下の本文で論拠を述べる。
　ほかでは、4孔型はこれまですべて横型とされてきたが、その一部を縦型に分類したことである。それは、緒通し孔の距離が長いほうが足甲に平行するのが自然で、実際にそのように足のあたった凹部が観察できる資料がある点などを重視し、孔の間隔が長いほうを田下駄主軸と判断したことによる。したがって、枠なし形式および円形枠付き形式の4孔型足板のうち、これまで横型とされてきた近畿弥生時代例の大部分を縦型に分類した。これらの詳細や派生する問題は別稿で述べたい。
(9) 瀬名遺跡、川合遺跡ほかの静清平野の田下駄は、（財）静岡県埋蔵文化財調査研究所中山正典・山田成洋・佐藤達雄・木下智章・西尾太加二ほかの配慮で実見できた。概要の一部は、（財）静岡県埋蔵文化財調査研究所（1987〜90、1987〜91、1991）の文献に紹介されている。
(10) 個体A各材の大きさは、足板（4）が長軸長34.9 cm、短軸長10.4 cm、足板（5）が長軸長39.0 cm、短軸長

8.7 cm、横木（3）が長軸長34.5 cm、短軸長3.6 cmを測り、この型式としてはやや小形品に属する。
(11) なお、兼康保明（1985）は、滋賀県鴨田遺跡の無孔型足板（図86－8）を例示し、その個体の存在から、山木遺跡の無孔型（図83－23）は未成品でないとする持論の根拠とする。ただし私の分類では、前者は方形枠付き形式の足板、後者は円形枠付き形式の足板であるため、同一形式内での比較検討にはなっていない。要するに、厳密にいうと鴨田遺跡例は、山木遺跡の無孔型が未成品でないとする論拠にはならない。
(12) 個体C各材の大きさは、足板（6）が長軸長38.0 cm、短軸長7.6 cm、足板（7）が長軸長36.5 cm、短軸長7.7 cm、横木状材（9）および円形枠（8）は、断面長軸長約0.5～2.0 cmで、円形枠の残存総長は約65 cmを測る。本例も当型式のうちではやや小形品に属する。
(13) 他遺跡における、足板2枚重ねの可能性がある重要諸例を先稿（秋山 1992a）で提示しておいたが、必ずしも一般的なあり方ではない。この問題は別の機会に論じることにして、本章ではとくにはとりあげない。
(14) なお、個体Cに関しては、横木状材のあつかいにおいて流動的な要素がみられるが、仮に同図のように示した。
(15) 先稿（秋山 1992a）でもこの従前理解にしたがっていたが、註（8）でも記したように現在では、森浜遺跡、大中の湖南遺跡の両例は、円形枠付き形式の「4孔縦型」と考える。図87－7に示している大中の湖南遺跡の図は、私のこの評価にしたがったものとなる。
(16) 韮山町山木遺跡発掘調査団（1969）報告の図版（写真）21下段資料。
(17) 韮山町教育委員会原茂光・安井敏博の配慮で、韮山町立郷土史料館保管品を1992年9月に実見し、観察にも援助を得た。ほかに一部は大阪府立弥生文化博物館に委託保管・展示されており、広瀬和雄・禰宜田佳男の配慮で実見検討した。
(18) 註（2）でふれたように、山木遺跡「大足」ほかは、古代にまでくだる可能性を一部そなえることによると考えられる。静岡県内の他遺跡（たとえば池ケ谷遺跡の平安時代例＝静岡県埋文調査研 1991）や他地方の古墳時代以降例の足板の大きさから類推すると、山木遺跡例が鶏冠井清水遺跡例より新しい所属時期になる公算がいくらかみられる。
(19) 図84－1は、韮山町山木遺跡発掘調査団（1969）報告の図版（写真）13－（2）からの加工図化、図84－2は、同第6図の部分引用である（ともに一部改変）が、器種比定は私の判断であり、推定もふくまれる。
(20) なお、図84－2には、「大足」足板と「ちきり」以外に、「有頭棒」数点が混在する。「有頭棒」（図84－7～10）は用途不明品としてあつかわれ、旧・韮山町内からは「大足」同様に数多く出土している。このあり方から、「有頭棒」のある種のものは、「大足」に関連するかとも推定できる。
　たとえば、田下駄を履いて歩行する際、「頭」のある部分を手に持ち、他端を水田面（？）や畦畔などに接触させ杖のように使用したか、あるいは、バランスとりに役立てたか、さらには、田下駄を脚力で持ち上げる際、他方の田下駄上に「有頭棒」を押しあてて支点にし、水田からの離れの便に供したか、とも予想できる。
　ただし、「有頭棒」は田下駄の出土しない遺跡でも報告例があるため、この推定は現時点において夢想の範囲にとどまる。
(21) 図85の資料について記しておく。
　1は、山木遺跡第2次出土品で「No.95、1967.8.19. B地区、杉」とラベルがあることから、五領式（古墳時代前期）とされる「地溝」出土品と推定できる。2は、山木遺跡第2次出土品であるが、ラベルはない。3は、内中遺跡出土品で、「U131」とラベルがある。
(22) 本文で記述した着眼点で既出資料を通覧するならば、足板における横木痕跡の可能性をもった資料が、1950年代に木下忠（1954）が提示した第1次出土品の実測図にもすでにみられる。
　本章図79－3がそれで、3箇所の緒通し孔の内側に直線状の痕跡が表現される。本章で指摘しているように、横木側縁があたっていた圧痕と確実に考えられる。しかし、当時のみならず以降の報文や論述においても、この重要な痕跡はまったく誰からも注意されることはなかった。
(23) （財）静岡県埋蔵文化財調査研究所山田成洋の教示による。
(24) 先稿（秋山 1992a）のこの足板に関する所見に対し、民俗学者の潮田鉄雄・市田京子から私信で、「無孔型」

は民俗例にてらしても実際での使用は不可能で、未成品かとの意見を受けた。

しかし、考古資料諸例のあり方からは、現実に使用していると判断できる。本章は考古学の立場での行論であるので、この出土事実を尊重することを前提としながらの、無孔型における使用実態の一層の解明は今後の課題としておきたい。

(25) なお、註（6）で述べたように、若干ではあるがほかに、3孔縦型足板で木釘・鉄釘どめ方式をとる例のなかに方形枠付き形式となるものがある（本例については、図80において、最下の右端として示した）。

また、柄どめ方式をとることから方形枠付き形式と推定される足板で、3孔をもつ例が静岡県池ヶ谷遺跡にある（未報告例の実見資料）。ただし、池ヶ谷例の孔は他例とは異なり焼いて穿孔されている。このことから、これら3孔は二次的孔、つまり、方形枠付き形式から、枠なし形式や円形枠付き形式への転用時のものかと考えられる（本例については、図80において、最下の右から2番めとして示した）。

註（6）で記した拾六町ツイジ遺跡例をふくめ、このように、特例・例外的な資料も存在するが、方形枠付き形式田下駄の足板の特徴は、本文で①～③として列記した属性が基本と判断してよい。

(26) 韮山町山木遺跡発掘調査団（1969）報告の、図版21 − 下段右から3個体目。緒通し孔が1個（ないし2個）で、上下端には抉れや穿孔はなく、細長い柄状の加工がされた足板である。ただし、柄状細工の基部に接する部分の端面は直線状をなさない。

また、静岡県韮山村（1962）報告の、図版第28 − 45も可能性をもつが、記載はまったくみられず、加えて、厚手で大形であるのでかなり疑問が残る。

(27) 当該例は、報文では畿内第Ⅰ～Ⅳ様式の土器が共伴するとされるが、報告者の教示によると第Ⅱ様式である蓋然性が高く、そのように判断してよいという。

さらに本例以外にその後、同じ鬼虎川遺跡の第33次調査で、畿内第Ⅱ様式の環濠から、円形枠付き形式の4孔縦型足板の好例が出土した。それには、裏面に幅狭の枠用凹部が確認できる。また、表（上）面には長軸方向の足圧痕が観察でき、4孔型足板の主軸を確定できる注目すべき資料である。未報告品であったが、（財）東大阪市文化財協会才原金弘の配慮で実見できた。

(28) 註（8）（15）参照。

(29) 他遺跡における参考例として、滋賀県大中の湖南遺跡（滋賀民俗学会 1967）には、「組物」とされる格子窓状品がある（推定、中期初頭）。その部材が、方形枠付き形式の縦枠材に類似する可能性があり、注意しておく必要性があろうか。

(30) 本例（図87 − 12）が、確実に田下駄足板であり、方形枠付き形式とすれば、枠との固定は抉れどめ方式となる。また、側辺には各2箇所の切り欠きがあり、そこを利用して方形枠の横木に緊縛したとも想定できるし、また、緒通し孔代用の切り欠きであるかもしれない。後者なら円形枠付き形式の「4孔縦型」の足板であるとも考えられる。不確定要素の多い個体であるが、初源期の枠付き田下駄を思料するうえで、考慮すべき資料であるのであえてとりあげた。

(31) 長岡京の条坊名称は、それぞれの報告時のものではなく、新呼称による。

(32) 長岡京の田下駄例には、ほかに、右京第102次・左京第130次・左京296次調査などがある。それら未報告分をもふくめ個々については、（財）向日市埋蔵文化財センター山中章・松崎俊郎・國下多美樹、（財）長岡京市埋蔵文化財センター木村泰彦から教示を受けた。

(33) かつて長岡京期遺構から方形枠付き形式の縦枠片が出土したと報告（向日市教委 1988）されたことがあったが、再検討の結果、当該品は古墳時代の所産と判断できる。

(34) なお、円形枠付き形式には、横木をともなわない資料もいく例かみられるが、本章で主眼として検討した、鶏冠井清水遺跡例や山木遺跡例の類を代表例と判断し記載を進める。

(35) 鶏冠井清水遺跡では先述のように、同じ沼状遺構から、円形枠付き形式田下駄の良好資料と、方形枠付き形式田下駄の縦枠断片が、「共伴」出土している。前者は実際の使用箇所その場で残置されたあり方を示すが、後者は火を受けた個体で、廃材として沼状地へ投棄された状況を示す。よって後者はもともと、他所つまり円形枠付き形式とは異なる所で使用されていたものと推定できる。

(36) 田下駄の形式・型式変遷において、考古資料にみられる、鉄釘どめ方式足板の方形枠付き形式田下駄（京都市鳥羽離宮跡例、京都市埋文研 1990）の出現の可能性などからみて、中世が大きな画期となると考えられるが不明確な点が多い。

　中世の様相が明らかになれば、田下駄における考古資料と民俗資料との相互連関や、それにかかわる機能比定の問題などを具体的に明らかにできよう。このように、田下駄の研究にあって中世は、「ミッシングリンク」状の観を呈する。

〔追記1〕
　田下駄基本3形式の出現期について検討した際、とりわけ、方形枠付き形式が列島における稲作移植栽培法（田植え）の初現を推定するうえで重要要素になる旨を記した。

　現在でも、その形式品で枠と足板が組み合った古い時期の良好な出土はないが、方形枠の縦枠片となる資料として、その後あらたに、滋賀県塚町遺跡において中期でも最古段階例、島根県西川津遺跡では、伴出土器から中期中葉を下限とするがさらに遡及する可能性を示唆する例、大中の南遺跡では過去の出土品の再整理報告により中期初頭例が確認できるようになった。

　このように、田下駄3形式における弥生初期段階からの共存性の蓋然性（＝移植法出現の可能性）を一層高めていると考えてよいであろう（秋山 2008a、滋賀県立安土城考古博 2015、滋賀県教委事務局文化財保護課ほか 2002、島根県教委 2000、島根県教育庁古代文化セ・島根県教育庁埋文調査セ 2006、長浜市教委 1995、山田編 2003ほか参照）。

〔追記2〕
　本章初出文献（秋山 1993）の成稿のもとになったのは、私が京都府の（財）向日市埋蔵文化財センター在職中に発掘担当した、鶏冠井清水遺跡における成果である。本章中にも記載した田下駄の重要例の出土をみたことを受け、その報告書『向日市埋蔵文化財調査報告書』第34集に、考古学的事実と考察「田下駄の予察的復原」（秋山 1992a）をまとめた。

　これら両年の拙稿が公刊された直後、考古学関係者にとって弥生・古墳時代木器研究の〈バイブル〉となる『木器集成図録 近畿原始篇』（奈良国立文化財研 1993、上原真人編集）が上梓された。その頭書「序言」中の「木器研究の方法と課題」、つまり該書の要となり読者が必ず目を通す箇所に、拙稿内容が〈じつに思いがけない形〉でとりあげられ〈云々〉言及されていて驚いた。本章でも記載した、木器研究における「陥穽」の内容にもかかわる、方法論的なことがらなどもふくまれている。その具体・詳細はここではふれないが、部分的に摘出され批評を受けた内容では、拙稿全体のなかでその箇所にこめていた私の意図や思惑がまったく切り裂かれてしまっている。

　したがって、〈バイブル〉当該部を精読される場合、あわせて拙稿2文献もぜひ一瞥のうえ、客観的に対比一考いただけたらと切に思う。

補編6

水田代踏み・均し農具の可能性

1──「方形枠付き形式」田下駄と「大足」の機能

　第6章で試みた田下駄・「大足」における遺物論的な考究では、直截な民俗学援用による学史上の「陥穽」を明らかにし、その誤謬を考古学的に正した。
　すなわち、民俗学で汎用される「大足」（「オオアシ」）という用語の使用やその機能比定を、考古学において継続させようとするならば、①従来の非実証的で漠とした形態復原案を一旦放棄し、さらに、②私が分類した「枠なし形式」「円形枠付き形式」「方形枠付き形式」という田下駄3形式の属性・分類基準を出土個体ごとの検討で遵守したうえで、③梯子状大形の枠をともなう構造をとる「方形枠付き形式」田下駄に対してのみおこなうべき、と強く主張したわけである。この点は現在にあっても、考古学分野で非常に曖昧なまま議論が進められる状況にとどまっているため、あらためて注意を喚起しておきたい。
　ただし、上記手続きで検証をへた考古資料「方形枠付き形式」田下駄に対しては、民俗学でいう「大足」に付与されている農具（民具）としての機能・役割と同様な想定をおこなっても許される可能性が考えられる。
　「方形枠付き形式」は、枠材を多用することから重量がおのずとかさむが、反面、各材が原則として柄孔結合で組み立てられるため強度には優れる。形態的にも、耕土を撹拌して沈下させ、水平に均すのに適した構造を呈する。これらの諸特徴こそが、これまで民俗学用語を借用し考古資料「大足」の機能として理念的に想定されてきた、代踏み・均し、残稈・緑肥踏み込みなどに適した構造と強度といえる。

図90　朝鮮王朝後期の絵画資料に描かれた田植え

2 ── 朝鮮絵画の田植え風景

　ところで、上記の「方形枠付き形式」田下駄にかかわる機能に関連して、従来から私が気にしている絵画資料が存在する。たまたま目にとまった、朝鮮半島の作品である。
　図90 − 左に示した、朝鮮王朝後期（17 〜 18世紀頃）に描かれた田植え風景がそれで、男女8人が並んで田植えを進める場面の左下では、牛に馬鍬を引かせ代掻きをおこなっている。そして、その上隣の水田内の男性は、左脚を水田に入れたまま、右脚を長方形の板に踏みのせ、板両端の穿孔に取り付けられた引綱を両手で支えている。その仕草を同図 − 右に拡大したが、仮に、人物右足サイズを26 cmとするなら、当該の板状農具の大きさは、長さ1 m弱、幅20 cm前後、厚さ4 〜 5 cmほどを測ることになろうか。
　田植え状況を示すこの絵画の構図から判断して、この男性の農作業は、代掻きのあと、実際の田植えに先だつ段階にあって、田表面を板で踏み均し、耕土の高低を水平にして水を満遍なく張る目的でおこなっていると理解してよい。
　そのような使途に近い機能をもつ農具は、日本国内の民俗（具）・考古資料では、近年まで使用されていたエブリ（考古学では横鍬とも呼称）に相当するといえる。だが、田面上を平滑にするというエブリの役割に対し、本例の場合では、板面に脚をのせて体重をかけ、踏み込んで土塊を沈め入れるという目的が付加されているように推定される。これに類似する器具は、国内の農具ではこれまで把握されていないであろう（付記参照）。
　そこで、朝鮮半島では普遍的な農具かとも考え、朝鮮、中国大陸、台湾などにおける在来農具

第6章　「大足」の再検討　　189

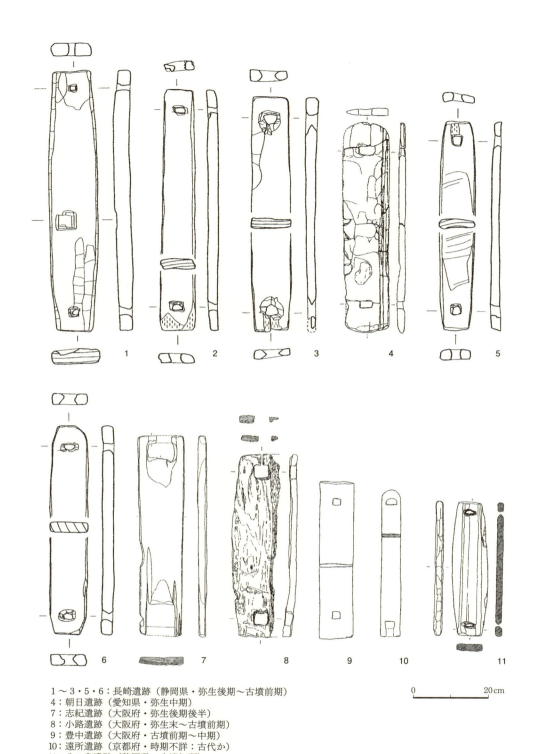

1～3・5・6：長崎遺跡（静岡県・弥生後期～古墳前期）
4：朝日遺跡（愛知県・弥生中期）
7：志紀遺跡（大阪府・弥生後期後半）
8：小路遺跡（大阪府・弥生末～古墳前期）
9：豊中遺跡（大阪府・古墳前期～中期）
10：遠所遺跡（京都府・時期不詳：古代か）
11：八ツ島遺跡（静岡県・古墳初頭）

図91　代踏み・均し具の可能性をみせる木製品

や考古資料農具をあつかう内外の書籍（乙益 1991、國分 1992、渡部 1993、1995ほか）にあたり、また、朝鮮半島の事情に詳しい研究者（森本徹・市来真澄ほか）にも教示を乞うたが、関連データには遭遇できなかった。したがって、この田植え作業が描かれた朝鮮半島においても、件のような農具は一般的には認知されていないようである。

3── 代踏み・均し具の可能性

　さて、この絵画中の農具に関連して、私が発掘を担当した大阪府志紀遺跡（秋山 2002b、2007b、大阪府文化財調査研究セ 2002b）で出土した木製品のなかの一例（図91－7）に思いがおよんだ。

　志紀遺跡は、同府内の池島・福万寺遺跡とならんで著名な、弥生時代前期以降の各時代の水田遺構が重層的に検出される生産地（水田）遺跡である。当遺跡の弥生時代後期後半に属する水田面の、大畦畔内に設けられた木製導水管の蓋に再利用された木製品が図91－7である。長さ約54cm、幅約12cm、厚さ約2cmのスギ板で、両端に枘孔状の穿孔をそなえる。本製品の転用前における機能の判断に自信がもてなかったので、報告書では、腰掛け（椅子）座板の可能性が考えられる板状木製品と記載しておいた。だが、腰掛けにしては作りや仕上げがかなり粗雑で、厚さがやや薄く、穿孔も大きいため、ある種の建築部材となる可能性も想定された。

　その後、前掲の朝鮮絵画に寓目した。そして、志紀遺跡の発掘では、当該期の居住関係の遺構がまったく検出されず水田関連だけであるため、そこからの出土品も水稲農耕にかかわった器材であると理解するのが穏当とも思えた。そのこともあり、朝鮮絵画中の農具と志紀遺跡の木製品、これら両資料には関連性（つまり機能上の同一・類似性）が若干なりともみいだせるか、と可能性を夢想した次第である。

　そこで図91には、やや近似形状を示す木製品（発掘考古資料）を手許資料からいくつか集成してみた。誤解のないように記すと、志紀遺跡例をふくめこれらを、図90絵画中の代踏み・均し具に比定すべきと目論むものではなく、検討素材として列挙した旨は了解願いたい（各例の帰属期は図中キャプション参照）。

　1～3・5・6は静岡県長崎遺跡例（静岡県埋文調査研 1992）で、かつて原始機の腰当てとも考えられたが、報告では用途不明品や何らかの部材（建築材）とされている。図示以外に長さ124cmにもおよぶ資料や一部欠損する数例の同巧品もふくまれ、まとまったあり方での確認として注目してよい。これらは、水田遺構面の畦畔内からその補強材として転用された状態で出土し、志紀遺跡とも酷似した水田施設からの検出品となり留意される。

　4は愛知県朝日遺跡例（山田編 2003）、8は大阪府小路遺跡例（大阪府文化財セ 2004）で、ともに腰掛け座板と紹介・報告されている。9は大阪府豊中遺跡例（奈良国立文化財研 1993）で、部材として分類されるが、腰掛け座板となる可能性の指摘もみられる。10は京都府遠所遺跡例（京都府埋文調査研究セ 1997）で、建築部材と報告される。11は静岡県八ツ島遺跡例（駿府博

付属静岡県埋文研 1983)で、大足状品として区分され、鼻緒孔をあける前の未成品と理解されたものにあたる。

これら諸遺跡の多くからは、田下駄のほか各種の木製農具類が共伴出土している点も付記しておく。

以上の図示以外にも、これまで、腰掛け座板と報告された例をはじめ建築部材や礎板、箱部材、浮子、加工材、用途不明品などして分類される木製品のなかに、類似した形状をそなえる個体は、可能性をもつものをふくめると多数におよぶ。

たとえば、福岡県拾六町ツイジ（福岡市教委 1983)、兵庫県長越（兵庫県教委 1978)、大阪府西岩田（大阪文化財セ 1983)・新家（同 1987b)・美園（同 1985)・四ツ池（第 2 阪和国道内遺跡調査会 1970)・鬼虎川（東大阪市文化財協会 1987)・溝咋（大阪府文化財調査研究セ 2000、黒須 2004)、京都府古殿（京都府埋文調査研究セ 1988)、滋賀県斗西（能登川町教委 1988)、三重県北堀池（奈良国立文化財研 1993)、静岡県内中（斉藤 1967)・梶子（山田編 2003)、埼玉県小敷田（埼玉県埋文調査事業団 1991)ほかの、各遺跡出土品のうちに候補となる遺物が散見される。

ところで本編で上述した可能性の指摘は、「モノ」にあたらない、いかにも「ゼロックス（コピー）考古学」の内容となっている。今後、個別の木製品現物を実見し、穿孔部付近の紐ズレやその他の痕跡の有無などを仔細に観察し、従前に比定されていた腰掛けなどの器種よりは、ここで問題にした代踏み・均し具のほうに妥当性をみいだせないか等々、実証的に追究すべきと考えている。

第 6 章で田下駄（・「大足」）の機能面に検討がおよんだことでもあるので、仮説的な蛇足をあえて提示したが、今後の課題としておきたい。

(1) ナワシロシメイタ（福島県）

(2) 板ツツキ（岐阜県）

図92　国内の関連民具（農具）

〔付記〕
　形状などは異なるがやや関連性を想起させる国内民俗（具）例を、参考までに図92に示しておいた。
　1は、福島県内例（福島県立博1993）で、「ナワシロシメイタ」という、苗代の表面を突き土塊を沈めるための農具であり、機能上の関連性に注目できる。ただ本例は、細長い板材に半円形状に取り付けた細棒部（木枝か）を手にとり、板材を苗代面に押しあてる農具であり、形態は朝鮮の絵画資料例とは異なる。
　2は、明治年間の『岐阜県農具図』（町田市博1993）に「板ツツキ」として収載されているもので、福島県例に類似する農具であろう。

〔追記〕
　図90に示した朝鮮王朝後期絵画の写真が、南根祐（1987）執筆のコラムやパク・ホソク／アン・スンモ（2001）の著作に掲載されていることを後日知った。後者文献は、東洋大学校の金度憲からの教示による。

第7章

稲株状痕跡の分析視角
――現生稲の経時観察・「発掘」と軟X線分析による試考

1 ── 重要生産遺跡：池島・福万寺遺跡における検出

（1）池島・福万寺遺跡の弥生水田

　池島・福万寺遺跡（大阪府東大阪市・八尾市）は、弥生時代前期中頃までさかのぼる近畿地方では最古段階の水田が検出されており、縄文時代から弥生時代への移行期を考究するうえで重要な遺跡である。それだけでなく、以降の近現代までにおよぶ各時代各期の水田が、同一箇所でしかも広範囲にわたって発掘調査などで把握されており、その水田開発変遷の詳細を具体的にトレースできる、生産地遺跡として瞠目すべき存在となっている。

　当遺跡の弥生時代水田に関し簡単に紹介しておくと、大別して計4遺構面で確認・発掘されている。いずれも洪水堆積の砂層によって被覆された黒色粘土層の上面が水田耕作面として検出でき、それぞれの黒色粘土層は上位から、第1黒色粘土層（「1黒」と略称：以下同じ）～第4黒色粘土層（「4黒」）と現地調査では呼称される。それら各水田面の様相から看取できる耕地開発の展開については、かつて概略を整理記載（秋山 2002b、2007b）したことがあるのでそれを参照されたいが、各面の所属時期だけを摘記すると、古い段階から、「4黒」＝弥生時代前期中頃、「3黒」＝弥生時代前期末～中期前葉、「2黒」＝弥生時代中期中葉、「1黒」＝弥生時代後期、となる。

（2）「稲株痕跡」と「稲株状痕跡」

　さて、この遺跡における一連の発掘調査で私が担当した池島・福万寺98-3調査区（以下の記載で「当調査区」とある場合はこの区に該当、位置は図93参照）では、弥生時代前期～後期

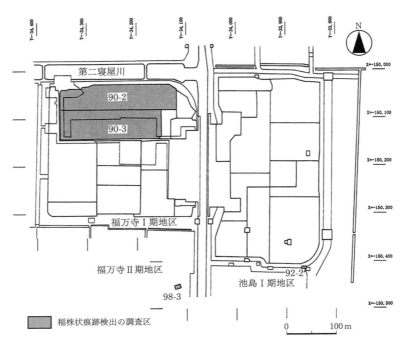

図93　池島・福万寺遺跡における稲株状痕跡の検出調査区

に相当する数枚の水田面を検出し、うち、弥生時代中期前葉～後葉に帰属する計4遺構面（時期）の水田で、多数の「小穴」を確認した（図94・97）。個々の穴は、平面が円形～楕円形で、サイズはおおむね、平面長軸約5～10cm、深さ約1～8cmを測る。これら小穴に関しては、その調査の報告書『池島・福万寺遺跡1』（秋山・朝田編 2000）の当該項で、「稲株状痕跡」として記載報告した。

　また一方で、このような小穴の呼称として、「稲株痕跡」がこれまで各地における報告例として定着している。しかし、当調査区の報告書では一貫して「稲株状痕跡」と表記することにした。その理由として、当遺跡の既往報告例では「稲株状痕跡」として事例報告されていることもあげられるが、当調査区においては、それらを稲株の反映と確実に同定しうる証左を、まだ十分に把握できなかったことによる。

　これまで池島・福万寺遺跡の発掘では、調査直後に『概要』報告を刊行し、その後に複数調査区をまとめ正式報告書を発刊するシステムを採用しているが、それらの『概要』において、この種の痕跡が報告される例に、90－2調査区（『概要』Ⅹ、松山ほか編 1995）の第13面（弥生時代後期、「1黒」上面）、90－3調査区（『概要』Ⅶ、江浦・井上編 1992）の第17面（弥生時代前期末～中期初頭、「3黒」上面）、92－2調査区（『概要』ⅩⅢ、宮路・國乘編 1993）の第13面（弥生時代中期後葉、「2黒」上面）、の3調査区があげられる（図93）。だが、いずれの場合も記載では「稲株痕跡の可能性」の指摘にとどまっており、具体的な検討は正式報告書にゆずるものとしている。このように、当遺跡においては弥生時代前期から後期に相当する遺存良好な水田面が数多く検出されているものの、稲株（状）痕跡に関し指摘されるのは上記の少数例にかぎ

(1) 第19面：平面検出状況（北西から）　　　　　(2) 第19面：断面観察状況（北から）

図94　池島・福万寺98-3調査区の稲株状痕跡

られるとともに、不明確な点が多い。

　それら記載のうち、『概要』Ⅶ（90－3調査区）に示されている稲株状痕跡の評価に関しては、「「稲株」であることの是非や稲株がそのような痕跡として残るプロセスについても検討が必ずしも十分ではなく、それらを稲株の痕跡として一括して評価を与えるにはまだ問題が多いといわなければならない。「稲株状痕跡」の評価のためには、まず軟X線分析・脂肪酸分析などの自然科学的分析を含めた基礎的な検討を蓄積する必要がある」（井上 1992）と述べられ、当遺跡のみならず他所での既往報告で「稲株痕跡」としているものに関しても、なお検討が不十分との警鐘があらためて発せられている。

(3) 検討・分析の方針

　このような実状をふまえ、当調査区で検出した「稲株状痕跡」の評価にあたり、分析方法など一定の方針をたて、これまで当遺跡で積極的には検討されてこなかったこの種の痕跡に関し若干の考察を加えることにした。

　しかし、当調査区においては発掘期限などの都合上、稲株状痕跡の精査に時間を多く費やすことはできず、多数検出した小穴のすべてに対しては断面観察調査などを実践し記録化することはできなかった。そのため実際の調査では、各遺構面において一定量の稲株状痕跡を観察する方法を採用した。また、後述する第20面の稲株状痕跡に関しては、ブロック土状にサンプルを採取し、のちに軟X線による分析がおこなえるよう対処した。これら以外に、稲株状痕跡内の埋土サンプルも摘出保管している。かぎられた時間内で収集したデータのため資料数不足は否めないが、このように、稲株状痕跡の基礎的な検討に一定ていど対応できるよう心がけた。

　なお、以下の当調査区例に関する言及では、上記した理由により、これまでの当遺跡『概要』例にならい「稲株状痕跡」と記載する。一方、他遺跡における既往の「稲株痕跡」報告例につい

ては、そのまま用語を踏襲するものとし、それぞれ表記を使い分けておくことにしたい。

2── 稲株痕跡の既報告事例をめぐって

　ここでは、当調査区の「稲株状痕跡」を検討するにあたり、これまで弥生・古墳時代の所産として報告されている「稲株痕跡」の事例について概観していくことにする（表10、図95）。ただし、近年、両時代の水田に関する報告事例が増えデータの蓄積がなされているものの、ことに稲株痕跡にかかわるものとなると、その事例報告はさほど多くなっているとはいえない。

(1) 岡山市百間川原尾島遺跡の報告例

　稲株痕跡の最も代表的な事例として、1978〜1982年に発掘がおこなわれた岡山市の百間川原尾島遺跡（図95 - 1、出典ほかは表10参照、以下同じ）の調査成果があげられる。このうち三ノ坪調査区では、弥生時代後期〜終末期に相当する水田を検出し、その粘土層ベースの上面で、上部の洪水堆積と同質の砂を埋土とした多数の小穴を確認している。

　この稲株痕跡の断面形態に関しては、「北側が深く、南に向かって浅くなる」と記述され、また、稲株痕跡の断面上部が南へ向かって傾斜していること、平面形が楕円形であることから、稲が洪水によって南へと一方向に押し倒されたものと推定されている。

　さらに、稲株痕跡の平面分布において扇形状の規則的配列を認めており、それを「田植えの作業単位」と比定した最初の事例である。このほか、稲株痕跡に関する詳細な議論がなされている。考察では、単位面積あたりの稲株数を検討することによって、弥生時代後期における水田の生産性についても言及され、多いところでは1坪あたり約400株の苗が「移植」されていたというデータが提示される。

　以上のように、百間川原尾島遺跡の報告事例や詳細な検討は、以降における稲株痕跡の認識や研究での一基準となった点で評価されている。

(2) 近畿地方における報告諸例

　一方、近畿においては、1974〜1979年に発掘がおこなわれた滋賀県守山市の服部遺跡の事例が最初の報告と考えられるが、「稲株痕跡」としての評価は当時なされていなかったようである。弥生時代前期後半の水田において「不整円形の小ピットが存在する」とあるが、その概要報告では事実関係の記述のみにとどまっている。

　その後、1978〜1980年に発掘がおこなわれた大阪府東大阪市の巨摩廃寺遺跡の事例が、近畿で最初の「稲株痕跡」と明記された報告となっている。「古墳時代初頭」（庄内式期）の水田を検出した際、直径5cmていどの「微砂質の斑点」が部分的に集中して確認されており、「稲株痕跡」として記載されている。しかし、それら「斑点」には、規則的な配列はみられなかった。

　そして近畿において頻繁にとりあげられている報告事例として、京都府八幡市の内里八丁遺跡（図95 - 2）があげられる。弥生時代後期末頃に相当する水田で、多数の小穴が確認されており、

表10　稲株痕跡の主要報告遺跡（弥生・古墳時代）

遺跡名	所在地	地区・遺構面	時期	水田ベース	痕跡内埋土	備考	文献（本書末参照）
池島・福万寺遺跡	大阪府八尾市	98-3調査区第16・18・19・20面	弥生中期前葉～後葉	黒色粘土、オリーブ灰色シルト	青灰色シルト、灰黄色砂、暗灰色粘土、ほか	「断面形態に注目すると、垂直な断面形態をもつものも存在するが、大半がやや傾斜したU字形もしくはV字形」、「傾斜方向に関しては、各遺構面ごとにややばらつきがあるものの、主体としては北～東方向というある一定範囲に限定できる」、分布状態に規則性なし	秋山浩三・朝田公年編2000（本章掲載分）
池島・福万寺遺跡	大阪府八尾市	90-2調査区第17面	弥生前期末～中期初頭	暗オリーブ灰色細砂混シルト	暗オリーブ灰色砂混シルト	「微高地上では、直径数cmの小ピットが無数に見いだされた」、獣類や稲株痕跡の可能性を考え平面精査や断面割をおこなう	松山聡ほか編1995
池島・福万寺遺跡	大阪府八尾市	90-3調査区第13面	弥生後期	青灰色粘土	粗砂	「規則性が認められず、深さも数cmのものが多い」	井上智博1992
池島・福万寺遺跡	大阪府東大阪市	92-2調査区第13面	弥生中期後半	青黒色粘土	暗青灰色粘土？	実際に「稲株状痕跡」であるかを確認できなかった	宮路淳子・國樂和雄編1993
巨摩廃寺遺跡	大阪府東大阪市	I地区水田面I	古墳初頭（庄内）	青灰色粘土	暗青灰色微砂（断面図より）	「水田面に径5cm程度の微砂質の斑点」、分布状態に規則性なし	玉井功・小野久隆・井藤曉子ほか1982
志紀遺跡	大阪府八尾市	府教委第5次第12面水田	弥生中期頃	黒色粘土	緑灰色シルト質粘土、黒色粘土ブロックふくむ	平面形態細かな「花びら状」、分布状態に規則性なし	阿部幸一・山田隆一1995
上田町遺跡	大阪府松原市	第1工区第2遺構面	弥生後期		洪水砂礫層	「直径3～10cmの円形の小穴」、分布状態に規則性なし	岡本武司・芝田和也1991
伯太北遺跡	大阪府和泉市		古墳初頭（庄内）			畦畔とともに検出、分布状態は不明	和泉市教育委員会乾哲也教示
内里八丁遺跡	京都府八幡市	A地区第3遺構面	弥生後期末頃	茶褐色粘質土	A種黄灰色洪水砂、B種粘質土主体で洪水砂ふくむ	切り合いあり、A種が新株、B種が古株で少ない、分布状態に規則性なし	竹原一彦1991、1992
郡家遺跡	兵庫県神戸市	第3次第1遺構面	古墳中期	黒色粘土	黄白色細砂	「断面形は、緩やかなV字形もしくは烏帽子形を示す」、「直線的に数条平行に並ぶものや、人がいて腕を伸ばして田植えをしたように扇形に並ぶものが観察された」	口野博史・水嶋正稔1990
服部遺跡	滋賀県守山市	A・B地区	弥生前期後半		灰青色砂？	「各田面内には灰青色のひび割れや、不整円形の小ピットが存在」、分布状態に規則性なし	大橋信弥・山崎秀二編1979
森山東遺跡	三重県津市	B～D地区上層水田面	弥生中期～後期前半	黒色泥炭土	灰白色砂？	「長径約5cm前後の楕円形で、一部畦畔でも検出」、「水田一面あたり220～230株」、「深さが4～5cm」、水田面のひび割れにも洪水堆積がみられることなどから「夏期の乾燥直後に水田が埋没したことを想定」	増田安生・和気清章1989
森山東遺跡	三重県津市	E地区上層水田面	弥生中期～後期前半	暗青灰色細砂混シルト	オリーブ灰色シルト？	「稲株及び植物の根と考えられる痕跡は、一区画水田で平均220前後であった」	増田安生1990
百間川原尾島遺跡	岡山県岡山市	丸田調査区	弥生後期～終末	灰褐色粘土	灰黄色微砂	「稲の根の呼び水の影響からか鉄分の集積現象」、「東西方向に植えつけが施されており、とりわけ畦付近の植えは畦によって規制されていることが理解できる」	正岡睦夫編1984
百間川原尾島遺跡	岡山県岡山市	三ノ坪調査区	弥生後期～終末	灰色粘土	洪水砂	「小穴内に洪水砂が充満しており、それぞれの小穴上面には鉄分の凝集がある」、「一坪内に約400株の苗が移植された」、「小穴内形状は北側が深く、南に向かって浅くなり田面にまで上がる状況を呈しており、北部上流より襲った洪水及び微砂が稲を南へ押し倒し、その後の傾倒痕跡が楕円形を呈すると理解」	正岡睦夫編1984
百間川原尾島遺跡	岡山県岡山市	左岸用水路調査区	弥生後期				平井勝・古谷野寿郎1983
百間川今谷遺跡	岡山県岡山市	低水路調査区	弥生後期		洪水砂礫層		宇垣匡雅1986
田村遺跡	高知県南国市	23・37地点	弥生前期前半		洪水砂礫層	分布状態に規則性なし	廣田佳久ほか1986
浴（さこ）・長池遺跡	香川県高松市	1・3区SR02西岸微高地上水田遺構	弥生前期	黒色粘土	洪水砂礫層	「直径3～5cmのもの約130点が密集して確認できた」	山本英之・山元敏裕・中西克也

* 1999年12月段階までの公表資料などによる

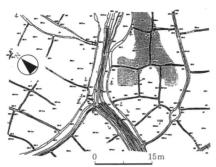
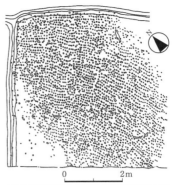

三ノ坪調査区における水田稲株痕跡分布範囲　　　　三ノ坪調査区水田217稲株痕跡拡大図

(1) 百間川原尾島遺跡（岡山県）

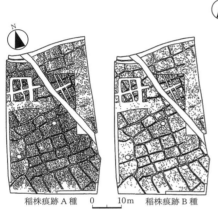

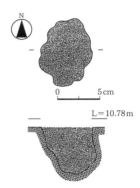

稲株痕跡A種　　　稲株痕跡B種　　　　A地区第3遺構面　　　　稲株痕跡A種断面図
第3遺構面検出水田跡および稲株痕跡分布図　　水田39の種類別稲株痕跡分布図

(2) 内里八丁遺跡（京都府）

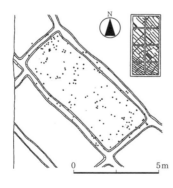
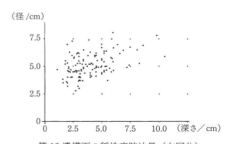

稲株痕跡分布図　　　　　　　　　　　　第12遺構面の稲株痕跡法量（左図分）

(3) 志紀遺跡（大阪府）

図95　稲株痕跡の類例

洪水砂を埋土としたもの（A種）、粘質土を埋土としたもの（B種）、黒色シルトを埋土としたもの（C種）、の3種類に分類がなされる。なお、A種とB種の稲株には「切り合い」があり、A種が新株でB種が古株という先後関係の指摘がみられる。また、C種に関しては、深さ15cm以上に達するものが多く、断面形態が屈曲していることなどからも、生物活動に起因する「生痕化石」の可能性が示唆されている。

　この報告では、稲株痕跡の断面形態がやや傾斜しているとの記述があり、示された断面図からは、少なくともやや西に傾斜する例の存在がうかがえる。だが、総体的なその傾斜方向が、特定方向もしくはアトランダムであったというような記載はなされていない[1]。

　つぎに、上記した巨摩廃寺遺跡や今回の池島・福万寺遺跡が所在する中河内地域においては、大阪府八尾市の志紀遺跡（図95－3）の報告事例が特筆できる。

　当遺跡で稲株痕跡を確認した水田の時期は特定されないが、層序の前後関係や遺物などから弥生時代中期頃に比定されている。黒色粘土層ベースの上面で稲株痕跡を検出した際に、「花びら状」の平面形として確認しており、稲株が分蘖した痕跡を示すものとして報告される。これら稲株痕跡の大きさについては、報告書において、直径を縦軸に、深さを横軸としたグラフによって明示しており、直径が約5cm、深さが約3～4cmの範囲を中心として分布することがわかる。

　この報告において検討対象とした稲株数は、百間川原尾島遺跡や内里八丁遺跡におよばないものの、水田1筆分を詳細に観察・検討したうえで、稲株痕跡個々のデータを整理し記載していることに関し高く評価できる。

　河内地域ではほかに、大阪府松原市の上田町遺跡で、弥生時代後期に相当する稲株痕跡が確認され、現地説明会資料では稲株痕跡形成プロセスの復原案が提示されている。その案では、①稲の刈り取り後に襲った洪水により水田が埋没し、②稲の根株部分はその堆積砂層下で腐食し凹状の空洞となる、③空洞となった稲株の跡に上層の堆積砂が落ちこむ、と想定しており、調査で水田面上を精査すると、砂の落ち込んだ部分が小穴として確認できるというものである。

　近畿ではこれら以外に、兵庫県神戸市の郡家遺跡の報告事例があげられる。古墳時代中期に相当する水田で確認されたもので、稲株痕跡が「田植えをしたように扇形に並ぶ」こと、畦畔上で稲株痕跡が検出されないことを根拠として、「田植え」の存在について言及がみられる。また、単位面積あたりの稲株数から、当時の生産性についても検討が加えられている。

（3）稲株痕跡の形成プロセスとの関連

　以上、代表的な稲株痕跡の報告事例を紹介してきたが、まず、表10中の他遺跡例をふくめ、その埋土に注目してみると、主に砂やシルトなどの洪水堆積物であるものを主体として、ブロック状の水田土壌がわずかにふくまれるという事例の多いことがわかる。しかし、これら水田土壌がまざるプロセスとして、稲が腐食する時点で埋土（砂・シルト）と同時に落ちこむとの解釈などがなされているものの、その具体的なメカニズムの詳細はわかっていない。

　稲株痕跡の形成プロセスについては、百間川原尾島遺跡の時点ですでに検討されていた問題であったが、それらの水田面が、稲の成長途中に埋没したものか、収穫後に埋没したものかは、そ

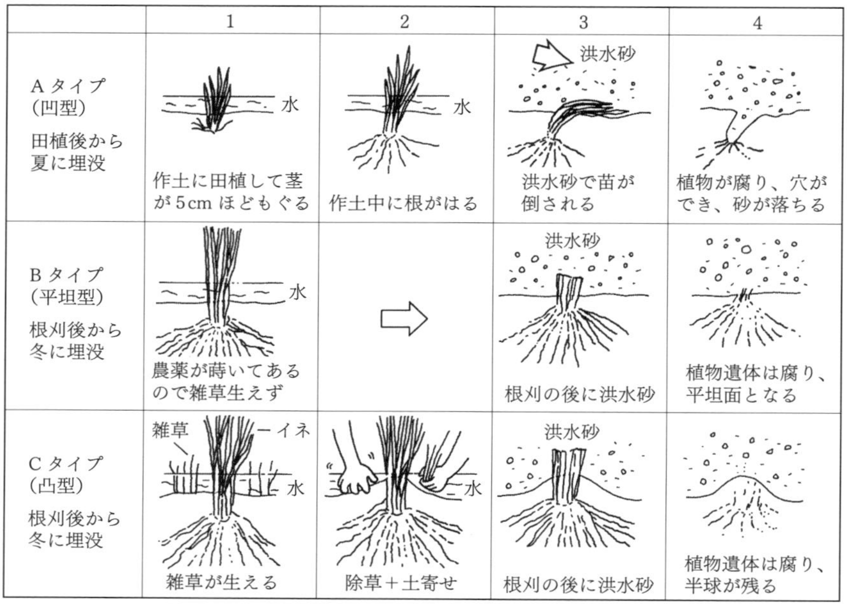

図96　矢田勝（1995）による3タイプ株跡の形成過程模式図

の段階においては明言されていなかった。また、上田町遺跡では、収穫後に埋没したとする提示がみられる点は上述したが、仮説の域を出ないようである。

　一方、その形成プロセスに関して、矢田勝（1995）が詳しく検証しており、稲株痕跡は形状と形成プロセスによって3タイプに分類されている（図96）。ただ、その対象を中世後期の水田や稲株痕跡としているため、上述してきた弥生・古墳時代の事例と条件的には合致しない可能性も考えられる。しかし、農作業の手順、埋没した季節、田面の状態などと関連させて検討がなされているように、形成プロセスを考究するうえで重要な情報となる。

　その論考では、稲株痕跡の形状によって、Aタイプ＝「凹型」、Bタイプ＝「平坦型」、Cタイプ＝「凸型」に分類される。

　Aタイプ（凹型）の場合、洪水によって埋没した季節を、田植え直後から夏までの間と想定する。つまり、成長途中の苗が埋没して腐食し、凹状の落ち込みが形成され、砂が落ち込むというプロセスである。このようにAタイプは、前述した上田町遺跡例とほぼ同様の解釈が与えられているが、埋没時期に関しては、成長途中（Aタイプ）と収穫後（上田町遺跡）とに理解が分かれている。

　Bタイプ（平坦型）とCタイプ（凸型）の場合は、埋没した季節を収穫後、つまり秋から冬の時期と想定する。しかし、これらのケースでは稲株の腐食後、凹状の落ち込みは形成されないと想定している。その説明はやや複雑でわかりにくいが、要約すれば、水田が埋没した後、稲株が腐食したとしても、稲栽培の過程で形成され水田面上部をすでに覆っていた、粒子の細かい土壌（「微粒子層」）が沈下し凹状の落ち込みは形成されない、ということのようである。

　ちなみに、B・Cタイプでその形状が異なるのは、田植え後の除草や土寄せなどの作業の有無

によるものとする。Bタイプは、農薬による除草をほどこすことによって人が踏み入ることの少ない現代水田を想定しており、凹凸の少ない平坦な水田面に稲株が残るため「平坦型」とする。他方、Cタイプは、人が除草作業などで踏み入って稲株周囲の水田面が沈下することを想定し、稲株部分が凸状の半球として残るため「凸型」とよぶ。

　以上のように、矢田（1995）は、埋没時期や水田面の条件によって3種の型に分類する。この解釈が妥当かにわかには判断できないものの、一般的に理解しやすい「凹型」（Aタイプ）だけでなく、諸々の形成プロセスを想定しており示唆に富む。

　このような見解を思量するなら、発掘で水田跡として報告される例に比べて稲株（状）痕跡の確認例が少ない要因として、そのような稲株痕跡形成の諸条件がかなり複雑に関係している可能性が考えられるかもしれない。また、当調査区で確認したように、稲株状痕跡が集中して検出できる部分と、確認できない部分とが見受けられることも、同様にさまざまな条件が反映しているとも想定できようか。いずれにせよ、稲株痕跡が形成される条件として、今後は、水田の埋没した季節や農作業の方法・諸段階など、さまざまな要素を十分に考慮する必要があると認識すべきであろう。

（4）「稲株痕跡」研究の実状をふまえて

　つぎに、稲株痕跡の既報告事例やその検討内容などをふまえて、若干のコメントを付しておく。

　まず、これまで確認された稲株痕跡の所属時期について注目してみると、上述の諸遺跡の多くを代表として弥生時代後期以降の例、なかでも弥生時代終末期・庄内式期頃までを中心とした時期の検出が多い傾向になっている。その理由は判然としないものの、それらより古い時期の事例も散見される。ちなみに、稲株状痕跡を検出した当調査区における複数の水田面は、層序や出土遺物などから弥生時代中期前葉〜後葉の時期に比定でき、従前例のうちでもやや古い部類に属する。一方、さらにさかのぼって弥生時代前期に限定できる例として、近畿では先述した服部遺跡、近畿以外では田村遺跡（高知県南国市）、浴・長池遺跡（香川県高松市）などがある。ただし、これら弥生時代前期の検出例は、事実報告はあるものの、詳細な検討はおこなわれていないのが実態となっている。

　ところで、弥生時代後期〜終末期の百間川原尾島遺跡例にみられるように、稲株痕跡はその規則的な配列などを根拠として、「田植え」（移植栽培法）を証明する考古資料として評価される傾向にある。そして、このような田植えや農業生産性を主題とする研究の過程において、稲株痕跡＝田植えという一種の固定観念を生じさせたように思われる。そのことによって、上記の弥生時代前期における稲株痕跡諸例に対する評価や記載が、とくに田植えの出現期の議論と複雑かつ直接的にからむことになってくる。その結果、弥生時代後期以降ならまだしも、列島における田植えの起源を弥生時代前期にまでひきあげてよいかという疑義を起こさせ、稲株痕跡に対する論議が消極的もしくは慎重なものとなる傾向にあるようによみとれる。その趨勢は、弥生時代前期にかぎったことでなく、他時代・時期の稲株痕跡に対する評価においてもバックグランドとして少なからず作用していると考えてよい[2]。

また、稲株痕跡そのものの認定が不動とする前提のもと、百間川原尾島遺跡例では、単位面積あたりの稲株数などを根拠として、当時の農業生産力や農業技術の検証が積極的におこなわれている。その一方で、稲株痕跡の個々から得られたデータ記載は少なく、稲株痕跡それ自体の検証過程に関する言及はほとんどみられない。

　内里八丁遺跡例でも、田起こしをおこなわずに稲を栽培しないかぎり、稲株痕跡の切り合い関係が生じることはなく、実際にそのような切り合いが起こるかどうかは検討の余地があろう。この遺跡でも、確認された稲株痕跡がすべて稲株に由来するものかどうか、を検証する作業が必要と思われる。

　上記してきたように、稲株痕跡を検討する場合、ひとまずは直截的な田植えの問題とは切り離して議論する必要性と、まずその初期段階として、稲株（状）痕跡個々のデータや分析結果をもとに、稲株であるか否かを検証する各種具体的な作業が肝要となってくる。

　以下で述べる本章での実践も、その方向性にのっとった試みの一過程として位置づけたい。

3 ── 池島・福万寺98‐3調査区における稲株状痕跡の様相

　池島・福万寺遺跡の98‐3調査区で確認した稲株状痕跡について、ここであらためて概要を述べておこう（図97）。

　上位から、第16面（弥生時代中期後葉）、第18面（同中期前葉）、第19面（同中期前葉）、第20面（同中期初頭～前葉）と呼称した水田遺構面で稲株状痕跡を検出した。そのうち、各面で8箇所ていど、合計30箇所以上にわたって、東西方向および南北方向に断面観察調査（断割）をおこなった（図94‐2参照）。

　その結果、深さは約1～8cmとややばらつきがあった。ちなみに、志紀遺跡例のグラフ（図95‐3）と比較すると、当調査区で記録した稲株状痕跡とサイズとしては変わらない。また、断面形態に注目すると、垂直方向の断面形を示すものも存在するが、大半がやや傾斜したU字形もしくはV字形を呈する事実を確認した。その傾斜方向はアトランダムというわけではなく、第16面と第18面は北～東方向、第19面は北方向、第20面はおおむね垂直だがごく一部西方向に、それぞれ上方に向かって傾きをもつことを観察できた。このように、稲株状痕跡の傾斜方向に関しては、各遺構面ごとにやや変位があるものの、主体としては北～東方向という、ある一定範囲に限定できることが把握できた。

　ところで先述のように、岡山県の百間川原尾島遺跡で検出された稲株痕跡では、その断面の傾きがすべて一方向を指向していた。その要因として、洪水などの一方向流が稲を押し倒し、根の部分が傾斜したまま埋没したことによって、腐食した痕跡も同様に傾斜したと考えられている。そこで、当調査区の稲株状痕跡が傾斜している要因として、百間川原尾島遺跡と同じように洪水を想定することに妥当性があるかどうか、検討をおこなっておきたい。

　まず、当調査区の地形自体を勘案すると、第16面・第18面～第20面の調査では、全体的に西

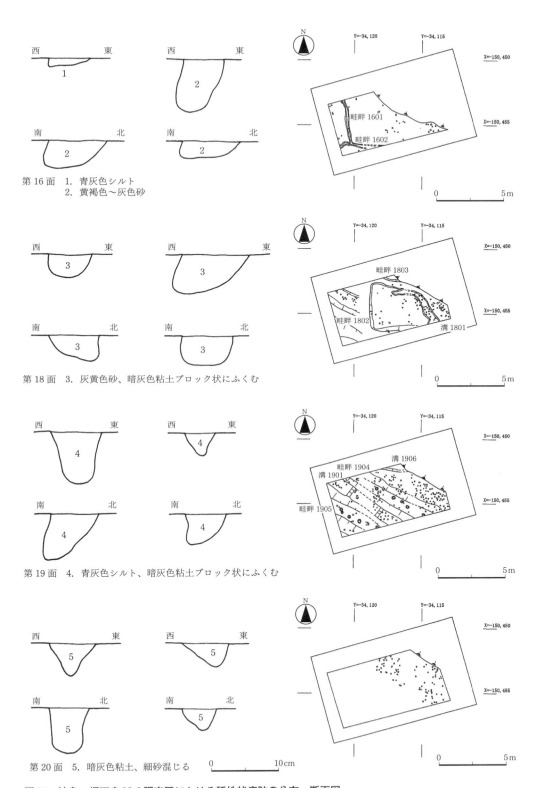

図97 池島・福万寺98-3調査区における稲株状痕跡の分布・断面図

第7章 稲株状痕跡の分析視角

側へ向かうにしたがい標高が下がっていくことが明らかになっている。また、現在の表層地形においても、巨視・微視的にも同じ傾向を示している。よって、もし洪水が当調査区付近を襲った場合、その流れは地形に沿って当然ながら東から西へ向かうものと考えられる。このような条件で稲が被害を受けた場合、洪水の一方向流によって西側へと倒伏し、同時にその根元部分も上部は西側に向かって傾斜するはずである。しかし、当調査区の稲株状痕跡では、上記のように西方向に傾斜するものは第20面にごく一部みられる以外にほとんどなく、むしろ北ないし東方向に向く。

つぎに、稲株状痕跡内の埋土に注目してみると、第16面では黄褐色～灰色砂や青灰色シルト、第18面では灰黄色砂(暗灰色粘土混じる)、第19面では青灰色シルト(暗灰色粘土混じる)、第20面では暗褐色粘土(細砂混じる)となっており、①シルトや細砂主体のもの、②粘土主体のもの、と大きく分けて2種類存在する。①は土壌化層(水田耕土)の上面にある砂層を除去して検出されたもので、第16面、第18面、第19面にみられ、②は直上の土壌化層を除去した面で検出されたもので、第20面にみられた。確かに、稲株状痕跡の埋土が①のような場合、洪水堆積に起因するものとなる可能性は考えられる。だが、そのような埋土の観察以外に、層序の前後(上下)関係の検討などから判断しても、水田面の直上部分に、強度な一方向流の根拠となるような、顕著で規模の大きい洪水堆積層は確認できなかった。

このように、当調査区における稲株状痕跡は、ある一定方位を指向しながら傾斜しているものの、それらは地形の下降傾斜に沿ってはおらず、しかも水田面直上には著しい洪水堆積物が堆積していない。したがって、洪水による一方向流が稲を倒伏させたという解釈は、少なくとも当調査区にかぎってはあてはまらないと考えられた。

4── 軟X線分析による稲株状痕跡の検討

ここまでは主に、稲株状痕跡にかかわる考古学的所見の問題に終始してきた。つぎに、それらの是非の模索に資するため、当調査区で採取した稲株状痕跡サンプル土の軟X線分析を実施したので、その概要を記しておきたい。

具体的には2サンプルで試みたが、それらは当調査区内の北側に設定した土層観察部(北壁断面)において、稲株状痕跡を確認できた第20面から下部にかけて採取したものである(図98－1・2)。それらは当初、ブロック状サンプル土として切り出したが、その後、約30 cm×約15 cm×約1.5 cmの長方形板状サンプルとして薄片化し、軟X線分析をおこなった。なお、軟X線写真では、50 KV、1.5 mAの条件下で撮影を実施した(同図－3・4)。

その結果、軟X線写真の解析に不案内な者には、一見したかぎり、ところどころ根のような相当部分が見受けられるが、現生の稲株のように顕著に発達した根の様相は把握できなかった。そこで、実際にこの種の分析で経験豊かな研究者(後掲参照)に実見を依頼したところ、根状のものも部分的に観察されるが、稲の場合にみられるような著しい管根はみられない、というほぼ同

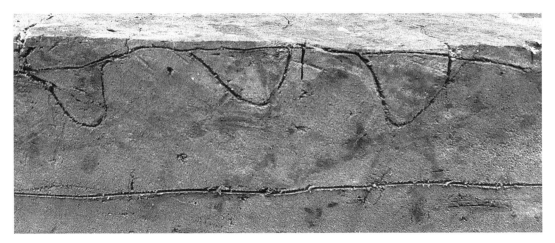

(1) 第20面稲株状痕跡のサンプル2位置　　(2) 第20面稲株状痕跡のサンプル1位置

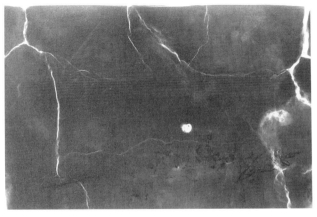
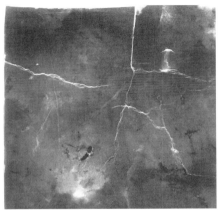

(3) サンプル2の軟X線写真　　(4) サンプル1の軟X線写真

図98　池島・福万寺98-3調査区・稲株状痕跡の軟X線分析

様な評価を得た。また、今回のサンプル採取の方法に関しても、第20面以下の土層だけでなく、稲株状痕跡を良好に観察できた第16面からの連続したサンプルを用い検討することが望ましい、との指摘を受けた。

　要するに、軟X線写真の検討では、稲株痕跡の決め手となる顕著な管根は観察できず、第20面より上層にあたる第18・19面段階のものの可能性も否定できない管根を一部確認するにとどまったことになる。この結果では、第20面の稲株状痕跡が稲株由来であることを完全に否定しているものなのか、あるいは、稲株の痕跡であることを積極的に肯定するにはいたらなかっただけなのか、にわかには判断できない。

　当初の目論みでは、この分析によって稲株痕跡としての肯定的証左が得られることを念じていたわけであるが、ともあれ、それははたせなかったことになる。試料サンプル土の採取方法をふくめ、将来的な検討課題として残ったままといわざるをえない[3]。

5 ── 現生稲の経時観察・「発掘」記録と稲株状痕跡との比較検討

(1) 仮説とその検証手段

つづいて、別の角度から検討を試みたので紹介しておこう。

当調査区で確認した第16面・第18面〜第20面における稲株状痕跡の傾斜方位は、予想される洪水の方向と一致しないことは、先述のように明白である。すると、この傾斜の要因として洪水以外に何が考えられるだろうか。

そこで一仮説として、風の影響による可能性を想定してみた。風の吹く方向によって稲の茎が傾き、そして、耕土中の茎部根元も傾斜するのではないかと仮定した。当調査区の稲株状痕跡は北〜東を指して傾いていたわけであるから、弥生時代の当遺跡の水稲耕作時には主としてその方向への風が吹いており、茎・茎部根元を同方向に傾斜させたため、稲株状痕跡の傾きが洪水水流の方向や地形の傾斜には沿わないのではないか、と推測したわけである。

この仮説を検討するために、現生の稲でのチェックを試みた。現時点で栽培されている水稲を定期的に観察して、茎の総体的な傾斜方位を調べたうえで、稲株状痕跡の傾斜方位と対比する。さらに、稲刈り取り後には、耕土中の茎部根元の周辺を掘り下げるという、断面観察を目的とした「発掘」調査を実施し、その傾斜方位を調べ同様に比較することにした。

(2) 現生稲観察・「発掘」の条件と方法

稲観察の地点として、当調査区に隣接しているなど、地理的環境や気象条件を勘案した結果、大阪府八尾市福万寺町七・八丁目の恩智川左岸に位置する水田を選んだ。幸いなことに、私の当時の勤務箇所であった（財）大阪府文化財調査研究センター池島分室に近接する、その水田の所有者（後掲）から、稲の生育状況の記録だけでなく、収穫後に所有者立会のもと根株付近を掘削観察することに対し許可を得ることができた。

稲観察を実施した地点はNo.1〜No.5（図99・101）の5箇所で、観察期間は1999年6月後半から10月末までの足かけ5箇月間であった。ちなみに、八尾市福万寺町近辺で現在栽培されている稲は、大阪府指定の「ヒノヒカリ」とよばれる品種で、有名な「コシヒカリ」を在地向けに改良したものにあたる。この品種は、茎部分がしっかりしており背丈自体がさほど大きくならないよう改良されているので、風にかなり抵抗力をもつ稲であるという。

また、稲の観察周期は、週に一度もしくは台風や大雨などといった特殊な気象条件の翌日におこなうことにし、表11に示した観察記録の諸項目を設定して実施した。

つぎに、現生稲の傾斜方位と風の営力とを比較検討するには、風そのものに関するデータが必須となる。上記の稲観察時にもそのつど風向や風力も現地記録したが、計器類を用いた作業でなかったため、それらには客観性のとぼしいところが多い。そこで、近接した観測地点でかつ信頼度の高いデータの使用を念頭においた結果、当遺跡から南約6kmに位置する八尾空港内の大阪航空測候所八尾空港出張所のデータを参照することにした。同所が毎時ごとに採取する1箇月

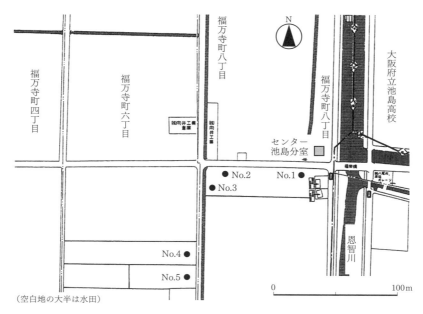

図99 現生稲の観察・「発掘」地点

700件におよぶ風向・風力データの提供を受け、それらを後掲したようにグラフ化し傾向を把握することにした（図103－1）。また稲の傾きには強い風とかなりの相関性があると予測できたので、風速10kt（ノット：1ktは時速約1.8kmに相当）以上のデータ[4]を抽出してのグラフもあわせて作成した（図103－2）。なお、図103において、たとえば西に頻度が示される風とは、西から東へ向かって吹く西風のことである。こうして得られた風データと半年弱の稲観察記録との比較検討をおこなった。

そして最終的には、現生稲株の「発掘」をおこない、根元の地下部分を観察することにした。10月初旬頃になされた稲収穫からかなり月日がたった時期ではあったが、2000年3月17日にNo.1・2・5地点を掘削調査し、稲根株の傾斜方位の確認を実施した（図102）。その際には、観察対象とした稲株以外の隣接部分も、あわせて確認掘削をおこなった。

(3) 観察の所見ほか

A 現生稲茎の傾斜と風向

ほぼ1週間ごとの観察結果から得られた、現生稲の地上部における茎傾斜方位を図100にグラフ化している。

その方位をみていくと、No.1地点をのぞいて、当初は不定方位であったものが、稲の成長とともに、主として北西から東の方位を中心とする範囲にまとまっていく例が多い、というおおよその傾向がうかがえる。例外的なNo.1地点のものでは、その東側に風の流れをさまたげる小建物が存在したことを勘案すると、その他4地点の大略的な傾斜方位が普遍的なあり方として判断

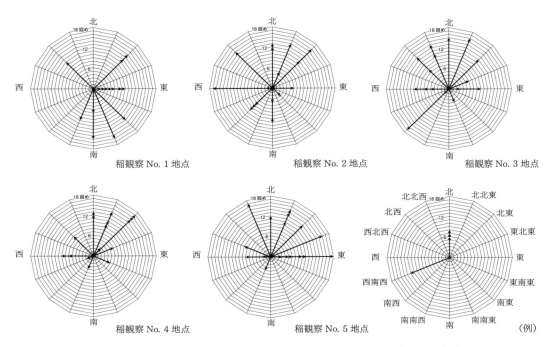

凡例：①稲の茎の傾斜方位は矢印（←）で、②その傾斜方位の観測回数（出現頻度）は▲の数で、③稲観察の時間経過は▲までの長さ（―）であらわす。
（例）のグラフで、北と西南西を指し示す2つの矢印は、「観察6回めから8回めまで茎は北に傾斜し、そののち、12回めで西南西に傾斜の向きが変化した」ことを意味する。なお、観察日などの、より詳細な記録は表11を参照されたい。

図100　現生稲の茎部傾斜方位（1999年6月〜10月の観察データより）

してよいであろう。つまり、この現生稲茎の傾斜方位は、98−3調査区で確認した弥生時代の稲株状痕跡の傾斜方位とおおむね近似するわけである。

　そして、この現生稲の傾斜方位は、図103の風向データと比較すると、以下のとおり、これも相関して方向がほぼ類似することがわかる。表11に示したように、現生稲の観察を開始したのが6月後半、稲刈りが実施されたのはほとんどが10月初旬であるので、その期間に相当する図103中のデータは主として7〜9月分となる。この3箇月間の風向分布の頻度を点検すると、必ずしも一律なものではないが総体的な傾向としては、風向の全データ（図103−1）では北西方向へ吹く風が、風速10kt以上の強い風（同図−2）では東方向へ吹く風が、それぞれ主体となっている様相があらましよみとれる。

　このことから原則的には、現生稲の地上茎の傾斜方位は、風の吹き抜ける方向とおおむね近似し、風の営力によって稲茎は傾いたと判断してよいであろう。しかもその方向は、当調査区の弥生時代の稲株状痕跡の傾きと矛盾しない方位を指向するのである。

　このデータ分析にはやや意図的解釈がふくまれるかもしれないが、最大公約数的な大略理解としては許されるであろう。以上のことから、発掘で検出した稲株状痕跡が稲株の反映物であるならば、その一定方向への指向性が風の影響の結果かと仮定した当初の見通しが、高い蓋然性をもってくることになる。

(1) 稲観察No.1地点（6月22日、北から）

(2) 稲観察No.1地点（10月6日、北東から）

(3) 稲観察No.2地点（6月22日、北西から）

(4) 稲観察No.2地点（10月6日、北から）

(5) 稲観察No.3地点（6月22日、西から）

(6) 稲観察No.3地点（10月6日、西から）

(7) 稲観察No.4地点（7月13日、南東から）

(8) 稲観察No.4地点（10月6日、東から）

(9) 稲観察No.5地点（6月22日、南東から）

(10) 稲観察No.5地点（10月15日、南東から）

図101　現生稲の観察地点No.1～5

表11 現生稲の観察記録

稲観察回数	1	2	3	4	5	6	7	8	9	10	11	12	13	14	15	16	17	18
日付 (1999年)	6/22	6/29	7/6	7/13	7/21	7/29	8/5	8/10	8/17	8/24	8/31	9/7	9/14	9/22	10/1	10/6	10/15	10/27
時間	14:00・16:00	11:00	16:00	16:00	16:00	16:00	16:00	16:00	16:00	16:00	16:00	11:00	16:00	16:00	10:00	16:00	16:00	16:00
当日天候	雨のち晴	雨	晴	晴にわか雨	昼に一時雨	曇のち晴	雨のち晴	雨のち曇	晴	雨のち晴	晴	雨のち曇	雨	曇	晴	晴	曇	雨
風向	西・東(度々変わる)	—	北・西	北	南東	南西	北東	北東	北西	北東	南東	—	—	—	北北東	西	北西	北東
風力	そよ風〜やや強風	無風〜微風	無風〜微風	微風	やや強風 葉が波うつ	強風	やや強風	そよ風〜強風	微風	やや強風	やや強風 葉が波うつ	無風	無風	無風	微風	微風〜やや強風	微風	やや強風
前日の気象状況	晴	一週間大雨	一週間雨多	晴	昼頃雷雨	曇時々晴	晴	晴	先週大雨	晴	晴	雨のち晴	晴	大雨一過(台風)	晴	晴	曇	晴

No.1

稲観察回数	1	2	3	4	5	6	7	8	9	10	11	12	13	14	15	16	17	18
稲株の高さ (cm)	31	45	54	66	79	88	89	86	90	90	90	91	94	113	88	118	—	—
稲株直径 (cm)	4	5	5	7	8	8	7	7	7	7	7	6	7	7	7	7	9	7
稲株茎数	約12	約23	約23	約26	24	24	23	28	26	25	22	18	22	23	18	20	34	32
稲傾斜方位	南南西	東	東	東	東	東	南	東	東	南南西	北西	北東	南東	北東	南	南南東	東	北東
稲傾斜角度(対垂直)	4	5	1	2	2	4	1	2	1	2	4	1	0	1	2	4	15	—
水深 (cm)	3	2	0	3	2	4	1	2	1	2	0	0	0	2	0	0	—	—
水の状況	水口に近いものの流れなし	減った(抜いた?)	水なし	再び水を入れた	入っていない前日の雨でしめっている	入っていないいちばん背が高い	しばらく入れていない	雨上がりのでしめっている少し	なし			ばらばら	雨により潜水	雨により潜水	乾燥して土が乾いたろう		雨により潜水	
穂首の方向						5地点の中でいちばん背が高い				南南西	(北東多いか)		南	放射状	南	東から北へ		
成長具合コメント	青々している。No.1, 2, 3地区はNo.4, 5より早く田植えされた	しっかりきた。藻が増えている。泥状の水田と思われた田に実際は砂混じり	かげの数かわらず、葉の成長著しい、虫食いあり	葉の成長著しい	薬の成長はいい		根本部分で弱り葉が枯れ始めている		かなり背が高くなる。「がんばれば」と笑って見送る上司(一句)	稲穂が10本ついていた(花が咲き始めている)	いろいろ(北東多いか)	穂がたれてきたがんばれと雨でもさらに一句	花が咲き終わり、部分的に色が変わり始めている	穂がたれておきている	収穫寸前、薬が枯れ始めている	「黄金に頭をたれる稲穂かなやや的な一句」	稲穂は刈り取られる(14本)	稲穂から新芽が出ている

No.2

稲観察回数	1	2	3	4	5	6	7	8	9	10	11	12	13	14	15	16	17	18
稲株の高さ (cm)	29	49	55	60	66	78	90	92	97	110	103	97	101	98	108	106	—	—
稲株直径 (cm)	5	5	6	7	7	9	8	7	7	7	8	8	8	7	7	7	7	7
稲株茎数	18〜20ぐらい	約28	約38	36	31	29	33	37	35	32	40	34	35	33	29	29	47	26
稲傾斜方位	北北東	西	南東	南	北北東	東	南西	南西	南西	南	北東	北	北	北北東	北西	北東	西	—
稲傾斜角度(対垂直)	4	8	3	0	3	2	4	3	1	5	1	5	1	1	3	3	3	—
水深 (cm)	4	—	0	2	3	2	4	3	0	0	0	0	0	2	0	0	—	1
水の状況	水がかなり減って深い場所でも浅い	再び水を入った(抜いた?)	水なし	再び水を入れた	水は入っていない、前日の雨でしめっている	入っていない土がしめっているところもある	土がしめっているところもある	雨上がりのでしめっている	少ししめっている(どころどころ水ある)	なし	しめっている			雨により潜水			雨の影響	
穂首の方向									(風にあおられている)	(風にあおられている)	北東	南北	北から東へかけてたれている	北から東にかけてしめっているものが多い	北北西	北東から北		
成長具合コメント	青々しているカリガネムシ少し発生、ダニ、オナジマゲラ発見	かげの数少し増えて多い、薬の成長著しい	かげの数多く、成長著しい	かげが多い	よく育っている	根本の弱い葉が枯れ始めている		少し点れてきている	稲穂12本、花が咲き始めている	稲穂の数が増えている		穂がたれてきがんばれと雨でも(さらに一句)	花が咲き終わり、部分的に色が変わり始めている	穂をたれかけており、稲穂かな	収穫寸前、薬が枯れ始めている	ひからびている		10/11に刈り取られ、傾斜は刈り取りによる人為的なものか

No.3

項目																		
稲株の高さ (cm)	24	40	50	60	76	85	88	83	100	113	118	106	104	103	106	102	—	—
稲株直径 (cm)	3	6	5	8	9	10	9	8	9	8	9	9	9	9	9	8	9	8
稲株茎数	9	12	18	29	25	33	37	32	34	35	30	36	35	38	31	34	45	35
稲傾斜方位	南東	南西	東	南南東	西	東北東	西	北西	東	西	北北西	北東	西	北西	北	北北東	南	—
稲傾斜角度 (対垂直)	3	4	1	4	4	1	2	2	4	4	6	3	2	6	4	5	1	—
水深 (cm)	5	5	0	5	0	0	1	0	2	0	2	0	0	4	0	0	—	3
水の状況	浅い		水を入れてない	水を入れる	水は入れてない、前日の雨でしめっているよう	水を入れている、この部分だけ水が残っている	この部分だけ水が残っている	雨上がりでゆるんでいる	雨の影響か		まだ水が入っている			雨により溜水				雨の影響
穂首の方向				—					—	南	ばらばら		北西	北北西から北北東	北北東	北北東から北北東	北北西	
成長具合・コメント	他のまわりのものより成長おそい	No.1～3の中で最も悪い、分げつ少ない、茎数少なく傾斜角度もつく、葉が多い	放置状況で成長、分げつなく、傾斜状況に密度、傾斜基部が定まらない	葉の成長止まり、茎のままとまりがない	よく育っている、根本部分の弱い茎が枯れ始めている	まとまりがない	根本部分の弱い茎が枯れ始めている		葉の先端が枯、色づいてきている	稲穂8本、花が咲き始めている			花の咲き始め、部分的に色が変わり始めている		このポイントのみ台風の影響で頭をたれて稲穂少ない傾向あり	[頭をたれて]稲穂少ない		10/11に刈り入れ、傾斜は刈り取りによる人為的なものか 稲株から新芽（16本）が出ている

No.4

項目																		
稲株の高さ (cm)	20	32	31	40	59	71	74	72	73	90	102	118	102	96	104	101	—	—
稲株直径 (cm)	3	3	3	3	6	6	7	5	5	6	5	6	7	6	6	6	6	7
稲株茎数	3	3	6	約13	17	16	18	17	20	15	18	16	18	19	18	21	14	16
稲傾斜方位	西	西南西	北西	南南西	東南東	東北東	西	西	西	北北東	北	北	北	北北東	北東	北東	北東	北東
稲傾斜角度 (対垂直)	12	9	2	3	3	1	4	10	3	3	6	2	6	6	5	6	6	6
水深 (cm)	2	6	0	0	0	0	0	0	0	0	0	0	0	1	0	0	—	1
水の状況	浅い		まだ水を入れている途中であるものか？	成長、前日の雨でしめっている	水を入れていない、前日の雨でしめっている	水入れていない	少し水入れている	水なし	まだ水入れている	まだ水を入れている	水をまだおおれている	水草がはおおれている			前日の大雨のためか			雨の影響
穂首の方向				—						—			—	北北西	北から北北西	北	北東	
成長具合・コメント	まだ若い		No.4枯れただ同じ傾向の斜面向か接線に関係不明、分げつ少、条件悪い、下段側水浸が多い？	分げつ多くなるこの場所でも不十分	背丈は大きく育つが、分げつは他に比べ少ない	他の稲に比べ成長が遅い、稲穂が出ていない			他の場所に比べ成長遅い、稲穂少ない、難儀多し	成長が遅い、稲穂が出ていない		稲穂の数は他に比べて少なく、難儀多し				花の咲き終わりか	最も成長の遅いNo.1～3より稲穂が大きい	10/15に刈り入れ、傾斜は刈り取りによる人為的なものか

No.5

項目																		
稲株の高さ (cm)	24	30	36	40	54	69	70	70	78	85	97	100	97	94	96	97	93	92
稲株直径 (cm)	2	3	4	8	8	8	7	7	10	8	9	8	9	8	8	8	9	8
稲株茎数	3	6	8	22	22	24	25	30	30	25	28	28	28	27	30	32	27	28
稲傾斜方位	西	西	東	南南東	東	東	西	西北西	東	東	北北東	北	北東	北北東	北北東	東北東	北北西	東
稲傾斜角度 (対垂直)	11	6	1	4	4	3	2	6	4	4	1	2	6	3	3	5	9	6
水深 (cm)	3	3	0	0	4	3	0	2	4	4	6	2	1	3	0	0	0	1
水の状況	浅い	やや深い(雨のため)	田植えが遅かったため、まだ水を入れている	水を入れているまだ少なく水位は入れている状態	水を張った（成長状態悪いからか？）	ここだけ水が入っている	土ははじめなっている（雨のためか）	水入れてない	水入れていない	まだ水を入れている	まだ水があたくさんみどり入れている	まだ水を張っている	まだ水を張っていない(成長遅)	きのうの大雨のため			雨による	
穂首の方向				—					—			北	北	北北東	北北東	北北東	北北西	東から北東
成長具合・コメント	まだ若い	あいかわらず成長悪い（雨のため）、3本水没中か	あいかわらずまだ葉ばかり、葉も黄ばんでいる、分げつ多くなるとまとまりがなく（田全体）	分げつ多くなるとまとまりがなく、葉もよくない	5地点の中で最も悪い	5地点の中で最も悪い	根本枝の弱いが枯れ始めて葉を欠きに	5地点の中で葉の弱い	葉の先が出てきている	土はひきしまっているまだ水を入れている（雨のためか）	長さはだけで首をまだ出ていない		他に比べ成長の長く、首をまだ出ていない	部分的に花が咲いている、部分的に茶色			稲穂がかなり倒れている	No.4と同じくコメ(実)のような虫れがついている 稲穂がかなり倒れている東からのみ刈り入れられて、東から北東 (11月上旬に刈り入れ)

(1) No.1地点稲株（西から）

(2) No.1地点稲株（南西から）

(3) No.2地点稲株（南から）

(4) No.2地点稲株（西から）

(5) No.5地点稲株（西から）

(6) No.5地点稲株（西から）

(7) 現代水田での稲株「発掘」風景（No.2地点、北西から）

(8) 採取した稲株（左からNo.1・2・5地点）

図102　現生稲の稲株「発掘」

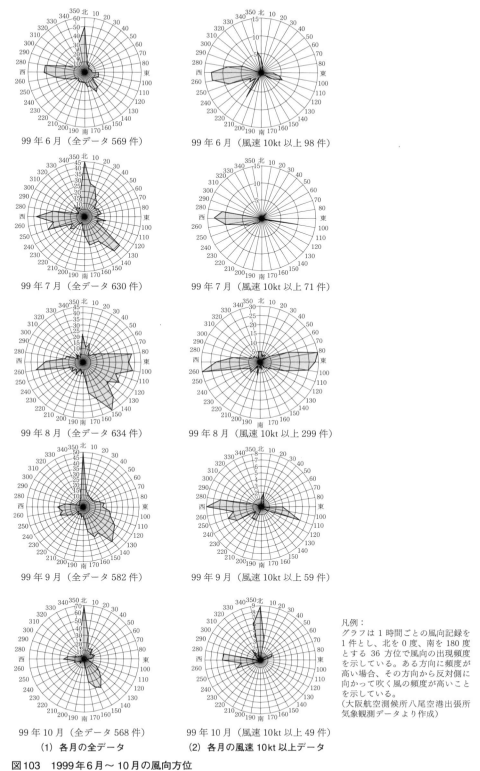

(1) 各月の全データ　　(2) 各月の風速10kt以上データ

図103　1999年6月〜10月の風向方位

凡例：
グラフは1時間ごとの風向記録を1件とし、北を0度、南を180度とする36方位で風向の出現頻度を示している。ある方向に頻度が高い場合、その方向から反対側に向かって吹く風の頻度が高いことを示している。
（大阪航空測候所八尾空港出張所気象観測データより作成）

第7章　稲株状痕跡の分析視角　　215

B　現生稲株の「発掘」

　つぎに、稲刈り取り後に実施した、茎部根元の掘削確認（図102）の結果を述べる。

　まず、根元を掘り下げ調査して意外で驚かされた事実は、茎基部の地中に埋まっている深度が1～2cmときわめて浅いことである。そして、その浅い根株は一見するとほぼ垂直で、明確な傾斜方位を決めることができない状況であった。先記の恣意的な期待をもってしても、地上茎で観察できた結果と同傾向の方位を示すと断言できるものでなかった。

　つまり厳格な表現をすれば、現生の耕土中の稲株は、地上で生育する稲茎の傾きとは無関係であり、さらにいえば、遺跡で検出した稲株状痕跡の傾斜方位とも合致しないことになってくる。しかし、現生根株における耕土中の深度が浅かったことなどから、それら相関関係の最終的な判断は決することができず保留としておくべきであろうか、といえるかもしれない。

(4) 結果と反省点など

　現生稲の地上茎にみる、風の影響によると考えられる傾斜方位は、遺跡発掘で検出した稲株状痕跡の傾斜方位とおおむね近似した。しかし、現生稲の地下根株は、稲株状痕跡の傾斜方位と合致するものではなかった。もしくは、むしろ対比が不可能であった。

　現生稲の茎根元が一瞥してほとんど傾斜していなかった理由はわからない。

　ただ、繰り言が許されるなら、耕土中の根株がきわめて浅かったこととも関係して、稲刈り後かなり期間をおいてから掘削調査をおこなったので、本来の状況からの変容が起こっていた可能性があるかもしれない。実際に表11中の記載にもあるように、根刈り後しばらくして、株からは新茎芽が何本も出てしまっている。この茎の新たな成長などが、根株のもとのあり方に影響を与えたことも想定される。これらのことから、稲刈り直後（可能なら刈り取り前）に確認掘削を実施すべきであった。加えて、現在の機械化による稲収穫作業の影響、たとえば、農機具による根株踏み付けの発生なども無視できない要因になっているのであろうか。ちなみに、現生稲における根株深度の浅さそのものは、一連の機械化水稲栽培のなかに組み込まれた田植え方法（浅耕・浅植）の結果、と想定してよいだろうとも考えている。

　ところで、弥生時代の水田がどこまで整備されていたかは不明であるが、条件が安定していなければ、稲根の成長が悪く耕土に確と深く根付くことができない。そのこともあり、根株部からの倒伏が発生しやすいものであった可能性が考えられる。当時の稲品種も、現在と異なり倒伏には弱いものだったろう。このことが、遺跡で検出される稲株（状）痕跡そのものにおいて、傾きが観察できる結果になる、という実態の背景としてあるかもしれない。

　一方、現在水田では乾田化が達成され、稲根が縦方向にも成長しやすい環境下にある。稲の品種改良も進み倒れにくいことなどからも、よほどの強風下でないかぎり、稲は根元部分からの傾きを示すことがなく倒伏もしないと考えられる。上記の現生稲株の「発掘」結果が、それらの一端を反映している公算があるかとも思うが判断できない。

　いずれにしても、稲根株の傾きをめぐる問題に関しては、定見も推論も展望ももちようがないのが実際のところであろう。

ともあれ本来なら、諸条件を総合的に勘案し、想定できる最善の実験田を準備したうえで水稲を栽培し、比較検討するのが望ましい方策ではある。水田状態、稲品種、機械化の有無などがまったく異なる環境下で、現生稲の成長過程や根株と弥生時代とを対比観察するのは、ことさらいうまでもなく無謀ではあった。

　ただ、先述のように、相互の傾向は完全には一致しなかったが、現在の風向と地上稲茎の方向および遺跡発掘で検出した稲株状痕跡の傾斜方位が、一定ていど合致した。このことは、時代のへだたりは大きくともほぼ同一地点で確認できた点で、少なからずの意味があったと思われる。しかしながら十分留意すべきは、当調査区の稲株状痕跡が実際の稲株に由来した痕跡と認定できたものでない、という事実は変わらないことである。

6――「愚行」の意義、さらに問題点と課題

　以上の内容は、池島・福万寺98－3調査区検出の弥生時代「稲株状痕跡」を、いかに検証し評価するかという課題に端を発したものであった。具体としては、これまでの「稲株痕跡」研究史をふまえたうえで、軟X線分析および現生稲の経時観察や「発掘」調査という、愚考ともとらえられる内容をふくめ試行してきた。それらの「結果」個々については再言しないが、事前の思惑と相違する事項も多かった。他方、若干なりとも示唆・暗示的なてがかりが得られた点は否定できないと思われる。

　最後に、今回の経験で派生した問題点と課題として、いくつかコメントしておきたい。

　まず一般論として、稲株（状）痕跡内の埋土が砂ではなく粘土質の場合、生物営為による生痕化石などの蓋然性が十分に考えられるということである。既往の報告事例の稲株痕跡についても、稲株の可能性を前提とした理解から出発するのではなく、ひとまずは埋土データを再確認し検証すべき余地が多々あると思われる。また、軟X線分析用のサンプリングに関しては、今回の蹉跌をふまえるなら、対象とする層序だけでなく上下土層もふくめ幅広く連続的に採取したほうがより効果的である。さらに、稲株痕跡の当否を調べる分析としては、軟X線分析のほか、脂肪酸分析による生痕化石の検証、稲株痕跡部分から採取した試料のDNA分析[5]などが有効と考えられるので、今後は積極的に試みるべきであろう。

　上記のとおり、実際の水田跡などの発掘においてこの種の痕跡（遺構）が検出されたとき、最も判断に苦しむのは稲株痕跡か生痕化石かということであり、そして第一に希求されるのは、即時に両者を峻別できる発掘手段である。稲株痕跡のなかには断面部分の詳細な観察によって判別可能なこともあるらしい（矢田 1993）が、多くの場合、にわかにはほとんど期待できそうにない。実情ではこのように、現地での即断方法は考古学としては未確立と認めざるをえない。くりかえし述べると、つまるところ、自然科学的分析などの手順を多方面かつ有効的にふまないかぎり、稲株痕跡と同定することは最終的にはむずかしいと思われる。

　今回の検討結果は、数々の問題点もあり満足いくものでなかった。課題は多く残されている。

ただ、これらの試行（試考）が、今後の「稲株（状）痕跡」分析において、主体的方向性の必要を再喚起する契機となり、本章内容が若干なりとも参考になればと願いたい。

〔検討作業の関係者一覧〕
　全体企画・調整・下記各種作業実施——秋山浩三・朝田公年・山崎頼人（奈良大学院生）
　現生稲生育観察記録——藤井文子・杉本友美・長友朋子（大阪大学院生）・後藤理加（同）・池谷梓（同志社大学生）
　観察水田所有者——杉本章（大阪府八尾市在住農家）・加藤藤雄（同）
　水田稲株「発掘」立会・現代稲作情報教示——杉本章（同上）
　風データほか気象記録提供・使用許諾——大阪航空測候所八尾空港出張所
　風データ整理——朝田公年
　稲株痕跡分析・現生稲株関連ほか助言——中西靖人・井上智博・中尾長義（奈良市在住農家）・中尾秘代子（同）
　軟Ｘ線写真撮影——山口誠治
　軟Ｘ線写真分析検討——（財）東大阪市文化財協会松田順一郎・（財）大阪市文化財協会趙哲済
　現生稲株「発掘」援助——小野久隆・新倉香はじめセンター池島分室職員
　　〈所属はいずれも当時のもの。特記がないものは、（財）大阪府文化財調査研究センター職員・専門調査員・調査補佐員・調査補助員、また、学生・院生と明記あるものは、考古学専攻のセンター非常勤職員〉

〔特記以外の主要関連文献〕
　岡山県古代吉備文化財センター 1986 ／星川清親 1975 ／森岡秀人 1992

〔註〕
（1）ただし、矢田勝（1995）は、内里八丁遺跡の稲株痕跡の傾斜方位に関し言及しており、（財）京都府埋蔵文化財調査研究センター竹原一彦のコメントから、その方位は「アトランダム」との判断がなされている。
（2）稲株痕跡や田植え出現期の問題に関しては、本書第6章（初出：秋山 1993）において若干の整理をしているので参照されたい。
　また、あえて付言すると、稲株痕跡は田植えによる稲株だけでなく、直播きによっても一定条件下で形成されることが自明である点も、十分に留意しておくべきであろう。
　ちなみに、現業農家からの教示によると、現在の八尾市福万寺町周辺（後述の現生稲観察・「発掘」地付近）では、作業省力化（田植え用苗準備の省略ほか）のため、一部で、機械による1籾ずつの直播き稲作がおこなわれている。その直播き稲作と田植え稲株とを比較する機会に恵まれたが、参考までにデータを記しておくと、1籾ごとの直播きと、機械化による2～3苗ずつ移植した場合の、収穫時における分蘖数は、前者が約15茎、後者が約30～40茎、根株の直径は、前者が約5cm、後者が約7～10cm、であった。
　両者にそれぞれ差異がみられるのは当然であるが、これらの各数値は、遺跡で検出される稲株（状）痕跡を検討する際に、直播き（散播）・田植え稲株の峻別をふくめ、何らかの参考になるかもしれないと考えられる。
（3）なお、第20面の稲株状痕跡は上層部面（第16・18・19面）の諸例とちがって粘土（主体）を埋土とすることから、これまで一般的に漠と想定されていた稲株痕跡の形成過程とやや異なる。よって、他の稲株状痕跡とは異種痕跡の可能性も考えられるが確証はない。
　その意味において、本面のサンプル土だけを軟Ｘ線分析に供したことは、諸般の事情がからんだことであったものの、方策としてはまったくの配慮不足であった。内省しきりであるが、〈後の祭り〉の類である。
（4）参考情報を記しておくと、真木太一（1989）は、稲・麦などの倒伏について詳しく述べている。
　それによると、地上の作物に近いところ（作物面）での平均風速が約3m/sで倒伏が始まり、約7m/sでほとんど倒伏するといわれている。ちなみに作物面での3m/s・7m/sという風速は、気象台・測候所で記録される

平均風速に換算すると約9 m/s・21 m/s、瞬間風速で15 m/s・35 m/sに相当するものであるという。なお、航空測候所の平均風速10 ktは、換算すると約5 m/sになる。
(5) 矢田勝（1995）がとりあげている静岡県上反方遺跡では、中世後期の水田で稲株痕跡が確認されており、その痕跡内に残された茎や根をDNA分析したところ、16個体中の2個体から稲のDNAが検出されたという。

第Ⅲ部
理化学分析・試考実験と実年代論

第8章

年代測定法
―― 近年の理化学的手法・「二つの事件」と弥生実年代論

1 ――「二つの事件」と年代

(1) この20年ほどのこと

　1990年代の後半以降、文字どおり世紀をまたぐかたちで、弥生時代の実年代観が劇的なほどに変わろうとしている。それ以前、つい最近までの通有的な弥生年代の推定は、紀元前（BC）4、5世紀から紀元後（AD）3世紀後半までの約600から700年間というのが、いわば教科書的な常識であり、考古学・歴史学専攻の学生らもそのように脳裏にすりこまれていた。

　ところが、考古学の世界において「池上曽根事件」および「歴博弥生幕開け事件」とも称される、弥生実年代研究にかかわる二つの出来事に端を発した議論の展開によって、現在まさにそれが崩れつつある。このような弥生実年代の近年における経緯をめぐっては、奇しくも私が発掘調査などにかかわった遺跡が重要な位置をしめる。そこで、一連の研究状況の流れを簡単にふりかえりながら、若干のコメントを私なりに付しておくことにしたい。

(2) 池上曽根事件

　まず第一の「事件」は、1996年4月、大阪府南部（和泉地域）に所在する池上曽根遺跡から発進された。

　この遺跡は、拠点的で巨大な弥生環濠集落として全国的にも著名であるが、「事件」発生の1年ほど前に、弥生時代中期後半に帰属し床面積が約135㎡（約83畳分）にもおよぶ大規模な掘立柱建物＝大形建物1が発見されていた。加えて、建物の柱据え付け穴（掘方）の内部には、最大径64cmもある、往時の太い柱材基部が腐らずに残ったままであった（図104）。

(1) 大形掘立柱建物跡全景

(2) 検出状況

(3) 取り上げ直後

最外年輪の測定・解析値—年輪年代：BC52／炭素14較正年代：BC60±20（BC80〜40）

図104　池上曽根遺跡の大形建物1（柱穴12）柱材

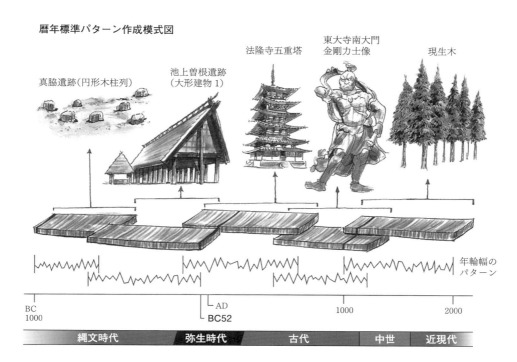

図105　年輪年代測定における実（暦）年標準パターン作成模式図

　私はその頃、この建物遺構にかかわる最終段階の発掘にたずさわっていたが、そこから取り上げた柱材数本を対象として、奈良国立文化財研究所（当時名称）の光谷拓実によって年輪年代測定が試みられた。そして、その折に解明された実年代に関する成果を公表したことが、弥生時代の年代観見直しへの最初の起爆剤となった。

　このとき用いた年輪年代測定法は、樹木の成長が気候などに影響され年輪に差異をもたらす特徴を応用し、年ごとにちがう年輪幅の変位度合いを測定し検討する手法である（図105）。つまり、現生樹木に観察できる年輪から順にさかのぼっていくと、遺跡からの出土品など、過去の木材中の年輪が形成された実年代を特定できるということになる。

　その研究領域が、池上曽根遺跡の建物構築材に適用された（図106－1）。測定試料中の1本のヒノキ柱材（柱穴12）は、幸いにも残存具合が良好で、また、樹皮を剥いだだけの状態だったため、樹木に形成されていた年輪がそっくり保存されていた。よって、精確な計測成果を得ることができ、柱に利用された木材は、紀元前52年に伐採したものという事実が解明された。その結果、大形建物1が建造された実際の年代が、同年ないしその直後頃だったと理解されるにいたった。

　なお、遠く離れた、古代エジプトの女王クレオパトラ（7世）が、その木材伐採の翌年である紀元前51年に即位し、さらに7年後の紀元前44年には、彼女と親密だったローマ将軍カエサル

がブルートゥスらによって暗殺されている。そのような世界史的な事実と近い年代に、池上曽根建物の築造がなされた実態が判明したわけである。

そして、この池上曽根遺跡の測定成果をとりいれるなら、紀元前1世紀半ばという実年が、建物が構築された考古学上の相対年代である弥生中期後半と接点をもつ公算が非常に強くなり、弥生時代の実年代比定論に大きな影響を与えることになる。

ところで、この建物の考古（相対）年代といわれる弥生中期後半は、弥生時代をⅠ～Ⅴ期に5区分した場合のⅣ期に相当する。ちなみに、Ⅰ期＝前期、Ⅱ～Ⅳ期＝中期、Ⅴ期＝後期となる（ローマ数字の期表現は以下同じ）が、Ⅳ期は、それまでの通説として、紀元後の1世紀後半と学界で確信されていた。私も疑うことなく同じ認識で発掘調査にあたっていたが、上の年輪年代測定データは、その想定年代を最大で100年も古くくりあげるものであった。

だが、大形建物1に関しては漠と弥生中期後半に帰属するとされてはいたが、じつはこの建物遺構にかかわる土器資料などはそれまで詳細検討されたことがまったくなく、考古年代情報にはやや流動的要素があった。そこで私は、時間的な余裕がほとんどない最中ではあったが、細片資料をふくめ出土土器による検証を急きょ進めた。そして、「暦（実）年代で紀元前52年ないしその直後の構築である大形建物1は、考古学的相対年代では弥生時代中期後半、弥生土器編年では（河内）Ⅳ－3様式（従来の畿内第Ⅳ様式前半）に帰属する蓋然性が高い」と、発掘中の考古データなどをもとにやや慎重ともいえる言い回しの結論をだした。

その内容を、ちょうど池上曽根遺跡の国史跡指定20周年にあたる1996年4月26日、同遺跡内にある大阪府立弥生文化博物館において関係者から対外的に広く公表した。これを受け、その直後から学界にはきわめて大きな衝撃がかけめぐった。

(3) 是認と反論

爾来、この成果に依拠し、弥生時代の後半段階を中心とする年代修正について積極的にとりくまれるようになったが、弥生中期後半＝Ⅳ期がおおむね紀元前1世紀に相当するという比定は、概してスムーズに大方に受け入れられたといえる。その前後以降に測定された各時代の年輪年代値をみても極端な矛盾がなく、さらに各種の考古学的な検討をへても、基本的には是認されたと判断できる。

その年代はまた、北部九州地方において中国製（舶載）鏡との共伴事例などから導かれていた、それまでの年代比定と比較的近接するものだったことや、近畿地方でも弥生中期の年代をくりあげようとする研究趨勢が部分的に存在していたことも、新しい年代比定が容認された大きな要因としてあげられよう。そして現在では、池上曽根遺跡の出来事を基礎とした弥生研究が推進されているというのが、ほぼ常態化した動向になったとみなしてよい。

ただし一部の研究者からは、池上曽根遺跡の柱穴12材がそれより古い段階の建物からの再利用品で、紀元前52年という年代は、Ⅲ期後半（＝土器編年のⅣ－1様式）に該当するのではないかという反論が提出された。実際に、この大形建物では、ほぼ同位置における3、4回の建て替えの形跡が発掘で確認できている。しかし、遺跡にみられる現実のあり方として、前身（先

(1) 池上曽根遺跡・大形建物1（柱穴12）材の年輪年代測定用試料採取：1996年（光谷）

(2) 同上材の炭素14年代測定用試料採取：1998年（春成・今村・光谷・中西靖人・秋山ほか）

(3) 瓜生堂遺跡・弥生前期土器の炭素14年代測定用試料採取：2003年（今村）

〈いずれも（財）大阪府文化財調査研究センター〔現（公財）大阪府文化財センター〕・中部調査事務所において〉

図106　年輪年代・炭素14年代測定の試料採取状況（池上曽根遺跡・瓜生堂遺跡）

行)建物に用いられた柱材はすべて小形(小径柱)で、物理的にみて、それらは大形建物1にとうてい転用できる大きさではないという事実がある。それは、上の警鐘・抗論ともいえる見解(疑義)にとっては否定的な内容である。このような柱材転用の有無をめぐる問題は、今後の測定値例の増加が状況証拠となって解決されると考えられるし、また、後述するように、現時点で進行しつつある炭素14年代測定の成果も、そのなりゆきを少なからず左右するものとして注目したい。

以上のような年輪年代測定をめぐり継起した出来事は、のちに、奈良大学の酒井龍一によって「池上曽根事件」とまで評されることになった。

(4) 年輪年代・炭素14年代測定の相互検証

その後の1998年7月、千葉県佐倉市にある国立歴史民俗博物館(通称「歴博」)の春成秀爾・今村峯雄が、先記の紀元前52年という年輪年代が得られた柱穴12材の試料採取のため、その頃、私が勤務していた(財)大阪府文化財調査研究センター(中部調査事務所)に来訪した(図106－2)。

それは、縄文時代の実年代比定に大きな成果をあげていた高精度炭素14年代測定プロジェクト(後述)が、自らの研究精度の検証を目的に、弥生時代の試料測定を実施するためであった。このときの測定は次項でも記すとおり、従来のベータ線法ではなく、加速器質量分析法を使って炭素14年代測定をおこなう高精度測定(AMS法)でなされ、しかもウィグルマッチングという統計的方法で解析された。具体的には、年輪年代法であらかじめ実年特定された柱穴12材試料に対して、その表面から103、133、163、193番目の年輪を中心に10年分の年輪をまとめて炭素14年代測定を実施し、その測定結果を、年輪年代法にもとづく国際標準データベース(暦年較正曲線:INTCAL98)と比較してウィグルマッチングで検証を試みたものである。

その結果、年輪年代で紀元前52年だった最も外側の柱材年輪に対する解析において、炭素14年代測定(較正年代)では紀元前60±20年(＝紀元前80～40年)になるという、両者において比較的類似した年代値がだされた(図107)。これは、炭素14年代測定における実年代推定域の誤差をせばめるという、高精度化を追究するための精度チェックに、池上曽根遺跡の柱材を用いた成果である。そしてそれは、年輪年代と炭素14年代という、異手法による理化学的測定の相互検証に試みられた好ケーススタディとなっている。

両手法によってだされたこの近似値を耳にしたとき、私をふくめ年代測定の門外漢である考古関係者には大きな驚きだったが、当時その内容はほとんどマスコミにより報道されなかったかと思われる。弥生時代試料にも炭素14年代測定が積極的に実施されるようになる2001年度より前において、このように、池上曽根遺跡の柱材がクロスチェックに供され、大きな実績をあげ、重要な位置をしめている事実をここであらためて銘記しておきたい。

(5) 歴博弥生幕開け事件

そして約5年後の2003年5月、第二のセンセーショナルな「事件」が発生した。

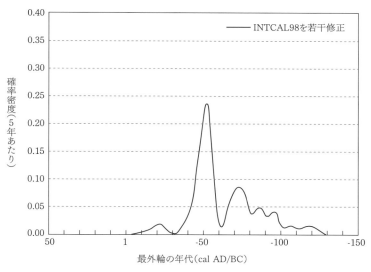

年輪年代BC52年の試料を、BC60±20年である確率が著しく高いと測定。

図107　池上曽根遺跡の年輪年代BC52年柱材（柱穴12）の炭素14較正年代

　弥生時代の人々は日常の調理具に素焼きの焼物を使っていたが、それらの土器に付着するお焦げやふきこぼれ、煤などの炭化物を試料とした炭素14年代測定によると、日本列島における「弥生時代の開始は500年さかのぼり紀元前10世紀」になる、というニュースに起因する出来事がそれである（図108参照）。国立歴史民俗博物館の研究チームが発表した、私たちの遠い祖先にかかわるこの突然の情報は、じつに多くの人々の関心をよび、稲作農耕民の本質を彷彿させるかのように国民的騒動ともいえるほどになった。

　私は、データ公表前に、関係者による内部研究会でその成果を教えてもらっていたが、これほどの反響が社会一般にわきあがるとは正直いって意外で、複雑で妙な感慨をいだいた。池上曽根遺跡でのたとえにならい、「歴博弥生幕開け事件」とでも称すべきであろう。

　ここでの年代測定法は、大気中にふくまれる放射性炭素（＝^{14}C）を生物が体内に取り込んでいたその炭素濃度が、死後には次第に低下するという原理を利用して、減少具合を測定し経過時間をわりだす方法である。

　この研究領域において、従来のベータ線法といわれた分析法では、測定試料にかなり多くの量を必要とした。しかし、近年の技術進歩によって、加速器質量分析法（＝AMS法）という新しい方法では、ごくわずか耳掻き一さじほどの試料でも、高精度の測定が可能となってきた。そのさらなる拡充に向けての科学的な検証作業が、前述した池上曽根遺跡の柱材で試みられた研究だったのである。

　そのような理化学分野の恩恵を考古学的に活用し、縄文時代末〜弥生時代初頭の土器の表面に残っていた炭化物を用い年代測定した結果、日本列島にはじめて水田稲作文化が伝播・定着した北部九州において弥生時代（早期）の始まりが大幅に5世紀も早くなる、というのが本「事件」のあらましである。

第8章　年代測定法　229

(6) 炭素14年代測定の展開

　当初、九州地方や朝鮮半島の試料（図108）を測定したこの弥生時代の炭素14年代プロジェクトは、その後、検討エリアを中・四国や近畿さらに以東の地方にも長足にひろげ、弥生時代の開始期や前半段階を中心とする年代測定を全国的規模で精力的に展開している。

　たとえば近畿地方においては、奈良県の唐古・鍵遺跡と大阪府中部（河内地域）の諸遺跡などが第一の分析対象となり計画実践が開始された。

　私がその過程でかかわった河内地域の試料に関しては、縄文時代後期～古墳時代前期の土器について、細別編年の研究成果に準拠しそれぞれの小区分時期ごとに、都合350点以上におよぶサンプル選別をおこなった。分析対象となったのは、讃良郡条里、若江北、池島・福万寺、瓜生堂、亀井、城山、山賀、美園、巨摩、弓削の庄、新上小阪、八尾南、西岩田、久宝寺、私部南、上の山、のほか十数遺跡にものぼった。その多くから土器内外面に付着した炭化物が採取され、現在も順次、測定が進行しつつある。

　現時点で測定結果が得られた点数は多くなく、また弥生時代の前半段階が中心なので、連続期としての系統だった成果公表はまだなされていない[1]。だが、それら細別時期ごとの年代値がでそろったあかつきには、とりわけ近畿中央部のデータであるだけに、邪馬台国・卑弥呼をめぐる時代・時期対応や所在地の諸問題などともからんで大反響をよぶのは必至と予想される。

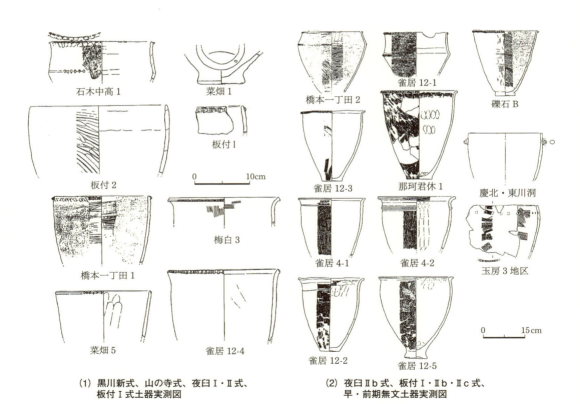

(1) 黒川新式、山の寺式、夜臼Ⅰ・Ⅱ式、板付Ⅰ式土器実測図
(2) 夜臼Ⅱb式、板付Ⅰ・Ⅱb・Ⅱc式、早・前期無文土器実測図

図108　炭素14年代測定された北部九州・朝鮮半島の土器

2── 公表されだした近畿の炭素14年代

　炭素14年代測定が精力的に進められるなか、2003年12月に開催された一般を対象とする「歴博」研究報告会では、近畿地方の測定値の約20件が〈さり気なく〉公にされた。しかし、その数値は、較正年代（cal Age）ではなく、生データとなる炭素14年代（^{14}C BP）であった。炭素14年代測定の関連書で詳細に解説されているように、炭素14年代値はいわば炭素濃度を示す記号データのようなもので、それだけでは有効な実年代値をただちにはよみとれない。

　このような状況のなか、2004年2月に私たちが刊行した大阪府瓜生堂遺跡の報告書（1999〜2002年度の発掘担当分、『瓜生堂遺跡1』）において、近畿地方の実年代値を判読できる較正年代がはじめて公表された。「歴博」プロジェクトで得られた較正年代が示された近畿例での嚆矢となったので、その成果について紹介しておこう（図106 − 3参照）。

　当該の報告書には、弥生時代前期（中葉）1点、同後期（前・中葉）5点、古墳時代前期（布留Ⅱ式）1点の土器が提示され、それぞれに炭素14年代と較正年代（確率）を併記したうえで詳述されている。ここでは、それらの土器と測定の概要を図109に示しておく。このうち弥生試料

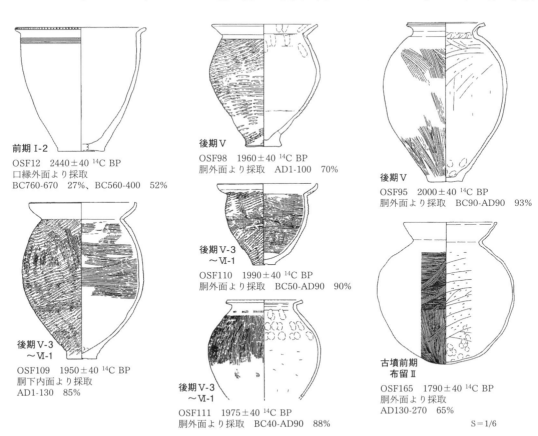

図109　炭素14年代測定された瓜生堂遺跡の土器

に関しては、つぎのとおりである。

　比較的多くの測定値が得られた弥生後期前・中葉（OSF95・98・109～111）では、それぞれの較正年代を勘案すると、実年代で紀元後1世紀代が最も高い確率となる。

　この年代観は、中国王莽期（紀元後1世紀初頭）の銭貨＝「貨泉」が近畿地方では後期初頭に共伴するという考古事実、後期前半に属する京都府大薮遺跡の大形建物柱材の伐採年が、年輪年代で紀元後51年に近いと測定された近年の成果、また、先記のように中期後半Ⅳ期が年輪年代で紀元前1世紀に収束（池上曽根遺跡成果ほか）、という諸点と過不足なく整合性をもったものとなっている。

　一方、弥生前期中葉（OSF12）の測定値は、「ミステリーゾーン」ともよばれる、炭素14年代で2450 ^{14}C BP頃（較正年代で750－400 cal BC）の、炭素濃度の変化に乏しく実年代をしぼりにくい範囲に入ってしまう。紀元前560～400年が52％、紀元前760～670年が27％という較正年代が示され、前者の確率が高いものの、紀元前8～5世紀という非常に長い時間幅内にふくまれることになる。

　しかしここで重要な点は、近畿・前期中葉の較正年代が、従来推定の年代観より大きく遡及し、紀元前5世紀以前という蓋然性を示すことである。これまでの近畿地方における弥生前期の年輪年代には、ともに、樹木表皮付近の「辺材」部が遺存しない試料を測定した「心材型」のデータであったが、兵庫県東武庫遺跡（棺材）で紀元前445年、大阪府東奈良遺跡（板材）で紀元前448年というデータがあり、今回の炭素14測定の較正年代はそれらとの整合も可能性の範囲内といえよう。

　このように、北部九州における弥生開始期が500年さかのぼるという結果と連動して、従来では紀元前300年頃説が優勢だった、近畿地方の弥生初現年代も非常に古くなる公算を提示する値となっており、真摯に受け止めるべきことを示している。

3── 新しい弥生年代と近畿

(1) 春成秀爾の仮案提示

　さて、「歴博」プロジェクトで、近畿地方の炭素14年代測定値がだされたのが30数点にすぎない段階（2004年）ではあったが、その時点で、弥生時代前期から古墳時代前期までの各時期データが一応はそろった。それらをもとに春成秀爾は「仮案」としながらも、上記した瓜生堂遺跡の測定成果もふくめ、近畿地方の弥生各期の大略的な時間幅をつぎのように提示した。

　　　　Ⅰ期（前期）前半　　＝紀元前7～6世紀
　　　　Ⅰ期（前期）後半　　＝紀元前6～5世紀
　　　　Ⅱ期（中期初頭）　　＝紀元前4世紀
　　　　Ⅲ期（中期中葉）前半＝紀元前3世紀

(1) 1996年、年輪年代測定法でだされた池上曽根遺跡の実年代の移動(「池上曽根事件」)

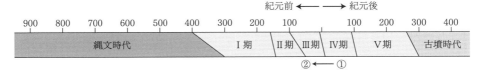

(2) 2003年、「歴博弥生幕開け事件」で示された弥生開始期の移動
＊池上曽根遺跡の実年代は動いていない

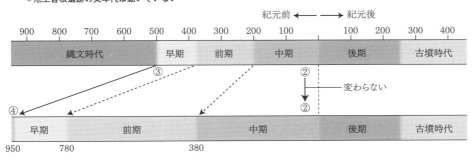

「池上曽根事件」(上)では①→②へ、「歴博弥生幕開け事件」(下)では②は動かず、③→④へ。

図110　新聞報道にみる弥生年代の推移――「池上曽根事件」から「歴博弥生幕開け事件」へ

Ⅲ期（中期中葉）後半　＝紀元前2世紀
Ⅳ期（中期後半）　　　＝紀元前1世紀
Ⅴ期（後期）前半　　　＝紀元後1世紀
Ⅴ期（後期）後半　　　＝紀元後2世紀

　この比定案は将来的には当然ながら、測定の蓄積によって補強・修正の両面にわたり一層整備されるのが予測されるものであったが、いち早く卓見ともいえる見通しを公表した点に大きな意義が認められる。
　このような途上段階で、あえてとりあげるのは不穏当かもしれない。しかし、判明するかぎりそれまでの年輪年代と整合を保つことからも、この春成案をもとにした近畿弥生時代の様相についての考察を、私なりにつぎのとおり試みてみた（なお、以下の比較記載は、1990年代後半以降の年輪年代値による補正がなされてからのちの変更事項に重点をおいている、図110参照）。

(2) 近畿弥生観への影響

　まず第一として、多くの研究者も指摘するように、北部九州での弥生開始期を紀元前10世紀頃とした場合、近畿地方への弥生文化の伝播・定着が400～300年も要したことになる。
　私は、近畿地方をふくめ西日本における弥生開始期では、縄文系集団と弥生系集団の親密な共生・共存関係を重視し、それゆえに大きな摩擦や文化的異質感をともなわず比較的すみやかに、地域一帯での縄文から弥生への移行がなされたと理解している。その際、新しい年代観では、

地域全体がごく短期間のうちに弥生集団に転化したのではなく、旧態と変わらない縄文系集団と、弥生化を達成した集団・小地域との共存状況がかなりの長い期間におよんだと想定しなければならない。西日本全体における、比較的ゆるやかな、縄文から弥生の移行過程をイメージすべきことになろう。

　第二として、近畿地方で従来から推定されてきた、弥生各（小）期における、それぞれの存続期の長短関係の割合バランスが大きく異なることになってくる。弥生時代の時間幅が全体的に拡大化するのは当然だが、とくに変更が生じるのは、①前・中期におけるかなりの長期（間延び）化、および、②後期時間幅における前・中期に対しての相対的短縮化（対比率減少）、であろう。

　①に関しては、縄文・弥生移行期の展開を、近畿各地においても、総体として従前の推定よりは比較的ゆるやかな事態と評価すべきとなる点は、前述した。

　また、中期：Ⅱ～Ⅳ期の各期に関しては一定の時間的わりふりが先記の春成案のように可能であったとしても、前期：Ⅰ期内のこれまで前半・後半として区分理解されている時間幅については、単純に二分してよいのか、どちらかだけが長期（間延び）化しているのか、現時点では実際のところ不明であろう。近畿地方では、前期後半頃における遺跡数の増加現象が、この地方の本格的な弥生社会成立において重要になると評価されてきている。仮に、前期前半のほうに長期化の度合いが顕著であるならば、その評価が今まで以上に大きな意義をそなえることになる。だが、その反対ならば、過小評価へと一定の修正が必要になってこよう。近畿弥生社会の実質的基盤の成立を考えるうえで、看過できない事項となる。

　②をめぐっては、年輪年代による成果（中期後半や後期前半の遡及）などを受け、1990年代後半以降では一般的に、後期の時間幅を中期に比べて長く見積もってきた傾向にある。そして、その推移のなかで近畿弥生社会の展開が近年考究されてきた。それが炭素14年代による新規の組み替えになると、中期のほうがかなり長期化することになり、当然ながら多くの分野でいくばくかの変更を余儀なくされる。

　上記などをふまえて、近畿弥生観への影響を示す一例として、集落の展開状況をめぐってあらためて若干言及しておく。

　図111は、当時存在した河内湖の周辺部（大阪府から一部兵庫県、図18参照）での各地弥生遺跡の存続期を精査した三好孝一の成果に依拠し、当地域の集落動態を把握するために作成してみた。各期の遺跡総数（図左側）は三好の成果を集計している。一方、1世代（30年）あたりの遺跡数（図右側）としたものは、先の春成案による時間配分に準拠し、各区分期ごとに、〈遺跡数÷（存続期÷30年）〉、で試算出した。現有の考古データにおいて、やや長く見積もった場合の、1世代内でほぼ同時存在した可能性のある遺跡数、として「仮定」を試みたものである（なお、Ⅰ期前半・後半は150年ずつに一応按分）。

　従来の時間わりふりに比べ新しい年代物差しでは、後期の存続時間幅がおおむね変化ないのに対し、前・中期が長期化する（図110－2参照）。よってこの1世代遺跡数は、後期ではこれまでと大きな変動をみせないが、前・中期ではほぼ半数前後にまで少なくなる。そのような数字の変化は、前・中期集落の分布密度が、以前の想定より極端な散漫傾向に落ち込むことになる。こ

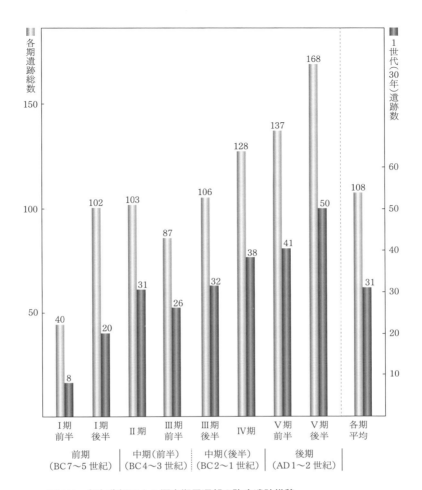

図111　新年代観による河内湖周辺部の弥生遺跡推移

の点は当然ながら、当時の社会・集団関係などの評価においても影響を与えるであろう。

　また、上記のように前期内の時間配分などには不定要素が濃厚であるが、本図グラフを一種の措定的なモデルとみなし、1世代遺跡数を通覧すると、①Ⅰ期前半からⅠ期後半へそしてⅡ期へとやや大きく段階を画してのびる様相をみせ、②その後は原則として徐々に累積状にふえ、③Ⅴ期後半で最大数になる、という変遷を示す。つまり、前期〜中期初頭頃の様相が画期となり、以降は、後期後半までの比較的単調で安定した増加傾向をみせることになる。ただし、①の画期内の時期配分・詳細に関しては、流動的である点は再三述べたとおりである。

　このようなデータが、当地域の集落動態を考究するにあたっての、爾後の重要素材となることになろう。近畿の他地域でも同様な消長をみせるのか今回は個別的には点検していないが、ここに示したとおりの遺跡展開のあり方が、新しい弥生年代観に依拠した近畿地方における具体的再整理の一サンプルとなる。

4 ── 新年代と東アジア

(1) 弥生時代の時間幅

　以上に述べてきた理化学的手法を活用した年代測定の二度の「事件」と、その後の議論によって、弥生時代にかかわる実年代の比定が、後期初頭以前を主として、今まさに変更されようとしているわけである。

　また他方で、弥生時代の終焉＝古墳時代の開始をめぐる実年代研究については、考古学本来の伝統的・正規的な方法を駆使した検討によっても進められている。つまり、最古段階の古墳（前方後円墳）それ自体やそれらに副葬されていた三角縁神獣鏡の詳細研究、さらには土器研究の深化などにより、古墳の出現期は、3世紀半ば、3世紀中葉すぎ、もしくは260年頃と、かなり具体的に年代をしぼりこめるほどまで解明されつつある。

　したがって、考古学分析研究、年輪年代測定法、炭素14年代測定法、という三者の最新成果を総合するならば、今日の認識において、弥生時代は紀元前10世紀後半～紀元後3世紀中頃の、およそ1150年～1200年間ぐらいという評価に到達している。つまり、以前の「常識」に比べ、2倍近い時間幅になると想定されるようになった。さらに、それに連動して弥生開始期（早・前期）や古墳出現期のみならず、その間の弥生中・後期の実年代やその経過時間帯も、従前の理解から大きく変動をみせるにいたったことは上述のとおりである。

(2) 歴史的評価の変更

　その結果、当然のこととして、日本列島内の議論にとどまることなく、東アジア史全体のなかでの展開との連関や対応をめぐる解釈についても大幅な再考をせまりつつある。

　たとえば最近まで、旧来の年代観に依拠することによって、弥生時代の開始期は、中国大陸における春秋時代から戦国時代へいたる群雄割拠にともなう長引く動乱の余波を背景とする、という歴史的な評価がくだされていた。

　また同様に、列島に住んでいた倭人がはじめて中国史書に登場する内容、つまり「楽浪海中に倭人あり、分かれて百余国を為し、歳時を以て来りて献見すと云う」（『漢書』地理志）とみられる状況は、紀元前1世紀半ば前後のことを記したといわれるが、それらは弥生時代前期末から中期初頭における列島内の有様を表現したものとかつては理解されていたこともある。

　ところが、1990年代後半以来の上述した年代研究の進展によって、弥生時代の始まりは、殷（商）から西周へと中国王朝が交代する激動期に相当し、また、『漢書』の記載内容は、弥生時代中期後半の段階を示していると変更されるにいたった。加えて、その後者に示される「分為百余国」の「国」を、前出の池上曽根遺跡や唐古・鍵遺跡のような各地の拠点集落を核とし周辺に分布する中・小集落をとりこんだ、そのような集落紐帯と集団領域をさす社会的単位として再評価できるようになってきたことになる。

　なお、現状ではまだ理化学的年代測定と直接に連動はしていないが、つぎの事項を付記してお

こう。

　列島最古の前方後円墳に比定されるのは、墳丘長280mを誇る奈良県箸墓古墳である。この定型化をとげた大形墳の後円部頂に眠っている被葬者が、邪馬台国の女王（倭国王）・卑弥呼である蓋然性がきわめて高いという見解が、現在の考古学界で多くの観点から広く主張されつつある。その趨勢を可能とした背景として、池上曽根遺跡の年輪年代データを実質的な起点とした、弥生実年代の見直しによる諸成果によるところが大きい。このような、箸墓古墳や卑弥呼、邪馬台国をめぐる議論は、考古学的研究とともに理化学的手法によって展開された新弥生年代論と密接に関連したあり方で、現在、模索されている。そしてその問題のなりゆきは、歴史的評価をめぐる重要な再考・変更点となる事項の一つといえる。今後、理化学的な分析によって、本テーマに関しても追究されるであろう[2]。

5 ── 国立歴史民俗博物館の最新主張をめぐって

(1) 画期的な展覧会 ── 総合成果の公表

　ところで、2007年夏、「弥生はいつから!?──年代研究の最前線──」という企画展示会が、国立歴史民俗博物館において実施された。同館研究チームが邁進する炭素14年代測定を主眼とした学術創成研究の結実を、総力をあげ高らかに公開する催事であった。会場では、弥生開始期を中心とするそれまでの最新成果のほぼ全容と、これらにもとづく重要な歴史的評価が積極的に開陳された。展覧内容そのものと、あわせて刊行された展示図録によりながら、この問題にかかわる卑見を多少なりとも記しておくことは、現時点にあって一定の意義があろう。

　まず、弥生開始期の大幅な遡及をはじめ測定成果については、かつて垣間見られた慎重ともいえる言説に比べ、このたびは確信に満ちた年代として提示された。変化しつつある弥生年代論ではなく、すでに新年代観は揺るがないと高唱するやに受けとれ、場内の壁面いっぱいにかかげられた、瞭然かつ把握しやすい世界史年表がシンボル的な存在にうつった。

　ともかく多彩な展示企画だったが、通覧し最初に圧倒されたのは、測定試料の実物を主体とする土器点数の膨大さである。九州南部から北海道にいたるまで各地方の遺跡から出土した、縄文時代から弥生時代への移行期の土器が所狭しとレイアウトされていた。通常なら、ごくかぎられた専門家向けのマニアックな偏向だと謗りが聞こえてきそうなところだが、ここではそれなりに重要な意味をそなえていたのである。

　会場に並べられた土器（図108・109・112参照）それぞれの説明書きには、炭素14年代の測定値が明記される。そのことによって、展示資料の土器型式・特徴と年代値との比較検証の試みが、来訪した第三者にも、自分なりに居ながらにしてほぼ全国的スケールで可能となっていた。同様の方針は図録編集にも踏襲され、じつに至便な研究データ集となっている。

　一例として、とくに西日本などでしばしば論議される、縄文晩期終末の突帯文系土器（長原式ほか）と弥生初頭の遠賀川系土器（古相）との時間的な関係でいうと、展示ケース内で近接配列

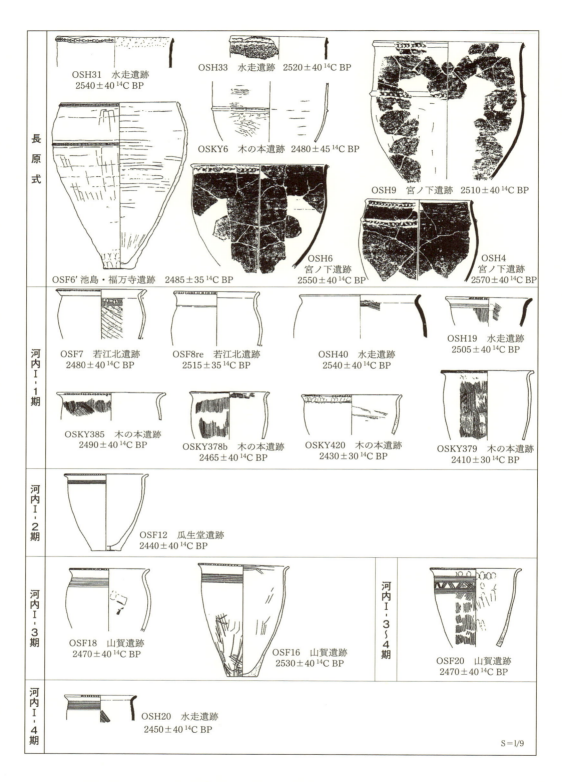

図112 近畿地方の土器編年（縄文晩期末〜弥生前期）と炭素14年代測定値

された個体資料を対比し検討するなら、両系土器の年代測定値そのものが一定の重複関係にある事実を知りえた（図112参照）。さらに、実年代の個別詳細はさしおくとしても、「総論・相対的」な意味あいにおいて、突帯文・遠賀川の両系土器が時間的に並行したあり方で当時使用されていた状況、言い換えれば、縄文・弥生という生業面ほかにおいて別系の集団（人々）が同時併存していた蓋然性が、実際に体感できるようになっていた。

(2) 果敢な歴史評価

　そしてとりわけ、新年代観に依拠する弥生開始期の歴史的評価に深く踏み込んだ議論を、展示をふくめ図録や研究チームの近年刊行物において積極的に展開したことは、非常に重要と感じられた。それにかかわる内容を、二、三とりあげておこう。

　第一に、弥生時代の指標となる水田稲作が約700年以上もかけて列島各地に拡散し、それぞれの受容形態が非常に多様だった状況を提示する（図113参照）。弥生の開始時期については、おおむね、九州北部が紀元前10世紀後半（～末）、九州全体・瀬戸内東部・四国が前800年頃、近畿が前600年頃、中部が前5世紀、東北北部が前4世紀、関東が前3世紀、と具体的な実年代の数字を各地方にそくして確定し、段階的な地域展開を個別に描出する点に、新規な特徴をみいだせた。

　第二に、それと関連し、渡来系農耕集団と在来縄文系集団との遭遇・接触の実態、加えて、測定値に立脚した、両系集団の200年間ないしそれ以上におよぶきわめて長期間の共存状態（共

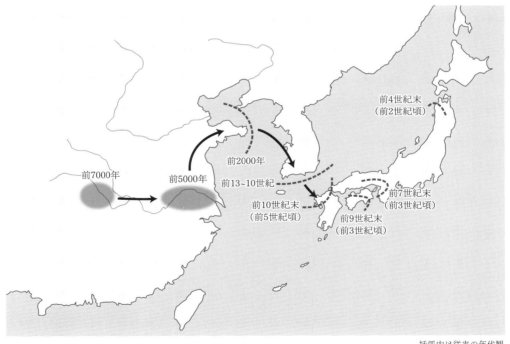

括弧内は従来の年代観

図113　炭素14年代測定に依拠した水稲農耕拡散図

生・住み分けほか）、を強く主張した。そしてこの長期共存を背景とし、縄文世界から弥生時代・社会への移行が、決して従前の理解のようにスムーズではなかったと力説する（なおここでは、当該期の縄文・弥生土器が時間的に先後関係をもつ、と理解される諸説が根強く存在する状況は一顧だにされない）。

　第三は、金属器、ことに鉄器の問題である。弥生時代の紀元前10世紀までの遡及をめぐり、既存の考古資料と最も抵触したのが、弥生早・前期の鉄器出土例だった。これまで報告されてきたそれらの検出品は、新年代観によると中国大陸よりさかのぼってしまうので、国立歴史民俗博物館の示す年代は古すぎるという反駁があいついでいた。だが、同館研究チームは、弥生前期以前の帰属とされた既出の鉄器は、発見状況を再検証するならすべて問題点あり、として当該期データからそれらを排除する。そしてその結果、列島社会における確実な鉄器の出現は弥生中期と推断し、弥生早・前期は「石器時代」に相当、「鉄器時代」とよべるのは弥生時代のなかでも後期からと明言する。

　以上にみた所論は、弥生は「稲作・鉄器の時代」であり、それは少なくとも西日本一帯へは迅速に伝播した、という従来の歴史的定義・評価と非常に大きな相違を示し、今なお一般に浸透している弥生像からは質的な乖離と変貌をみせている。

(3) 気概と斟酌

　これらの諸主張は、年代測定値を基盤としその解釈に裏打ちされた到達点であり、国立歴史民俗博物館の現時点の気概がよく伝わってくる。

　しかし、縄文・弥生土器（集団）の共存や鉄器の問題をふくめ、炭素14年代測定や考古学的解釈についてこもごもの見解が噴出している事実がある。にもかかわらず、そのような否認・懐疑的反論に関する斟酌は、この展示会において積極的にはとりくまれなかった。煩瑣になるといえばそれまでだが、何らかの対応を望むと感じたのは私だけではないだろう。

　また、同館が確信し顕示する内容を、説得性を保持しひろく敷衍するには、今後もより一層の測定蓄積が必須と思えた。

6 ── 今後に向けて

　以上述べてきたとおり、弥生時代の実年代（暦年代）論は、池上曽根遺跡の年輪年代の測定成果を実質的な端緒とし、1990年代後半以降に急激な展開をみせた。それをふまえ本章では、弥生実年代の測定・研究の流れと実情、それらと近畿地方の弥生遺跡との関連性、東アジア世界内での位置づけなどに言及し、新しい年代観に対する私たちの〈心構え〉に近いコメントを記した。

　国立歴史民俗博物館の積極的な主張をふくめ、ここまでふれてきたような弥生時代の実年代研究は、学界だけでなく一般社会においてさえ大きな関心事となった。だが、じつのところ当の考古学関係者の多くは、中立を装いながら行く末を注視しつづけているのが現状、というのも一方

の事実である。

　私たちとしては、考古学固有の方法論の位置づけを注意深くみきわめ、考古資料とりあつかい上の無意識な陥穽、不勉強に起因する理化学データに対する恣意・情緒的操作、などにおちいるような態度だけは慎まなければならない。

〔特記以外の主要関連文献〕

　秋山浩三 1995、1996、1999a、1999d、2001c、2004d、2006a、2007b、2007f、2009／秋山浩三編 1996、2004／秋山浩三・三好孝一・市村慎太郎 2005／池上曽根遺跡史跡指定20周年記念事業実行委員会 1996／今村峯雄 1999、2000／今村峯雄・辻誠一郎・春成秀爾 1999／大塚初重・小田富士雄・松木武彦・松井和幸 2003／川瀬貴子・秋山浩三編 2004／倉橋秀夫 1999／国立歴史民俗博物館 2003a、2003b、2007／小林謙一・春成秀爾・今村峯雄・坂本稔・陳建立・松崎浩之・秋山浩三・川瀬貴子 2004／酒井龍一 1997／設楽博己編 2004／白石太一郎 2000／高倉洋彰・藤尾慎一郎・広瀬和雄・村上恭通・石川日出志 2003／都出比呂志編 1998／西本豊弘編 2006、2007／春成秀爾 2004／春成秀爾・今村峯雄編 2004／藤尾慎一郎 2004／光谷拓実編 2000／宮本一夫・広瀬和雄・武末純一・常松幹雄・伊藤和史 2003／三好孝一 1999

〔註〕
(1) 河内地域におけるその後の炭素14年代測定結果の一部は、小林謙一・春成秀爾・坂本稔・秋山浩三（2008）の論考に収載されているので参照願いたい。
(2) この問題について追註しておく。
　その後、箸墓古墳築造期に比定されている「布留0式」期の、同古墳出土甕の外面に付着した炭化物に対し炭素14年代測定がなされた。その成果にもとづき、2009年5月29日の新聞各紙によって、「箸墓古墳「240〜260年に築造」」「卑弥呼の死 同時期」「『倭人伝』記述と符合」「邪馬台国論争に影響」「膨らむ？ 畿内説」などと、大々的に報道された。今度は、「歴博古墳幕開け事件」ともいうべき記事内容である。『魏志倭人伝』によって247年あるいはその直後に没したと推定される倭国王・卑弥呼と、箸墓古墳の被葬者とを結びつける趨勢が一層増しているようである。
　なお、箸墓古墳資料をふくむ古墳出現期の炭素14年代測定や派生する議論にかかわる問題に関しては、春成秀爾・小林謙一ほか（2011）の論考に詳しい。

第9章
弥生時代の被熱変形土器類と試考実験

1 ── 被熱変形土器・粘土塊をめぐって

　弥生集落の発掘において、二次的に高熱を受けて亀裂や剥離、歪み、変形、融解などを起こし、なかには鬆が入り発泡（海綿）状を呈するまでになった弥生土器や粘土塊が出土することがある。
　この種の遺物（以下、被熱変形土器類と記載）は、大阪府美園遺跡の弥生時代前期後半の土器において顕著な例が発見され、大きくとりあげられた（図114 − 1、渡辺編 1985）。その後の調査では、ほぼ全国的な範囲でいくつかの遺跡からの検出が確認され注目を集めている。そして、高温による被熱という属性から、この類は、従来から金属器鋳造・生産との関連でとりざたされる傾向にもある（芋本・松田編 1982、三好 1992ほか）。実際に、各種の青銅器鋳型が発見された大阪府鬼虎川遺跡や同亀井遺跡、奈良県唐古・鍵遺跡などでも、その存在が注意されているところとなっている（秋山 2002a）。
　金属器鋳造は、弥生時代の各種生産活動のなかで、最も高度な技術と専門性が求められる一分野である。それゆえに、この種の手工業生産における集落内や地域社会内での位置づけは、当時の社会構造を理解するうえで肝要な課題となるのは多言を要しない。そのため、被熱変形土器類と金属器生産との具体的な関係性が立証されれば、あるいは反対に、相互の連関性が絶無という実態が精確に究明されれば、どちらにしても弥生社会を復原する際の重要な考古データとなるのはまちがいない。
　だが、被熱変形土器類の成因に関する分析などが、美園遺跡の弥生前期土器（沢田・秋山隆・井藤 1985）や愛媛県久枝Ⅱ遺跡の弥生中期土器（柴田 2005）などで試みられているが、理化学的手法によっても金属成分の検出などは一切確認できない。したがって、それらと金属器生

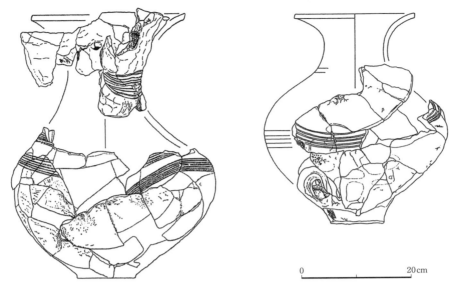

(1) 美園遺跡（弥生前期後半）

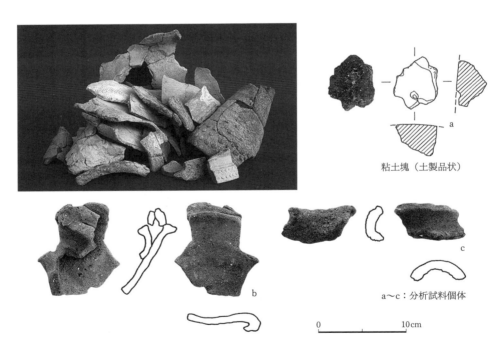

(2) 池上曽根遺跡（弥生中期後半）

図114　弥生時代の被熱変形土器類

産との直接的な因果関係などは、現時点ではまったく解明されるにいたっていない。というより、むしろ否定的な分析結果であるとされる。しかしながら、1000〜1100℃ないし1200℃前後という、通常では得がたいほどの高温によって土器を再加熱した結果による変形である点は、いく種かの実験によって明らかにされている。

　参考までに付言しておくと、須恵器など窯内焼成品以外において、高熱を受け歪み変形したと推測される弥生土器などが、土器の焼成遺構あるいは生産関連施設と理解されている箇所や近接地から出土している例がみられる。そのなかには、土器生産時における焼け歪み品となる可能性が想定されている個体がふくまれる。ただし、それら諸例では、土器そのものは融解・発泡状態のような顕著な変形までにはいたっていないようである（秋山 1997）。

　ところで、かつて私が調査にかかわった大阪府池上曽根遺跡においても、被熱変形土器類がかなり多く発掘された（図114－2、池上曽根遺跡史跡指定20周年記念事業実行委 1996、秋山 1999d、2002a、2006a、秋山編 2004ほか）。当遺跡では、1点だが銅鐸鋳型片と推定できる石製品を確認しているが、その出土地点の近接部にあたる大形建物・井戸（本書第Ⅳ部参照）の西半付近において、弥生時代中期後半に属する約3400点ものおびただしい量の被熱変形土器類を検出している。また、その内訳では、在地産の土器が被熱変形を受けた例もみられるが、当遺跡にとって搬入品に相当する中河内（大阪中部）地域の生駒山西麓産土器（本書第1・2章参照）の個体において、そのような現象が多く発生しているという傾向がうかがわれた。加えて、中期土器以外に、若干点ながら弥生時代前期後半に帰属する例も出土している。

　それらのうち数点を理化学的な分析に供した結果では、1150〜1200℃の高温のもとで生成されたという成果は得られたが、金属類の付着や成分はまったく検出されなかった（パリノ・サーヴェイ 2004）。要するに、すでに美園遺跡などでも報告されていた内容と、ほぼ同様な分析結果となったことになる。これらからは成因究明のてがかりは少しも獲得できないままであるが、被熱変形の推定温度に関しては各遺跡とも近似した数値に到達しており、共通性が看取でき注意されるところである。

　このような非常態的な高温によってしか生成されない遺物である点において、成因については、一般論として金属器生産なども視野に入れておくことになるが、一方で、両者の関連性がこれまで積極的に証明できていない点も重要事項として認識しておくべきであろう。ともあれ、双方の脈絡については不問に付すしかない。弥生遺物類のなかにおける大きな注目度の割には、不明点が非常に山積する代物となっているのが現状といえる。

2── 試考実験

(1) 目論み

　さて、本章のテーマと直接的には無関係だが、先に若干言及した池上曽根遺跡出土の銅鐸鋳型の評価に関係して、一種の実験をおこないその概要を提示したことがある（秋山 2006d、本書

第10章)。詳細は次章で示すが、それは、実際に銅鐸や銅鏡の複製再現をおこなっている、現代の鋳物工房における諸施設の供用を得て可能となった成果であった。そして、その際にあわせて、被熱変形土器類の成因などの究明に何らかの参考になればと考え、「試考」的な実験も実施した。本章では、そのときの結果を報告するとともに、それらに対していくばくかのコメントを付すことを目的としたいと考えている。

具体的には、どのぐらいの温度と時間を費やすことによって、土器片（弥生土器ほか）において発泡までいたる変化が誘発されるのか、あるいは、溶解した金属との接触などが土器片におよぼす影響など、を自分なりに体感したいと目論んだわけである。また、池上曽根遺跡の出土品では、在地産土器よりも搬入品である生駒山西麓産土器に変形・発泡などの特徴が顕著だったことから、それらの様相差異にかかわる原因などにも関心がもたれた。

そこで、以下のような稚拙な実験を、2003年9月27日、2004年5月22日の両日にわたって試みた。

(2) 試料と方法

被験試料には、私がかつて個人的に関係した鬼虎川・西ノ辻両遺跡（大阪府東大阪市、生駒山西麓地域所在、秋山・瀬川・中川 2003参照）からの採集品にあたる、実際の弥生中期土器ほかを用いた（図115 - 1）。それらには、両遺跡における在地製品である生駒山西麓産土器、搬入品に相当する非生駒山西麓産土器がふくまれている（以下、西麓産、非西麓産、と記載）。このようなそれぞれ土器胎土が異なる両者に対し、つぎに示す、大別A・Bの2方法で二次的焼成・加熱をほどこし、それらの変化の様子を観察した。

方法Aは、現在稼働している鋳物工房（東大阪市上田合金、社長・上田富雄）で、実際の金属（銅・錫・亜鉛の合金＝青銅）を加熱し溶かすのに用いる溶鉱炉から立ち上がる火焰中に、西麓産と非西麓産の土器片2点を、金鋏にはさんだ状態のまま一定の時間投入した（同図 - 2・3）。溶鉱炉の炎は、現場の鋳物師諸氏からの教示によると約1100℃である。

また、二次焼成・加熱に要した時間に関しては、A1＝3分間（試料①②）、A2＝5分間（同③④）、A3＝10分間（同⑤⑥）、A4＝15分間（同⑦⑧）、A5＝20分間（同⑨⑩）という、5段階にわけて実施した。

方法Bは、2種胎土の土器片を、3通りのやり方で、実際の溶解金属（湯）に接触させた。

B1では、土器片を床面（土間）に置き、それらに溶解金属を直接かけた（同図 - 4、試料⑪⑫）。この場合、表面張力の影響もあり、溶解金属が土器片上に留まる時間は瞬時であった。

B2では、工房の床面にまず溶解金属を流し出し、その表面に2種胎土の土器片を同時にのせた（同図 - 5、試料⑬⑭）。溶解金属が冷えて固形化にいたるまで土器片は取り除かなかったが、土器片は溶解金属内に沈むことなく常に浮いた状態のままであった。

B3では、溶解金属を小容器内に注入し、金鋏を用いて2種胎土の土器片をその内側へ押し込み、金属の固形化が進行しだす約1分後に取り出した（同図 - 6、試料⑮⑯）。

このような、大別2・細別8の方法で、実際の弥生土器（西麓産・非西麓産の2種胎土）に対

(1) 実験前試料（上：西麓産、下：非西麓産）

(4) 方法B1

(2) 方法A

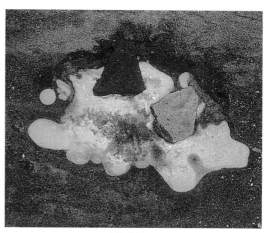
(5) 方法B2

(3) 方法A詳細

(6) 方法B3

図115　実験試料と実施方法

(1) 試料①（左）・②（右）

(4) 試料⑦（左）・⑧（右）

(2) 試料③（左）・④（右）

(5) 試料⑨（左）・⑩（右）

(3) 試料⑤（左）・⑥（右）

各写真：
　左―生駒山西麓産土器
　右―非生駒山西麓産土器
試料⑦⑧：
　実験中に融着し、⑦の大部分は融解・剝落

図116　実験後の試料‐1（方法A）

(6) 試料⑪(左)・⑫(右)

(8) 試料⑮(左)・⑯(右)

(7) 試料⑬(左)・⑭(右)

各写真：
　左―生駒山西麓産土器
　右―非生駒山西麓産土器

図117　実験後の試料 - 2（方法B）

し環境の異なる条件を付与し、都合16点の検討用試料（①～⑯）を得た。

(3) 結果

　以上の各試料にあらわれた土器変化の様相を、図116～121および表12に提示した。うち、図116・117は各試料の全体的状況、図118～121は個別詳細の写真となっている。

　当然ながら、同じ西麓産や非西麓産でも、胎土の素質、含有鉱物などの構成、硬軟の焼成状況など、決して同一素材の土器片試料ではない。また、その個々の差異は、各地からの搬入土器がふくまれる非西麓産のほうが大きいと予測される。さらに、観察結果は私の肉眼による評価であるため、やや流動的な判定になっている可能性も否定できない。

　それらを前提としつつも、表12では、各土器試料の器表面や破面に起こった変化を、「劣化」（ザラザラ感ほか）、「亀裂」（ヒビ割れ、小剝離ほか）、「変形」（歪み、膨脹、陥没ほか）、「融解」

表12　実験結果一覧

試料番号	弥生土器に対する付与環境	胎土種類	器表劣化	器表亀裂	器壁変形	器表融解	器表発泡（小）	器表発泡（大）	鉱滓付着
①	A1：約1100℃炎中に3分間	西麓産	○	○	○	○	○	×	―
②	〃	非西麓産	△	○	×	×	×	×	―
③	A2：約1100℃炎中に5分間	西麓産	○	○	○	△	○	×	―
④	〃	非西麓産	△	○	×	×	△	×	―
⑤	A3：約1100℃炎中に10分間	西麓産	○	○	○	△	×	×	―
⑥	〃	非西麓産	△	○	?	?	×	×	―
⑦	A4：約1100℃炎中に15分間	西麓産	○	○	○	◎	◎	◎	―
⑧	〃	非西麓産	○	○	△	○	◎	○	―
⑨	A5：約1100℃炎中に20分間	西麓産	◎	◎	◎	◎	○	○	―
⑩	〃	非西麓産	○	×	△	○	?	×	―
⑪	B1：溶解合金を表面に流下	西麓産	○	×	×	×	×	×	×
⑫	〃	非西麓産	?	△	×	×	×	×	×
⑬	B2：溶解合金の上に設置	西麓産	○	×	×	×	×	×	×
⑭	〃	非西麓産	△	×	×	×	×	×	×
⑮	B3：溶解合金中に1分間	西麓産	◎	×	?	×	×	×	△
⑯	〃	非西麓産	○	△	?	×	×	×	△

×：無　?：不明または有かも　△：わずかに有　○：一定量有　◎：顕著に有

（ガラス状化ほか）、「発泡（小）」（長さ約2mm未満の空洞化や海綿状の膨脹）、「発泡（大）」（長さ約2mm以上で同前）、および、方法Bにおいて「鉱滓付着（付着遺存）」、の各段階におおむね区分して観察をおこなった。そして、それらの変化状態の有無や進行ていどを、同表の最下に示したような、×（無）～◎（顕著）の5段階で判定し、一覧表を作成した。

　個別試料の観察結果を逐一示すと煩瑣になるので、先記した8条件のちがいによって土器に起きた変化の概要をまとめると、以下のとおりである（文中番号は図118～121中写真のもの）。

　火焔中で土器片を二次加熱した方法Aでは、A1（3分間）ですでに、西麓産（試料①、1・2）において劣化から発泡（小）にまでいたるという変化が起きている。非西麓産では、A2（5分間、試料④、5）でわずかに発泡（小）状の様相が確認できるが、それらが目立つようになるのはA4段階（15分間、試料⑧、12・13）である。また、A4（15分間）では、西麓産（試料⑦、9・10）、非西麓産（試料⑧、12・13）ともに、発泡（大）の変化を観察できるが、その傾向は西麓産において一層顕著となっている。

　このように、西麓産と非西麓産では変化の進行具合に少なからずの相違がみられ、試料①～⑩総体の結果をみても、西麓産のほうに二次加熱の影響による変化が発生しやすいのは明白となっ

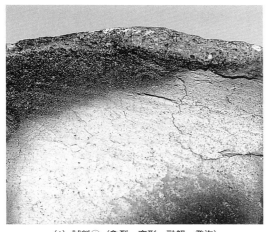

(1) 試料①（亀裂・変形・融解・発泡）

(4) 試料③（融解・発泡）

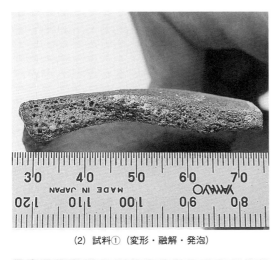

(2) 試料①（変形・融解・発泡）

(5) 試料④（融解・発泡）

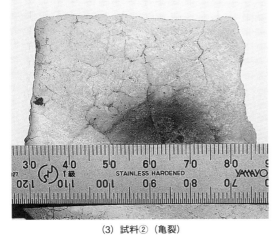

(3) 試料②（亀裂）

(6) 試料⑤（亀裂・融解）

図118　実験後の試料詳細 - 1（方法A）

第9章　弥生時代の被熱変形土器類と試考実験

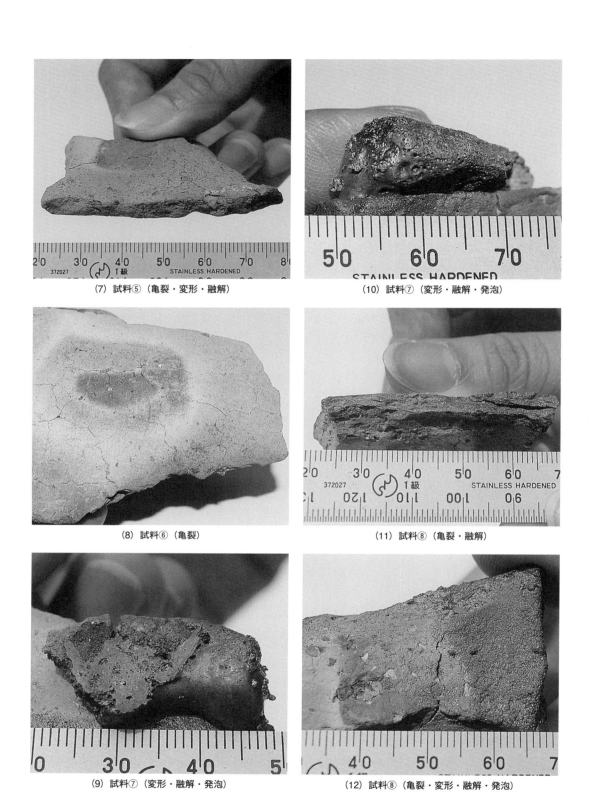

(7) 試料⑤（亀裂・変形・融解）
(10) 試料⑦（変形・融解・発泡）
(8) 試料⑥（亀裂）
(11) 試料⑧（亀裂・融解）
(9) 試料⑦（変形・融解・発泡）
(12) 試料⑧（亀裂・変形・融解・発泡）

図119　実験後の試料詳細 - 2（方法A）

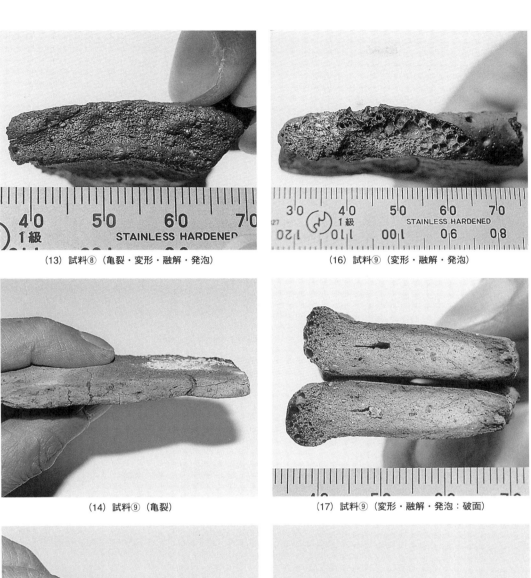

(13) 試料⑧（亀裂・変形・融解・発泡）

(16) 試料⑨（変形・融解・発泡）

(14) 試料⑨（亀裂）

(17) 試料⑨（変形・融解・発泡：破面）

(15) 試料⑨（亀裂・変形・融解・発泡）

(18) 試料⑩（変形・融解）

図120　実験後の試料詳細 - 3（方法A）

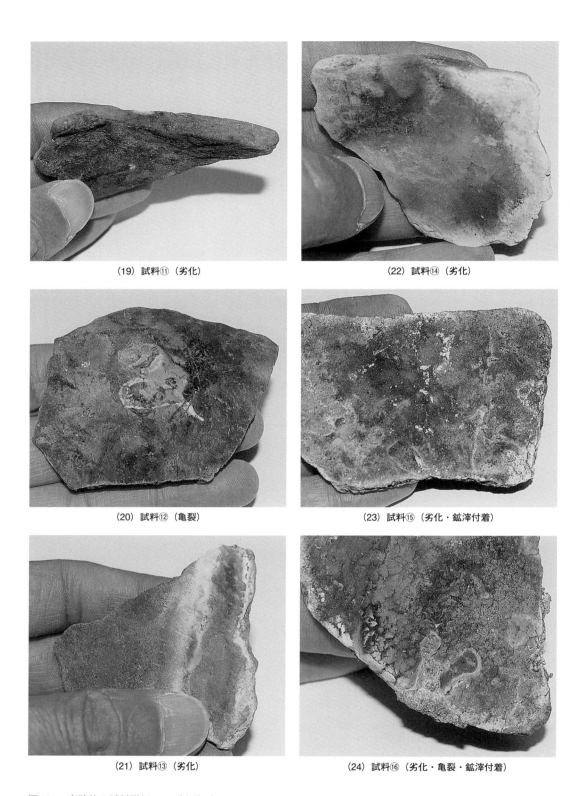

(19) 試料⑪（劣化）　　　　　　　　　　(22) 試料⑭（劣化）

(20) 試料⑫（亀裂）　　　　　　　　　　(23) 試料⑮（劣化・鉱滓付着）

(21) 試料⑬（劣化）　　　　　　　　　　(24) 試料⑯（劣化・亀裂・鉱滓付着）

図121　実験後の試料詳細 - 4（方法B）

ている。

　溶解金属を直に土器片へ接触させた方法Bでは、方法Aに比べて、土器にあらわれた変化の度合いは総じて低い。表面のごく一部には、かるい膨張など変形兆候の可能性をわずかに示すデータ（試料⑮⑯、23・24）もみられるが、B1〜B3のいずれの接触の場合も、亀裂ていど（試料⑫⑯、20・24）にとどまっているようである。少なくとも、融解や発泡などの際だった変化はまったく確認できなかった。西麓産と非西麓産の別では、劣化では前者、亀裂では後者のほうに、やや多く観察できるほどの傾向をみせるにすぎない。

　また、いずれも溶解金属に直接触れる方法Bの環境だったにもかかわらず、金属（鉱滓）の付着遺存は、溶解金属内に土器片を挿入したB3（試料⑮⑯、23・24）だけに発生している。溶解金属を土器片にかけたB1（試料⑪⑫、19・20）や、溶解金属の上に土器片を置いたB2（試料⑬⑭、21・22）では、肉眼所見において付着遺存は把握できなかった。

3 ── 所見

　既述のとおり、きわめて情緒的であり、必ずしも厳密な手順のもとでの実験ではなかったが、上記したような結果が得られた。それらに対して、私なりのコメントを述べておきたい。

（1）短時間での被熱変形

　方法Aでは、約1100℃と推定される温度の二次加熱によって、発掘品の被熱変形土器類と同様の変化が試料土器にも発生した。

　この点は、従来の美園遺跡や池上曽根遺跡、久枝Ⅱ遺跡における理化学的分析による推定温度（1000〜1200℃）の数値とまさに符合している。だが、わずか3分ていどという短時間の加熱だけで、発泡状態の土器が生成された点（A1、試料①＝西麓産、1・2）は、正直なところ私にはじつに意外であった。

　というのは、かつての美園遺跡の分析報告においては、実際の実験分析の成果として、「加熱温度が1200℃前後であったとすれば、本資料〈本章図114－1の美園遺跡例〉のように激しい発泡・変形が発生するには、数時間以上の焼成時間が必要であったと思われる」（〈　〉内および傍点＝秋山補記、沢田・秋山隆・井藤1985）と結論されていたからである。したがって、これまで分析報告されている推定温度のもと、かなり長時間の加熱がつづけられる環境でしか被熱変形土器類は生成されない、と私はこれまで把握していた。それゆえに、この種の土器・粘土塊が出土する遺跡では、長期にわたる非常態の高温を維持できる特別な施設、ないしは、そのような環境が発生する何らかの特殊な条件が存在したのであろう、というような通常理解の範囲を逸する予測に漠然とおちいっていたのである。

　しかしながら、それに大きく反し、わずか3分間、いうなれば瞬時とも表現してよい二次加熱だけで発泡土器が生成され、しかも、美園遺跡にみる顕著例のような様態（試料⑦＝西麓産、9・

10）に達するには15分ていどの継続加熱さえあれば十分という、今回の実験結果には非常に驚かされた。このような約1100℃の短時間だけでの被熱変形土器類の形成がもし是認されるならば、その生成要因の考古学的究明に与える影響には甚大なものがあると考えられる。少なくとも私にとって、意識上の変革を惹起させる事態といってよい。

ただ、今回の加熱温度が約1100℃という数値は、鋳物師の方からの教示そのものによっている。あるいは実際の温度はさらに高温だった可能性も検証する必要性があろうかと考えるが、この点は今後の課題にしておきたい。

(2) 胎土種と被熱変形

つぎに、池上曽根遺跡の出土例において、被熱変形土器類が西麓産品に顕著だった、という実態に関連する事項である。

今回の実験（方法A）においても、非西麓産と比較するなら、西麓産のほうが短時間のうちに変化が誘発されやすいという結果が得られ、これまでの出土品の様相とすこぶる整合的である。この傾向は美園遺跡における分析でも一応は把握されていた内容であるが、実際に今回の試みにおいて、対比試料を用い追認できたことになった。おそらくこれは、西麓産が他の土器に比べ、変容を起こしやすい条件をそなえた胎土素質であることが要因なのであろう。

さらにこの理解は、つぎの点であらためて重要な意味をもってくることになる。

かつての発掘品をめぐる実態把握だけでは、池上曽根遺跡において、当時の弥生人が搬入品である西麓産土器だけを特別にあつかった結果、西麓産に被熱変形土器類が多くなったとする解釈も想定できないでもなかった。だが、それは否定的な状況となったことになる。したがって、西麓産でない在地産土器においても、私たちがこれまで把握してきた以上に、多くの土器が同様な高温にさらされていた事実があったという理解が可能になる。このように、従来の認識ではまったく看取されない内容が推測できるようになったと考えられる。

たとえば、池上曽根遺跡では、極度な変形を示す被熱変形土器類が多量に投棄されていた遺構から、変形までにはいたっていないが、被熱によって器表が著しく変色した土器片も比較的多く共伴している事実がみられた。私はそれらを「被熱変色土器」（秋山編 2004ほか）と呼称したが、上記の実験結果をふまえるなら、そのような類も被熱変形土器類と同じ環境・要因で生成された蓋然性が高くなったと判断できよう。この点も、当時の実相を把握するにあたっての、意識上における一定の変更をせまる事項になるといえる。

(3) 溶解金属の接触と変形・鉱滓付着

溶解金属を接触させた方法Bの実験では、私が独善的に夢想していたほどには、土器に変化が起こらなかった。

溶解金属の実際の温度は不明だが、約1100℃の高温で溶かされた金属（湯）そのものを土器に接触・付着させたり、土器をそのなかに陥入させたならば、発泡にいたるような著しい変形が発生するかとも想定していた。ところがそのような傾向はあらわれず、現実はまったく異なった

結果であった。その要因は、土器が溶解金属そのものによって高温加熱される時間幅が、方法Aと比較するなら極端に短かったためであろう。

また、溶解金属中に土器片を挿入したB3では、土器表面における鉱滓の付着遺存が少量だが確認できた。一方、B1・B2のように溶解金属を単に表面へ接着させた条件だけでは、それらは把握できなかった。後者の状況においても鉱滓の付着遺存が少しはみられる可能性を予想していたが、それは完全に否定された。つまり、溶解金属の瞬時の接触ぐらいでは、金属成分の遺存はたやすく認識できず、溶解金属への埋没という状態までほどこさないと鉱滓の付着遺存は発生しないという実態が、自分なりに会得できた。

ひるがえって考えてみると、溶解金属中に土器を押し込むという行為が、弥生時代にありえたかと考えるのは無意味かもしれない。しかし、たとえば、トリベのように機能分化をとげたあり方でなくても、実際に土器片類が溶解金属と触れるようなタイミングは、当時では十分に想定できる。その場合でも、金属成分の付着遺存は、顕著な状態はおろか、ほとんど期待できないことになるわけである。

（4）被熱変形土器類と金属器鋳造

前述したように、被熱変形土器類を対象試料としたこれまでの理化学的分析では、金属成分はまったく確認されていない。そのため一般的な評価としては、被熱変形土器類と金属器生産との相関性は否定的な見解に落着しているかのようである。

このような状況にあって、今回の溶解金属を接触させただけのB1・B2において鉱滓の付着遺存が確認できなかった結果は、迂遠な表現になるが、この種の遺物と鋳造との相互関係性を最終判断する際の、まさに一定の参考データになると考えている。

なぜならば、関連事項としてつぎの内容を述べておきたい。一部先述したように、今回の検討作業と併行して、銅鐸鋳型にかかわる実験もおこなった。その折の試料の蛍光X線分析においては、分析する際に十分な見通しをもった配慮をほどこさないかぎり、確実に溶解金属が密着した資料（砂岩・土器）であっても、金属成分が検出されなかった。また、実際の遺物では長年にわたり土中埋積しており、さらに、発掘後には水洗作業を実施するという、二次的要素が、分析結果に大きく作用する事実も指摘できた（秋山2006d、本書第10章）。

このように、土器に溶解金属が付着遺存しにくいという先記した今回の事実、さらに上記したような、理化学的分析では適正方法を駆使しないかぎり金属成分が検知されない傾向、加えて、遺存環境やその後の付加行為が分析に与える大きな影響、というさまざまな要素が複雑にからんでくるわけである。つまり、諸状況をかんがみるならば、所与環境や設定条件の可能性と限界性を十分に認識することなく、通り一遍の検討や分析を実施するだけでは、過去にあった現実（ここでは溶解金属のまぎれもない接触・付着・遺存）が私たちには把握できないということになってくる。

要するに、単発単条件のみの理化学的な分析結果そのものだけに一喜一憂するのではなく、分析方法・結果やその解釈をめぐっては、人文科学的な思慮をふくめて十分に模索されなければな

らない。その意味においても今回の実験結果は、被熱変形土器類と金属鋳造生産との相関・因果性を、従前の理化学的分析データを根拠として完全に否定してしまうには時期尚早、とも考えうる状況証左となろう。

4 ── 展望

　ここまで、個人的かつ備忘録的な報告と所見を述べてきた。
　あらためて記すほどではないが、本章での内容をふまえ再検討を加えたとしても、ただちに被熱変形土器類の成因などを解明できるものではない。また、それら遺物と弥生時代の金属器生産との関連性を、積極かつ肯定的に展開しようと意図しているのでもない。ただ、今回の経験を基礎とし、私がかかわった池上曽根遺跡で大量出土した被熱変形土器類の評価に、一歩でも近づければと願っている次第である。
　最後に、被熱変形土器類の発生要因を追究するにあたり、考古学的にみて一定の意味をもちうる事象を指摘しておきたい。
　池上曽根遺跡では、被熱変形が確認できる土器類は、弥生時代前期と中期の所産である（主体は中期）。当遺跡では、弥生時代後期の遺物は中期段階の膨大さに比べると少ない。しかしながら一定量の蓄積が存在する（井藤・藤田・上西・清原 1979）。にもかかわらず、後期土器などには、この被熱変形土器類はこれまでまったく確認できない。
　同じ傾向は、各地の弥生遺跡でも共通しているようである。悉皆調査を実施したわけではないが管見のかぎり、前・中期の土器にはこの種の変形をしばしば把握できるが、後期例は知られていない。この事実は、今後の検討において重要な要素になると考えている。
　その差異の理由づけとして、各地において前・中期土器と後期土器に用いられた胎土素地の構成成分などが大きく一変した、と考えるのが一案ではある。だが、その理解が広範囲の地域にわたって是認されることは、現状では想定しにくいであろう。そうすると、一般的な土器類が高熱にさらされる環境の存在そのものが、前・中期と後期とで変化した可能性を指摘できることになる。
　一方、かつて解釈されてきたように、「火災などの偶発的な事故が土器に変形をもたらしたものと考える方が妥当であろう」（沢田・秋山隆・井藤 1985）とする理解も、考慮内として残る。本章で先に示した、短時間だけでの被熱変形の発生という事実を斟酌するなら、なおさらかもしれない。しかし、火災や何らかの突発的な自然現象に起因する生成要因ではなく、人為的な要素がその背景に存在したからこそ、前・中期と後期の発生頻度（有無）に対照的な相違が起こったのではないかと予測している。
　さらに弥生時代にかぎらず時代的な視野をひろげ記しておく。
　素焼き土器類などの製品において、縄文時代晩期の土器や土製耳飾りでは発泡状を呈する類例があるという指摘が、若干ながら一応は確認される（沢田・秋山隆・井藤 1985、秋山 1991b）。

だが他方、古墳時代以降の土師器においては、被熱変形土器類の明確な報告はみられないようである。そのため、被熱変形土器類の生成は、通史的にみて、弥生時代前・中期に集中して出現した蓋然性が指摘できる。

　現状把握に遺漏があるかもしれないが、もしこれが事実なら、当該期ならではの個別的あるいは技術的な要因が存在したために、高温が発生する条件（施設・環境など）と土器類との有機的な結びつきがあったことになる。たとえば、高温を維持させるため炉施設の一部に土器（片）を併用した、等々ということが実在した可能性を想定できないこともない。決して金属器鋳造に拘泥するわけではない。しかしこのように私は、被熱変形土器類の生成をめぐる議論では、弥生時代前・中期における広範囲な分野・領域に候補を求めうる、「人為的要因」を前提にすべきと考えている。

　以上、じつに歯切れの悪い叙述に終始せざるをえなかった。いずれにせよ、被熱変形土器類の理解に関しては、隔靴掻痒の感が当面はつづきそうである。

第10章
銅鐸鋳型の蛍光X線分析と試考実験

1 ── 意図

　1995年度に私が担当した大阪府池上曽根遺跡の発掘で、弥生時代中期中葉〜後半に属する、銅鐸鋳型と推定できる砂岩製品が出土した（図122）。それに関してはすでに考古学的な検討内容を提示している（秋山 2002a、2007b）ので、詳細は先稿を参照していただきたい。その後、同品が鋳型である点を理化学的にも証明するため、同じ職場（大阪府文化財センター）の山口誠治や奈良大学西山要一からの尽力を受け、鋳造面における付着遺存成分の解析を目的とする蛍光X線分析を実施した。

　銅鐸をふくめ弥生時代の青銅品は銅（Cu）、錫（Sn）、鉛（Pb）を主成分とする合金製であり、銅鐸そのものの分析結果もこれまで比較的多く報告されている。たとえば、私が調査に立ち会えるという僥倖に恵まれた大阪府堺市下田銅鐸は、埋納坑に納められた状態で発掘された稀少例だったが、その分析では銅90％前後、錫6〜7％、鉛2〜4％というデータがだされた。このように銅鐸の成分は、銅を主体とし一定量の錫と鉛が調合されている。そして、それらの分析にもとづいて、古い段階の銅鐸では錫が多く黒ずんだ色調をなし、新しい段階にいたると多くは錫が減じ鉛が多くなり緑色を呈する、という成分と現状（径年）色調に関する傾向が把握されている。よって、以上のような成分比をもつ銅鐸を製作した鋳型の鋳造面には、上記3種の金属成分が検出できるはずである。

　さて、池上曽根鋳型の蛍光X線分析結果は図123であった。蛍光X線照射部からは上記の3種金属成分が当然ながら豊富に検出されるものと予測したが、それらはいずれも確認できない点が判明した。主成分であるはずの銅さえもまったく検出されなかった。ただ、鉄（Fe）などの

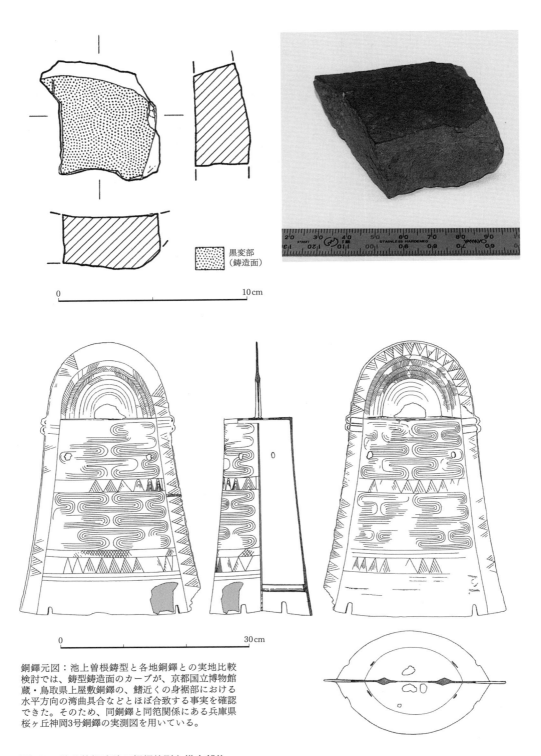

銅鐸元図：池上曽根鋳型と各地銅鐸との実地比較検討では、鋳型鋳造面のカーブが、京都国立博物館蔵・鳥取県上屋敷銅鐸の、鰭近くの身裾部における水平方向の湾曲具合などとほぼ合致する事実を確認できた。そのため、同銅鐸と同笵関係にある兵庫県桜ヶ丘神岡3号銅鐸の実測図を用いている。

図122　池上曽根遺跡の銅鐸鋳型と推定部位

金属成分は確認できるが、それらはもとから石材に含有されている成分である。したがって、額面どおりに受けとるならこの分析データは、本資料を鋳型とする証明材料にはなりえず、反対に、実際には青銅の溶解合金（湯）が接触していない可能性を示す結果であった。

これは私の期待を大きく裏切るものだった。しかし、本品が鋳型として製作され、しかも鋳造面が高熱によって黒変している状況も確実のようである。すると、黒変部は鋳造実施の前になされた炭素吸着などの前処理の結果であって、この鋳型は、湯（金属）を流し込まれることなく廃棄されたかと想定したりしてみた。

そして一方で、この鋳型の現在までの遺存環境にも関係ありかとも考えをめぐらせた。つまり、2000年以上ものあいだ土中に埋まっており、加えて、発掘後には、土など表面残存物を水洗できれいに落としているため、それらの過程で本来は付着遺存していた金属成分が消失したかとも推量してみた。

そのような情緒的な臆説に依拠し、以下の「試考」的な実験と分析をかつて実施したことがある。本章はその顛末レポートにあたる。

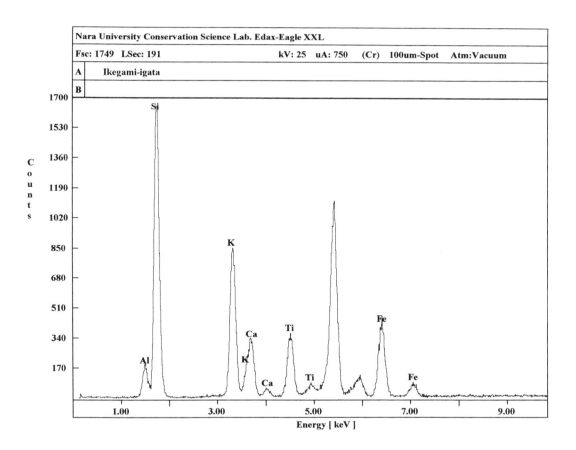

図123　池上曽根鋳型の蛍光X線分析データ（径0.1mm照射）

(1) 砂岩の周囲に溶解合金を流し込む

(4) 分析試料（実験直後、上段：砂岩、下段：弥生土器）

(2) 砂岩上面に真土で湯道を作り溶解合金を流し込む

(5) 分析試料（2・5：水洗後、3・6：土中保管・水洗後）

(3) 土器片の周囲に溶解合金を流し込む

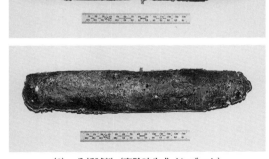

(6) 分析試料（実験時生成インゴット）

図124　実験状況と分析試料

2── 試考実験

　まず、以前から高配を得ている東大阪市上田合金の協力を受け、銅鐸や銅鏡の複製品製作用に溶解した青銅合金の湯を、実際に、鋳型と同材質の砂岩および弥生土器（採集品）の表面に接触・付着（密着）させた（図124－1～4）。

　これには、①砂岩（1点）や土器（3点）の周囲に湯を流し込む（同－1・3）[(1)]、②砂岩（2点）の上面に真土で湯道を作りそこから湯を流し込む（同－2）、の2方法を用いた。こうして得られた試料6点（同－4）は、試料1～3が砂岩、試料4～6が土器で、試料1・4～6が①の方法、試料2・3が②の方法によるものである。

　つづいて、前記憶測を検討する素材として、それら試料を約2年間弱はそのままの状態にしておいたあとで、各試料に対し、下記の条件A～Cのちがいを付与した（同－5）。

　　A：湯付着直後の状態の維持（試料1・4）
　　B：毎朝15分4日間の手ブラシによる湯付着部の水洗浄（試料2・5）
　　C：一定水分をふくむ土中に1箇月保管した後に、条件Bと同様の水洗浄（試料3・6）

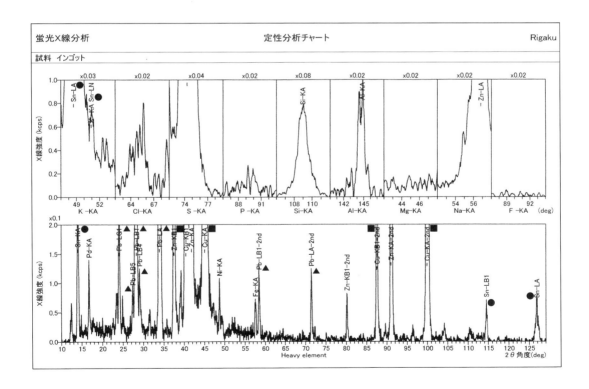

図125　インゴットの蛍光X線分析データ（径30mm照射）

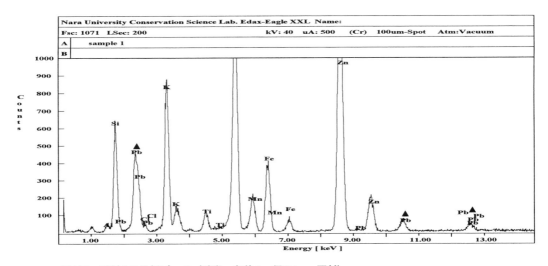

図126　試料1の分析データ（砂岩、条件A、径0.1mm照射）

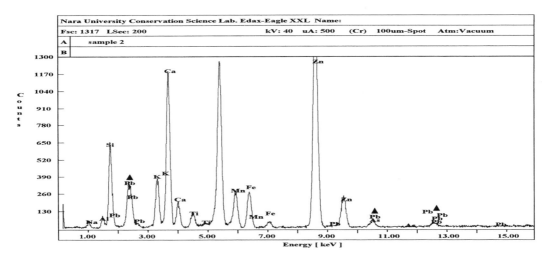

図127　試料2の分析データ（砂岩、条件B、径0.1mm照射）

　このうち条件Cは、遺跡に埋まっていた石製・土製鋳型が発掘で出土し、その後に洗浄されるという環境を、略シミュレーションしたものにあたる。
　そのような試料の区別化をおこなったわけだが、湯付着実験の直後（同－4）には、各試料とも、粗密の差はあるものの合金の付着遺存が一定ていど観察できたのに比べ、水洗や土中保管後水洗した試料（同－5）では、条件（A）→B→Cの順で合金の遺存具合が劣っていく様子が肉眼観察でも明瞭に確認できた。
　以上の石や焼物、条件A～Cという状態の異なる試料6点の合金付着部と、実験中の溶解合金が固結したインゴット（同－6）そのものに対し、池上曽根鋳型と同じく山口の援助のもと蛍

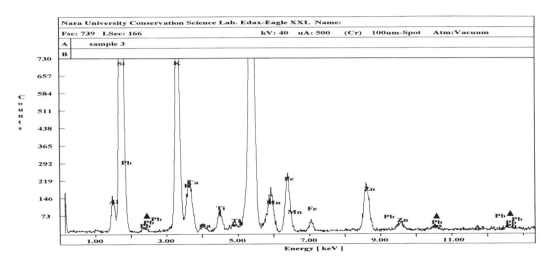

図128　試料3の分析データ（砂岩、条件C、径0.1mm照射）

光X線分析をそれぞれ実施した。

3— 蛍光X線分析結果

(1) 各分析データ

　それらの分析データを、図125〜134に示した。詳細な解説は私には不可能だが、山口からの教示をふまえ、所期の意図との関連性にかぎって以下に述べる。

　各データには、問題となる3種金属の出現傾向を視覚的にわかりやすくするため、顕著な箇所に、銅：■、錫：●、鉛：▲に区分しマーキングした。また、各図において特徴が把握しやすいように、縦方向のカウント目盛り単位を変位させているため、それぞれの各元素のピーク位置を単純に対比してはならないことに留意されたい。なお、蛍光X線の照射範囲に関しては、図126〜131は、先の池上曽根鋳型データ（図123）と同じ径0.1mm照射、図125・132〜134は径30mm照射による解析となっている。分析環境に2種があるが、その事情は後述する。

　まず図125は、実験に供した合金のインゴットに関するデータである。

　銅のカウントが突出し、鉛や錫もそれについで顕著で、当然ながら、弥生遺物の銅鐸とおおむね近似した成分構成をもつ合金としてよい。それが溶解した湯を試料6点に付着させたわけだが、上記した材質やその後の条件のちがいで、どのような分析データとなるかが問題となってくる。

　図126〜131が、各試料（1〜6）への径0.1mmスポット照射によるデータになる。

　いずれの場合でも、不思議なことに、銅も錫もカウントされず、鉛のみが確認できる（なお、図131中では▲：鉛のプロット表示はないが、その存在はデータ上では把握できるという）。湯をかけた状態のままで水洗や土中保管もまったくほどこさなかった条件Aでさえ、砂岩でも土器

第10章　銅鐸鋳型の蛍光X線分析と試考実験　267

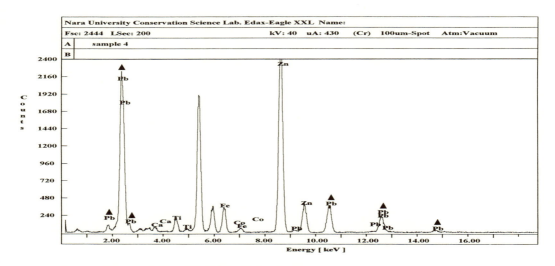

図129　試料4の分析データ（土器、条件A、径0.1mm照射）

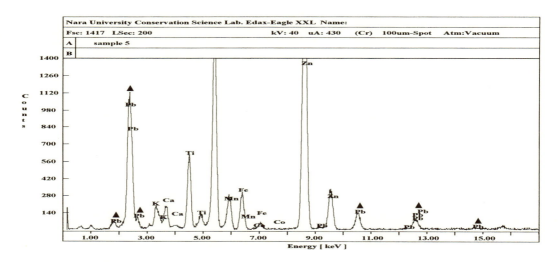

図130　試料5の分析データ（土器、条件B、径0.1mm照射）

でも、銅・錫両種の不検出という特徴は共通している。これはどういうことか、私には即断できないが、銅や錫は石や焼物に付着遺存しにくいのであろうか。この問題は後にもふれる。

　他方、唯一確認できた鉛にかぎって比較すると、つぎの諸点は注目してよい。

　第一は、砂岩（図126～128）より土器（図129・130）に付着遺存が顕著である（ただし、図131：試料6・条件Cは対比からのぞく）。第二は、条件A→B→Cの順で明らかにカウント数が減少し、とりわけB・C間が顕著となる。とくに土器では、条件A（図129）が全試料のなかで最も鉛の付着遺存が高かったが、土中保管後の水洗浄をおこなった条件C（図131）ではほとんど鉛はよみとれないまでになっている。これらのデータによって、土中環境（つまり「ふやかし

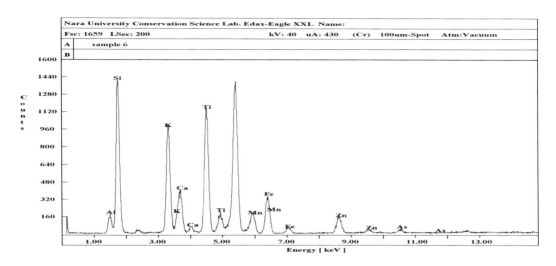

図131　試料6の分析データ（土器、条件C、径0.1mm照射）

た」状態）やその後の水洗作業の過程で、もともと付着遺存していた金属成分が急激に消失にいたったことがわかる。

つぎに図132〜134は、土器試料4〜6に関してだけだが、径30mmという広範囲に蛍光Ｘ線照射した場合のデータにあたる（諸般の事情で砂岩試料に対しては実施できず）。

これは、径0.1mmスポット照射（図126〜131）において、本来はカウントされるべきだった銅や錫がまったく確認できない事実が疑問視されたので、追加分析を依頼した成果である。蛍光Ｘ線の照射範囲径を300倍に広げたことになるが、その結果、鉛以外に銅が試料4・5（図132・133）で把握できるようになった。しかし、試料6（図134）では確認できない。そして錫に関しては、照射範囲を拡大したにもかかわらず、試料3点のいずれにもカウントされない。

このことは、径0.1mm照射結果をも勘案すると、鉛はかなり付着遺存しやすいのに対し、銅や錫ではそれがきわめて不十分、だが、後二者ではまだ銅のほうが付着遺存しやすい傾向を示す、ということになろうか。また、図132〜134のこれら土器3点のデータでも、条件A→B→Cの順で鉛、銅ともにおおむね減少傾向（頻度）を示し、径0.1mm照射で分析した図126〜131での理解と同じ様相を提示しており興味深い。

(2) データの理解

これらの分析データから、私なりに整理してみよう。つまり、銅、錫、鉛という3種金属において把握できる特徴としては、つぎのとおりである。

　　①石に比べて焼物のほうが、付着遺存状況がよい。
　　②石に比べて焼物のほうが、二次的影響（土中保管・水洗浄）によって付着遺存物が消失
　　　しやすい。

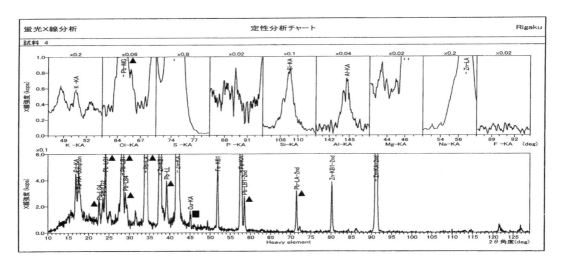

図132 試料4の分析データ（土器、条件A、径30mm照射）

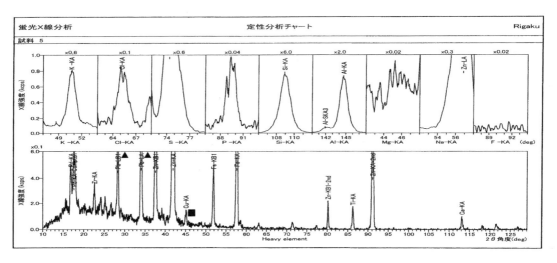

図133 試料5の分析データ（土器、条件B、径30mm照射）

③付着遺存状況では、鉛→銅→錫の順で減少する。

④そのなかでは、鉛に対し、銅や錫の付着遺存具合は極端に劣る。

⑤さらに、錫に対し、まだ銅のほうが付着遺存具合は良好な傾向をみせる。

⑥石、焼物ともに、条件A→B→Cの順で付着遺存状況は劣っていき、とくにB・C間差が大きい。

⑦蛍光X線照射範囲の広狭によって、分析データにカウントされる結果がきわめて大きく異なる。

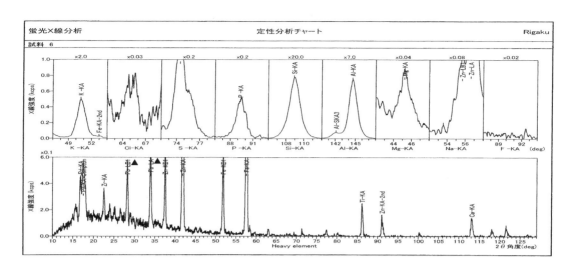

図134 試料6の分析データ（土器、条件C、径30mm照射）

4——所見

　以上が、今回の試考実験にもとづき作成した各試料の分析データ、および、それらに対する理解となる。門外漢のため大きな誤謬を犯しているかとも懸念されるが、それらをふまえて所期の目的にてらしコメントを記しておこう。
　上記①②では、当該試料の焼物は素焼きの弥生土器であったことから、組織内に空隙が多いため付着遺存しやすく、他方、それゆえに脆弱な構造になっているため消失しやすい、と考えてよいであろう。
　③～⑤については、正直なところ私にはまったく評価できそうもない。とくに、溶解合金（インゴット）の主体成分が銅であるにもかかわらず、銅の付着遺存が劣る傾向は意外である。
　3種金属それぞれの属性などに起因することかもしれないが、解釈はいかんともしがたい。あるいは、金属種による固結温度（つまり時間）の差や重量比のちがいが要因で、外接物に対する付着遺存の状況に差異があらわれる可能性もあろうか。すると、鉛は少ない量であっても、分析でキャッチされやすい特性をそなえているのかもしれない。
　⑥は、私がいだいた頭書の憶測が、いわば是認された観を呈する。
　同一被検査物に対しての条件を変えた分析でない点は非科学的ではある。しかし、砂岩においても、水洗浄や土中保管が金属成分の遺存具合を左右するという実態を確認できたことは、大きな収穫としてよいであろう。いったん付着遺存した金属成分は水洗ぐらいでは消失しないかとも思われたが、実際はそうではないようである。
　したがって、発掘後の水洗浄をへた池上曽根鋳型に対する先の分析結果（図123）からだけでは、その鋳型にもとから金属（銅、錫、鉛）成分が付着遺存していなかった、とは断定できない

点を示している。つまり、図123に対する解釈は、その鋳型で鋳造された確実な根拠が、少なくともその分析データからはみいだせないだけ、という理解になる。これは客観的で自明のデータ解析・評価ではあるが、あらためてこの事項を、説得性をもって把握できたこと自体に意義を認めておきたい。

⑦は、③〜⑤の傾向や⑥とも大きくからむが、この種の理化学的な分析にあたっての重要な警鐘となっている。

考古関係者はややもすれば、理化学的な結果を金科玉条のごとくあつかい、それらにきわめて敏感で影響されやすい傾向にある。しかし本章の内容にそって述べると、被検査物の分析範囲そのものが狭い場合や、徹底的な洗浄のあとでは、その遺物が本来保有していた情報の多くが精確には把握できないことになる。分析対象部の広狭そのものが、これほどまで結果に影響を与える事実を十分に再認識すべきで、この点は、強調する価値のある教訓となろう。

もし仮に、池上曽根鋳型において、出土直後の未洗浄のうちに、広範囲に蛍光X線照射する分析を実施していたならば、問題となっている銅、錫、鉛の成分が検知されたかもしれない。当該鋳型は現在、地元のいずみ国歴史館に展示されており直ちには実現にいたらないが、先の分析結果のみに満足することなく、今後、本章で指摘できた留意点を十分に配慮しつつ再分析する必要があろう。

また、近畿地方で銅鐸をはじめ各種青銅器の鋳型が出土した大阪府東奈良遺跡（本書補編11参照）や奈良県唐古・鍵遺跡でも、鋳型の鋳造面に対する成分分析などは実施されていないようである。よって、それら鋳造関連品に対する分析の際にも、上記の内容が少しでも参考になればと思う次第である。

〔特記以外の主要関連文献〕
　秋山浩三 1996、2006a ／（財）大阪府文化財調査研究センター 1996 ／神戸市立博物館編 2000 ／佐原真 1979、1996 ／兵庫県教育委員会 1966、1969 ／三木文雄 1973、1974

〔註〕
(1) なお、厳密な区分・確認のため記しておくと、本書第9章で実施した、土器片への溶解金属の接触実験の方法B1・B2ではオープン環境下でおこなった（図115 - 4・5）が、本章の実験方法①では、小容器内という一定の限定空間の環境下で試みたもの（図124 - 3）である。したがって、本文中でも述べるように、この実験条件の差異は、金属の付着遺存状況に一定の影響を与えているようである。

補編7

最古級と魚絵画の銅鐸形土製品

1── 亀井遺跡における居住域端の大溝群

　第10章では、池上曽根遺跡（大阪府）の砂岩製銅鐸鋳型に関係する分析考察を示した。銅鐸研究の成果によると、鋳型そのものは扁平鈕式鐸の段階のなかにおいて石製から土製に変化するので、池上曽根遺跡の石製鋳型は、相対的には「古い段階の銅鐸」の鋳造をおこなったといえる。また、本鋳型を検討した別稿（秋山 2002a、2007b）において、当時この鋳型で鋳造されたであろう銅鐸の特徴を類推した際、直接的で深い脈絡を示すものではないが、「絵画銅鐸」で著名な桜ヶ丘神岡銅鐸（4・5号）などにも若干言及した。

　このような池上曽根鋳型に関連して、やや強引な付会、かつ銅鐸そのものではなく、小形模造品となる銅鐸形土製品についてではあるが、本編でふれておきたい。すなわち、この類の土製品ではかなり貴重例に属する、「古い段階（最古級）」例と「絵画（魚）が描かれた」例（図135・137 − 1・2）についてである。

　この2点の銅鐸形土製品は、本書第2章や補編5でもふれた河内地域の弥生拠点集落である亀井遺跡（大阪府八尾市・大阪市、図136）から出土した。これらに関して、かなり詳細な観察結果とそれから派生する事項などをかつて示しておいた（秋山 1986b）が、その後の各地における発掘例をみても資料的価値は損なわれていないので、あらためて注意を向けてみたい。

　さて、亀井遺跡は図136に示したように、推定されるその居住域は東西約480 m、南北約360の広範囲におよぶ。墓域は居住域の南西で部分的に確認されているが、それと南接する、現状で城山遺跡（大阪市）として把握されている大規模な方形周溝墓群域も、亀井弥生集落に直接付属するものと判断される。

(1) 亀井・銅鐸形土製品「最古級」例
　　—大溝SD2401下層出土

(2) 亀井・銅鐸形土製品「魚絵画」例
　　—大溝SD2301〜2303上層出土

(3) 恩智垣内山・銅鐸「魚絵画」

図135　亀井遺跡の銅鐸形土製品と恩智垣内山銅鐸の魚絵画

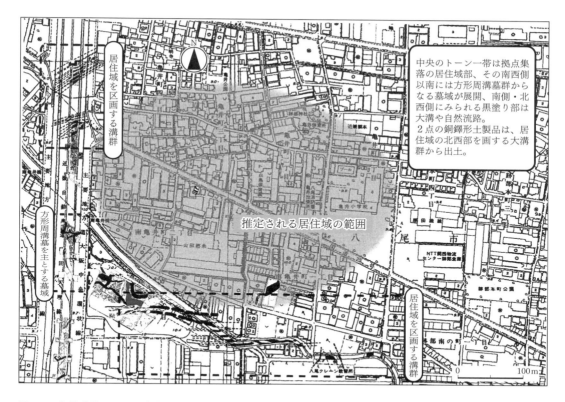

図136　亀井遺跡における弥生中期集落構造の推定

　亀井遺跡では、近畿地方ほかの典型的な大環濠集落のように、居住域全体を環濠で取り囲む様相は現時点で把握されていない。しかし、居住域の南側と北西側の一帯において、居住域を区画する何条にもおよぶやや規模の大きい溝群が、中期段階を中心として掘削されている。このような形態を示す大溝群は、河内平野の大形弥生集落においてしばしば確認できるものである。そして、これらは、低地部に立地する集落域における、洪水からの防備や排水など「水対策」機能に起因する施設かと推定されている。以下で詳述する銅鐸形土製品2点は、亀井遺跡のそのような大溝群のうち、北西側に属する溝からの確認資料にあたる。

2── 最古級の銅鐸形土製品

(1) 観察

　図135・137－1は、上記した、居住域北西辺を画する中期大溝群の1条であるSD2401から出土した。同溝の下層において、多量の中期土器片（詳細は後述）に混って検出された同一個体3片が接合したものである。

　鈕と鰭に相当する部位は欠損しているが、鐸身上部の約3分の1はほぼ完形、それより下位で

は約半分が遺存しており、およそ鐸身の全容がうかがえる個体である。残存高7.9 cm、残存幅4.8〜6.8 cmを測り、それから推定復原すると、鈕をふくめた総高約10 cmていどの旧形が想定できる。

鐸身の正面観は、類例と比較するなら、裾長径に対して身高が低い印象を与え、実際の銅鐸と比べても裾広がり状になっている。鐸身裾部の横断面形は隅丸長方形に近い楕円形状で、推定復原長径7.5 cm、同短径5.1 cmを測るのに対し、舞（身頂）部では長径3.3 cm、短径3.1 cmと円形に近くなる。したがって、身下部にいくほど扁平な形状を呈する。

鐸身外面は無文であるが、身上部および舞には型持孔がみられる。前者のそれは、身高約3分の2の位置に、径0.4〜0.5 cmの小円孔がそれぞれ片面に各2個ずつ、外表面から穿孔されている。舞の型持孔は、舞ほぼ中央に1個だけ存在しており双孔にはならない。この部分の孔は、棒状工具で3回穿つことにより1孔を形づくっている痕跡が看取できる。なお、鐸身裾における型持孔は現状においてみられない。

身の両側面には、明瞭な粘土帯の剥離痕がみられ、もとは、鰭の表現が粘土帯の貼り付けによりなされていたことを示す。粘土帯剥離痕は1.0〜1.3 cmの幅をもつが、鐸身の裾最下付近までは達せず、裾下端から0.7 cmの高さで終わっている。一方、この剥離痕は、舞の両側端にも一部およぶ。よって鈕の表現は、鐸身鰭からの上部への粘土帯による延長として形成されていたと考えられる。とともに、この粘土帯痕跡の範囲から判断すると、鈕の基底は、舞に一部かかるだけであった蓋然性が高い。

鐸身外面の調整は、成形後に、板状工具による粗い擦痕（縦方向、一部斜方向）がみられ、そのあと、縦方向のヘラミガキをほどこし、型持孔の周辺も平滑にする。これらの調整は、鰭部の粘土帯剥離面には観察できないことから、鰭貼り付け後の段階になされたものである。舞上面にも、ナデののちのヘラミガキが一部みられる。鐸身内面は、ほとんど成形時のままで、指頭圧痕、ナデを残し、裾端内面はヨコナデで整えられる。

胎土中には最大3 mm粒（大部分は0.5 mm以下）までの石英、長石、チャート、黒雲母などをふくみ、やや軟質焼成である。色調は、内外面とも黒灰褐色を呈する。

なお、内面の一部に赤色顔料が塗布されていた痕跡をとどめ、本来は全面にほどこされていた可能性を示唆している。

(2) 所見

以上の観察をふまえ、模倣の対象となった銅鐸の特徴が、あるていど土製品の属性に反映されているという前提に立ち、若干の気づく点を列挙してみよう。

まず、鐸身裾の長径に対し身高が低いという傾向は、銅鐸のうちでも新しい段階にはみられない特徴ではある。身上部の型持孔を表した円孔の位置が、身高の上端近くまでにはいたらないという点も、この段階様相に関連したことがらであろうか。だが、それとは反対に、鰭表現を示す粘土帯剥離痕が、身裾下端近くにまで達していない点は、新相の銅鐸（突線鈕II〜III式鐸）との関連が注意される。ただし、鋳放し銅鐸の身裾・鰭部の表現ととらえることも可能であろうか。

これらの問題は、現有の情報だけではいかんともしがたい。

また、本例の舞の型持孔の表現は、1孔だけという特色をもつ。銅鐸では、一部をのぞいて通常、舞の型持孔が双孔になっている。一方、朝鮮式小銅鐸には、舞に双孔を有し鐸身裾があまり広がらない一群と、頂部に1孔だけで鐸身裾が広がる一群の二者がある。そのことから、銅鐸形土製品で舞に1孔のみそなえるものを、朝鮮式小銅鐸の後者一群の模倣であるとする理解がある（東大阪市文化財協会 1982）。本例は鐸身裾が広がる形態を示すことから、この説に符合するやに見受けられる。だが他方では、鐸身の型持孔の様相が、朝鮮式小銅鐸のそれとは異なり、通常の銅鐸と相等しいという事実は、舞部1孔を朝鮮式小銅鐸の一群の模倣と解釈するのに無理があろう。

つぎに、本例は共伴土器が多量で、帰属時期を細レベルまで限定できる好資料となる。それらの土器には、第Ⅱ様式に属するような個体も一部ふくまれるが、ほとんどすべてといってよいほど、亀井遺跡出土品を中心とした土器編年（大阪文化財セ 1986）では「中期3」に該当する。これは従来の弥生土器編年において第Ⅲ様式の最も古い段階に相当し、銅鐸形土製品では最古の一群に属することになる。この時期比定の成果によって、銅鐸形土製品の出現様相を考究するうえでの基点となり、非常に貴重な例といえる。

3── 魚絵画の銅鐸形土製品

(1) 観察

図135・137 − 2は、同じく居住域北西辺を画する大溝群にあたるSD2301 〜 SD2303上層から出土した。共伴する土器は、上記した亀井弥生土器編年における「中期7」に該当する。これは従来の編年において第Ⅳ様式の最も新しい段階（一部に第Ⅴ様式初頭相当をふくむ）に属する。

鐸身上部に相当する破片で、身以外に、舞および鈕の一部が遺存している。銅鐸の形態・属性などをほぼ忠実に模倣したかと思われる資料で、全体的にシャープな作りを示している。残存高5.1cm、同幅3.7cmを測り、推定の復原総高は13cmほどになろうか。

鐸身における推定復原の横断面は杏仁形をなし、鰭は粘土をつまみ出すことによって表現される。舞と鐸身との接点は直角に近く、舞上面はほぼ平坦をなす。鈕は、片方の基底だけが残存する。鈕外郭線は鰭から上方につづくが、その境界には若干の屈曲部を形成する。鈕の横断面は長爪形を呈する。

型持孔を表現する穿孔は、残存するかぎりで、鐸身両面に各1個と舞に1個認められる。

仮に鐸身の遺存範囲が広いほうをA面、その裏側をB面として記載するならば、B面では通常みられるような径0.3cmの小円孔を型持孔としている（一部のみ遺存）。一方、A面では、B面と同様に径0.3cmていどの穿孔をいったんおこなったのち、外表面をヘラミガキすることによって円孔部をつぶそうとしている。現状において、内面には径0.3cmの刺突痕が見受けられるものの、それはA面の外表までは貫通せず、径0.1cmのごく小さな孔として残存している。また、

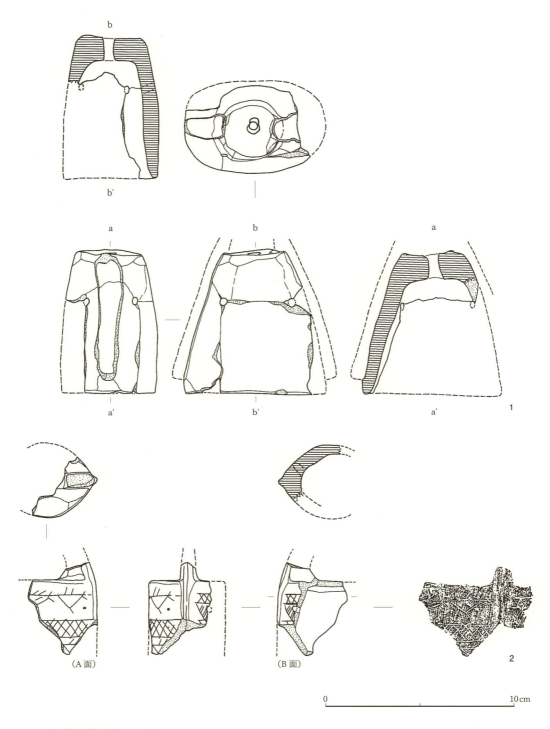

図137 亀井遺跡の銅鐸形土製品

278 第Ⅲ部 理化学分析・試考実験と実年代論

A・B両面にみられる型持孔表現の位置はほぼ同じ高さにあるが、それらは身上端（つまり舞部）にかなり近づいた箇所に相当する。

　舞の型持孔は、中央からA面側にかたよった部位で、かろうじてその痕跡が観察できる。B面側寄りにもさらに1孔あったかと推定できることから、もとは双孔だったと判断してよいであろう。

　さて、鐸身のA・B両面ともに、鋭利な工具による横帯文表現の線刻文様がほどこされている。各面のそれぞれ上位から（a）、（b）、（c）と区分して以下記載する。

　A面では、なかほどに、（b）横位の斜格子文帯を配置し、その上部（a）と下部（c）に、天地が逆になった魚を表現した絵画がみられる。（c）下位の魚は1尾部分しか残存していないため判断できないが、（a）上位の、魚2尾それぞれの腹を表現する水平線は一続きの直線を共有したもので、文様帯上端の境界線にも相当することになる。

　なお、A面の文様描線の刻まれた順序は、確認・推定できる範囲で、（a）（c）魚部は、①上部の水平線（＝魚腹部線）→②魚背部線→③魚尾鰭・胸鰭・背鰭線、（b）斜格子文部は、①上下端の境界水平線→②右下がり斜線→③左下がり斜線、の順である。

　B面の線刻文様は、鐸身頂端から約0.6cmくだった位置から順に、（a）横位の斜格子文、（b）内側に左下がり斜線を充填した下向きの鋸歯文、（c）横位の斜格子文と思われるもの、がみられる。このうち（a）（c）の斜格子文様帯の上端境界線は、それぞれ、A面の（a）魚の腹線（＝境界線）および（b）斜格子文様帯の上端境界線と同じ高さに引かれており、A・B面の両者が密接な対応関係にある横帯文であることがわかる。

　なお、B面の文様描線の刻まれた順序は、確認・推定できる範囲で、（a）斜格子文部は、①上下端の境界水平線→②右下がり斜線→③左下がり斜線、（b）鋸歯文部は、①鋸歯文輪郭線→②鋸歯文内充填斜線、（c）斜格子文部は、①上端境界水平線→②右下がり斜線、の順である。このうち、（c）－①が（b）－①に先行する可能性が、描線の切り合い様相から予測できそうである。したがって、（a）（c）の斜格子文帯が先に描かれ横帯文を形成したのち、（b）鋸歯文が付加されたと解釈することができようか。

　これらのA・B面にみられる横帯文表現の線刻文様に関連して、つぎのことを記しておく。

　B面では、（a）文様帯より上位の鐸身頂部に約0.6cmの無文帯を形成している。またA面では、前述のとおり、（a）上位の魚2尾の腹の連続水平線を文様帯上端の境界線として理解するならば、それより上には魚胸鰭などがみられるものの、一応は無文帯とみなすことも可能である。そうであるなら本例は、鐸身最上部に無文帯をとどめる特徴をもつ個体となり注意されよう。

　調整は、鐸身外面が縦方向（一部斜方向）のヘラミガキで、鰭付近はとくに入念になされている。そののちに、線刻文様が描かれる。舞上面は長径方向のヘラミガキで、鈕に接する中央部側では短径方向にヘラミガキがなされる。鈕（およびその付近）は、舞との接点周辺に縦方向のヘラケズリをほどこしたのち、鐸身に近い側は水平方向に、鰭から連続する部位には縦方向に、ヘラミガキをおこなう。内面は、水平方向のヘラケズリののち、一部にナデを加える。

　胎土中には最大3mm粒（大部分は1mm以下）までの石英、長石、黒雲母、チャートなどを

前列：亀井遺跡（右２点-図135・137例）　中央奥：瓜生堂遺跡

図138　河内平野出土の復原された銅鐸形土製品

ふくみ、焼成は良好で堅緻である。色調は、外面が灰褐色、内面が淡灰茶褐色を呈する。

(2) 所見

　本例は、銅鐸形土製品が出土量増加の傾向をみせる中期末段階に属するが、そのなかにあって異彩を放つ資料となっている。つまり、精巧ともいえる模倣状態をなし、さらには、それと連動した要素とも考えられる、具体的な絵画表現をともなう稀少個体として重要である。銅鐸形土製品に描かれた絵画例の発見としては、戈をもつ人物が描出された佐賀県川寄吉原例（高島 1980）についで、本資料が全国で２点目となる。

　天地逆とはいえ、一定の規範にのっとった魚の表現は、銅鐸にみられる魚のそれと強く共通するものである。たとえば、兵庫県桜ヶ丘神岡４・５号銅鐸（兵庫県教委 1966、1969）、大阪府恩智垣内山銅鐸（図135 − 3、梅原 1927、三木 1974、大阪府立泉北考古資 1986）、大阪府東奈良銅鐸鋳型（田代・奥井・藤沢 1975、茨木市 2014、本書補編11、図194 − 5参照）ほかが、銅鐸絵画での代表的な資料となる。弥生土器にも、奈良県唐古・鍵遺跡（久野 1980）など稀に類した魚絵画がみられる。

　なお、詳細な検討はおこなっていないが、これらの魚意匠は、体部をすべて三角形状に表現す

る特徴的な要素などから、水田耕作を生業とする弥生時代の人々にとって親しみのある、淡水魚のゲンゴロウブナをあらわしているのではないかと私は想像している。この魚は、琵琶湖・淀川水系に分布する固有種で、体高が他のフナより高いなどの特徴をそなえ、側面観では背が山形状をなす[1]。

　ともあれ、この亀井遺跡の銅鐸形土製品の魚表現における、銅鐸の魚意匠との強い共通性は、本土製品の製作者が、日常的にとはいえないにしても、銅鐸あるいは銅鐸製作者集団と接触する機会を十分にもちえた、さらにはそれらと同じイデオロギー範囲内にあったことを示唆しているといえよう。

　この点に関して、本土製品と同じく並列表現の魚絵画を鋳出す恩智垣内山銅鐸（外縁鈕2式・流水文鐸）が、亀井遺跡のほぼ真東6kmたらずの位置から出土していることは注目に値する。同銅鐸の検出地点から約60mしか離れない隣接地からは、恩智都塚山銅鐸（扁平鈕式新段階・袈裟襷文鐸、森 1950、大阪府立泉北考古資 1986）も発見されている。それらの地点は標高の高い生駒山麓部にあたり、眼下には、河内平野部に当時点在した弥生集落遺跡を眺望できる。亀井遺跡が当該地域における最大規模の拠点集落という実態に依拠するならば、亀井・恩智垣内山の両地点は、いくつかの小グループを包括する同一地域集団の領域内と判断してよいであろう[2]。

　このことから、近接地で確認されている、同じ並列状態の魚意匠を共有する銅鐸実物と銅鐸形土製品との関係性の解明など、今後その具体詳細な評価が肝要となってくると考えられる。あるいは、想像をたくましくすれば、亀井土製品の製作者は、恩智垣内山銅鐸を身近に目の当たりにしていたのかもしれない。さらに記せば、その銅鐸がマツリなどで揺り鳴らされ祀られていた場所は、亀井集落そのものであった公算が大きいといえる。

　つぎに、本例鐸身の横帯文表現が、身肩上部に一定幅の無文帯を残した位置から描かれるという点は、刮目されるべきである。

　この特徴は、福田型銅鐸（外縁付鈕2式〜扁平鈕式、春成 1984）に確認される属性であり、他の銅鐸では、兵庫県慶野上の御堂・中の御堂の同范2鐸（外縁付鈕1式、梅原 1927、高井・田辺 1979）、辰馬考古資料館蔵出土地不明鐸（同2式、辰馬考古資 1988）などにみられるにすぎない。したがって、本土製品の文様表現が、一定ていど忠実に銅鐸のそれを模しているとするならば、上述の諸銅鐸との関連が注目され、銅鐸のなかでは比較的古い段階のものをコピーした蓋然性が高いと推断できようか。この点は、魚表現が共通する恩智垣内山銅鐸の帰属型式とも整合性をそなえ、注目できる。

〔註〕
(1) なお、現在では、ゲンゴロウブナよりさらに体高が高いフナに、ヘラブナ（別名：カワチブナ）と呼ばれる種類がみられる。ただしそれは、淀川などで捕獲されたとくに体高が高いゲンゴロウブナを、明治年間の末頃から品種改良したものにあたる。
(2) 亀井遺跡は河内平野部の集落であり、一方、生駒山西麓における恩智垣内山銅鐸の発見地のすぐ麓には恩智遺跡などの集落が所在する。本書第2章で検討したとおり、両集落遺跡で主体的に使用された弥生土器は、亀井遺跡が非生駒山西麓産、恩智遺跡が生駒山西麓産であることなどが示すように、細別把握するなら両者は別の

小地域グループに帰属する集落と考えられる。本文で記した「同一地域集団」とは、河内平野部およびその周辺に分布していた、それらの中小グループが複数集合した紐帯・社会関係のまとまりを想定している。

〔追記〕
　その後の、難波洋三（1986、2007ほか）による銅鐸の詳細研究では、本編であつかった銅鐸形土製品との関係で、つぎのような興味深い事実が明らかにされている。
　つまり、私なりに理解するところでは、難波分類の外縁付鈕1式と同2式との間において、舞の型持孔の形態・数、身の上半の型持2孔の位置、の二者の属性において相関・時期的な差異をみせるという。原則として、外縁付鈕1式やそれより前の菱環鈕式では、舞の型持孔が1箇所、身の上半の型持孔が（垂直位置において）より中央部につく、他方、外縁付鈕2式以降では、舞の型持孔が2箇所、身の上半の型持孔がより上位につく、と峻別されている（大阪府立弥生文化博2011、2016参照）。
　この視点で、亀井遺跡の銅鐸形土製品2例における、舞の型持孔の数、身上半の型持孔の位置、を対比的に観察してみる。
　すると、図135・137－1は外縁付鈕1式以前の銅鐸の、同図－2は外縁付鈕2式以降の銅鐸の属性とまさに付合することになる。このことは、前者が、共伴土器などからみて最古段階の銅鐸形土製品であり、後者が、同様な並列魚表現をもつ外縁付鈕2式の恩智垣内山銅鐸と深い関連性をそなえる、などとした先の本文中の解釈や指摘にとって、整合的でかつ説得性のある重要要素となってくるであろう。
　実物の銅鐸と模倣土製品との直接的な比較考察についてはより慎重であるべきだが、検討に値する有意な内容となる。

第Ⅳ部
大形建物と史跡整備

第11章
教科書に登場する遺跡　池上曽根遺跡

1 ── 副読本風に

　考古学研究会の『考古学研究』誌上に、連載企画「教科書に登場する遺跡」がかつて存在した。それは、高等学校などの日本史教科書にとりあげられている遺跡について、副読本風に、最新の発掘情報をもりこみコンパクトに要領よくまとめるという主旨であった。
　大阪府の池上曽根遺跡に関しては、弥生時代を代表する大規模な環濠集落としてしばしば教科書に記載がみられるが、1990年代以降の史跡整備に付随する発掘で明らかになった要素はまだ追加されていなかった。そのためそれらを反映する目的で、関連調査がいったん区切りがついた段階において、以下のように簡略な概要をまとめた（末尾「情報」に関しては最新のものに更新）。

2 ── 摘要

時　　代：弥生時代
特　　徴：拠点的環濠集落の代表的存在
　　　　　近年、弥生時代中期後半の巨大な掘立柱建物（大形建物1ほか）が発見されるなど、遺跡中心部の利用状況が明らかになった。また、年輪年代測定で建物柱材の伐採年が判明し、弥生時代の実（暦）年代比定の定点を提供した。
所在地：大阪府和泉市池上町・泉大津市曽根町

3 ── 遺跡のポイント

　低位段丘もしくは段丘化した扇状地に立地し、現在の海岸線までの距離は約2kmである。
　1969〜71年に実施された第二阪和国道（現国道26号）敷地内の発掘で、2条の環濠をめぐらす大集落であることが明らかになり、全国的な注目を受けるとともに、1976年には弥生環濠集落の代表格として国史跡指定を受けた。
　1990年からは史跡公園化にともなう計画的な発掘が開始され、遺跡の具体相が飛躍的に解明されつつある。その過程で学界を大きくゆるがすような内容がいくつか提示された（図139）が、弥生時代中期後半を中心とする時期の主だった調査成果はつぎのとおりである。

4 ── 集落構造と環濠内部空間利用の解明

　2条の環濠のうち、内側の溝がまず中期初頭に掘削される。それが埋まったのち中期中葉以降に、外側環濠があらたに掘削され、集落の北側では多重環濠になる（図140・141）。
　この中期後半の段階で集落規模が最も拡大され、環濠に囲まれた範囲は、南北・東西とも約320m、面積約8.1万m²をはかる。と同時に、集落外縁の南東部一帯には方形周溝墓からなる墓域を形成する。墓域と集落中心部の間には外濠が想定されており、それを延長させて推定すると、内部の面積は約12万m²以上という大規模なものになる。

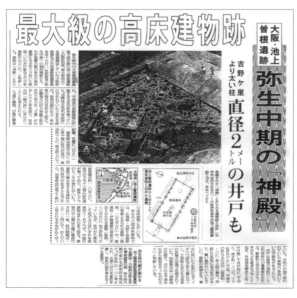 

これらの新聞一面ニュースが、その後の弥生時代研究を大きく進める起爆剤となった。
左：毎日新聞1995年6月17日、右：読売新聞1996年4月27日

図139　1990年代に再注目された池上曽根遺跡の新聞トップ記事

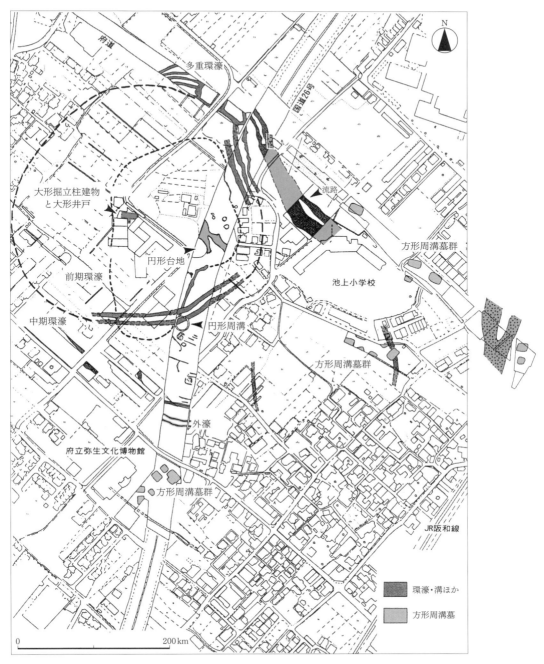

上下へ帯状に貫通するのが第二阪和国道部（国道26号）、その右上で直交するのが大阪府道部の調査範囲。交差点の南西部一帯のうち約3.5万㎡が史跡公園として整備された。中期段階の環濠は、おおむね正円形状にめぐると推定され、そのほぼ中央で大形建物や大形井戸が発見された。

図140　池上曽根遺跡の主な調査区と遺構分布

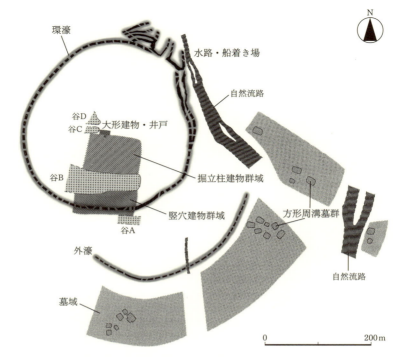

紀元前1世紀の池上曽根弥生人たちの生活舞台。環濠集落域の北東部には、自然流路が北〜北々西方向に流れ、標高の高い南東側には、方形周溝墓で構成される墓域が営まれた。

図141　最盛期における池上曽根遺跡の遺構分布概念図

下半左は谷（湿地）状地、その右側で弧状にめぐるのが環濠。環濠周辺には竪穴建物群、谷状地の左には掘立柱建物群が分布。上方左に柵で囲んである建物4棟は想像上のイメージ。その左下は大形建物1と大形井戸1。右上端は自然流路と方形周溝墓群。

図142　最盛期における池上曽根遺跡の集落東半部のイメージ

一方、環濠内側の中央から南部における調査では、環濠（南側部）の北側で東西にのびる幅約40mの谷（湿地）状地があり、それを境にして南・北で空間（土地）利用状況を整然と区別する（図141）。南側の環濠周辺では小形竪穴建物群（居住域）が密集して分布するのに対し、北側では竪穴建物はまったく検出されず掘立柱建物群や柵が存在し、その北端域にあたる環濠内のほぼ中央において、大形建物や大形井戸などがある「非日常的」空間を形成する（図142参照）。

5── 大形建物と大形井戸の発見とその変遷

　上記のように環濠内の中央付近では、床面積が135㎡（約83畳）もある、独立棟持柱をそなえた巨大な掘立柱建物（大形建物1）が構築され、その南側には、クスノキの巨木を刳り抜いた内径約2mの井戸枠を用いた大形井戸がともなう（図143〜145）。そこでは、井戸枠や直径64cmも測る建物の柱材が実際に残っており、その大きさをきわめて具体的に体感させた（図104参照）。

　大形建物1の南東部には、特殊な方法で埋設された石器石材サヌカイト集積（図146）などもみられ、一帯は非日常的で祭祀的な様相を呈するという理解が提示されている。この特殊なあり方などから、この大形建物は「巨大神殿」とも評価されることがある。

　また、重要な点として、大形の建物や井戸は1回かぎりの構築ではないことが判明した。中期後半内の短期間において、3回ていどの建て替えがほぼ同位置でおこなわれており、同じ目的で継続的にその場所が利用されたことが推測できるようになった（図147〜149）。このうち、発掘で最初に注目された巨大建物は、その位置で最終段階に構築された大形建物1にあたる。

6── 年輪年代測定法による実年代同定

　木材年輪の観察から年代を測定する方法によって、大形建物1の柱材の一つが紀元前（BC）52年に伐採されたことが判明した（本書第8章参照）。この建物が同年あるいはその直後に構築された事実がわかったが、これは、それまでの弥生時代の実年代推定を最大で約100年もさかのぼらせる結果をもたらした。

　紀元前1世紀半ば前後の状況を示したといわれる、『漢書』地理志にみる「楽浪の海中に倭人有り、分かれて百余国を為し、歳時を以て来りて献見すと云う」と記載される内容は、かつて近畿地方では、弥生時代前期末〜中期初頭の有様を表現するとされていたこともある。しかし、この年輪年代の成果によって、実際は、中期後半の時期、つまり池上曽根遺跡や奈良県の唐古・鍵遺跡のような拠点集落が近畿の各地域に形成され、大形例をも一部にふくむ多数の方形周溝墓を構築した段階であった、と判明したのである。

　これを受け、「分為百余国」と表現された「国」は、中期後半を中心とする、拠点集落を核に

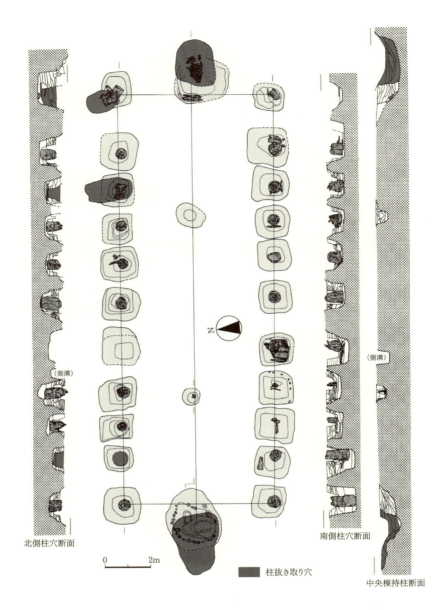

図の中央は平面図で、そのうち上下端の2遺構が独立棟持柱の柱穴、その間の2小遺構が屋内棟持柱の柱穴、それ以外は建物側柱の柱穴。図の左右は柱列の断面図。多くの柱穴内には、太い柱材の基部が腐朽せずに遺存していた。

図143　池上曽根遺跡の大形建物1実測図

すえた集落の結びつきと、それらの領域をさす社会的単位であるという、弥生集落遺跡の実態にそくした理解が可能になってきた。

　なお、ちなみに紀元前52年は、エジプトのクレオパトラ（7世）が女王に即位した紀元前51年の前年にあたる。

上側の左右方向に方形穴が2列並ぶのが大形建物跡、下側の大きな穴が大形井戸跡。それぞれの穴内に黒く見えるのが、残っていた井戸枠や柱材。

図144 池上曽根遺跡の大形建物1と大形井戸1

クスノキ大木を刳り抜いた代物。人物と比べると、その巨大さは一目瞭然。使用時は周囲は埋めもどされる。井戸枠の下端に見える孔は、水流の取り入れ用。

図145 池上曽根遺跡の大形井戸1の井戸枠

「祭祀的」な意味合いで、石器材料が「埋納」された遺構とされるもの。

図146 池上曽根遺跡のサヌカイト剥片集積

第11章 教科書に登場する遺跡 池上曽根遺跡

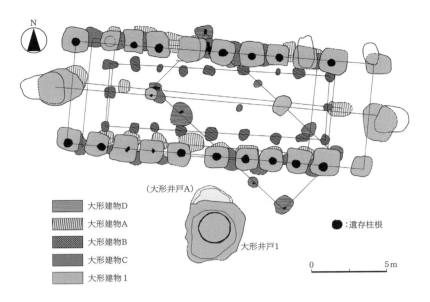

これほど遺構が複雑に重なっていると何が何だかわからず、謎解きに何日間も悩まされた。

図147　池上曽根遺跡の大形建物（A～D・1）と大形井戸の重複関係

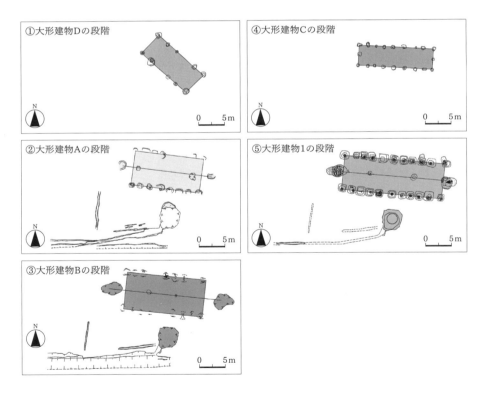

遺構の重複様相を分解・整理すると、それぞれの段階の建物の状況や、建て替えの先後関係が判明。大形建物はD→A→B→C→1の順で構築されたと判断できるが、建物Cの位置づけや評価にはやや流動的なところもある。

図148　池上曽根遺跡の大形建物・大形井戸などの変遷

(1) 大形建物Dが建てられた頃（Ⅳ-2様式）

(5) 大形建物1が建てられた頃（Ⅳ-3様式）

(2) 大形建物Aが建てられた頃（Ⅳ-2様式）

(6) 大形建物1が部分改修された頃（Ⅳ-3様式）

(3) 大形建物Bが建てられた頃（Ⅳ-2様式）

(7) 大形建物1が解体された頃（Ⅳ-4様式）

(4) 大形建物Cが建てられた頃（Ⅳ-2様式）

(8) 大形建物1が解体後放置された頃（Ⅳ-4様式以降）

建物右下の人物の成長具合（そして埋葬）が時間の経過幅を表現。図中に描かれた土器の形や文様も、そのときどきの弥生土器（壺）の小様式差を示す。

図149 池上曽根遺跡の大形建物・大形井戸の変遷イメージ

7 ── 遺跡の意義

　具体的な実態が未解明であった、弥生時代の拠点的環濠集落の内部構造を明らかにした（追記参照）。

　また、年輪年代測定で弥生実年代の定点を得たことによって、今までとはちがった正確な年代観で、日本列島史を、東アジア史ひいては世界史と比較検討できる基盤を提供した。

8 ── 情報

遺跡の現状

　発掘成果にもとづき、集落の環濠、大形建物、大形井戸、竪穴建物、掘立柱建物などの現地復原や、学習体験施設の建設をもりこんだ史跡公園化計画を進め、2001年5月には「池上曽根史跡公園」として全面オープンした。

交通案内

　JR阪和線信太山駅（大阪市内の天王寺駅から約30分）下車、西へ徒歩約7分。
　阪神高速道堺線・湾岸線、阪和道、堺泉北道から国道26号経由ですぐ（駐車場完備）。

関係施設

　遺跡内に、弥生時代の総合博物館かつ研究施設である大阪府立弥生文化博物館（図150、TEL：0725－46－2162）があり、その一室では「池上曽根ワールド」として、当遺跡に関する特集展示が常設されている。

　また、本館は2015年3月に、常設展示を一部改装し、「卑弥呼と出会う博物館」というコンセプトのもとリニューアルオープンした。新しい卑弥呼の立像もあらわれ、彼女は学界で議論の的となっている「卑弥呼の鏡」をかかげ持つ。はたしてその鏡の種類（鏡式）は、三角縁神獣鏡か、もしそうでないなら何か、注目されているところでもある。

〔主要関連文献〕
　秋山浩三 1996、2016b ／秋山浩三編 1996、1998 ／池上曽根遺跡史跡指定20周年記念事業実行委員会 1996 ／史跡池上曽根遺跡整備委員会 1997 ／大阪歴史学会 1996

〔追記〕

　本章の初出稿は1998年3月刊にあたるが、原稿依頼を受けた趣旨や紙幅の関係を勘案しつつ、当時まだ流動的要素が多含されるなどの事情から、いわゆる「弥生都市論」に関する事項はあえてもりこまなかった。

　弥生時代には都市と認定してもよい大形集落が存在するという活発な議論が、池上曽根遺跡の大形建物（「巨大神殿」）の発見を実質的な出発点として、1990年代後半から盛行した点は周知のことである。

(1) 建物外観

(2) 第2展示室「池上曽根ワールド」(右:大形建物柱材・大形井戸枠、一部レプリカ含)

(3) 鏡をかかげ持つ卑弥呼像

(4) 記者会見・発表用のPRボード

図150　リニューアルされた弥生文化博物館

それは、適切な比喩でないかもしれないものの、パルテノン神殿を擁するアテネのような古代ギリシア都市国家に擬したイメージを、若干彷彿させるかのようでもあった。当遺跡に関する調査・研究状況をめぐり、都市論の項目を欠落さすのは客観性に乏しいと指摘を受けるかもしれないが、上記の事由があった点を記しておきたい。

　当遺跡の遺構・遺物内容やそれらの関係性など具体的様相をふくめての、弥生都市論の研究史や内実、さらにはその当否にかかわる私なりの見解は、本書第15章で言及しているので参照していただきたい。また、より詳細については、かつて提示した拙著（秋山2006a、2007b）でも確認願いたい。

補編8

辞典に登場する遺跡　池上曽根遺跡

1── 池上から池上曽根へ

　1960年代末〜70年代初頭の第二阪和国道（国道26号）敷設にともなう発掘調査の成果により、池上曽根遺跡（大阪府）の知名度が全国的に高まったが、当時の名称は池上遺跡であった。それが、1976年における国史跡の指定を契機に、実際の遺構・遺物分布域を反映させるため、池上曽根遺跡にあらためられた。

　池上にしても池上曽根にしても、この大形弥生集落遺跡は、1970代以降に発刊された考古学・古代史関係の辞典・事典類において頻繁にとりあげられてきた。それら書籍の挿図には、当遺跡の弥生時代中期における祭祀具の代表格である鳥形木製品や、遺存良好な木製農工具などが用いられていた。そして、この遺跡や発見遺物のその人気は現在も持続している。

　また、当遺跡における1990年代以降の史跡整備にともなう発掘調査や整備成果は、第11章ほかで示したように、考古学界内外から大きな注目を受けてきた。そのこともあり、これらの最新成果をもりこんだスタイルで、2000年代刊行となる辞典類に「簡潔を旨とする」池上曽根遺跡に関する拙稿を掲載したので、以下に再録しておくことにした（秋山 2006b、2007c、基本的に原文踏襲）。

　なお、当該部に掲載された図・写真は本書では省略した。だが、それには、従前の木製の鳥形や農工具にかわって大形建物などを用いた、というように周囲から注目されるアイテムの変容に対応したつもりである。

2――『日本古代史大辞典』（大和書房刊・2006年）

いけがみそねいせき　[池上曽根遺跡]

　大阪府和泉市池上町、泉大津市曽根町ほかに所在する、弥生時代前期から中世にいたる複合遺跡。

　1969（昭和44）〜71（同46）年の第二阪和国道建設にともなう発掘で、広範囲に内容が明らかになった。1976（昭和51）年には、弥生時代中期を中心とする拠点的な大形環濠集落の代表的存在として国史跡に指定された。1990（平成2）年以降は、整備公園化に関連した発掘が始まり、集落内部の様相が飛躍的に解明されつつある。

　集落の成立は弥生前期後半にあたり、その直後に環濠が開削される。環濠の平面形は不整形を呈し、内部は南北約270 m、東西約160 m、約3.3万 m^2 となる。

　中期には、環濠の平面形がほぼ円形（推定）となり、集落規模が飛躍的に拡大される。

　中期初頭の環濠内部は、南北約290 m、東西約300 m、約6.7万 m^2 をはかる。

　中期後半では集落が最大規模になり、具体的様相がかなり明らかになっている。この段階の環濠は、中期初頭の環濠の外側にほぼ並行して掘削され、内部は南北・東西とも約320 m、約8.1万 m^2 にもおよぶ。環濠外部の東側において自然流路が確認されており、そこからの越流対策のために、環濠の北側では多重環濠帯を形成する。また、環濠外部の南側には外濠が存在する。それより内側が居住や労働などの日常的な活用範囲となっていたようで、環濠内部をふくめたその領域は、南北・東西とも約450 m、占有面積は約12〜14万 m^2 にも達する。外濠のさらに南・東側では、方形周溝墓群からなる墓域が形成される。

　一方、環濠内部は、微凹地を境にして竪穴建物（住居）域と掘立柱建物域とが整然と分けられる特徴を示す。集落の中央部付近では、独立棟持柱をそなえた床面積約135 m^2 の大形掘立柱建物が構築されており、径60 cmをこえる柱材の基部が遺存していた。建物の南面には、径2 m以上の一木刳り抜きクスノキ材を井戸枠にした大形井戸も検出されている。

　これら大規模な両遺構の発見が実質的な契機となって、考古学界では、弥生時代の「都市」論がさかんに議論されるようになった。また、大形建物に使われた柱材は、年輪年代測定によって伐採年が紀元前（BC）52年と判明した。その結果、この実年が、建物構築の相対年代である弥生中期後半と接点をもつ蓋然性が高くなり、弥生時代の実年代比定論に大きな影響を与えた。

　集落の最盛期後になると、中期末には大形建物や環濠は廃され環濠集落が解体にいたり、後期には小規模集団が分散して集落を営むようになる。

　現在、当遺跡では、大形建物復原をふくめた第1期整備が完了し、2001（平成13）年春から史跡公園が開園している。先に遺跡内に設置されていた大阪府立弥生文化博物館とともに、遺跡一帯は、弥生時代を具体的かつ総合的に体感・学習できる環境となっている。

　〔参考文献〕秋山浩三 1996、1999d、乾哲也 1996、広瀬和雄ほか 1996

〔図・写真〕池上曽根遺跡における弥生時代中期後半の空間利用概念図と大形掘立柱建物─省略（本書図141・144参照）

3──『東アジア考古学辞典』（東京堂出版刊・2007年）

池上曽根遺跡　いけがみそねいせき

　大阪府和泉市池上町、泉大津市曽根町ほかに所在する、弥生時代前期から中世にいたる複合遺跡。

　1969〜71年（昭和44〜46）の第二阪和国道建設の事前調査や、1990年（平成2）以降の整備公園化にともなう発掘で、弥生時代中期における拠点的な大形環濠集落の代表例として、内容が広範囲に明らかになった。1976年（昭和51）には、国史跡に指定されている。

　集落の成立は弥生時代前期後半であるが、最大規模になるのは中期後半にあたる。この段階の環濠内部は約8.1万m^2にもおよぶ。また、環濠外部の南側には外濠が存在し、その外縁では方形周溝墓群からなる墓域が形成される。環濠内部の中央付近では、独立棟持柱をそなえた大形掘立柱建物が構築されており、その南面には大形井戸が付随する。

　これらの発見が端緒となり、弥生時代の「都市」論がさかんに議論されるようになった。また、大形建物の柱材の伐採年が年輪年代測定によって紀元前（BC）52年と判明し、弥生時代の実年代比定論に大きな影響を与えた。

　出土遺物は多彩であり、弥生前期遺構に共伴する土器には、朝鮮半島の無文土器との関連が推測できる資料も確認されている。

〔文献〕秋山浩三 1996、1999d、2000、2006a、乾哲也 1996、広瀬和雄ほか 1996
〔図〕池上曽根遺跡の大形掘立柱建物─省略（本書図143参照）

第12章
実録／池上曽根大形建物・井戸の復原工事

1── 史跡整備計画の関連事業をめぐって

　私が所属する（財）大阪府文化財センターは1995年度以降、地元市からの受託事業として、大阪府和泉・泉大津両市に所在する史跡池上曽根遺跡の発掘調査や遺跡整備実務を継続してきた（本書第11章ほか参照）。

　このうち、2001年5月2日に「池上曽根史跡公園」としてオープンをみた第1期整備事業に、私は担当技師として従事した。その間は、大きな注目を得た弥生時代中期後半（紀元前1世紀）の大形建物・井戸の発掘や、それらの現地での復原建築を中心とした整備工事など、各種事業にかかわった（図151〜154参照）。

　関連内容の概要については、私の担当箇所以外もふくめ、いくつかの刊行物でおおよそ知ることができるのでそれらを参照されたい。

　ただし実態としては、1990年から開始されたこの遺跡の史跡整備にともなう発掘調査の「正式」報告書は、いまだ1冊たりとも公刊されていない。これは、幾人にもおよぶ各機関に属する発掘担当者の職務怠慢という事由ではなく、別なところに課題があるようである。

　ゆえに、気がかりになってはいるものの、今では、上記した事項に関しては属人的責務の範疇外の状況にいたっている。そのこともあり、私個人としては、少なくとも考古学領域について、備忘録的であるものの事実記載を提示することにこれまで努めてきたつもりである。

図151 池上曽根遺跡の第1期史跡整備イメージパース

図152 池上曽根遺跡の大形建物・井戸復原工事の竣工状況

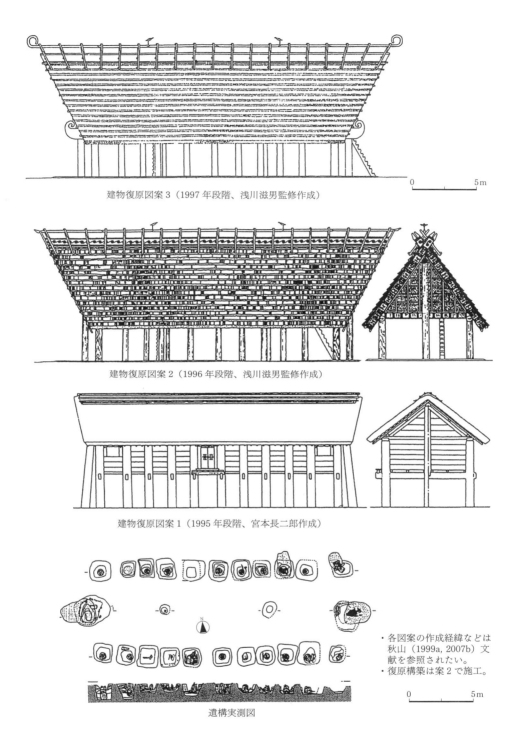

図153 池上曽根遺跡の大形建物1実測図と建物復原立面図

(1) 案1によるC.G.

(2) 案1によるC.G.（遺構に重ねたもの）

(3) 案1によるパース

(4) 案1による模型

(5) 案2によるC.G.

(6) 案2によるC.G.

(7) 案2によるパース

(8) 案2による模型

図154　池上曽根遺跡の大形建物・井戸の建物復原案各種

2── 整備事業進捗の記録写真

　しかしながら、遺跡整備事業そのものをめぐっての責任ある専門的な解説や総括は、とうてい私の手におえるものではない。ただ、関連業務にかかわっていた当時、何かの参考になればと考え、拙い理解の範囲内にとどまるが、記録だけは将来へ残そうと心がけた。

　このような個人メモや雑録の若干が手許に存在する。そのなかに、整備工事の進捗にしたがって撮影したネガカラープリントが多くふくまれている。発掘・整備事業の双方において、遺物・図面・写真など各種原資料の一切は和泉市へ納められたので、現存する写真類は（財）大阪府文化財センター用として予備的に作成したものにあたる。もはやそれらは部分的に退色しつつあるが、写真資料のなかでも補助的な位置づけにあるネガカラー写真の保管に関しては、センターとして十分な対処はままならないという。

　ところで2006年は、当遺跡が国史跡に指定されてから30周年という節目にあたった。そこでこの際に、現地復原された大形建物・井戸（図152）の建築工事に関する写真類を紹介しておこうと思いたった（図155〜177）。

　記憶が不正確になっている点を懸念しながらも、大形建物・井戸の構築施工の流れをおおむね把握できるよう、各カットを次頁以下のように配列した。しかし、個別の詳細記載などは上述のとおり不可能なため、簡単なキャプション類だけを添えるようにし、通覧すれば具体のあらかたが理解できるように顧慮したつもりである。

　なお、図152の写真にあるとおり現地竣工した両復原建築物は、諸々の紆余曲折をへたのちに、浅川滋男監修のもと図153・154にある建物復原図案2に依拠して施工されたものにあたる。

　また、あえて記すまでもないが、池上曽根遺跡は、考古学・遺跡整備史において、かけがえのない重要意義を今なお顕示しつづけている。この雑駁な写真集がいつの日か、当遺跡整備事業の具体を統括する際、いくばくかの参考になればと念じたい。

〔主要関連文献〕
　秋山浩三　1999a、1999d、2006a、2007b、2007g ／秋山浩三編　1996、1998、1999、2004、2007 ／池上曽根遺跡史跡指定20周年記念事業実行委員会　1996 ／池上曽根史跡公園協会　2001 ／和泉市教育委員会　2000、2001 ／（財）大阪府文化財調査研究センター　1999 ／摂河泉地域史研究会・乾哲也編　1999 ／広瀬和雄編　1998

(1) 復原工事ヤード万能塀設置

(2) 復原工事ヤード遠景

(3) 大形建物復原材（ヒノキ）の伐採前儀式
（於：和泉山中、1997年9月20日）

(4) 大形建物復原材の地元小学生による伐採斧入れ式

(5) 大形建物復原材の伐採

(6) 大形建物復原材の伐採後集積

(7) 大形建物復原材の伐採後検品

(8) 大形建物復原材の伐採時に付された呪符

図155　池上曽根遺跡の大形建物・井戸の復原工程ほか - 1

(1) 工事ヤードへの大形建物復原材の搬入（1997年12月18日）

(2) 工事ヤードでの大形建物復原材の搬入後検品

(3) 工事ヤードへの大形建物復原材の搬入時関係者

(4) 製材所（大阪府高槻市）での大形建物復原材の搬入後検品（1998年1月22日）

(5) 製材所における大形建物復原材の樹皮剝がし

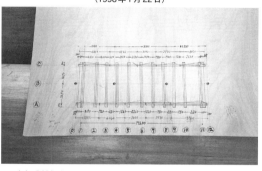
(6) 製材所で用いられた大形建物復原材の組み方指図

(7) 製材所における大形建物復原材の墨付け

(8) 製材所における大形建物復原材の節払い

図156　池上曽根遺跡の大形建物・井戸の復原工程ほか - 2

(1) 木工事加工場（京都府久御山町）における大形建物笠木の加工

(2) 木工事加工場における大形建物梯子の加工

(3) 木工事加工場における大形建物梁ほかの加工

(4) 木工事加工場における大形建物桁木口の彫刻

(5) 木工事加工場における大形建物登梁ほかの仮組み

(6) 木工事加工場における大形建物母屋桁の仮組み

(7) 木工事加工場における大形建物屋根材の仮組み

(8) 木工事加工場における大形井戸各材の仮組み

図157　池上曽根遺跡の大形建物・井戸の復原工程ほか－3

(1) 復原現地における起工式受付 (1998年3月4日)

(2) 復原現地における起工式

(3) 復原現地における起工式の鍬入れ式 (和泉・泉大津市両市長)

(4) 復原現地における起工式の参列者

(5) 復原現地の遺構埋め戻し状況

(6) 復原現地における基礎造成 (盛土ほか)

(7) 復原現地における基礎造成 (砕石敷設)

(8) 復原現地における基礎造成 (コンクリート用配筋)

図158 池上曽根遺跡の大形建物・井戸の復原工程ほか - 4

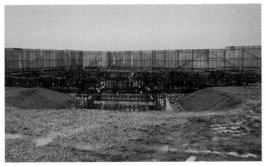
(1) 復原現地における基礎造成（コンクリート用配筋）

(2) 復原現地における基礎造成（コンクリート用型枠）

(3) 復原現地におけるコンクリート基礎

(4) 復原現地におけるコンクリート基礎部盛土造成

(5) 大形建物復原の柱材搬入

(6) 大形建物復原の柱基部金属ソケットへの挿入

(7) 大形建物復原の側柱建て方開始

(8) 大形建物復原の側柱建て方開始

図159　池上曽根遺跡の大形建物・井戸の復原工程ほか - 5

(1) 大形建物復原の側柱設置基礎部

(2) 大形建物復原の側柱設置基礎部への建て方

(3) 大形建物復原の側柱設置基礎部への建て方調整

(4) 大形建物復原の桁架設

(5) 大形建物復原の桁架設

(6) 大形建物復原の桁架設

(7) 大形建物復原の側柱建て方・桁架設継続

(8) 大形建物復原の側柱建て方・桁架設継続

図160 池上曽根遺跡の大形建物・井戸の復原工程ほか－6

(1) 大形建物復原の側柱建て方・桁架設継続

(2) 大形建物復原の側柱・桁設置完了

(3) 大形建物復原の側柱・桁・梁設置完了

(4) 大形建物復原の側柱・桁・梁・屋内棟持柱設置完了

(5) 大形建物復原の床板設置

(6) 大形建物復原の床板設置

(7) 大形建物復原の棟木（地棟）設置

(8) 大形建物復原の独立棟持柱・棟木設置

図161 池上曽根遺跡の大形建物・井戸の復原工程ほか‐7

(1) 大形建物復原の棟木設置

(2) 大形建物復原の登梁設置

(3) 大形建物復原の登梁設置

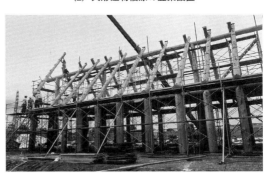
(4) 大形建物復原の登梁設置

(5) 大形建物復原の登梁設置調整

(6) 大形建物復原の登梁設置調整

(7) 大形建物復原の母屋桁設置

(8) 大形建物復原の母屋桁設置

図162　池上曽根遺跡の大形建物・井戸の復原工程ほか - 8

(1) 大形建物復原の基礎組み大略完了

(2) 大形建物復原の上棟式会場（1998年10月2日）

(3) 大形建物復原の上棟式

(4) 大形建物復原の上棟式

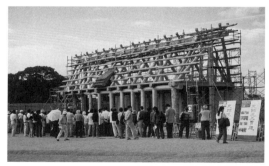
(5) 大形建物復原の上棟式後の一般公開（1998年10月3・4日）

(6) 大形建物復原の上棟式後の一般公開

(7) 大形建物復原の上棟式後の一般公開

(8) 大形建物復原の上棟式後の一般公開（建物設置予定の飾板展示）

図163　池上曽根遺跡の大形建物・井戸の復原工程ほか － 9

(1) 大形建物復原の破風板搬入

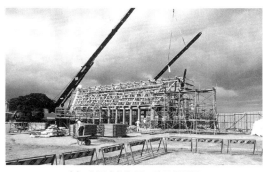
(2) 大形建物復原の破風板設置

(3) 大形建物復原の破風板設置調整

(4) 大形建物復原の破風板設置調整

(5) 大形建物復原の垂木設置

(6) 大形建物復原の垂木設置

(7) 大形建物復原の垂木設置調整

(8) 大形建物復原の垂木設置調整

図164 池上曽根遺跡の大形建物・井戸の復原工程ほか - 10

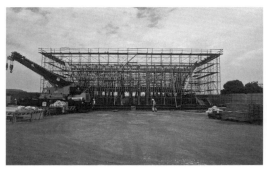
(1) 大形建物復原の覆屋（素屋根）設営

(2) 大形建物復原の覆屋設営

(3) 大形建物復原の覆屋完成

(4) 大形建物復原の覆屋遠景

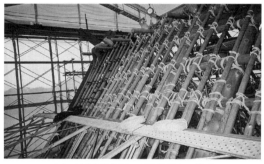
(5) 大形建物復原の屋根葦葺き下準備

(6) 大形建物復原の屋根葦葺き下準備（小舞竹設置ほか）

(7) 大形建物復原の屋根葦葺き下準備（小舞竹設置ほか）

(8) 大形建物復原の屋根葦葺き下準備（小舞竹設置ほか）

図165　池上曽根遺跡の大形建物・井戸の復原工程ほか‐11

(1) 大形建物復原の屋根葦葺き

(2) 大形建物復原の屋根葦葺き

(3) 大形建物復原の屋根葦葺き

(4) 大形建物復原の屋根葦葺き（段葺き調整）

(5) 大形建物復原の障泥板搬入

(6) 大形建物復原の障泥板細部加工

(7) 大形建物復原の障泥板設置

(8) 大形建物復原の障泥板設置

図166　池上曽根遺跡の大形建物・井戸の復原工程ほか － 12

(1) 大形建物復原の障泥板設置調整

(2) 大形建物復原の笠木設置

(3) 大形建物復原の笠木設置調整

(4) 大形建物復原の笠木設置調整

(5) 大形建物復原の置き千木・烏止り設置

(6) 大形建物復原の置き千木・烏止り設置

(7) 大形建物復原の置き千木・烏止り設置調整

(8) 大形建物復原の置き千木・烏止り設置調整

図167　池上曽根遺跡の大形建物・井戸の復原工程ほか － 13

(1) 大形建物復原の鳥形設置準備（室内での仮組み立て）

(2) 大形建物復原の鳥形設置

(3) 大形建物復原の鳥形設置調整

(4) 大形建物復原の鳥形設置完了

(5) 大形建物復原の壁（杉へぎ板網代編み）設置

(6) 大形建物復原の床面跳上げ両開き戸設置

(7) 大形建物復原の梯子設置

(8) 大形建物復原の梯子設置調整

図168　池上曽根遺跡の大形建物・井戸の復原工程ほか － 14

(1) 大形建物復原の猿梯子基部調整

(2) 大形建物復原の柱基部調整ほか

(3) 大形建物復原の柱基部造成調整

(4) 大形建物復原の柱基部造成調整

(5) 大形建物復原の破風板仕上げ

(6) 大形建物復原の破風板仕上げ

(7) 大形建物復原の障泥板仕上げ

(8) 大形建物復原の飾板・桁木口彫刻仕上げ

図169　池上曽根遺跡の大形建物・井戸の復原工程ほか‐15

(1) 大形井戸復原の井戸枠材（クスノキ）の検品
（於：東大阪市文化財協会、1998年7月31日）

(2) 大形井戸復原の井戸枠材の搬出（於：同前）

(3) 大形井戸復原の井戸枠材の切断
（於：当センター池島・福万寺遺跡発掘現場）

(4) 大形井戸復原の井戸枠材の移動（於：同前）

(5) 大形井戸復原の井戸枠材の製材（於：京都市）

(6) 大形井戸復原の井戸枠材の製材・加工（於：同前）

(7) 大形井戸復原の基礎造成（コンクリート用配筋）

(8) 大形井戸復原の基礎造成（コンクリート用型枠）

図170　池上曽根遺跡の大形建物・井戸の復原工程ほか - 16

(1) 大形井戸復原の基礎造成（コンクリート基礎完成）

(2) 大形井戸復原のコンクリート基礎

(3) 大形井戸復原の井戸枠材現地搬入

(4) 大形井戸復原の井戸枠材設置

(5) 大形井戸復原の柱設置

(6) 大形井戸復原の屋根材組み立て

(7) 大形井戸復原の屋根材設置

(8) 大形井戸復原の屋根材設置調整

図171　池上曽根遺跡の大形建物・井戸の復原工程ほか - 17

(1) 大形井戸復原の屋根葺茸き

(2) 大形井戸復原の障泥板ほか設置

(3) 大形井戸復原の障泥板ほか設置調整

(4) 大形井戸復原のごろた石敷き

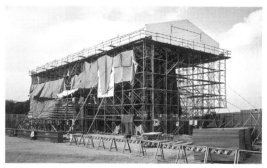
(5) 大形建物復原の覆屋（素屋根）解体

(6) 大形建物復原の覆屋解体

(7) 大形建物復原の覆屋解体

(8) 大形建物・井戸復原の完成直前

図172　池上曽根遺跡の大形建物・井戸の復原工程ほか - 18

(1) 大形建物復原の屋内雨漏り発生状況

(2) 大形建物復原の屋内雨漏り補修状況

(3) 大形建物復原の消防検査

(4) 大形建物復原の大阪府検査

(5) 大形建物・井戸復原の竣工式
（1999年3月19日、当センター坪井清足理事長挨拶）

(6) 大形建物・井戸復原の竣工式時
（左：当センター都出比呂志評議員・坪井清足理事長ほか）

(7) 大形建物・井戸復原の竣工式時
（中央：当センター藤澤一夫・金関恕理事ほか）

(8) 大形建物・井戸復原の竣工式記念撮影

図173　池上曽根遺跡の大形建物・井戸の復原工程ほか‐19

(1) 各種打合せ風景（於：インフォメーション棟）

(2) 各種打合せ風景（於：現地事務所、中央：京都環境計画研究所 西尾信廣所長・手島知恵所員）

(3) 各種打合せ風景（於：同前）

(4) 各種打合せ風景（於：同前、当センター坪井清足理事長指導）

(5) 文化庁（本中眞文化財調査官）視察（於：インフォメーション棟）

(6) 文化庁（同）視察（於：大阪府高槻市製材所）

(7) 文化庁（同）視察（於：大形建物復原現場）

(8) 文化庁（坂井秀弥文化財調査官）視察（於：大形井戸復原現場）

図174 池上曽根遺跡の大形建物・井戸の復原工程ほか‐20

1　坪井清足当センター理事長ほか

2　金関恕大阪府立弥生文化博物館館長、乾哲也和泉市教委職員ほか

3　工楽善通奈良国立文化財研究所埋蔵文化財センター長ほか

4　南清彦和歌山大学名誉教授ほか

5　浅川滋男奈良国立文化財研究所室長ほか

6　堅田直当センター理事ほか

図175　池上曽根遺跡の復原事業指導・視察・来訪者・関係者ほか - 1

1　近藤義郎岡山大学名誉教授ほか

2　佐原真国立歴史民俗博物館館長ほか

3　山中一郎京都大学教授、田中清美大阪市文化財協会所長ほか

4　永島暉臣慎大阪市文化財協会調査課長ほか

5　久保恒彦和泉市久保惣記念美術館名誉館長・カローラ南海社長ほか

6　タレント・浜村淳ほか

図176　池上曽根遺跡の復原事業指導・視察・来訪者・関係者ほか - 2

1　井藤徹当センター調査部長

2　中西靖人当センター調整課長ほか

3　左から：岡勲（株）大林組所長、秋山、杉本友美・藤井文子・藤原夏青当センター補助（補佐）員

4　左から：山崎頼人・後藤理加・長友朋子当センター補助員

5　左から：仲原知之・長友朋子当センター補助員

6　大形建物復原の上棟式棟札記載者名

図177　池上曽根遺跡の復原事業指導・視察・来訪者・関係者ほか‐3

第Ⅴ部
集落特性と専業・都市論

第13章
弥生「集住」集落の基本特性

1──弥生集落研究の蓄積／近年の文献史学からの批判

　2004年に関口裕子（2002年没）の遺稿著作『日本古代家族史の研究』（塙書房）が出版された。日本古代における家父長制家族の未成立を主張した文献史学者による同書には、初出論文がじつに多くふくまれており驚いた。

　しかもそこでは、戦後すぐに和島誠一が基本的な方向性を示し、近藤義郎によって実証把握と理論的整合が図られ、その後、都出比呂志が積極的な歴史評価を提示した、「単位集団」「世帯共同体」論を代表とする考古学集落論の成果について、遺構評価の個々微細にまでおよび執拗なほど批判を加え否定している。考古学史的にみて重要な位置をしめる、岡山県沼遺跡（弥生時代中期後半、図178 - 2）の発掘成果に依拠し設定された「単位集団」、つまり、遺跡様相として竪穴建物数棟の集合体として把握される遺構群そのものまでに対しても、しかりである。

　古代家族・共同体論の評価はここではとりあげないにしても、考古資料の実態にかかわる完膚なきまでの追及に対し看過のままではおられない。はたして、関口の理解は正鵠を射ているであろうか。

2──各地の集住集落における構造原理と変遷

　東日本から九州にいたる弥生大形「集住」集落の内部構造を概観すると、それらは、集落の占有面積が最大限に達し、遺構・遺物の稠密分布が示すとおり集住状況が極度となる段階にお

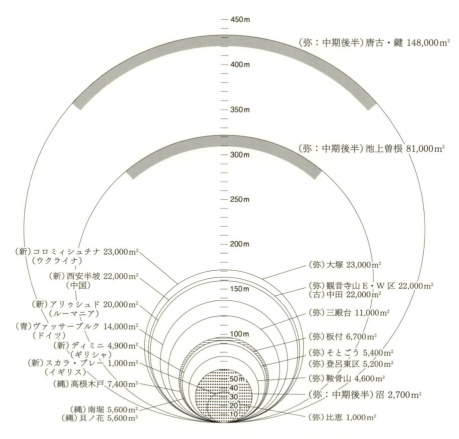

集落面積比較グラフ：プラニメーターで測定した集落の面積を遺跡ごとに円で表現した。中央の縦軸は円の直径を示すモノサシである。環濠で囲まれたり、自然地形によって集落範囲が確定しやすく、かつ時期が限定しうるものを選んである。なお図のアミ部分は日本古代の水稲農耕社会の経営の最小の基本単位となる集落の面積の範囲を、横線部分は縄文時代の「拠点的集落」の面積分布を示す。そのようにして、都出比呂志（1975）がかつて作成した図に、唐古・鍵遺跡と池上曽根遺跡のデータを加えた（時期略記は、新石器・青銅器・縄文・弥生・古墳時代を示す）。

(1) 弥生集落ほかの規模比較

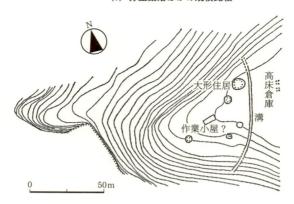

集落域がほぼ全面発掘された成果を受け、「単位集団」として把握された弥生時代中期後半の小規模遺跡。竪穴建物が5棟で構成される。

(2) 沼遺跡

図178　弥生集落ほかの規模と沼遺跡の集落構成

いても、居住遺構のまとまりを保持した「構成単位」の集合体として評価できる。この構成単位のそれぞれは必ずしも均質的な様相をみせるものではなく、地域・時期によって、規模の大小差を示したり、重層的なあり方をうかがわせる場合もある。一方で、このような構成単位の集合体ではなく、集落内が求心・単一的構造を示唆する例もあるが、それはごく少数に属すると認定すべきで、集落構造原理における普遍的な存在形態ではない。

　ある段階に居住域一帯が大環濠で囲まれたり一所への集中にいたる場合でも、その内部は前段階の構成単位を継承して形成される様相が、居住域や墓域の区分そのものに投影されている。また、集落の盛期がすぎた、大集落や過度集住の解消後の段階にあっては、基礎的な構成単位を維持するあり方やその単位を反映する状態で分解していく動態も注目される（代表例として図179：奈良県唐古・鍵遺跡、図180：大阪府四ツ池遺跡）。

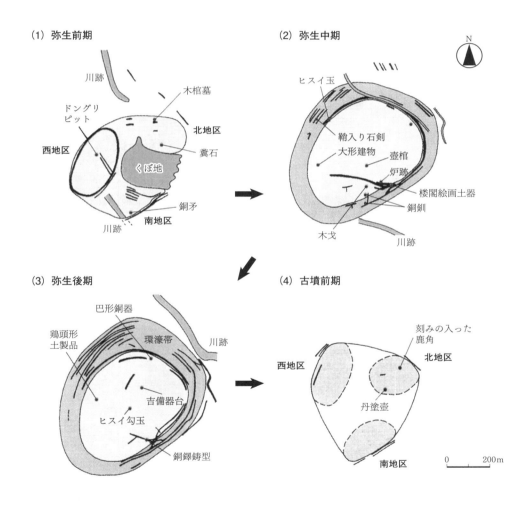

弥生時代前期と古墳時代前期では、西・北・南地区という3「構成単位」の集合体として明確である。また、大環濠帯で囲まれる弥生時代中・後期においても、集落内部は3分されるという発掘成果がみられる。

図179　唐古・鍵遺跡の集落構成

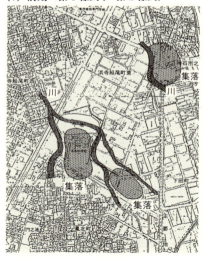

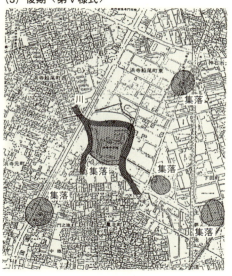

居住域（集落）がまとまる弥生時代中期でも墓域が群別となっていて、集落内が複数単位で構成されていることが推測できる。
図180　四ツ池遺跡の集落構成

　つまり、最拡大期に同一箇所に集まるような居住形態を呈していても、先後時期の状況から判断するなら、その最盛期の様相はいわば一過性の特殊な様態であり、基層には各期に通底した大小単位の集合構成体としての原理が存在していた。
　そのような構成単位が、集団関係のなかでいかなるつながりやまとまりを表出したものかについては、各地域・時期にそくした議論が必須となる。だが、それぞれの居住域単位に付随し、加えて、その居住にみられる構成単位が造営主体と推定できるあり方で、墓域が形成される事実は重要である（典型例として図181－2：石川県八日市地方遺跡）。

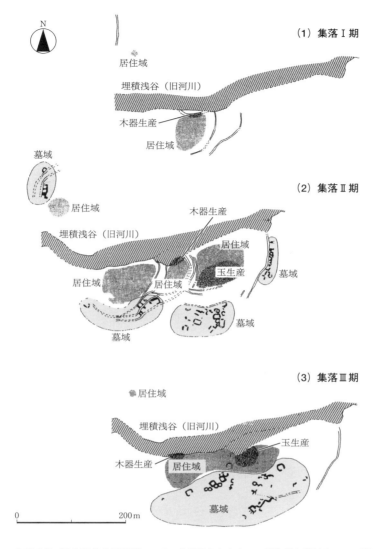

集落Ⅱ期（弥生時代中期前半）では、典型的なあり方で、居住域と墓域がセット関係を示す。
図181　八日市地方遺跡の集落構成

　このような墓域では、おおむね中部瀬戸内以東の地域において、方形周溝墓群からなる集団墓として展開する。そして、同形態墓を家族墓・世帯墓とする研究史的な理解が存在する。これに準拠し、そのような血縁関係を結合原理とする墓群の形成主体を、居住域の単位に相応させて理解するなら、その集落にみられる居住の構成単位も血縁関係によって集合したまとまり、と評価してよいだろう。

　なお、上記してきたような構成単位のなかには、考古学的な証左として、居住域・墓域・生産域（水田）の三者が、セット関係で把握できる資料的条件に恵まれた好例もみられる点を、付記しておく。

第13章　弥生「集住」集落の基本特性　　335

3 ── 集落構成単位の内部構造

　上記のように各地の大形集落で看取される、一定のまとまりをみる構成単位の個々の内部様相については把握しづらいことが多い。集住ゆえに多種遺構が極端に密集重複することもあり、遺跡での現象として、分布規模や遺構内容・数量などにおいて表面的な差異や不明点が多くみられるからである。そのため現状では、一定規範にもとづく客観的な評価をすぐにはしにくい。

　そこで、近畿地方でごく最近調査された弥生時代各期の中・小規模集落における好発掘例、具体的には、前期の讃良郡条里遺跡、中期の三宅西遺跡、後期の八尾南遺跡（いずれも大阪府所在）を分析してみる。その結果、これらの集落では、同時存在した蓋然性をみせる居住構築物（竪穴建物ほか）数棟によって群が構成されるケースの、「最小単位」をあらためて確実に摘出することができる（図182）。

　往時に機能していた時間的一断面の実態を表出する、この最小単位にみる占有面積や遺構様相は、考古学史にいう「単位集団」のそれに近い。三宅西遺跡や八尾南遺跡では、そのような単位が隣接集合することによって中規模集落を形成している様相が把握でき、集落分析にあたっての留意すべき視点となる。

　よって、このような基礎的となる最小単位が、大形集住集落を形成する際にも、構成分子として何らかのかたちで存在・反映していただろう、と予測してよいと考えられる。

　そして、この最小単位は、丘陵地で広範囲をしめる大形集落、たとえば、ともに弥生時代後期の鳥取県妻木晩田遺跡（図183）や大阪府古曽部・芝谷遺跡などにみられる、それぞれの構成単位の内容に比較的近似したものでもある。この現象に関しても注意される。

　また、上述した大小の構成単位に対応し付随する墓域の内部様相において、分布状況や遺構内容のあり方に一定の群別を確認できる実例が比較的多くみられる点は重要となる（大阪府瓜生堂遺跡ほか、図30 − 2参照）。これは、現状での峻別が必ずしも容易ではない、各種集落の構成単位内における、基礎的な最小単位をみきわめるという検討作業において有効になると考えられる。つまり、構成単位内の細分やそれらの関係性の把握に向けての指針・傍証となろう。

4 ── 集落の経済的側面

　集落内の、主に基盤・根幹をなす日常的必需品や、それらの生産部門に属する物的資料の特性について述べる。私のかつての分析において、つぎのように理解した。

　一般的に、各種の農耕具、狩猟具、漁撈具、開墾具、加工具、武器ほか、多様な生業などに必要な諸労働用具を、集落内の各所において、共通したあり方を示しながら一定の量・組成・比率で保有している。しかも、それら諸具の製作の多くを自らがおこなうという様相をみせる（本書第14・15章、図192・193参照）。

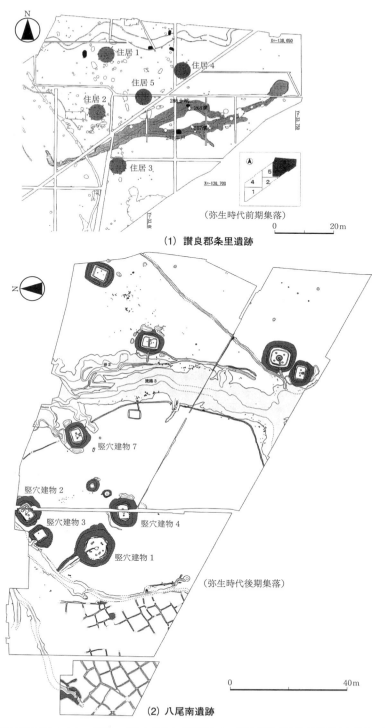

両遺跡の調査ではともに、集落の「最小単位」が判明した。讃良郡条里遺跡は近畿地方最古の弥生集落で、住居（推定：平地式建物）は5棟で構成される。八尾南遺跡の西側居住域は集落内容のほぼ全体が判明し、ここでも竪穴建物5棟が存在している。付随する遺構には井戸2基などがある。

図182　讃良郡条里遺跡・八尾南遺跡の集落構成

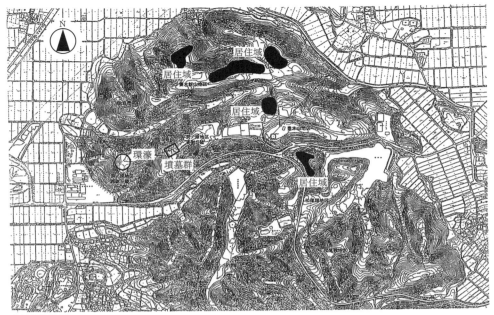

(1) 後期前葉

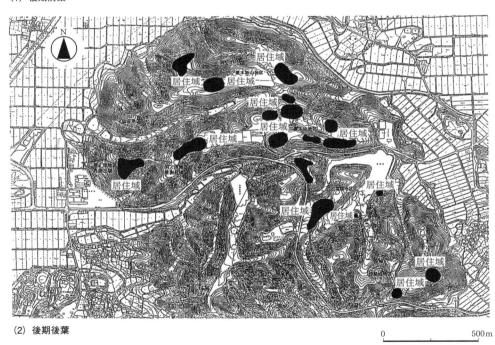

(2) 後期後葉

0　　　　　500m

それぞれの居住域（単位）は、同時存在した3～5棟の竪穴建物で構成されている。集落最盛期の弥生時代後期後葉では、そのような単位が数多く集合し、全体として大規模集落を形成する。

図183　妻木晩田遺跡の集落構成

この評価は大阪府池上曽根遺跡（本書第11章ほか参照）や近畿各地の集落遺跡の資料検討から導かれたものであるが、労働内容が均質的で普遍的な特徴を示すこのような性格が、各地の集落やその内部諸所におよんで、あまねく基層に存在したと想定すべきである。

　要するに、各種の手工業的労働やそれらの従事者が、農業などから分離した状況はうかがえず、非農業的労働部門の集団内分業における専業度は決して高いとは考えられない。各種手工業の多くは農閑期労働などとして実施され、特殊技術を必要とする分野（金属器製作ほか）をふくめ、大規模かつ恒常・常駐的な手工業生産体制は集落内において想定できない、としたほうが妥当である（本書第15章参照）。

　このような、農業をベースとして各種労働をこなす成員の集合・構成体としての様相が、大形集住集落をふくむ弥生集落の経済的側面にみられる基本属性として把握できる。

5 ── 集住の形成・解消の要因・背景 ── 農業生産技術の限界性と進展との関連

　では、以上のような特質をそなえる構成単位の集合体が、一箇所あるいはごく近接地へ、何ゆえに一時期といえども結集し大形集落（極度集住）を形成したのか、そしてその後、なぜ解消または縮小したのか、が問題となる。

　その要因をめぐり、灌漑水稲耕作における、農業生産の技術・経営発展との関係を連動させ評価したい（本書第15章参照）。

　弥生時代各期の水田変遷が判明し、全国的にみて貴重な生産遺跡例となる大阪府池島・福万寺遺跡（図184）の実態と、近畿地方ほかにおけるおおむね一般的な集落変遷、つまり、中期に集住集落を形成し、後期以降にはそれが解消するという動態とを、対比・統合的に検討してみる。

　弥生中期は、前期から継続する可耕生産地の量的拡大を顕著に示すものの、水田域の灌漑水利システム管理においてまだ未成熟な段階にとどまっている。

　それとあいまって、水田経営維持のためには、数多い集落構成員の相互による個別・具体的しかも直接・日常的な調整が、常に必須となっている状態にある。そのような煩瑣な調整が、物理・時間的に最も機能しやすいように、集住＝大規模集落の形態をとらざるをえなかった。

　他方、弥生後期では、完成度が高い水利システムを一定ていど獲得する段階にいたる。

　すると、間接的であっても系統的な調整機能が稼働する状態となり、従前と同質同量の各種雑多な調整の必要性が、集落構成員の間で著しく低下することになる。そのことにより、中小集落の分散形態といえども、大規模な水田経営が可能な体制に導く。むしろ、住環境の面としても、そのような集落形態のほうがより有益であったのであろう。その帰結として、大形集落の解体・縮小を惹起させる。

　換言すれば、当時の基幹生業である灌漑水田経営を順調かつ効率的に遂行する大目的のもとにあって、集落構成員の相互間における直接・日常的調整が集住を誘発・継続させ、反対に、間接・間欠的調整が集住を解消させた主背景と推測できる。

同一地点で弥生時代各期の水田変遷が判明する一級資料。弥生時代前期〜中期は自然地形に制約された状態で水田を広げるが、後期になると自然環境を制御し高度な水利システムを一定ていど獲得し、一層の水田拡大化を達成する。

図184 池島・福万寺遺跡における弥生水田の変遷

6 ── 弥生集住集落の基本特性と歴史的評価

　大形集住集落（近畿地方では中期主体）における内部構造の基本的実態は、求心・単一的構造をとる確固とした統一体ではなく、血縁的な紐帯によるまとまりを示す、構成単位の複数集合したあり方が一般的な姿であった。

　その結合形態は、当時の農業技術の限界性と進展状況に左右されながらも、農業生産効率を一層高めるというそのときどきの欲求達成のため、集住やその解体・縮小という動態をみせた。そして原則的に、集落内の労働内容は用具の保有状況などからみるかぎり比較的均質で、しかも灌漑水稲農業を基調とした生業体制を顕示している。

　さらに、ごく一部の特別品をのぞき、諸生産分野にしても著しく特化した様相を呈さず、各品目の製作状況も等質的である。基礎的で日常的な場面では、恒常的な階層性が顕著となる状況があらわれず、農業生産に主体的にあたる各集落の構成員のほとんどは、平均的な様態を示していたと判断できる。

　したがって、弥生大形（集住）集落の本質的な特性は、つぎのようになろう。

　日本列島の農耕社会形成期にあたる弥生時代という時代的制約のなかにあって、その灌漑水稲農業生産の技術階梯（未成熟性）に応じて展開した、農耕集落のやや特異な一形態だった、と評価すべきである。そしてあえて付言すれば、それら弥生集落に対しては、「都市」というタームを用い表現すべきでないと考えられる。

　以上のような基本特性を前提としたうえでの、弥生時代の集団・社会関係をめぐる追究が肝要となってこよう。

〔主要関連文献〕

　秋山浩三 2006a、2006f、2007b、2016a／（財）大阪府文化財センター 2008、2009a、2009b／岡本茂史 2007／近藤義郎 1959、1983、1985／近藤義郎・渋谷泰彦編 1957／菅榮太郎 2007／関口裕子 2004／都出比呂志 1970、1975、1989a／中尾智行 2008／和島誠一 1948、1973

〔追記1〕

　本章の初出刊行は、考古学研究会第54回研究集会（統一テーマ「集落から都市へ──集団関係の諸相──」）における、口頭発表用に準備した「報告要旨」（秋山 2008b、2008c）にあたる。本書では、それをおおむね踏襲し再録している。紙幅のかぎられた粗稿であったため、個別的な検証記載を欠いた、意をつくしていない断定表現の羅列になってしまっている。そのような内容を弥生集落（ムラ）の特性をあつかう本書第Ⅴ部の初頭にすえたのは、私自身の弥生集落に対する基本的な理解（サマリー）が凝縮されていると判断したためで、その点ご寛恕願いたい。

　関連する具体的記述については本書第14・15章で示している点と、〔主要関連文献〕中にあげた拙稿においても詳述している旨を付記しておきたい。

　なお、本来なら、上記研究集会での報告後にその詳細内容を成稿すべしであったが、まさに私的な事情でそれは断念せざるをえなかった。その際の事ごとについては、多くの関係者にあらためて深くお詫

び申し上げたい。

〔追記2〕
　上記研究集会の要旨原稿内容は本文中に示したとおりであるが、それにふくめていなかったものの、口頭発表の最後に言及し、また、研究報告をめぐる討議（稲田・大久保・秋山ほか 2008）でもとりあげられた項目に関し以下記す。
　弥生「集住」集落内部における、通底する基本的特性としての等質性・同質性を、私は研究集会で強調した。しかしそれだけでなく、先学による研究成果、たとえば、広瀬和雄（1996、1998）、都出比呂志（1989a、1998a）、寺沢薫（1998、2000）らの見解などに比べて、大形（環濠）集落の形成・解体における首長の役割や首長権力の卓越性は、相対的に低かったと理解している。今後そのあたりの議論が肝要となってくるので、若干ふれておく。
　現在の考古学界で弥生「都市」として一部で固執される大形集落の形成契機は、「首長の求心力」によるものであったという見解が提示されている。また、都市とはいえないにしてもそれら大形集落の解体については、大きな権力をもった首長が一般農民とは別な場所に「首長居館」を独立させたため、つまり、その集落から首長がとびだしていったことが大形集落分解の要因であった、と評価されている。
　しかし、それらに私は賛同しない。
　集落変遷にみる実際の消長は、農業生産技術の限界性や進展状況と連動し、それに規定された現象としての動態であった、と私が把握する点は前述のとおりである。先行研究で主張される、弥生時代中期までに顕在化したという階層分化ならびに首長権力の伸展や卓越性そのものは、私の現理解では、むしろ、大形集落の解体後の段階（主に後期）に実質的な胎動を示し始めると判断している。
　本文でふれたように、最盛期（主に中期）後における大形集落の解体・分散化という実態と関連・併行する重要要素は、灌漑農耕水利システムにおいて、間接的であっても調整が可能となる段階にいたったことである。そして、そのシステム中枢部分を重点的に掌握することによって、管理・指示系統における有力集団・集落への一元集中化を促進させる契機を生む。そこで主導権を獲得した集団のなかから、有力者・首長の台頭とその権力の伸展が顕在化していき、このような帰結として階層分化が本格的な兆候をあらわし始める、と想定している。
　つまり、近畿地方で一部をのぞいてみられる、弥生時代中期末〜後期初頭における大形集落の解体という事態、そしてその後の展開のなかから階層化が進みだす、という変遷を考える。このような理解は、大形集落の形成・解体時における首長の存在やその権力を低くみつもるだけでなく、それらの顕在化の時期を少なからず遅らせようとする目論みとなっている。
　ところで、近畿地方において、中・小規模ではあるものの「首長居館」として比定・推定される遺構は、奈良県平等坊・岩室遺跡や大阪府尺度遺跡のように、その嚆矢が弥生時代終末期〜「古墳時代初頭」（＝庄内式期前後）にみられると認識される。その後、類例が増加するのは、奈良県域（大和）を中心とした古墳時代前期以降の遺跡で、中期にはきわめて顕著な存在形態を示す例（奈良県極楽寺ヒビキ遺跡ほか）も把握されている。
　要するに、近畿地方で一般的に弥生大形集落が消滅する時期（中期末頃）と首長居館が出現し普遍化しだす時期との間には、看過できないほどの、きわめて大きい時間的なへだたりを認めざるをえない。つまり、この事実が非常に重要と考えられ、その「ヒアタス」の期間（200年間ぐらいか）において、階層分化が進み首長権力の卓越性が醸成されていったと推断している。
　首長居館が具体的に確認されるようになる時期に、近畿地方においては、奈良県の纒向遺跡、大阪府

（中河内地域）の加美・久宝寺遺跡群や東郷・中田遺跡群に例示されるとおり、特異な集落が出現する。すなわち、多数で顕著な墳墓遺構をもりこんで、じつに広大な面積を占有し、しかも、流通拠点として各地方のモノ（物資）を大量に集積させるような、従前の弥生集落とは大きく性格をちがえた内容の遺跡（群）が形成されるにいたる（本書第15章参照）。この類の遺跡の出現やその進展状況、さらには集団墓からの特定個人墓の析出や古墳出現期の様相をかんがみるにおいて、その直前時期に相当する弥生時代後期（なかんずくその後半）という段階に起こった歴史展開のあり方にこそ、十分に留意すべきと考えている。

　ともあれ、このような、大形集落解体後の弥生時代後期・終末期や古墳時代以降をも視座にすえた展望への実証的な検討が、今後の重要課題になると自戒している。

補編9

縄文から弥生時代へ　久宝寺ムラの誕生

1──縄文・弥生移行期における「住み分け論」から「共生論」へ

　第13章では、主に弥生時代中期から後期にかけての、規模が最大級で「集住」状態となる集落展開を中心にあつかったので、ここでは、縄文時代末から弥生時代前期への移行期の集落にかかわる様相をとりあげます。具体的には、河内平野に所在する久宝寺遺跡（大阪府八尾市・東大阪市）における最近の調査成果を素材にして考えてみます。

　30年以上も前の近畿自動車道建設にともなう発掘では、久宝寺遺跡の北端において、近畿地方の弥生時代の始まりを考えるうえで重要な発見がありました。この地域最後の縄文土器とされる長原式（突帯文土器）の深鉢に、稲籾の圧痕が確認されたのです（図185）。

図185　久宝寺遺跡の籾圧痕のある長原式土器

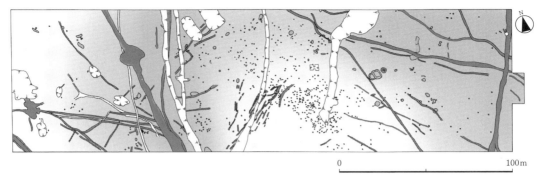

(1) 縄文時代晩期から弥生時代前期の遺構面

(2) 縄文時代晩期の土器（右3点：長原式土器）

(3) 弥生時代前期の土器（遠賀川系土器）

(4) 木製鍬と復原イラスト

(5) 獣形勾玉

図186　久宝寺遺跡における弥生（前期）系を主体とする集落と出土品

(1) 石棒（片岩製）　　　　　　　　　　(2) 土偶（3個体分）

図187　久宝寺遺跡の石棒と土偶

　その土器は、もとからこの地に住んでいた縄文系の人々と、東部瀬戸内地方から到来し、本格的な水稲農耕技術と遠賀川系土器（弥生前期土器）を伝えた弥生系の人々との、最初の遭遇を雄弁に物語る資料として注目されました。

　縄文から弥生への過渡期をめぐるその当時の研究では、縄文系の人々は山側の扇状地や丘陵縁辺などに住み、一方、新しくやって来た弥生系の人々は、水田を営みやすい低地の旧河内湖岸にムラをつくったと想定されていました。縄文系と弥生系の人々による「住み分け論」といわれた説です。

　しかし、最近の発掘調査では、縄文系ムラとそのすぐ近くで新来の弥生系ムラがセットで発見される事例が多くなりました。両者のムラはしばらくの間、それぞれ別な生業スタイルを保ちつつ、近接して集落をかまえ、ともに独自の生活をつづけていたという事実がわかってきました。このあり方は「共生論」とよばれ、その縄文系と弥生系が共存していた期間を一定ていど経過してから、地域全体が本格的な弥生社会に入っていったと想定されています（本書第2章3節、図36・37参照）。

2— 久宝寺遺跡にみる「共生」の展開

　このような弥生時代の幕開けを示す内容が、久宝寺遺跡南端（籾圧痕土器の発見地点より約1.5km南）の発掘でも、近年明らかになってきています。

　この付近では、つい先年の調査で、長原式期の縄文系ムラの跡が検出されていました。そして、そのすぐ西隣約40mしか離れていない調査地において、図186に示したような初期の弥生（前期）系を主体とするムラがあらたに発見されたのです。ここでは、生活用水を得るための井戸や、土坑（掘り込み穴）、柱穴など、居住にかかわる数多くの遺構が発掘されました。水田遺構は未確認ですが、鍬や鋤などの農具も出土したので、水稲農耕をおこなっていたことは確実です。

　そして重要な点が、それぞれの集落で使用された土器の様相などにみられます。

東側の縄文系ムラでは、当然ながら縄文の長原式土器を用いていましたが、それに混ざって弥生の遠賀川系土器も少し出土しています。反対に、遠賀川系土器を使う西隣の弥生系ムラからは、若干量の長原式土器が確認できます。さらにこの弥生系ムラからは、石棒や土偶といった縄文系の呪術具も発見されました（図187）。これらは、ムラ相互の密接な交流をまさに反映した現象といえるでしょう。

　存続期の全期間とはいえないにしても、縄文・弥生両系のムラが一定の間は、とても親密に共生し、その後、この地の縄文系の人々も水稲農耕の技術を習得していったと解釈できます。

　このような過程のなかでくりひろげられた久宝寺遺跡におけるドラマを、今後の検討作業で一層明らかにできればと考えています。

〔主要関連文献〕
　秋山浩三 2007b／（財）大阪府文化財センター 2003b、2005a、2007／（財）大阪文化財センター 1987a

補編10

かいだい　ジョウとヤヨイからのメッセージ

1── 公開劇　「コメと出会った縄文人」

　補編9で縄文・弥生移行期をとりあげたので、本編でも関連事項をあつかう。
　第7章でふれたように、池島・福万寺遺跡（大阪府東大阪市・八尾市）は、近畿地方最古の水田が発掘され、弥生開始期を考究するうえできわめて重要な位置をしめる。現在、この遺跡の発掘調査は中断しているが、私が当遺跡の調査にかかわった1990年代には、広範囲にわたる発掘が絶え間なく実施されており、多くの職員や作業員が毎年フルタイムで従事していた。
　また、ちょうどその頃、近畿地方における縄文時代晩期から弥生時代前期にかけての集落遺跡の発掘に関しても、肝要となる調査内容の蓄積が多くみられた。
　それらの成果をふまえ、私は、「近畿における弥生化の具体相」（秋山 1999c、同 2007bに再録）という拙稿をどうにかまとめることができた。その詳細はここでは述べないが、眼目として、①近畿地方への本格的な水田稲作技術・文化＝弥生文化の伝播経路やその故地（東部瀬戸内・讃岐地域）の問題、②縄文系集団と弥生系集団の「住み分け論」という従前理解ではなく、両系集団がごく近接位置において集落をかまえ、それゆえに、近畿地方における「弥生化」が大きな軋轢をともなうことなく比較的スムーズに達成されたという旨の「共生論」、などを展開した（本書第2章3節、図36・37参照）。
　このような私的例を除外するにしても、1990年代末〜2000年代初頭頃は、近畿だけでなく各地方において弥生開始論に関する考察が盛んとなり、従前とは段階を画した展開をみせ、新見解などが提示された時期であった。
　まさにそのような折、池島・福万寺遺跡において初期水田調査を継続していた（財）大阪府文

図188　パンフレット『公開劇『コメと出会った縄文人』』中のイラスト

「シーン3：縄文人と遠賀川人の話し合い」の始まり
図189　公開劇「コメと出会った縄文人」の幕間

化財調査研究センター・池島分室の主催で、発掘成果の現地公開説明会を実施することになった。協議の結果、そのときのメインテーマには、近畿地方における弥生開始期の問題をとりあげようと決まった。そこで、上記した拙稿を床本とした脚本を作成し、遺跡現場で、調査担当メンバーによって素人公開劇を上演することにした。

　題して、公開劇「コメと出会った縄文人」。1999年10月9日、野外ステージ、一回上演（初演）、それのみ、……。そして、粗ストーリーは、つぎのとおり、……。

　水田稲作技術をたずさえた弥生系集団（遠賀川系土器使用）が、東部瀬戸内地方から、当時の「河内湖」東岸にはじめて上陸する。在来の縄文系集団（突帯文系土器使用）との交渉をへて、縄文・弥生系集団の両者が近接居住し「共生」するようになる。そして、あどけない、縄文系ムラ（非稲作集団）の男の子＝ジョウと、弥生系ムラ（稲作集団）の女の子＝ヤヨイとの、ふれあいから始まった展開が、両系集団の密接交流を一層進め、その地域における本格的な弥生化に大きな役割をなした、というものである。

　上演にあたり、舞台の背景画は本格的な布地彩色、効果音はセミプロの生演奏、衣装は手作り（一部は既存分）、配役・ナレーター等々はセンター分室職員の大熱演、というもので、その甲斐があり、現地説明会への来訪者からは大きな絶賛を受けた。ジョウとヤヨイが成長し、二人が結ばれるようになり、大団円はジョウ・ヤヨイの熱い抱擁シーンで幕が引かれるという、興行的要素にも満ちていた。

　その公開劇の配付パンフレット（図188参照）に、私は解題として、「〈かいだい〉ジョウとヤヨイからのメッセージ」という原稿を書いた（秋山 1999b）。それは、我ながら珍しいと思うほど、かなり「平たい」言い回しで、当該地の縄文・弥生移行期の具体相を描出できたように考え

ている。そこで、参考までに次項に再録しておくことにした。

　なお、重ねて参考として、件の公開劇での私の担当は、アクターでもなく、ナレーターでもミュージシャンでもなく、薄い黒絹で顔を隠し、黒長靴を履き、全身黒ずくめの衣装（ジャージとトレーナー）で、各シーンごとのタイトルプラカードをかかげ持ち、幕間に、しずしずと、土壇舞台上を横断する「ラウンド（リング）ボーイ」役であった（図189）。

2── 解題：幼い二人のふれあいと、はぐくまれた愛

　コメ（ご飯）を主食とする私たちの食生活の開始は、弥生時代からです。
　そして、近畿地方で一番古い水田が、この池島・福万寺遺跡で発見されています。ここでの調査をはじめ近年の発掘や研究によって、弥生時代の始まりの様子がかなりよくわかってきました。
　これまでは、大阪の最初の遠賀川（弥生）人のムラは、もともと住んでいた縄文人のムラや生活空間とは離れたところにあって、お互いの日常生活には入りこむことはなく、「住み分け」をおこなっていたと考えられていました。
　ところが、縄文人のムラのすぐそばで、新しい遠賀川人のムラが発見されることが多くなってきました。このことから、水田をしている遠賀川人と、まだ水田を始めていない縄文人が、すぐとなりどうしでムラをつくっていて、親しい近所つき合いをしていたことなどが、わかってきたのです。縄文と弥生の両方の特徴が混じりあった土器があいついで発見されだしたのも、これを証明しています。
　また、最初の遠賀川人が使った打製石器の材料のほとんどが、香川県の金山産のサヌカイトであることや、土器や農具の作り方が似ていることなどから、大阪に稲作を伝えたのは、今の四国・香川県あたりの遠賀川人だろうと考えられるようにもなりました。
　さて、ご近所つき合いのなかで、まずはじめに仲よくなっていくのが、やはり今も昔も、子どもたちです。この縄文人と遠賀川人の子どもたちの無邪気なふれあいのなかにこそ、縄文ムラがコメ作りを開始した、小さいけれど重要なキッカケがあったと考えられます。子どもたちが結婚し、そして二人から生まれた子どもが大きくなる頃には、近畿地方の多くの縄文ムラが本格的な弥生ムラに変わっていきます。
　このあたりのようすを、私たちなりに今回の劇に表現してみました。
　今、皆さんが立っている池島・福万寺遺跡で、最古の水田がつくられるようになった第一歩は、この近くに住んでいた縄文ムラのジョウと弥生ムラのヤヨイの、他愛ないふれあいと、そこからはぐくまれた愛にあったといえます。
　このように、最近の調査によって、弥生時代の始まりのあり方が、これまで以上に私たちに身近なものとして感じられるようになったわけです。

第14章

弥生の風と火と水と——専業生産の理解をめぐって

1── 池上曽根遺跡の史跡指定40周年と「工房域」

　2016年は、池上曽根遺跡（大阪府和泉市・泉大津市）が国史跡に指定されてちょうど40周年にあたる。また奇しくも、この年は、史跡公園オープン15周年、遺跡内にある大阪府立弥生文化博物館の開館25周年にも相当する。私がこの遺跡の発掘調査などに直接かかわっていたのは、このおよそ20年前、二つ昔前の節目の頃に相当する。

　当時は、「巨大神殿」とも称された大形建物や大形井戸の発見があり、弥生「都市」論がこの遺跡から彗星のごとく発進された。加えて、史跡指定20年目の1996年4月26日には、大形建物柱材の年輪年代測定をめぐる結果が大々的に公表され、考古学界に衝撃がはしった。そして、これら弥生の「都市」と実年代の議論は、その後の弥生研究を大きく伸展させる起爆剤となった。その渦中に放り込まれていた往時の、緊迫かつ忙殺の日々が昨日のように甦ってくる（本書第8・11・12章ほか参照）。

　さて本章では、まず、「生産活動からみた池上曽根遺跡」というテーマを中心素材としてすえ、さらには、各地における弥生集落内の諸生産にかかわる問題を検討することにしたい。

　巨大環濠集落である池上曽根遺跡からは、集落内に生きた人々の多彩な労働の結実として、大量で種々の生産品＝遺物が出土しており、多方面の生産活動が絶え間なくおこなわれていた点は明白である。そして、遺物そのものの面だけでなく分布様相や遺構の問題などにおいても、それら諸生産活動の実態を具体的に示してくれるのは、「工房（域）」の存在ということになる。

　しかし、残念ながらこの遺跡では、個別内容が判明するような工房域の確証が得られているわけではない。たとえば、銅鐸の製作を実証する石製鋳型片（図122参照）の出土は、遊離し

た包含層検出の二次的資料である。また、木器や石器の生産過程を雄弁に示す製作途中品は数多く発見されているものの、それらの具体的な工房域の特定は、今後の課題となっているのが現状といえる。

そこで以下では、他遺跡の実例などを参照し、池上曽根遺跡をふくむ弥生集落における生産活動、そのなかでも、専業生産の評価にかかわる議論をとりあげてみたい。

2── 各地の集落内における工房域の推定例

各地方の弥生遺跡から得られた調査成果を通覧し、集落（居住域）内における、一定の場所的なまとまりとして工房域の特定・推測がなされている代表例を、最初に示しておこう（図190・191）。

(1) 近畿地方

近畿最大の巨大環濠集落で、最盛期の中期には約30万m²にもおよぶ、唐古・鍵遺跡（奈良県、図190－1、図179・199参照）にみられる各種の製品や製作途中品のあり方では、金属器の生産にかかわる出土情報が最も特筆できる。

中期末～後期において、集落の南東隅部にあたる約30m四方範囲という一角に、炉跡状遺構や多種類の青銅器鋳造関連遺物（土製の銅鐸・武器鋳型外枠、石製銅鐸鋳型、鋳造失敗の銅鐸片、トリベ、フイゴ羽口など）が分布しており、大形集落内部のごくかぎられた場所に鋳造工房域が存在したと把握される。

また、木器に関しては集落内の各所で製作されていたともいわれるが、中・後期の製作途中品のあり方では、集落の北西部と南東部に確認例の集中する箇所があるので、その近くに木器生産とかかわる工房域が想定されている。

東奈良遺跡（大阪府、図190－2）は、南北約1800m、東西約850mを測り、摂津地域を代表する拠点集落である。中期後半に属する石製銅鐸鋳型（12個体分）、土製銅戈鋳型、土製ガラス勾玉鋳型が多数のフイゴ羽口などとともに、集落主要域の南東端部からまとまった状態で出土している（本書補編11参照）。よって、その一帯に青銅器・ガラス生産の工房域が存在したと予測される。

(2) 東海地方

朝日遺跡（愛知県、図190－3）は、80～100万m²におよぶ当地方最大の規模で、長期にわたって継続した拠点集落である。この遺跡では、後述のように多様な遺物の出土様相が検討されているが、そのなかで、中期における玉類の生産痕跡に関してだけは、やや様相を異にするといわれる。緑色凝灰岩、硬質凝灰岩、硬玉などを原材とした玉類の製作が、竪穴建物SB03などのように特定箇所に限定できるという実態が解明されている。さらに、集落の総体的な構成として

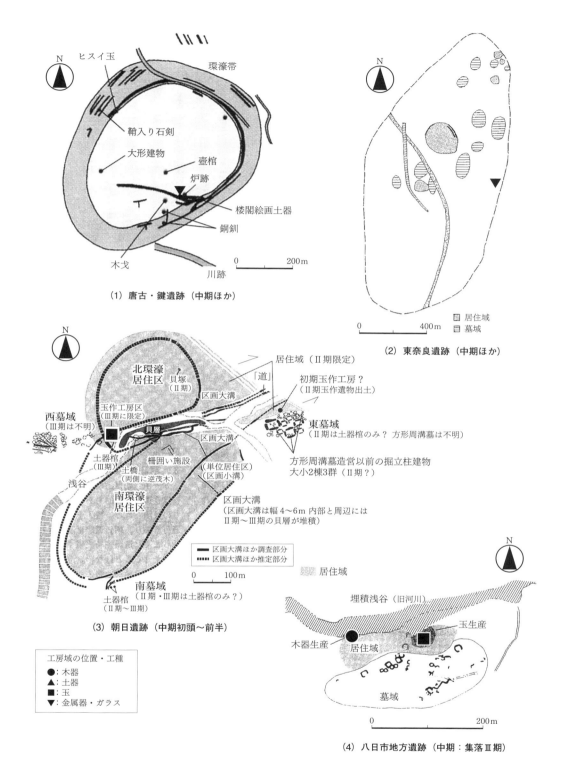

図190 弥生集落内に推定される工房域 - 1

も、玉作工房は独立した地区にあり、景観的にも分離したものになっていると評価される。

　なお、後期に属する資料ではあるが、北環濠居住域の南東隅部において、若干点ながら青銅器の鋳造関連遺物が出土している。その解明は今後に託されるが、付近に鋳造工房域が存在した可能性の指摘もある。

　朝日遺跡と同じ濃尾平野に位置する勝川遺跡（愛知県）では、中期の居住域は2～3単位に分かれているが、その中間の一段低くなった低位段丘面において、自然河川と掘立柱建物群域が検出された。そしてその一角では、木器の製作途中品の貯蔵がみられる土坑や木器製作に関連した遺物類を確認し、木器工房域と判断できる。この地区ではほかに、数点の玉原材が出土しており、玉製作の可能性も推測されている。

(3) 北陸地方

　八日市地方遺跡（石川県、図190－4、図181参照）は、総面積約15万m^2、遺構集中部約3000m^2におよぶ拠点集落である。ここでは、製作途中品などの出土傾向から、集落内における石器、土器、木器、玉の生産が実証されている。このうち、中期に属する集落Ⅰ期～Ⅲ期において、木器や玉の生産に関連する遺物類が集中して出土することから、それぞれの工房域の存在が確実視される箇所が指摘できる。そして、それらが時期ごとに場所を移動したあり方で把握可能となっている。

　吹上遺跡（新潟県）は、中期における規模が南北・東西とも約250ｍを測る。そのなかで、中期中葉を主体とする玉作工房の竪穴建物が、旧河道付近の地点に集中して構築されており、工房域が明確に判明する好例といわれる。

(4) 四国地方

　文京遺跡（愛媛県、図191－1）は、南北約200ｍ、東西約400ｍの大規模で密集型の拠点集落であり、中期後葉～後期初頭の集落内部が、明瞭に機能分化しレイアウトされる大形集落としてよく引き合いにだされる。

　具体的には、遺構分布のあり方から、(1)竪穴建物密集域（集住区）、(2)小形掘立柱建物域（高床倉庫群＝貯蔵区）、(3)大形掘立柱建物・大形竪穴建物域（集落中枢地区）、として把握されている。

　加えて、出土遺物の様相では、ガラス滓やガラス小玉、青銅鏡片、板状鉄材という品目がまとまって検出されることから、その付近に、(4)ガラス装身具をふくめた金属器生産の工房域が推定される。

　さらには、土器生産の焼成時に生成される、焼成破裂痕をもつ土器や焼成不完全（生焼け）品など、多様な土器焼成の残滓が集中して出土し、その付近からは、土器製作の素材となる黄灰色生粘土塊の埋置がみられる土坑も発見されている。これらのことから、それら関連遺物の分布域が、(5)土器生産をおこなった工房域として推定される。

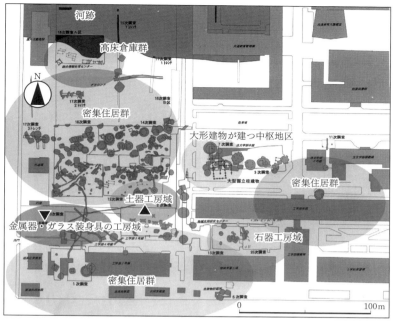

(1) 文京遺跡（中期後葉〜後期初頭）

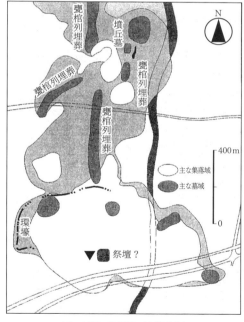

(2) 吉野ヶ里遺跡（中期前半）

図191 弥生集落内に推定される工房域 - 2

(5) 九州地方

　吉野ヶ里遺跡（佐賀県、図191 - 2）は、内部構造が良好に判明する大規模集落として一般にもよく周知される遺跡で、南北約1200ｍ、東西約700ｍの規模をもち、主として丘陵部に展開する。

　この遺跡の中期環濠集落の南西付近で検出された大形土坑（SK04）は、内部に青銅を溶解する炉が存在した可能性が高いといわれる遺構で、そこから多量の木炭や灰、焼土に混ざって銅矛や銅剣の鋳型、錫片、青銅片、鉱滓（スラグ）、炉壁状品などが出土した。また、その周辺からは銅矛の中子（鋳造用内型）も発見されるなど、一帯が中期初頭～前半の青銅器工房域と把握されている。

　安永田遺跡（佐賀県）では、中期末の環濠集落内の一角において、溶解炉があり、その周辺の竪穴建物や祭祀土坑から銅矛鋳型、銅鐸鋳型、フイゴ羽口が出土している。その面積は1500 ㎡ほどで、区画する施設もなく、鋳型の点数も500 ㎡に１点で、大々的な操業状況ではないものの、確実な青銅器工房域として判断される地区である。

3── 工房域の内容と、風と火と水と

(1) 4部門の工種

　上記以外に、単独で石器製作工房ほかに比定できる建物などが指摘される例もある。また、たとえば文京遺跡の図191 - 1には、石器工房域という表記がみられるが、現時点では詳細は判然としない。このような事例をここでは一応除外しておこう。

　さて、以上に紹介してきた各地の諸例が、集落内において一定の領域を占有し、関連する製作途中品などの集中的な出土をともない、多くの研究者によって個別工種の工房域と評価される代表格にあたるわけである。それらをあらためて確認してみると、どうも、限定された工種においてのみ顕著な現象になるのでは、と気づかされる。

　すなわち、①木器、②土器、③玉、④金属器・ガラス類、という４種の生産項目が、現状で把握されている工房域関係のデータに該当することになる。これらの物財では、①と②が日常必需品、③と④が非日常特殊品にあたり、また、前者が一般的な技術体系、後者が高度な技術体系で製作された品目に相当する。

(2) 火・水・風とのかかわり

　そして、この４工種のうち、まず、①木器、②土器、④金属器・ガラス類の生産において、下記のような作業工程が当然ながらふくまれる点に注目したい。

　①では、用材木の水漬け工程である。木材の水漬けは、スギやヒノキでは油・アク抜きや用材の割れを防ぐため、カシのような堅い材では、歪みが少なく柔らかくなるように修整して加工をほどこしやすくするためであり、この工種には避けられない重要な準備工程である。つぎに、②

と④では、土器の焼成時や金属・ガラス原料の溶解時における、火を用いた焼成・高温加熱の工程を必須とすることは説明を要しない。

　すなわちこれら3工種には、水あるいは火の、大量・常時使用が前提の条件となる。この事由から、集落内において、水がいつも十分に得られる地点、火を焚いても建物などの施設や人々に被害をおよぼさない地点、というような場所的な制約を、①②④の各工種はおのずと受けることになる。

　つづいて、③玉の生産においても、玉の研磨・穿孔時はもちろんだが、工房内における石片残滓の清掃などには、多量の水が必要となる。玉作工房内の工作用ピットとして報告される遺構中には、玉生産過程で生成された微小石片や磨き滓、作業に用いた金剛砂・石英砂などをふくんだヘドロ状泥土がしばしば充塡されている。このことが、水の大量使用の証拠となっている。加えて、近年の重要研究において、硬玉（ヒスイ）原石の分割には、受火による加熱処理工程の存在も想定されているようである。したがって、③工種においては、水と火の双方による場所的な制約を受けることが指摘できる。

　要するに以上の工種には、いずれにも、水や火の相当量で不断の供給が必須となってくる。しかも、火に関しては、災害発生の防止という観点に立つなら、風の方向とその強さが非常に重要な要素となる。このことからすると、集落内でこれら4工種の生産を実施するためには、流路や環濠（帯）、溝、谷部、微凹地の付近などというような、水が常に豊潤な位置、そして、風下部や空閑地などのような、不慮の失火の際にも周辺の建物・人などに損失や危害を与えない位置、という類の、場所の制約を強く受けることが回避できない事態となってくるわけである。

　このような、きわめて単純でしごく当たり前の見方で再確認してみると、先に紹介した諸遺跡では、実際にそのような集落内の地点で、工房域に関連する遺構や遺物が検出されているのである。以下では、その視点で、場所的な特性と工房域の内容との関連がうかがえる具体例を、工種ごとに再整理しておこう。

(3) 金属器・ガラス・土器生産と火・風

　金属器やガラスの鋳造にかかわる遺物類が、近畿地方で最もまとまって検出されているのは、唐古・鍵遺跡と東奈良遺跡である。それらの工房域と推定できる箇所は、ともに集落（主要居住域）の南東端部の一角に相当する。うち、唐古・鍵遺跡では、環濠帯に近い。これらの地点は、それぞれの地域の地勢的な自然様相の傾向から判断するなら、集落域本体に対し、概して風下にあたる（気象庁HPデータ参照）。つまり、万が一の場合において集落全体が火災にまきこまれないよう、集落レイアウト上の十分な配慮がなされていることになる。

　なお、一般的に考えると、冬季において北・西風が強く吹きぬけるわけだから、鋳造工房域が集落の南東隅部に配置されたという法則性がみられる点は、冬（農閑期）に鋳造作業が実施された、つまりパートタイム操業の可能性がある、という根拠になるかもしれない。ただし、この考えは、現時点では単なる夢想に属する。また参考として記すと、現在の鋳物師の談では、空気が乾燥していることから、冬場のほうが良質鋳造品の製作に適しているという。

近畿地方以外の朝日遺跡では、同様に北環濠居住域の南東隅部分で、青銅鋳造に関連する遺物（後期）が出土している。その地点は環濠帯や河道にも近接する。吉野ヶ里遺跡でも、推定される青銅鋳造の工房域は集落の南端に近い。
　このように、鋳造関係の工房域のいずれもが、集落の南端部（主に南東端）、つまり主体となる居住域に対して最も風下にあたると考えられる場所に設置されている。
　土器生産の工房域といわれる文京遺跡内の一帯は、他の地区とは異なって竪穴建物の分布がやや希薄な、広場に近い状態の箇所に該当する。鋳造作業に比べると弱い制約内容かとも思われるが、火災に対する一定の配慮のもとで選地決定されているのであろう。文京遺跡ではさらに、土器工房域に西接して金属器・ガラス装身具の工房域が想定されている。このように、双方の工種の工房域が隣接し併存するという配置そのものは、両領域において火に対する十分な配慮がはたらいていた結果といえる。

(4) 木器・玉生産と水・火

　木器生産の工房域に関して述べると、つぎのとおりである。
　八日市地方遺跡では、旧河川部の埋積浅谷に面した水の豊富な箇所において、集落Ⅰ～Ⅲ期の各期ともに木器工房域が存在する。勝川遺跡では、居住域から一段低くなった自然流路に面した建物群域に、木器製作途中品を貯蔵した土坑をともなう木器工房域が配される。唐古・鍵遺跡でも、木器の製作途中品が集中的に出土する地点は、集落の北西部と南東部における環濠帯周辺や居住域内の溝というような、集落立地の微地形様相にてらして水が潤沢に供給される箇所にあたる。
　玉生産の工房域については、八日市地方遺跡では、木器製作と同じように、埋積浅谷や集落の環濠に面した箇所に工房域が配置される。朝日遺跡でも、確認された工房部はおおむね類似した集落内の位置にあたり、吹上遺跡においても旧河道付近に工房建物が集中する。勝川遺跡では、水と関連した地点に存在する木器工房域において、玉の原材が検出されている。
　これらの共通した玉作工房域の立地環境は、水との密接な結びつきをみせる。さらには、水による鎮火・延焼阻止などを想定するならば、玉製作工程で用いられる火との関連性を示唆している可能性がうかがえる。なお、上記した、唐古・鍵遺跡や朝日遺跡における金属器工房関連の立地が環濠帯や河道に近いという要素も、同様に火災との関係で理解できよう。

(5) 「不動産的」生産部門

　以上のように、各種の工房域として把握されてきた生産領域は、そのほとんどが、製作工程上において必然的に、場所・空間的な特性に制約（固定化）を受ける部門ということができる。それは同時に、一面では自然・地形環境などの諸条件を有効に活用した選地とも理解できるわけだが、仮にたとえれば、「不動産的」手工業とも表現できる生産領域となろう。
　このように整理できるなら、集落内で、上記した生産部門に関連する遺物類が結果的にまとまって検出されるという現象は、第一義的には当然のなりゆきともいうべきものであって、一定

の理由ある事象とみなすことができる。

4 ── そのほかの生産・労働

(1) 「動産的」生産部門
　これまでみてきた①〜④工種以外の内容については、大部分の品目は主に当時の基層かつ根幹をなす日常的必需品、およびそれらの生産部門に相当する。
　そして、先のたとえとの関係で述べれば、場所的な固定化や規制を受けることがおおむねない、「動産的」生産部門というべき性格の領域に属する。それらの特性を、つぎに考えてみよう。

(2) 池上曽根における各種労働用具の分布
　まず、池上曽根遺跡の遺物、なかでも腐朽・消失などによる遺存のかたよりがほとんどない石器類（中期後半主体）を中心にとりあげてみる。図192 − 1は、集落内の各地点における、出土石器の用途ごとの比率をグラフにしたものである。
　石器の器種は、ⓐ石鏃（狩猟具・武器）、ⓑ中型尖頭器（同）、ⓒ打製大型尖頭器（同）、ⓓ石小刀（加工具）、ⓔ石錐（同）、ⓕ磨製石鏃（狩猟具・武器）、ⓖ磨製長身尖頭器（同）、ⓗ環状石斧（祭祀具ほか）、ⓘ石斧類（伐採・加工具）、ⓙ大型石庖丁（除草具ほか）、ⓚ石庖丁（収穫具）、に分類してある。一部には間接的な意味合いの類もふくむが、ほとんどは、農業、狩猟、漁撈、開墾、石器・木器製作などにおける、まさに実利的な労働・生産用具と考えてよい。
　このうちある器種の石器が特定の地点で集中的に出土すれば、その場所におけるそれらの道具を用いた労働比重の高さが推測される。たとえば、稲穂摘用の収穫具である石庖丁が多ければ農民、木材加工用の各種石斧などが多いと木器製作工人・工房、というような、それらの存在の可能性が推定できることになる。
　さて、代表的な石器器種（ⓐ〜ⓚ）の割合を、池上曽根集落内の地点ごとに調べると、大形建物付近や第二阪和国道部（国道26号）をふくめ、各地点にみられる比率が非常に類似しているのがわかる（各位置ほかは前掲図140 〜 142参照）。また、ここではグラフを省略したが、打製石器や石庖丁の製作に関係する遺物（原石、素材、石核、製作途中品、ハンマーほか）でも、各地点間の強い共通性を把握することができる。そのほか、伐採用と加工用の石斧のちがい、鉄器用と推定される軟質砥石とそれ以外の砥石の区分、漁撈用石錘、における分布傾向なども、各所での近似性がきわめてよくうかがえる。
　これらのことから、各地点はおおむね共通した労働内容だったと推断してよい。つまり、集落内の各所が、農業、狩猟、漁業、林業など第一次産業部門、および、一部の石器製作など簡単な各種手工業の要素をあわせそなえる。そして、それぞれが均質かつ自給的で、独占・排他・専門的ではないという、基礎的な特徴を普遍的に共有していたといえる。
　さらに、石製銅鐸鋳型の出土地点や、非常態的な高温によって生成される被熱変形土器（本書

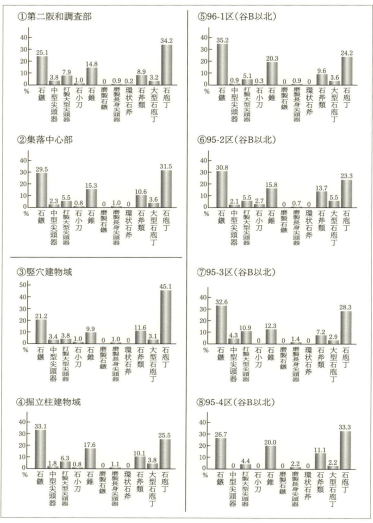

(1) 池上曽根遺跡（中期後半主体）

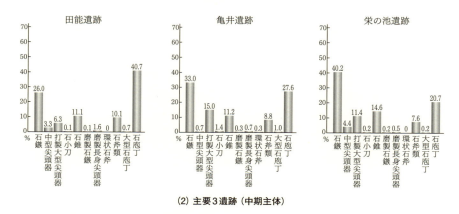

(2) 主要3遺跡（中期主体）

図192　弥生集落内における労働用具の出土状況 − 1

第9章、図114 – 2参照）が多く検出された箇所で、石器などの出土状況をあらためて確認しても、他所の傾向とほとんど差異を示さない点も重要な意味をもつ。すなわち、特殊品目の確認がみられる場所においても、ベースとなる基礎・普遍的な特徴は変わらないわけである。

(3) 集落間の共通性

つぎに、他の集落における石器組成と比較してみよう。代表となる3遺跡の実例を図192 – 2にのせた。若干のちがいはあるが、先記の池上曽根遺跡の傾向とかなり類似しているのがよみとれる。

このうち、田能遺跡（兵庫県南部）と亀井遺跡（大阪府中部）は、池上曽根遺跡（大阪府南部）と同じく拠点的で大規模な中期集落である。したがって、地域が異なっても大形集落においては、総体として類似した労働内容を示していることがわかる。

栄の池遺跡（大阪府南部）は、一般規模の農耕集落である。池上曽根遺跡の南西部に位置し、最盛期を同じくする衛星集落にあたる。ここの石器内容さえも、各大形集落の総体的傾向や、池上曽根遺跡の環濠内各地点での特徴と、共通性をそなえる点は注目できる。つまり、栄の池遺跡のような中・小規模集落の内容を量的に拡大した様相、あるいはそれらの集合体としてのあり方が、大形集落の実態を示しているのである（本書第13章参照）。

(4) 他集落の内部における様相

関連するデータをさらに示しておこう。

近年、平野川・長瀬川流域遺跡群（大阪府）として把握されている領域には、中期後半において、亀井・亀井北・久宝寺北・久宝寺南・城山・加美などの諸地点（遺跡ほか）がふくまれる。そこでは、居住域・墓域および水田域によって構成されるまとまりが、あわせて5単位ほどあり、それらが集合して広範囲におよぶ集落（群）を構成していた。

このうち久宝寺北・久宝寺南・亀井・城山などの各単位（遺跡）における、石器の器種ごとの比率（図193 – 1）をみると、微妙な差異もあるが、各単位はおおよそ似た傾向にある。この事実から、それぞれの居住単位ごとの労働内容は均質的だったと評価できる。

また、朝日遺跡では、各種遺物類の出土分布図がかつて作成されており、集落内での遺物様相の把握が一瞥して可能である（図193 – 2、同図での掲示は一部）。

そのデータは全調査区を網羅したものではなく、中期前半を中心としつつも時期的に一定の幅をもった遺物類の集積分布図になっているが、傾向理解には有効となる。これらを通覧すると、個々の内容によって分布状況に細かな特徴が若干は見受けられるが、ほとんどの遺物類において、おおむね均質的なあり方を示し集落内の各所で出土している様子が十分にうかがえる。

たとえば、狩猟具、ときには武器としても用いられる石鏃の分布では、谷筋周辺および環濠周辺での検出がやや目立つともいえるが、特筆事項に属する傾向ではない。農業において重要な石庖丁や、光沢のある粗製剥片石器という穂摘具の分布（同図a）でも、集中する箇所はない。紡錘車（石製・土製・骨角製）の分布様相（同図b）からでも、特定箇所に機織り工房が存在した

第14章　弥生の風と火と水と　363

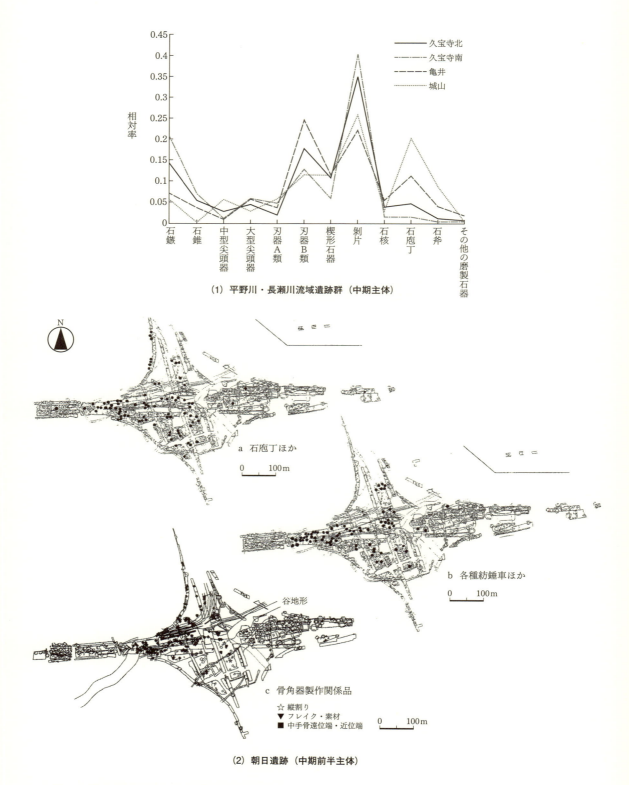

図193 弥生集落内における労働用具の出土状況 - 2

というような見通しは得られない。骨角器の製作については、一見では特殊で独占的な技術にも思える。しかし、実態は、集落内の出土状況（同図c）をみると、製作時に生成される残滓などは貝殻の廃棄とともに集落全域にわたっている。

　加えてこの遺跡では、先に指摘した「不動産的」生産部門にふくまれる玉作工房域以外に、一般的な各種手工業にかかわる工房域などの特定区画が集落内に存在することはない、と判断される。

（5）基礎的な属性

　これら日常的必需品となる物資の特性に関しては、大部分の集落において一般的に、池上曽根遺跡ほかで示した内容と近くなる蓋然性が高い。つまり、多様な生業に必要な諸労働用具を、集落内で共通して一定量をほぼ同じ割合で保有し、それらの製作の多くを自らが実施するという普遍的な様相である。

　これに関連し述べておくと、先に紹介した安永田遺跡の鋳造工房域（銅矛・銅鐸生産）における重要な情報として、石庖丁の検出状況についてのものがある。この工房域の一帯から出土した石庖丁には、製作途中品はみられないが、完成後に使用された製品が一定量発見されている。その発掘面積あたりの頻度を計算すると、石庖丁の点数値そのものは一般的な農村集落のそれと同一であるという。

　したがって、この青銅器工房域では、農具（石庖丁）の製作から一応は免除されていたが、農作業そのものには実際に従事しており、鋳造生産は農閑期が中心であった、と推定されている。このような実態は、特殊な鋳造工房域といえども、普遍的な特性の側面をも表出しており、特殊と普遍の両者の関係性を考察するうえで非常に参考となろう。

　上記のような日常的必需品目やその生産部門の様相から、各地の集落やその内部諸所においては、労働内容の均質的で普遍的な性格が基層に存在したと想定すべきである。これらの特徴が、弥生集落内にみられる基礎的な属性となる。それらにふくまれる、場所的な特性に制限されない種目が原則的に等質性をそなえるという事実は、集落内における労働・生産の性格を検討する際にきわめて重要となってくるのである。

5── 専業度の理解との関連

（1）どこででも、誰でも、何でも

　以上のとおり、前述した①〜④部門以外における基礎となる物資の特性に関しては、平易な表現をするなら、場所的な「しばり」さえなければ（つまり、それがないので）、どこででも、誰でも、何でもやった、ということになろう。

　逆に、主として場所（不動産）的特性に規制をうける工種の領域にあっては、現状の研究段階において「工房域」として把握されているとおり、特別な傾向が表出しやすいといえる。このよ

うに想定するなら、集落内で①〜④部門の関連遺物が結果的にまとまって出土する現象は、先記のとおり、自明の帰結と判断してよい。場所的な「しばり」があるので、少なくとも、どこででもは不可能で、そこでしかできなかった、とだけはいえようか。

よって、金属器・ガラスや玉類の生産部門における技術体系の非一般性は予測できるが、そうした特異な遺物の集中現象だけを直截にとらえ、一部の研究者が高唱するような、恒常的で大規模に展開する生産体制、あるいは、高度で専業・分業的な生産状況にあったとするのは正当ではない。

そもそもつきつめて考えるなら、場所的な集中現象と専業度（制）などの評価とは別次元に属する範疇で、相互の直接対応的な解釈には、他の要素を用いた検証が当然ながら必要となってくる。再言になるが、ことに水や火や風などのような、物的で他律・自然的な場所特性に規定されているという前提があるなら、なおさら解釈は慎重であるべきと判断される。

(2) 沈黙する資料

従来の弥生時代の研究では、本章前半に例示したような、とくに目立つ属性領域のデータが重視されてきた経緯がある。反対に、取るに足りないこととして、これまであえて注意されてこなかったその他多くの資料の、あたかも沈黙の様相をみせていた存在にこそ、重要で本質的な側面が内在している。

目立たず取るに足りない遺物や遺構について、「集中箇所が把握できる」というような記載が発掘報告書などに格別みられないのは、集落内での均質性や普遍性の重要な証拠としてあらためて認識すべきである。そして、それ自体を有意味の考古データとしてあつかったほうがよい。基礎的な属性における、従前までほとんど問題視されなかったこの内容には、今後、再考されるべき要素が多くふくまれているといえる。

したがって、現象面でひときわ衆目を集める属性項目だけをことさらながら強調し、それを論拠に、上記のような発展した生産体制・状況の評価へと導き、さらに、それをふまえ弥生社会を復原構築する手法に対しては、大いに問題ありとすべきであろう。このように、くりかえし述べておきたい。

6── 弥生集落における生産活動の実相

ところで私の理解では、弥生時代の大形集落は、血縁関係を基軸とした「構成単位」の複合体として形成されていた、と把握している。しかも、その結合形態のあり方では、当時の農業生産技術の限界性と進展度合いに左右されながらも、そのときどきの農業生産効率をより高めるため、集落における集住と解体・縮小という動態を示した。そしてそれは、列島史上における、初期農耕集落のやや特異な一存在形態だったと考えている（章末掲示の拙稿および本書第13・15章参照）。

加えて、ここまで摘記してきたように、集落内の労働内容は、労働用具の保有状況などからみるかぎり均質であり、かつ、それらは灌漑水稲農業を基調とした生業体制を示している。さらに、非一般的な技術を要する金属器などの一部品目をのぞき、原則としては、諸々の生産分野にしても著しく特化した様相はみせず、各種品目の製作状況も平均的である。いうまでもなく銅鐸にしても玉類にしても、決して直接的な生活必需財でない点も再認識されるべきで、当時の基礎的で日常的な生活・生業・生産の場面では、各集落メンバーの大部分はおおむね等質的な様態を示していたと判断できる。

　本章では主に、生産活動の実態を如実に示す、「工房域」として把握される各地の実例を俎上にのせ、それらデータの資料論的な意味合いをあらためて考えてみた。集落内において関連遺物類の集中分布がみられるという考古学的情報を用い、その場所に各種の生産活動を示す工房域などを想定する理解は、当然ながらまちがっていない。だが、場所的特性によって他律的に規制されている分布様相を根拠に、専業生産などに関する問題へと直接導き入れる論法に与するのはたいへん危険である、と述べた。

　この点を、上記した弥生集落の基礎的属性にかかわる理解とあわせて、今後の弥生研究において認識されればと希望している。

　最後に、やや逆説的な表現を記しておく。

　大形弥生集落のなかで相対的には発掘件数が多い池上曽根遺跡においても、明確なかたちを示すような特定工種の工房域そのものがいまだ確認されない現状には、弥生集落における生産活動の実相そのものが凝縮されている可能性がある、とも考えられよう。

〔主要関連文献〕
秋山浩三 1999d、2002a、2003b、2005b、2006a、2006d、2007b、2007h／秋山浩三・後藤理加 1999／秋山浩三・仲原知之 1998・99／池上曽根遺跡史跡指定20周年記念事業実行委員会 1996／大阪府立弥生文化博物館 2001／金関恕監修・大阪府立弥生文化博物館編 2001／小関智弘 2006／佐賀県教育委員会 2003／佐賀県教育委員会・佐賀県立博物館 2001／七田忠昭 2005／武末純一 2002／田中琢・金関恕編 1998／田原本町教育委員会ほか 2004／若林邦彦 2003

補編11

辞典に登場する弥生大形集落──東奈良・鬼虎川・四ツ池

1── 新成果をもりこんだ辞典類

　周知のとおり、1980年代の吉野ヶ里遺跡（佐賀県）の発掘以降、全国各地の大形弥生集落の内部構造がかなり解明された。それを受け、弥生集落研究が急速な展開をみせている。これらの成果を反映するかたちで、補編8でも少々ふれたように、2000年代に入って編纂・刊行された歴史学・考古学の辞典・事典は新知見を多くもりこんだ体裁となり、従前の類書内容をいわば全面改訂したような様相を呈する。

　私もそれら企画に、弥生時代をふくめいくつかの項目にかかわった（秋山 2006b、2007c）。そのうち、第14章で検討した、集落内の鋳造工房域の研究に肝要な位置をしめる遺跡例、さらに、それぞれ重要情報をそなえ本書内容にもかかわる弥生大形集落例について、2、3の項目を摘出し以下に再録しておくことにした（基本的に原文踏襲）。

2── 東奈良遺跡 ひがしならいせき

　大阪府茨木市東奈良ほかに所在する、弥生時代前期～古墳時代前期を中心とした大形集落遺跡。
　千里丘陵と旧佐保川にはさまれた沖積低地に立地する。北摂津地域における弥生時代の拠点的な環濠集落として著名であるが、とくにつぎの点は重要である。
　第一は、近畿地方でもまだ確認例の少ない弥生時代前期の方形周溝墓群（8基）が検出されたこと。供献土器には前期中頃の資料があり、近畿では最古の方形周溝墓となる。

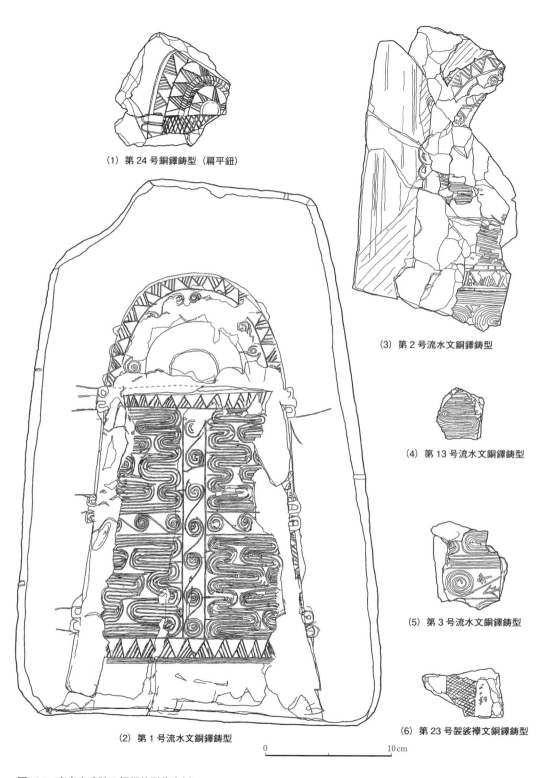

(1) 第24号銅鐸鋳型（扁平鈕）
(2) 第1号流水文銅鐸鋳型
(3) 第2号流水文銅鐸鋳型
(4) 第13号流水文銅鐸鋳型
(5) 第3号流水文銅鐸鋳型
(6) 第23号袈裟襷文銅鐸鋳型

図194　東奈良遺跡の銅鐸鋳型代表例

第14章　弥生の風と火と水と

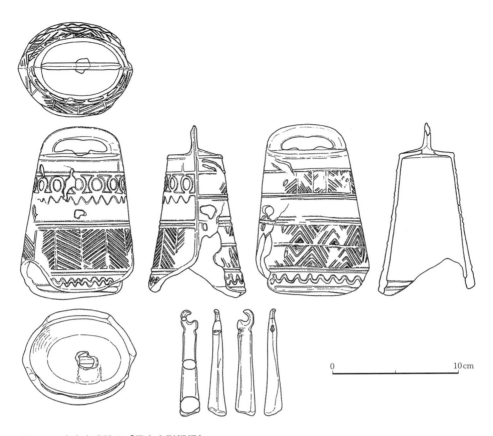

図195　東奈良遺跡の「最古小形銅鐸」

　第二は、集落主要域の南東部において、中期に属する銅鐸鋳型（図194）、銅戈鋳型、ガラス勾玉鋳型が、多数のフイゴ羽口などとともに包含層から検出されたこと（図190－2参照）。

　銅鐸鋳型は、完存（半身）の第1号流水文例をふくみ12個体分が確認でき、すべて凝灰質砂岩製である。そのうち、第2号流水文例は大阪府桜塚銅鐸と香川県我拝師山銅鐸、第3号流水文例は兵庫県気比3号銅鐸を鋳造した鋳型であることが判明している。

　銅戈の鋳型は土製で、大阪湾型銅戈を鋳造したものである。勾玉の鋳型も同様に土製で、2種がみられる。

　なお、その後の1990年（平成2）の発掘では、フイゴ羽口が中期後半の溝から出土しており、銅鐸などの鋳造時期を特定できるてがかりが得られている。

　第三は、1999年（平成11）の調査において、楕円形文や綾杉文などで飾られた小銅鐸が、内部に舌をとどめたまま、中期の環濠内から発見されたこと（図195）。本例は特異な資料ではあるが、最古段階銅鐸の祖型となる要素がうかがわれるとともに、弥生時代前期にさかのぼる可能性が指摘されている。

〔主要関連文献〕
　茨木市 2014 ／茨木市・茨木市教育委員会 2006 ／田代克己・奥井哲秀・藤沢真依 1975 ／寝屋川市教育委員会ほか 2001 ／東奈良遺跡調査会 1976、1981 ／宮脇薫 1998

3── 鬼虎川遺跡 きとらがわいせき

　大阪府東大阪市弥生町ほかに所在する、弥生時代前期～後期を中心とした大形集落遺跡。
　生駒山西麓の扇状地の下端から低地部に立地し、当時の（旧）河内湖の東岸付近に位置する。出土遺物の存続期間は旧石器時代から中・近世にまでおよぶが、弥生時代では、東接する西ノ辻遺跡（東大阪市）と一体となっていたようで両者の厳密な区分はむずかしい（本書第2章参照）。
　遺跡の調査研究は、1963年（昭和38）の国道敷設に先立つ埋管工事によって遺物類が掘り上げられ、地元の藤井直正らが対応したことに始まる。その後の発掘は、周辺部の急速な開発に追随するかたちで現在まで継続している。
　遺跡の最盛期は弥生時代中期にあたり、居住域と推定される範囲と、方形周溝墓ほかからなる墓域、水田などが確認されている。出土遺物は大量かつ多彩で、金属器とその生産関係品や各種木製品が注意をひく。
　とりわけ第7次調査ほかで出土した、いずれも和泉砂岩製の銅鐸鋳型、連鋳式銅釧鋳型、異形青銅器鋳型や、鑿状鉄器、鉄鏃が刮目にあたいする（図196）。後者の鉄製品2点は、冶金学的分析の結果、鋳造品を固体のまま高熱で処理して鋼とした「可鍛鋳鉄」であることが解明されている。このような高度な技術で製作された資料は、当遺跡での出土状況から推定される帰属時期が弥生時代中期中葉を下限とすることから、中国あるいは朝鮮からの舶載品である可能性も指摘されている。

〔主要関連文献〕
　東大阪市遺跡保護調査会 1981 ／（財）東大阪市文化財協会 1982、1987 ／藤井直正 1997

4── 四ツ池遺跡 よついけいせき

　大阪府堺市浜寺船尾東・鳳北町・浜寺船尾西に所在する、弥生時代前期～後期を中心とした大形集落遺跡。
　泉北丘陵からのびる三光台地を中心とし、その縁辺に拡がる石津川氾濫原上に立地する。
　明治年間にはすでに遺物散布が地元で周知されており、大正年間にいたると大野雲外、梅原末治、鳥居龍蔵らによって広く学界にも紹介されるようになった。その後、戦後では主として末永雅雄、森浩一、堅田直らによる精力的な調査研究がなされた。1969～71年（昭和44～46）に

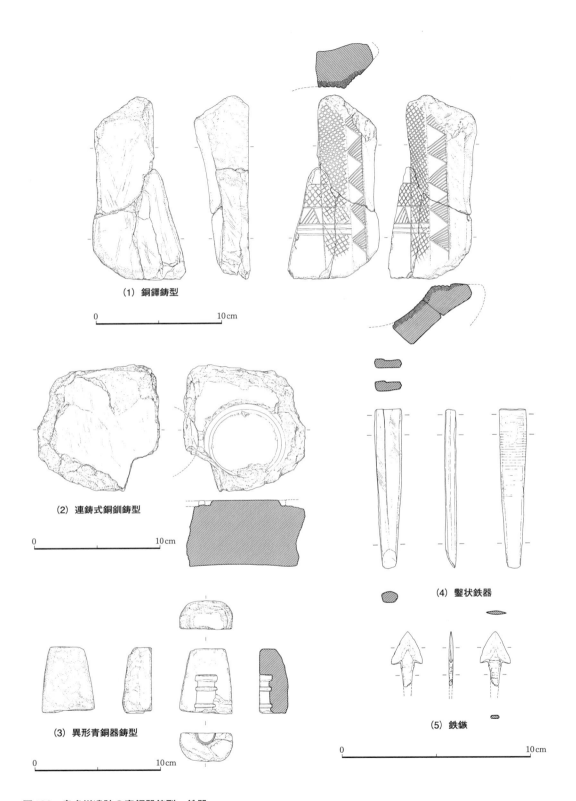

図 196　鬼虎川遺跡の青銅器鋳型・鉄器

(1) 銅鐸鋳型
(2) 連鋳式銅釧鋳型
(3) 異形青銅器鋳型
(4) 鑿状鉄器
(5) 鉄鏃

(1) 籾圧痕土器（縄文時代晩期）

壺

甕・蓋

(2) 遠賀川系土器（弥生時代前期）

図197　四ツ池遺跡の縄文晩期籾圧痕土器と遠賀川系土器

は第二阪和国道建設にともなう大規模発掘が実施され、遺跡内容が広範囲に明らかになり、近年でも地元行政組織によって調査が継続されている。

　遺跡は縄文時代後期からの継続性をみせ、大阪南部地域で最も早く弥生文化が定着した集落にあたる。また、縄文時代晩期末の土器には稲籾の圧痕をとどめる例があり、水稲農耕開始期のあり方を考究する際の重要資料となっている（図197）。

　それ以降では、弥生時代ほぼ全体を通して存続し、集落域や墓域の形成は、原則的には主に3集団が基本となって展開している。この各構成単位は、中期段階では統合して広範囲な一つの居住域を成立させるが、その周辺には墓域が3箇所で形成され、基本となる各集団の独自性が保持されている（図180参照）。このようなあり方は、弥生時代の大形集落内部の実態を把握するうえで示唆的かつ重要である。

〔主要関連文献〕
　秋山浩三 2005b、2007b／大阪の弥生遺跡検討会 1998／堅田直 1969／堺市教育委員会 1984／第2阪和国道内遺跡調査会 1970

第15章
チャイルドの「長距離交易」と唐古・鍵~纒向の時代

1 ── 唐古・鍵と纒向

　(財)大阪府文化財センターの秋山浩三と申します。どうぞ、本日はよろしくお願いいたします。

　今回のシンポジウム「ヤマト王権はいかにして始まったか」はすごく大きなテーマ、しかも、学界の重鎮ならびに錚々たるメンバー(石野博信・寺沢薫・藤田三郎・松木武彦・森下章司・橋本輝彦)がそろわれるなかでの基調講演ということになってしまっております。私には荷が重すぎるのでかなり逡巡したのですが、結局、のこのこと出てきてしまいました。ご容赦ください。

　さて、本シンポのフル登場「主演」であります、唐古・鍵遺跡(奈良県田原本町)と纒向遺跡(同桜井市)という、たいへん有名な二つの歴史遺産はともに、都市の問題、列島史における都市出現の研究とじつに深く関係する遺跡になっています。

　あらためて説明するまでもないかもしれませんが、唐古・鍵遺跡は、とても大きな弥生時代の拠点的な集落、巨大集落であります。1990年代の後半ぐらいから、そのような集落遺跡が弥生時代の都市であるという見解が、千葉県にある国立歴史民俗博物館の広瀬和雄(1998)さんなどを旗頭にしてさかんに議論されました。このような大環濠集落は弥生時代の都市であったという学説です。

　もう一つのさらに大規模な纒向遺跡については、その弥生都市論に先立つ、寺沢薫(1984)さんの、1980年代前半段階の著名な論文があります。この「古墳時代初頭」(庄内式期以降)の纒向遺跡が、日本で最初の都市、あるいは宮都であった、ということが提示された画期的で学

史的な成果です。

このように都市研究と纒向遺跡および唐古・鍵遺跡は、学問的な意味において非常に密接で重要な素材になっているところであります。

2── チャイルド「都市革命」の10指標

(1) The Urban Revolution

そのような二大遺跡を主題としたこのたびのシンポジウムにおいて、私に課せられたテーマは、弥生時代から古墳時代にかけての「物流や交流の変化」となっております。

そのため今回わざわざ、ヨーロッパで活躍した20世紀で最も偉大な考古学者、V. ゴードン・チャイルド（1892～1957）の名前をだしました。

考古学における都市の問題と物流、交流の話になると、考古学に関係している人間がすぐに思い浮かべるのは、チャイルド（1950）先生の「The Urban Revolution」（図198）という、かなり以前の論文です（なお、ルゲイツ／スタウト編 1996、に図・写真の大部分が省略されるが再録

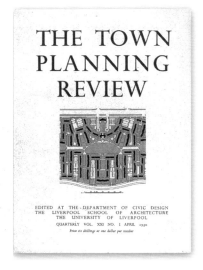

図198 チャイルド論文「The Urban Revolution」（部分）

収載あり)。直訳して「都市革命」という短いものですが、その名のとおり都市に関する有名な論文があります。

　この論文は、じつは日本語に訳された印刷物がなくて(追記参照)、具体的にどのようなことが書いてあるかは、私のような、英語がそれほどよくわからない人間にとって正確には理解できないのです。しかし、チャイルド先生の論文は日本でとても人気があって、国内の多くの研究者が、チャイルド先生はこのようなことを書いている、こんなことを述べていると、かなり頻繁に紹介や引用したりしています。

　たとえば、植木武(1996)、宇野隆夫(1996)、川西宏幸(1996、1999)、小泉龍人(2001)、佐々木憲一(2007)、田中琢(1998)、都出比呂志(1989a、1997、1998a、2005)、西アジア考古学勉強会(1994)、前川要(2004)、松木武彦(1998、2007)の皆さんなど、少なからずの研究者にとりあげられたり、若干なりとも言及されたりして、要点はおおむね日本語でも把握できるようになっています。

　本論文が重要視される最大の理由は、どういうことかというと、チャイルド先生はその論文のなかで、新石器時代における農耕と牧畜を基礎にしている社会と、都市が存在する文明社会とを区別するために、このようなことがあったら都市といえる、あるいは文明といえるという基準(指標)を10個ほど列挙・提示して、それに対するコメントや考察を加えています。しかも肝要なのは、その10基準のうちのいくつかが、考古学的に検証可能であるからにほかなりません。それら都市認定項目のなかに、物流・交流≒交易に関連する内容がふくまれています。

　さて、このチャイルド論文に関して、先ほど述べた数多くの研究者の間では論文の読み方(＝訳語)にややちがいがあるのですが、大阪大学におられた都出比呂志さんが要約してリストアップしたのが、つぎの①〜⑩です。

　　　　　　チャイルド「都市革命」の10基準(指標)
　　　　　　①人口の集中
　　　　　　②支配層や官吏や手工業者が農民の生み出す余剰に寄生
　　　　　　③租税あるいは神への奉献品の存在
　　　　　　④王や神のための記念物の建設
　　　　　　⑤肉体的生産労働と支配層の知的労働との分離
　　　　　　⑥文字の使用
　　　　　　⑦暦の採用
　　　　　　⑧専業的芸術家の存在
　　　　　　⑨生活必需品の長距離交易
　　　　　　⑩専業工人が渡り職人ではなく定住

(2) 生活必需品の恒常的な長距離交易

　今回はこれらを全部は説明できませんが、たとえば①の「人口の集中」とは、たくさんの人が

集まっている集落が都市だという認定基準です。同じようにみていくと、⑨に「生活必需品の」、つまり日常的に使う品々の「長距離交易」とあります。そのような物資を近くから取り寄せるのではなくて、遠いところからの交易でまかなうという現象がでてくれば、都市と認定してよいだろう、というのが基準としてあげられています。

このように、⑨が物流・交流に一定ていど関係性をもつ内容に相当しますが、都出さん以外の研究者が該当部を要略する際、植木さんは「外部との交易の出現とその発展（長距離交易）」、小泉さんは「奢侈品や工業製品の原材料の定期的輸入（長距離交易）」、佐々木さんは「産業や宗教のために、長距離運ばれてきた、非在地の原料の輸入」、とさまざまに記しています。

ところで、都出さんらが要約された⑨の項目について、念のために、私がチャイルド先生の原典論文を、十分理解できない箇所もあるのですが、悪戦苦闘して読んだサマリーはつぎのとおりです。

　《新旧大陸のマヤ、エジプト、メソポタミア、インダスなどの文明社会において、手工業や祭祀に必要だが在地では産しない原材料の搬入のために、社会的余剰の蓄積の多くが費やされる。この類の、かなり長距離におよぶ恒常的な「対外的」交易が、あらゆる初期文明の特徴となる。遠隔地間交易の品目は、最初は主に「奢侈品」だったが、その段階からすでに金属や黒曜石といった手工業生産用の原材がふくまれている。要するに都市は、新石器時代の集落とはまったく異なり、長距離交易によって生活必需材をまかなうようになる。》

チャイルド先生は、これらの原文中において、レギュラー・フォーリン・トレードという表現を用いています。つまり、レギュラーな、恒常的、定期的な、フォーリン、外国との、対外的な、トレード、交易、を意図しつつ論説の内容を示しておられる。ですから、⑨の項目中には、あえて、レギュラーを強調して、「恒常的な」という類の表現を入れたほうがよいのではないかと思っています。

また参考までに、関連情報を紹介しておきます。手許にあった、バーバラ・マクネアン（1980）さんがチャイルド先生の方法論や理論をあつかった書物のなかから、関連部分の要約を拙訳しますなら、《9. 交易＝贅沢品・必需品の双方における、恒常的な「対外的」交易は、すべての初期文明において普遍的。》と、まとめられたりしています。

したがって、都出さんが⑨の摘要を示す内容については、小泉さんが「定期的」と付加したような特性を勘案し、また、先ほど理由を述べましたように、「生活必需品の恒常的な長距離交易」という表現にするほうが、チャイルド先生による本来の意図がより反映されているのではないか、と私は考えています。

そのようなことで、国内で都市といわれたり、あるいは都市かもしれないと議論されている、纒向遺跡および唐古・鍵遺跡に関する最新の詳細提示を受けて、本日は、この視点＝キーワードで進めさせていただこうかと目論んでいます。つまり、「生活必需品の恒常的な長距離交易」という基準を頭の隅において、物流・交流（モノの移動）の変遷にかかわる内容の検討を試みたい

と思います。

　しかしながら私は、唐古・鍵遺跡や纒向遺跡については、あるていどは勉強しましたが、実際に日常的には見たり聞いたりしていません。そこで今回は、両遺跡の直接的な関係者が多くおられることでもありますので、日本のたいへん有名な遺跡である唐古・鍵と纒向が都市かどうかの話の、叩き台となるような吟味材料を提供したいと思っています。

3──「唐古・鍵の時代」から「纒向の時代」へ──環濠集落解体の要因をめぐって

(1) 灌漑水田技術の進展と集落動態

　そのような本題に入る前に、「唐古・鍵の時代」から「纒向の時代」へと移り変わるなかで最も重要で大きな変化として、環濠集落（図199参照）の消滅があげられますが、この問題をまずとりあげておきます。

　大阪府域をはじめ近畿地方中央部の多くの地域において、弥生時代中期の末ぐらいになると、各地の拠点になるような環濠集落がなくなってしまいます。

　しかし、大和、奈良県域では、それ以降も環濠をそなえる集落が残っています。近畿全体でというと、ちょっと大げさになってしまいますが、多くの周りの地域では中期段階で環濠がなくなる状況のなかで、唯一、唐古・鍵遺跡がしっかりと後期の段階まで環濠（帯）を維持しています（図179参照）。それ以外に、坪井・大福遺跡（橿原市・桜井市）や平等坊・岩室遺跡（天理市）のように、環濠集落の可能性を残しつつ後期まで継続する拠点集落が、奈良盆地では比較的多いという様相がみられます。このように、近畿主要地域のなかでのやや特異なあり方を示します。

　先ほど、石野博信（2011）さんのご講演「唐古・鍵と纒向」をうかがいましたが、「イノシシと環濠の話」がでてきました。すなわち、環濠そのものを掘削する理由のなかに、ごく常識的なこととして、獣（イノシシほか）の侵入を防ぐためのものがある、そのような目的が環濠の機能にはふくまれている、という主旨です。それに依拠した、環濠の有無に対する石野さん独自の解釈の披露がありました。

　それについて、若干お話しします。今しがたの藤田三郎（2011）さんの報告「奈良盆地の弥生環濠集落の解体」と関係することでもありますが、時間的な配分のこともあり、ここでは、私の考える結論的なことだけにかぎって説明します。何ゆえに環濠集落が解体していったか、ということです。

　石野さんが述べられた、大阪側と奈良側では、弥生時代にみられた戦争の終結時期がちがった、という意見には私は一応賛成でもよいかと思っています。しかし問題は、大阪は開発が進んでいてイノシシなどいない環境、他方、奈良はイノシシがまだたくさんいて、それを防ぐために環濠をたくさん掘っておかないといけない、という見解です。やや、皆さんの笑いをよぶためにわざわざおっしゃったかとも思うのですが、その推察には私はまったく反対です。

　もちろん奈良にイノシシは多くいたと思います。私の配偶者が大和・山中の都祁の出身ですの

(1) ムラの鳥瞰図　弥生時代中期、唐古・鍵ムラが最も栄えた頃の想像図。遺跡の調査では、森林跡などは今のところ検出されていない。原野的なイメージのところにムラを築いたのであろうか。

(2) 環濠の掘削風景　大環濠は幅8〜10m、深さ2mあり、短径400mのムラの周囲を囲む。その土量はおよそ17,500m³で、仮に100人で掘れば175日を要する。たいへんな労働力で、ムラあげての一大事業であった。

図199　巨大環濠集落の代表例としての唐古・鍵遺跡

で、奈良のことはあるていど知っているつもりで、イノシシも、シカも、サルも、タヌキもふんだんに棲息しているのはまちがいありません。奈良にも大阪にもイノシシがいて、当時の人々に迷惑をかけていたと考えられます。

しかし私は、環濠がなぜ維持されずになくなったかという評価をふくめて、弥生集落の動態や消長は、基本的に、灌漑水稲農業の、生産技術における進展度合いのあり方と密接に関連するのだと思っているところです。

大形（環濠）集落も、それとの連動で展開・解体していったと想定しています。奈良以外の近畿における多くの地域では、中期段階に集落規模が最大に達し、後期には小規模分散化の様相を示します。その理由について私は、弥生時代各期の水田遺構の具体相が全国的にみて最も判明している、池島・福万寺遺跡（大阪府東大阪市・八尾市、図184参照）での解明内容をふまえ、それを集落の動態とからめさせて、つぎのように考えました。

池島・福万寺遺跡をふくめ各地の水田遺構などを調査していると、後期の段階になれば、灌漑水田のための水利システム技術の階梯がかなり進んできていると判断できます。

しかし、それより前の段階、中期までは、系統的な水利システム技術が未発達であります。ですから、多くの人々による、個別・具体的、直接・日常的で、頻繁な調整が必須であったと推定できます。そのため、その調整が有効に機能しやすいように、人々が集合して居住するという、集住つまり大形（環濠）集落の形成にいたったと考えています。その段階はまだ、集落の人々が日常的に顔を合わせて毎日相談し、明日はどうしよう、つぎは何をしよう、という協議をしないといけないような水田経営、そして、ムラの実際的な状況だったと思うのです。だから、そのような目的のために、フェイス・トゥ・フェイス的に人々が寄り集まって住んでいたわけです。

一方、後期以降では、自然環境をあるていど克服した、完成度が比較的高い系統的な水利システムを獲得するようになっていきます。したがって、主にシステム中枢部における重点管理をほどこすことで、全体にわたる水田経営が可能となります。その結果、数多い人々による日常的な調整の必要性がかなり低下し、そして、中小集落の分散形態であっても、大規模な水田経営が実践できるようになります。よって、集落形態がその方向性、すなわち、大形・環濠集落の解体に進んでいったんだと、このように理解しました。

つまり、そのように水利システムがかなり発展し、ある一箇所を集中的に管理することによって、ほかも系統として比較的うまくいくようになった。そうすると、従前のように、多くの人数がまとまって住む、あるいは過度に集まって住むというような、きわめて異常な状態で集住し、日常的に顔を合わせる対面調整をしなければならない、そのような必然性がなくなっていったと思うわけです。このようにして環濠集落が消滅していったと考えます。

以上のような消長が、奈良以外の周辺地域での集落動態に看取される傾向・背景となります。

（2）唐古・鍵における水田経営展開の予測

環濠がなくなったということは、一体感をそなえた集落が解体した、分散したということになるのですが、奈良の場合は反対に、大阪などとちがって、大きい集落をわざわざ分解しなくても

よい、特別な状況が存在したと私は考えているのです。

　詳細はのちほど時間あればとも思っていますが、要は、奈良の唐古・鍵遺跡およびその周辺では、水田適地となる生産域がかなり広く、しかも、比較的、大きな労力を要することなく展開できたのではないかと想定しています。大和の地のほうが大阪に比べイノシシがたくさん集落周辺に残っていたのではなく、大和では、灌漑水田生産の展開がほかのところと比較するなら、面的な拡大をより一層格段に継続しやすい状況であった、と理解しています。そのため、あえて集落を分解するよりは、しばらくは集落をそのままで継続維持しておくほうがよい、得策だ、と当時の人々が判断し選択したと推定します。

　表現を変えますと、生産域をより安定的に、生産地＝水田を延々とかなり広い範囲で展開さすには、集落をそのまま存続させておいたほうが有効と考えられるような、他地域とは異なった条件下に唐古・鍵遺跡はあったのだろうと思っているのです。かぎりなくといえば大げさですが、大阪・河内平野やあるいはそれ以外の地域に比べると、比較的安定していて開田できる土地条件が、周囲に特別にあったと私は予測しています。そのことから、唐古・鍵遺跡では、集落をわざわざ分解させ、移動していく意味や必要性がなかったと理解します。

(3) 環濠の機能からみたその廃絶

　なおここで、各地域・集落における個別の時期的な問題を除外した話になりますが、環濠そのものの消滅に関して、別の角度から少しだけ述べておきます。

　初期環濠の形成時期や系譜の問題は、中国大陸や朝鮮半島例をふくめて寺沢さんが専門ですが、列島内の集落の環濠は、やはり最初は防御的な意味あいがあったかと思います。しかし最後の頃、つまり廃絶近くの段階では、どちらかというと、それは薄らいできているようです。形骸化しているかもしれないのですが、むしろ、集落・集団の共同意識というか、共同幻想的なシンボルとして位置づけられるのではないかとも考えたりするのです。

　他方、現実的な面、物理的な面において、集落域における排水、除湿というか、あるいは洪水対策というか、そのような実利的な役割を環濠がになっている点は、重要な事実です。私が調査した池上曽根遺跡（大阪府和泉市・泉大津市、本書第11章ほか参照）においても、集落周辺の自然河川の存在など付帯状況を勘案するなら、このことは十分に判断できます。

　そのようなところでは、以前から存在した環濠という実際的な形態を残して、それを利用しつつ、そのときどきに必要とされる現実的で実利的な機能にあてている。そのため、部分的に多重環濠にする例もあります。池上曽根遺跡の場合がそれです。そして、このような実利的な機能や目的がもはや必要でないところでは、環濠が不要で存在しなくなっているところが多いのではないかと思います。

　たとえば私が仕事でかかわっている地域として、大阪府南部、今ふれた池上曽根遺跡では中期段階には環濠を整然とめぐらせています。大阪府北部の東奈良遺跡（茨木市）でも、同時期には環濠をそなえています。しかし、最も集落自体の規模が大きく拠点性をもっている、大阪府中部・中河内地域に所在する集落、具体的には、平野部の亀井遺跡（八尾市・大阪市）、瓜生堂遺

跡（東大阪市）や、あるいは、生駒山寄りの鬼虎川遺跡（同）、西ノ辻遺跡（同）などには、環濠がまったくないのです。中河内の有名な拠点集落には、中期の段階で環濠はみられません。

　そのような意味でいうと、言葉は悪いのですが結局のところ、環濠という形態そのものは集落にとって存在してもなくてもあまり関係がなかった、実利的に役立っていて必要なところでは実在した、残った、ということになると考えます。時期や具体機能のことを今不問にすれば、池上曽根遺跡でもそうですし、唐古・鍵遺跡でもそうでしょう。環濠があったときは、実際的な効果がみられたといえそうです。

　それに対して、中河内の亀井遺跡ほかいくつかの集落では、環濠という形態はとらずに、いわゆる洪水対策、あるいは居住域の水抜きや湿気取りをかねて、より有効的な、直線的で大きな溝を何条にも平行して掘削したりしています。唐古・鍵遺跡にみる多重環濠のような溝群が弧を描かずにまっすぐ伸びていくような形態の大溝群が、中河内の弥生遺跡では、集落の低い側のほうにあったりする場合が、環濠のかわりにみられるわけです（本書補編7、図136参照）。

　要するに、環濠それ自体の最終的な廃絶は、先に述べたような現実・実利的な機能が必要ではなくなった、もしくは、環濠でまかなえなくなった、つまり、ムラにそのような環濠による洪水対策などがいらなくなったから、あるいは、環濠とは異なる別な施設・設備を準備したからだ、というようなことが考えられます。

　大形（環濠）集落の解体という居住域の内実状況とは別要素として、環濠（帯）そのもの、それ自体だけの問題をとりだして理解するなら、こういう実際的な側面もあったと私は推定しています。環濠の廃絶を検討する場合において、一定の参考になればと思います。

4── 交流の移り変わり

(1) 旧石器・縄文時代の物流

　環濠の話が長くなってしまいました。さてつぎに、本日の中心テーマになります物流・交流の内容に移っていきたいと思います。

　図200は、宇野隆夫（1998）さんの図面を改変合成したもので、旧石器・縄文時代のモノ（物、物資、遺物）が、どのように日本列島のなかで動いたかを示しています。見て明らかなように、長距離交易というか、モノが長距離間の移動をしているのです。このかなり遠古の時代から、想像を絶するような地域間の長距離交易・移動があり、とくに顕著なのは、図200－3にある硬玉、ヒスイの玉の流通です。その右側の同図－4は、オオツタノハという南海産貝製の貝輪の流通です。

　これらは驚くべき流通経路というか、距離をもっているのです。そのようなものが、古く縄文時代からあった。いわゆる長距離交易・移動そのものがあったことは、事実なのです。

　ただ、内容をよく考えると、硬玉、ヒスイの玉にしても、南海産貝輪にしても、それがないと生きていけないとか、そういう類ではない。あるいは、いろいろな精神面というか宗教的な面で

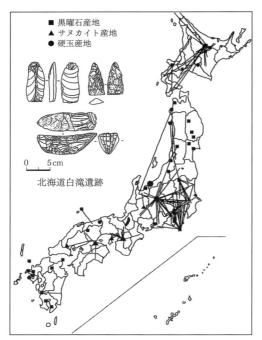

(1) 旧石器時代の黒曜石・サヌカイトの流通

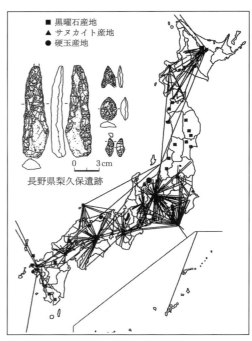

(2) 縄文時代の黒曜石・サヌカイトの流通

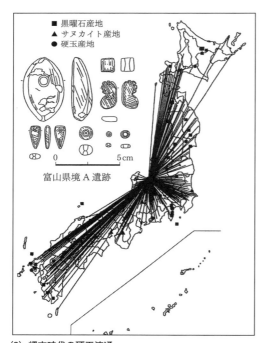

(3) 縄文時代の硬玉流通

(4) 縄文時代のオオツタノハ製貝輪流通

図200　旧石器・縄文時代の物流

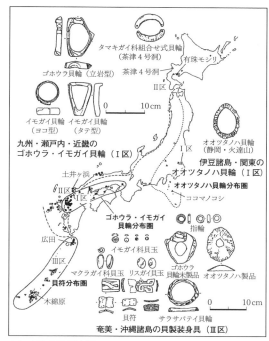

(1) 南海産貝輪流通

(2) 黒曜石・サヌカイトほかの流通

図201 弥生時代の物流

はそれがないとだめだというのが、メンタル領域であるかもしれません。しかし、それがないとお腹がすいて死んでしまう、というものではないのです。すなわち、生活必需品ではない。非生活必需品と考えたらいいと思います。そのようなモノが長距離を移動していることになります。

(2)「唐古・鍵の時代」(弥生時代)の物流

　A　南海産貝輪・石器石材
　それと、図201も、宇野さんの図面を借りています。
　これを見ると、弥生時代でも、先ほどの縄文時代と同じ南海産貝輪の流通が、同図－1にあります。これも非常に長距離の交易というか、移動しています。
　一方、同図－2にあるのは、弥生時代の「黒曜石・サヌカイトほかの流通」というタイトルになっていますが、これによると、打製石器を作るための原材料サヌカイトは、近畿地方では二上山産出の石材です。中四国地方では、これらの線の中心のところに三角マークがもともとあるわけなのですけれども、少し見にくくなっているかもしれませんが、四国地方・香川県の金山産のサヌカイトを使っています。ですから、二上山、金山というような原産地の両者から、周辺へ原材料が移動しているわけです。
　この図面を見ていただいて、かなり遠くまで移動しているではないか、という方がいるかも

しれません。しかし、先に述べたような非生活必需品である貝輪とかヒスイの移動から比べると、まあ極端な長距離の移動でないと考えていいのではないかと思います。また、それら石材の分布・流通が、それぞれ排他的ともいえる状況を示していて、相互には入り組んでいない様相も、その特徴にあげうると考えられます。

　一応おおまかな話ではありますが、やや結論的めいたことがらを示唆するような、これら二つの図面になっているわけです。

　B　唐古・鍵へのモノの搬入
　唐古・鍵遺跡については、図202を見てください。
　弥生時代において唐古・鍵遺跡へ遠くからきているのは、まず北陸地方・姫川のヒスイ、硬玉です。これは縄文時代から同じです。そのほか、近畿地方北部・丹後の水晶製の玉、ネックレスなどに使う玉を持ってきています。少なくとも、それらの材料を使った玉が、唐古・鍵遺跡から出土しているのは確実です。

　それら以外に遠くからきているモノでは、土器が中部地方・信濃や天竜川流域から、ごくわずかにもたらされたりしています。また、同様例として特筆できる資料として、中国地方・吉備からの、かなり大形の土器があります。このような装飾性ゆたかな壺や器台は、たぶん何らかのマツリなどに使うために、特別な用途・目的で持ってきているわけです。普通の生活に使う、一般的な貯蔵用や供膳用の土器ではないものです。

　ですから、この唐古・鍵遺跡も、硬玉、水晶や特殊な土器、そのような生活必需品ではないモノを、かなり遠くから持ってきているのです。移動してきているのは確かですが、しょっちゅう、あるいは、たくさん持ち込まれているのでは、どうもなさそうです。つまり、ぽつんと目立ってある、というような状況になっています。

　生活必需品については、日常用の土器とか各種石器の材料とか、に関してです。また、図202右下の凡例には、クジラ、サメ、エイ、ウニ、アカニシ、タコなどのような海産物が示されています。これは、骨や貝殻などの検出から判明するのです。タコには骨や殻はありませんが、捕獲用のイイダコ壺の出土による解釈となります。そのような食料となるものなどをふくめ、石器原材のサヌカイトや結晶片岩ほか、日常用の品々を、近畿地方内の周辺地域から搬入させている。このように、基本的に生活必需品は近距離移動であることが、唐古・鍵遺跡の実態でしょう。

　遠く北陸地方東部からヒスイを持ってきているという事実を強調すれば、それはすごいと思いますが、それが何十個もあるというわけではないことを、確認いただけると思います。

　C　池上曽根へのモノの搬入
　同じように唐古・鍵の時代、つまり弥生時代ですが、池上曽根遺跡に関する資料を、図203にのせました。池上曽根遺跡は大阪府南部の和泉地域にある遺跡ですが、そこへ、どこからモノが運ばれてきたかを示しています。
　結論だけ述べますと、土器は岡山県南部とか愛知県西部の個体片が確認できますが、それらは

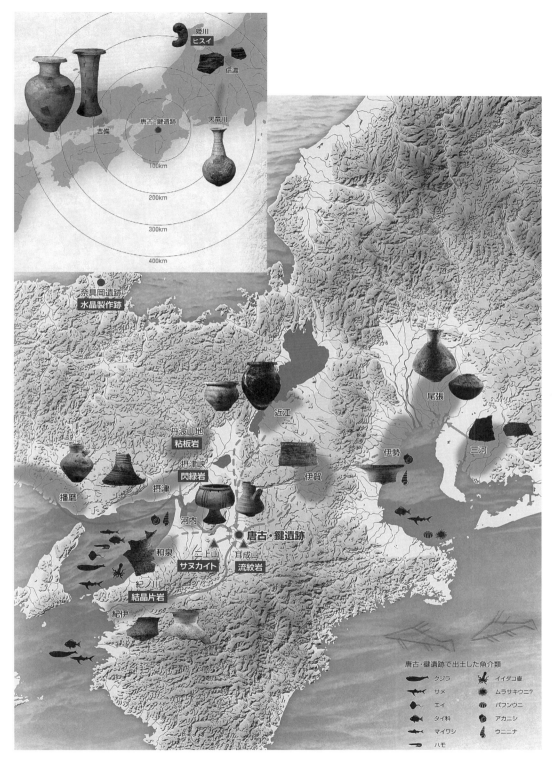

図202 唐古・鍵遺跡に運ばれたモノ

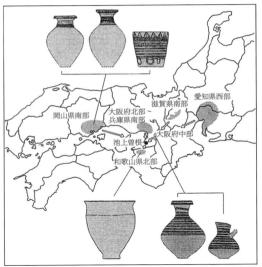

(1) 弥生中期における搬入土器の様相

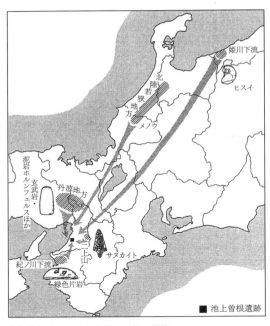

(3) 弥生中期における搬入石材の様相

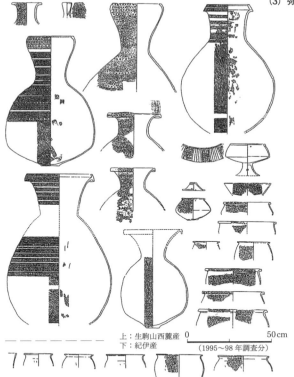

(2) 生駒山西麓産・紀伊産土器の弥生中期搬入品

原石・石核および自然面3面遺存大形剥片の計115点での集計（1995・96年度調査分）

(4) サヌカイト（二上山産）原石と自然面種類の割合

図203 池上曽根遺跡に運ばれたモノ

1～3点どまりです。一番多いのは大阪府中部、生駒山西麓地域の中河内東部の土器（本書第1・2章、図1・2ほか参照）とか、池上曽根遺跡は大阪府の南部なので、すぐ南、紀州、和歌山県の土器がかなりたくさん入っています。石製品も、唐古・鍵遺跡と同じように、北陸地方原産の硬玉の玉があったり、同じく北陸地方のメノウが入ってきたりしています。しかし、原則として、日常的に使う打製石器用のサヌカイトや磨製石器・石庖丁用の緑色片岩などの原材料は、すぐ近接地の二上山や紀ノ川下流域から持ってきているのです。

すなわち、唐古・鍵遺跡も池上曽根遺跡も、広い範囲にわたって多方面にモノの動きがあるけれども、遠隔地との流通の頻度は非常に低いのです。一方、日常必需品については、近辺からの交易・移動によって成立していることになると思います。

唐古・鍵遺跡の場合はよくわかりませんが、池上曽根遺跡でみると、遺跡を中心として半径40kmぐらいの圏内のなかで採取できたり製作されたりしたモノが、この遺跡の内部に入ってきているのです。生活必需品の移動距離は、それほど長くない。せいぜい、日常的なモノの恒常的

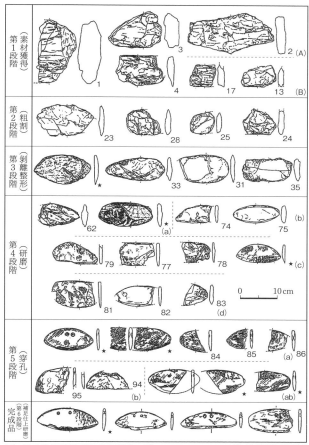

(1) 池上曽根遺跡の石庖丁製作工程

★：第二阪和調査時出土
その他：1995・96年度出土

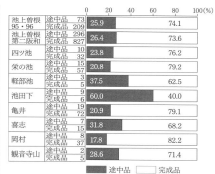

(2) 各集落の製作途中品率

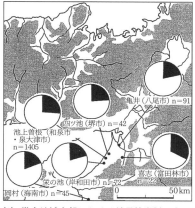

(3) 畿内地域南部における結晶片岩製石庖丁の完成品と製作途中品の比率
（白部分：完成品、黒部分：製作途中品）

図204　近畿地方における石庖丁の生産・流通

な流通や交易は、そのていどの範囲内だろうと考えられるのです。

　D　石庖丁の流通

　物通の問題では、とくに近畿地方南部などでよく話題にされるのは、石庖丁を池上曽根遺跡で大量に作り、その完成製品を近畿各地の集落に流通させたという内容です。それが、弥生時代の集落間の分業や専業の問題との関係においてもよく議論されてきました。

　そのようなこともあって、池上曽根遺跡さらに近畿地方の各集落の、石庖丁製作・生産に関するデータを少し詳しく調べてみました。すると、どうも従前に想定されていたようなことではないようです。要点だけいうと、図204 − 2・3のように基本的には、各集落の石庖丁の製作状況（製作途中品率）は類似しているというか、均一というか、どこかが突出して石庖丁を多く作っていて、それをどんどん外に流通させているような状況ではなさそうだ、ということがあらためて確認できたわけです。ですから、先ほど述べたような、石庖丁を検討資料に用いた、弥生時代の流通に対するこれまでの漠とした理解は成立しないと判断できます。

　極端な表現をしてしまうと、弥生時代はそれぞれの集落が、だいたい同じような状況で同じようなモノを作って、比較的同じような仕事をしている社会だと思っています。当時の社会におけるベースとなる基層的な領域では、原則としてそのような特質があると私は理解しているわけです（本書第13・14章参照）。

　弥生時代、唐古・鍵の時代における物流・交流や交易の特徴は、そのようなことだろうと思います。

(3)「纏向の時代」（庄内式期以降）の物流

　A　纏向へのモノの搬入

　つぎに纏向遺跡になると、唐古・鍵遺跡や池上曽根遺跡と大きくちがった様相を示します。

　その特徴的な現象は、日常的に使用する土器類においてうかがうことができます。非常に広い範囲から、南九州の鹿児島あたりから南関東まで、かなり広域の地方にわたって、しかも多量に、そのような領域内で製作された土器が纏向遺跡から出土することがわかっています（図205、なお、図中の南九州産例は現在では北部九州産かと推定されている）。

　東方面からの搬入土器が多いのですが、そのなかでも、東海地方が顕著という傾向がみられます。このような外来系の土器が、遺跡から発掘される土器総体中の平均として15％ぐらい、と報告書や論考に書かれています。あるいは、寺沢（1984）さんの論文などを参照しますと、実際はもっと多く、3割をこえるのではないかという記載もみられたりします。ともかく、通常のそれまでの集落では考えられないような、高い割合を示しています。つまり、搬入量が非常に多いということです。それでなおかつ、とても広い範囲の地方から、決して奢侈品ではない、日常的に使う類の土器がきているということになるのです。

　これら以外でも特例として、朝鮮半島系の土器が出土したり、吉備地方、岡山県などにみられ

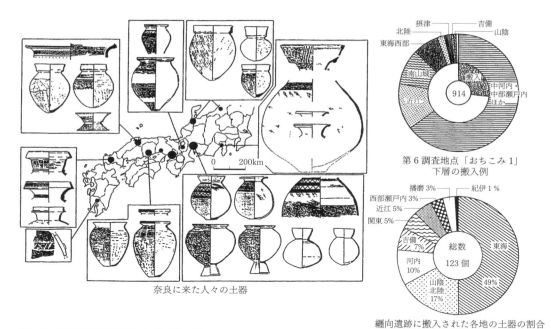

図205 纒向遺跡に運ばれた各地の土器

る特殊器台や特殊器台形埴輪が発見されたりしています（図54参照）。これらは日常必需品ではありませんが、そのような事例もふくめて、少なくとも土器類は非常に広い範囲から移動してきている、ということがいえるのです。

B　中河内地域へのモノの搬入

纒向遺跡は奈良県にありますが、それよりずっと西の、大和川をくだっていくと大阪府の中河内地域に、同じような時期に同じような大きい集落遺跡があります。図206－1中の加美・久宝寺遺跡群（大阪市・八尾市・東大阪市）、あるいは、その東側の東郷・中田遺跡群（八尾市）というような遺跡領域です。

それらの遺跡（群）も、日常的に使用する土器類の出土状況を調べてみますと、纒向遺跡と比較的似た状況を示します。西部瀬戸内から東海、北陸の地方にかけての広範囲の土器がかなり入ってきている。ただ、ここの場合は纒向遺跡とちがって、纒向では東海地方系が多いのですが、纒向の時代における河内地域の大形集落では、どちらかというと吉備地方、岡山県からの土器の比率が極端に高い特徴をみせます（図206－2・3、本書第3章参照）。なお、参考として述べますと、最近のデータでは、東海系も多くなりそうな調査例がみられたりもします（同図－3）。

またほかに、庄内式土器が共伴するかたちで、加美遺跡では朝鮮半島産陶質土器、久宝寺遺跡では朝鮮半島系軟質土器が出土したり、さらに、東郷遺跡や小阪合遺跡（八尾市）では特殊器台、萱振遺跡（同）では特殊器台形埴輪が発見されるなど、いずれも点数はごくわずかですが稀少品が確認されています（図52参照）。この点に関しても、纒向遺跡で述べたことがらと同様です。

これらが、纒向の時代にみられる、近畿の大和地域や河内地域の大規模集落での物流などの状

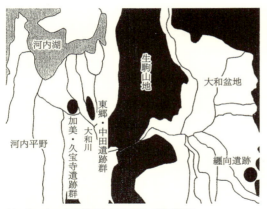

(1) 中河内の大集落群と纒向遺跡の位置関係

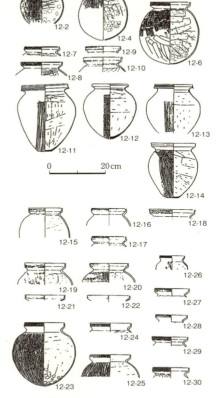

地域／器種	壺	甕	高杯	器台	鉢	計（％）
山　陰	1	5		1		7 (11.3%)
西部瀬戸内	2					2 (3.2%)
中・東部瀬戸内	3	13	1	1	1	19 (30.6%)
讃岐（香東川下流）	3	2				5 (8.1%)
阿　波	4	1				5 (8.1%)
大和（型庄内甕）		3				3 (4.8%)
近　江		3				3 (4.8%)
北　陸	1	1		1		3 (4.8%)
東　海	3	8	3			14 (22.6%)
北陸・東海ほか	1					1 (1.6%)
計	18	36	4	3	1	62
	〈29%〉	〈58%〉	〈6%〉	〈5%〉	〈2%〉	

(3) 久宝寺遺跡（竜華地区・水処理施設地点）の庄内式期頃の搬入土器集計　　（大阪府文化財センター2007から作成）

(2) 中田遺跡（大阪府八尾市）の吉備型甕

図206　「纒向の時代」における中河内地域の物流ほか

況となります。

(4) 古代律令期の物流

つづいて参考として、図207・208は、古代律令国家期におけるモノの移動を示した図です。一瞥で、その内容を把握していただける資料です。

各地から日常必需品が都に運ばれてきている。あるいは税であったり貢納物であったりしますが、そのようなモノが多種・多量におよんで都城に入ってきているのです。

藤原京、平城京、長岡京、平安京、そのような歴代の都城に、全国各地から、おそらく人とともにモノなどが集まってきています。つまり、まさに生活必需品の恒常的な長距離流通といってよいありさまです。

(5) 長距離交易・移動をめぐって

本日とくにとりあげました長距離交易・移動について、旧石器・縄文時代から順にみてきまし

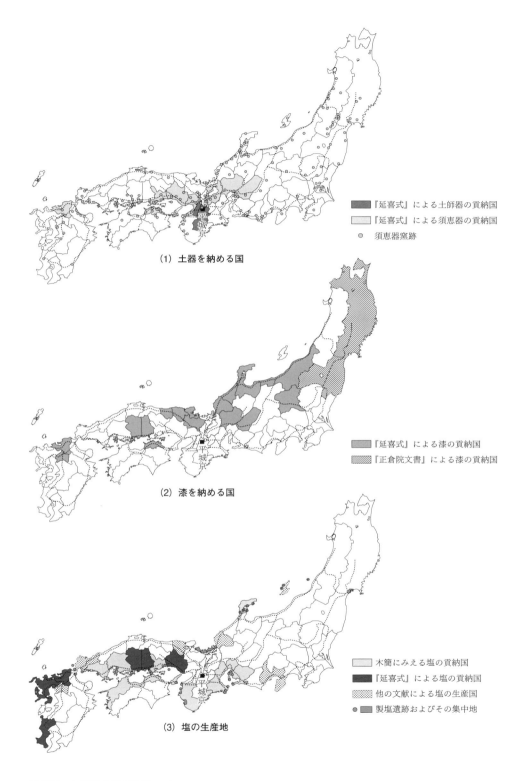

図207　古代律令期の物流 - 1

第15章　チャイルドの「長距離交易」と唐古・鍵〜纏向の時代

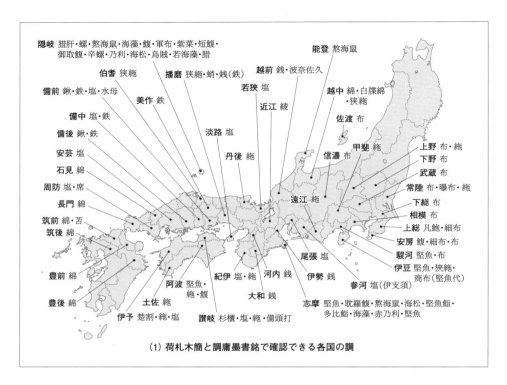

(1) 荷札木簡と調庸墨書銘で確認できる各国の調

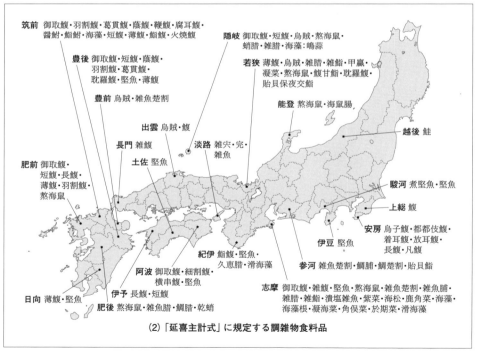

(2) 「延喜主計式」に規定する調雑物食料品

図208　古代律令期の物流 - 2

たが、非生活必需品つまり奢侈・贅沢品に関しては縄文時代からずっと継続している、それはまちがいない。縄文時代にみられる硬玉や貝輪の出土以降、かなり古い時代からそのような遺物の長距離間流通が確認できます。だが、それらは、実際の日常生活の感覚としては、恒常的とはいえないものです。

　一方、生活必需品に関しては、弥生時代、つまり唐古・鍵の時代までは、それほど長距離交易・移動は顕著でない、といえるのです。むしろ、弥生時代は近距離、つまり、地方・地域内の流通を中心として成り立っていたということになります。

　それが纒向の時代になると、少なくとも一般的な土器類の移動現象でみるなら、きわめて長距離の流通が顕著できわだっている。なおかつ、量がかなりたくさん持ってこられている。この場合、土器搬入の事由などを十分に考察しないといけないし、また、単純な意味合いでの生活必需品の交易・移動としてよいかも、おおいに問題が残り懸念されるわけでありますが、この時期の土器移動は今述べましたような特徴的なあり方を示します。ここでは仮に、そのような点を重視することが許されるならば、ある種の恒常的なあり方、恒常的な長距離交易・移動と考えていいかなと、あるいは表現してもいいかなと思ったりするのです。

　つまり、弥生時代、唐古・鍵の時代に比べると、纒向の時代には、モノの移動のあり方に大きな画期がみられるということが確実にいえそうです。その後の古代律令期では、生活必需品における恒常的な長距離交易・移動として、十分理解が可能な様相になると判断できます。

5 ── 都市の基準

(1) さまざまな指標

　最初に話した、チャイルド先生の都市の指標・基準⑨の「生活必需品の恒常的な長距離交易」という項目に引きつけていうと、唐古・鍵遺跡は残念ながらペケ（×）、纒向遺跡は、より検討を進めないとだめですが一応は仮のマル（○）の可能性があるかな、というような判定になります。しかしながら、チャイルド先生が提示していることが、現在の研究状況にてらしてみるなら、すべて絶対的に正しいともかぎらない、ことも考えられるのです。

　日本考古学などで今さかんに議論されている都市論、列島内に所在するどの集落遺跡が都市であるかなどの問題は、そのようなモノの動きだけでは決着できない内容、そう単純には判断できないテーマで非常に多角的になっています。まさに現在の状況は、考古学をふくめ文献史学、社会学、経済学など多分野におよぶ各研究者が都市とはこのようなものだと、それぞれの学者、研究者の一定の定義や基準を設定し、それに依拠して合うか否かと、都市の査定に関して議論しているわけです。チャイルド学説もしかりでありますが、極論すれば、各人各様の都市像ができてしまうことになります。したがって、この都市の問題は、重層的で複雑かつ多岐におよびます。

　単純にいえば、たとえば、人がたくさん住んでいれば田舎ではない、都会だから、都市でいいのではないかという議論も成り立つわけです。

先ほど石野さんのご講演にもあったように思うのですが、石野さんの都市論は非常に単純明快です。誤解のないように聞いていただきたいのですが、纒向遺跡のように、各地の土器がきている、つまり人がそれらを持ってやってきている、そこらじゅうから人々が集まってきている、そのようなところは都会にちがいない、つまり都市だということです。ご自身の言によると「きわめて単純な石野都市論」であります。直感が鋭い先生です。単純明快、外来系の土器、つまり外来者の多い集落は都市であると、断言されます。「ああ、そうですか」と老若男女が納得します。本当に明解で、ことの本質をうがった妙案ともいえるわけです。そのような基準一つでもよいわけですね。
　要するに、それぞれの研究者がいろいろな基準をだして、それに合う合わない、ということでやっているわけです。こういう状況をふまえながら、話を進めます。

(2)「唐古・鍵の時代」の都市論

　唐古・鍵の時代＝弥生時代の都市論をあつかう場合は、池上曽根遺跡が議論の実質的な出発点でその主要な舞台であったこともあり、私は、この遺跡を掘っていましたので、個人的には比較的、気が楽なのです。
　なぜかというと、これこそ弥生都市だ、池上曽根遺跡が弥生都市だ、あるいは、唐古・鍵遺跡が弥生都市だと主張する先生方はたくさんいます。ある先生は、いくつかの指標・基準を列挙したうえで、遺跡で発掘される遺構・遺物やその様相がそれらに適合するから、池上曽根遺跡さらに唐古・鍵遺跡が都市だとする論陣をはっています。ところが、実際私は遺跡を掘っていましたから、どうもそのようなことはありえないのに、と思うのです。
　私なりに理解するところを述べます。
　たとえばどのようなことかというと、専業工人層、つまり専属・特化状態的にモノを作るスペシャリスト集団に関する事項です。池上曽根遺跡や唐古・鍵遺跡においては、そのような人間集団が階層性をなして一定ていど存在しているから都市として認定できる、というような主旨で弥生都市論者は強調します。
　先ほどからの唐古・鍵遺跡についてのご講演・報告などの話でしたら、「銅鐸を造っている人がいるから、それだけで、ここは都市や」というふうになるかもしれません。しかし、それら人々の集落内での位置づけのあり方などが、問題になってくると考えられます。私が池上曽根遺跡を掘っていた所見からいうと、どうも、遺跡から検出されている遺構や遺物をこまめに見るならば、そのような専業工人階層の存在が断定できないと思ったのです。詳細な根拠を本来なら説明するべきですが、時間に余裕がありませんので、ここでは、結論的な見解のみにしておきます。もし可能なら、のちほどの討論時にでも補足説明いたします。
　だから、少なくとも唐古・鍵の時代、つまり弥生時代の集落の状況は、弥生都市と主張している先生方がかかげる指標・基準そのものに、最初から根本・原則的に合致していない、それらと乖離しているわけです。
　そもそも、各地にある弥生大形集落が、それぞれ設定された指標・基準を十分にクリアしてい

るという論法で弥生都市を認定しようと試みているようですが、基準自体やそれに対する評価が、遺跡における真の実態と整合性をもっていない。つまり、まちがっているということが判断できますので、私は、いわゆる唐古・鍵の時代における都市は否定してよい、弥生都市論者の見解はそれ自体が基礎から揺らいでいる、と思っています。

(3)「纒向の時代」の都市論

A　寺沢による研究ほか

そのつぎの、纒向の時代＝庄内式以降の都市論については、寺沢さんが積極的にやっておられますが、それはまた難題です。

これはこれで寺沢さんは独自の諸基準を設けていますが、歴史的な都市、あるいは、日本的な都市はこのようなものだ、というようなことを主張しています。それを帰納的な方法あるいは演繹的な方法で、または、両方にわたって、さらに実態検証とか論理的な模索をへながら、かなり深く追究を試みていて、ことの内容は重いといえます。

チャイルド先生の10基準（指標）の一つである「恒常的な生活必需品の長距離交易」に関しては、先ほど私は、纒向遺跡は一応、仮マルの可能性ありかも、と述べました。それはそれでチャイルド先生の基準なわけです。だが、チャイルド先生の基準は、ほかにもたくさんあります。あと、9項目ありましたから、それらに纒向遺跡が合っているかどうか、私はまだ十分に個別的には検討できていません。

寺沢（1984、2000ほか）さんの論文や本を読んでいると、なるほど、もっともだとも思い、ついつい寺沢さんの説に引きずり込まれそうになってしまいます。私自身は纒向遺跡の調査成果に日常的には接していないので、正直いって体感的なものをふくめ評定のしようがないのが実情なのですが、本音では、今回のシンポジウムの内容を契機にして考えてみたいと思っているわけであります。

また一方で、チャイルド先生のあるいは寺沢さんの一定の基準を、別な角度からの検証によってアプローチしたり、もしくは、ちがう先生の基準に当てはめて考察してみたらどうなるか、ということに関心をもっているところです。そこで、寺沢さん以外の国内の考古学研究者が独自設定した都市基準で、寺沢さんが主張する纒向遺跡の都市属性を検討してみることも、一定の意味をもつと理解しています。多数決による審判みたいですが、ほかの人の基準とどこまで整合的なのかということを、つぎに考えてみようと思います。

B　その他の要素・指標

たとえば一例をあげると、都出比呂志（1989a、1998aほか）さんは、都市そのものとしての認定基準を四つほど示しています。

一つめは「中心機能」、つまりセンター、政治・経済・宗教など、さまざまなものの中心的な役割をそなえることであります。二つめは「集住」、要するに、たくさんの人々がまとまって住

んでいるということです。三つめは、「外部依存」という表現をされています。つまり、自分たちの食料などを自分たちの集落で作るのではなくて、よそから持ってきて調達する、ということです。四つめは、「商工業の発達」をあげています。商業・工業における進展度の問題です。手工業生産とか交易活動とか、そのようなことに関する評価となります。

　時間があれば細かく、寺沢さんが都市の根拠として述べていることを、この4基準にあてはめて話しさせてもらおうと思っていたのですが、タイムオーバーのため、結論的な事項だけを手短に駆け足で述べます。

　都出さんがあげている一番めの「中心機能」については、これまでの考古学的データの蓄積をかんがみるならば、纒向遺跡はマルか二重マル（◎）、合格です。

　二番めの「集住」の問題も、遺跡が広い分布範囲である、人がたくさんいる、ということは問題ないと思いますので、たぶんマルです。しかし、広いけれども密度はどうかというのが少し気になるのですが、それは後からでも教えていただければと思います。

　三番めの「外部依存」について、食料は外からの分でまかなっている、あるいは自分の集落では作っていないということですが、これに関して寺沢さんは、木製品のスキ（鋤）とクワ（鍬）の比率を示し検討しています。

　纒向遺跡では、一般的な農村とまったく相違するような、両者の比率をみせるというのです。農村ではクワが多いけれども、その数値に比べると纒向遺跡では、クワが非常に少なくて5％、スキが多く95％もしめるというデータが提示されています。だから、纒向遺跡は農業をおこなっていない集落、ということを書いている。考古学として資料実態に依拠していて、きわめて実証的ですね。だから、この点をとりあげると、外部依存という意味ではマルになるのかな、とも思います。

　しかし、他の要素による纒向遺跡における外部依存の実態はどうかというと、私にはよくわかりません。農業をやっていない、あるいは、非農村的な集落だということを、もっと雄弁に説明できるようなデータがほかにもないか、と今でもすごく気になっているところです。

　C　商工業の発達に関して

　四番めの「商工業の発達」ですが、寺沢さんの論文にあたってみると、基本的に纒向遺跡は大きな市場、交易を主体とする「市」的な機能をもっている集落ということになっています。

　たしかに纒向の時代に属する土器が各地からきますから、先ほど「一応は仮のマル（○）の可能性」としたように、それは、まあいいかとも一面として思わないではありません。しかしながら、それ以外にあげられた「市」の根拠としては、平安時代の流路から出土した7世紀末の墨書土器（「□市」）やら、7世紀以降の文献史料にも残っている「大市郷」という地名とか、近くの「海柘榴市」とか、市の地名や文字・文献記録があるということです。それらをかなりの重要なよりどころにしています。

　このような商業の発達をめぐっては、裏を返せば、それは外部依存の強弱の問題とも非常に深くかかわってくるので、とても重要な課題となってきます。後代の文献史料などの付帯的な状況

証拠とは別に、もう少し根本的な、考古学による同時代的な証左データがないのかと懸念されます。

　もう一つは、手工業についてです。最近、金属生産・加工のための大口径のフイゴ羽口や鉄滓などが出土しているということですが、そのようなものが実際どのぐらいの量でどのぐらいの密度であるのか、手工業の発達といった場合に、それに適合する十分な質と量なのかどうか、非常に気にかかるところです。

　ですから、都出さんの四つの基準のうち三番めまでの項目は、可能性をふくめて推測するなら、だいたいマルから二重マルとなり、かなり高得点です。しかし、四つめの商工業、商業的交易や手工業の発達に関しては、外部依存度合が高いと認定してよいか、というような課題とのかかわりがやや憂慮されるところでもあります。また、「商」「工」両域面での検証となると、現時点データにおいて三角（△）ぐらいか、とじつは思っています。

　商工業の領域が当時において実際に未熟であったのか、あるいは、十分成熟していたが考古学的に未把握なのか、というような問題もあるわけですが、この三角がマルや二重マルへ昇格するようになれば、私は一応はためらわずに、纒向遺跡は、寺沢さんのいうような、日本最古の都市である蓋然性が高いだろうと賛同します。

　このような纒向遺跡における問題をふくめ、さらには、唐古・鍵の時代、弥生時代に展開した大形集落の位置づけに関しても、後ほどのシンポジウムにおける議論の展開を受けて、私自身が納得して帰宅できるのかどうか、とても楽しみにしているところです。

　たどたどしい、雑駁でやや恣意的な発表になってしまいましたが、長時間のご清聴、誠にありがとうございました。

〔特記以外の主要関連文献〕

　秋山浩三 2002b、2002c、2003b、2006a、2007b ／秋山浩三・小林和美・後藤理加・山崎頼人 2000 ／秋山浩三・仲原知之 1998・99 ／石野博信 1990、2008 ／石野博信編 2005 ／石野博信・関川尚功 1976 ／今津勝紀 1998 ／宇野隆夫 1998 ／（財）大阪府文化財センター 2005b、2007 ／（財）大阪府文化財調査研究センター 2002c ／田原本町教育委員会ほか 2004 ／寺前直人 2001 ／仲原知之 2000 ／奈良県立橿原考古学研究所附属博物館・田原本町教育委員会 1996 ／奈良国立文化財研究所・朝日新聞大阪本社企画部編 1989 ／藤田三郎 2012 ／森岡秀人 1998 ／八尾市立歴史民俗資料館 2002

〔追記〕

　その後、本章でとりあげたチャイルド（1950）論文「The Urban Revolution」の、下垣仁志による邦訳が2013年に公刊された（チャイルド（下垣訳）2013）。それでは、原文中で私がとくにこだわった箇所に関して、つぎのようになっている。

　つまり、都市10指標のうちの⑨番めの要約で、「生活必需品の恒常的な長距離交易」というように理解した箇所の原文にふくまれる、「Regular 'foreign' trade」（拙訳＝「恒常的な「対外的」交易」）の部分を、下垣は「正規の「外国」交易」と訳出している。要は、regularに対する解釈（訳語）が私といささか異なっているようであるが、ひとまずは参考として付記だけしておくことにしたい。

引用・関連文献一覧

〔執筆者・発行主体ごとによる50音・年代順配列／同年内では単行本・論考ほかごとにタイトルの50音順でアルファベット表記／本書各章ごとのとりあげかたにおける相違のため、一部に、同一文献でも別表記での併載、表記における非統一的な箇所もふくむ〕

愛知県小坂井町教育委員会 1960『篠束第1次調査報告書』
青木勘時 1995「近畿2（奈良県）」『ムラと地域社会の変貌―弥生から古墳へ―』埋蔵文化財研究会
秋山浩三 1986a「河内からもち運ばれた土器―山城・乙訓出土の生駒山西麓産土器―」『長岡京古文化論叢』同朋舎
秋山浩三 1986b「銅鐸形土製品」『亀井（その2）』大阪府教育委員会・（財）大阪文化財センター
秋山浩三 1986c「分銅形土製品」『亀井（その2）』大阪府教育委員会・（財）大阪文化財センター
秋山浩三 1989a「「河内系」土器について」『京都府弥生土器集成』（財）京都府埋蔵文化財調査研究センター
秋山浩三 1989b「山陽系土器について 山城地域」『京都府弥生土器集成』（財）京都府埋蔵文化財調査研究センター
秋山浩三 1989c「向日市沢ノ西遺跡」「向日市鴨田遺跡」「向日市北山遺跡」「向日市内裏下層遺跡」「向日市殿長遺跡」『京都府弥生土器集成』（財）京都府埋蔵文化財調査研究センター
秋山浩三 1990「ムラ・ムラの交流」『京都民報』1990年2月11日（コラム）、京都民報社
秋山浩三 1991a「鶏冠井遺跡における畿内第Ⅱ様式の様相」『向日市埋蔵文化財調査報告書』32、（財）向日市埋蔵文化財センター・向日市教育委員会
秋山浩三 1991b「長岡京跡左京第209次（7ANEJK地区）〜左京南一条二坊十三町、鶏冠井遺跡〜発掘調査概要」『向日市埋蔵文化財調査報告書』32、（財）向日市埋蔵文化財センター・向日市教育委員会
秋山浩三 1992a「田下駄の予察的復原」『向日市埋蔵文化財調査報告書』34、（財）向日市埋蔵文化財センター・向日市教育委員会
秋山浩三 1992b「弥生前期土器―遠賀川式土器の地域色と吉備―」『吉備の考古学的研究（上）』山陽新聞社
秋山浩三 1993「「大足」の再検討」『考古学研究』40－3、考古学研究会
秋山浩三 1994「ムラ・ムラの交流―河内や近江から弥生土器が移動」『まちと暮らしの京都史』文理閣
秋山浩三 1995「各地域での弥生時代の始まり 吉備―縄紋系ムラと共存した弥生系ムラ」『弥生文化の成立』（角川選書265）角川書店
秋山浩三 1996「B. C. 52年の弥生土器」『大阪文化財研究』11、（財）大阪府文化財調査研究センター
秋山浩三 1997「黒斑等の遺物属性からみた土器焼成遺構」『古代の土師器生産と焼成遺構』（窯跡研究会編）真陽社
秋山浩三 1998「教科書に登場する遺跡 池上曽根遺跡」『考古学研究』44－4、考古学研究会
秋山浩三 1999a「池上曽根遺跡中枢部における大形建物・井戸の変遷」『みずほ』28・31、大和弥生文化の会
秋山浩三 1999b「〈かいだい〉ジョウとヤヨイからのメッセージ」『第3回現地公開劇パンフレット 公開劇『コメと出会った縄文人』』（財）大阪府文化財調査研究センター池島分室
秋山浩三 1999c「近畿における弥生化の具体相」『論争 吉備』考古学研究会
秋山浩三 1999d「近畿における弥生「神殿」「都市」論の行方」『ヒストリア』163、大阪歴史学会
秋山浩三 2000「近畿における無文土器系土器の評価」『突帯文と遠賀川』土器持寄会
秋山浩三 2001a「近畿出土の吉備型甕と吉備との交流をめぐって」(「古墳出現期の土師器と実年代」第8

回準備会発表資料）

秋山浩三 2001b「西摂津産器台（赤い大形器台）をめぐって」（「第6回土器移動検討会」：瓜生堂遺跡調査事務所内部検討会資料）

秋山浩三 2001c「"B. C. 52年の弥生土器"その後」『考古学ジャーナル』472、ニューサイエンス社

秋山浩三 2002a「池上曽根遺跡の"銅鐸鋳型"と金属器生産の実相」『究班Ⅱ』埋蔵文化財研究会

秋山浩三 2002b「河内湖岸域の初期弥生水田をめぐって」『志紀遺跡（その2・3・5・6）』（財）大阪府文化財調査研究センター

秋山浩三 2002c「摂河泉の吉備系土器」『邪馬台国時代の吉備と大和』香芝市教育委員会・香芝市二上山博物館

秋山浩三 2002d「変貌する弥生社会 他地域との交流」『発掘速報展 大阪 大河内展』（財）大阪府文化財調査研究センター

秋山浩三 2003a「近畿出土の吉備型甕と吉備との交流」『古墳出現期の土師器と実年代 シンポジウム資料』（財）大阪府文化財センター

秋山浩三 2003b「弥生時代・畿内石庖丁の生産と流通」『道具の生産流通と地域関係の形成〜縄文から古墳まで〜研究発表要旨』古代学協会中国四国支部

秋山浩三 2004a「縄文系呪術具の残存現象からみた弥生の始まり」『2002年度共同研究成果報告書』（財）大阪府文化財センター

秋山浩三 2004b「初期農耕集落としての瓜生堂遺跡」『瓜生堂遺跡1』（財）大阪府文化財センター

秋山浩三 2004c「土偶・石棒の縄文・弥生移行期における消長と集団対応」『考古論集 河瀬正利先生退官記念論文集』河瀬正利先生退官記念事業会

秋山浩三 2004d「「2つの事件」と近畿」『弥生時代の実年代 炭素14年代をめぐって』学生社

秋山浩三 2004e「弥生中期大形集落・瓜生堂遺跡の一構成単位」『瓜生堂遺跡1』（財）大阪府文化財センター

秋山浩三 2005a「縄文から弥生時代へ 久宝寺ムラの誕生」『久宝寺遺跡発掘調査成果―2001〜2004年度のまとめ―』（財）大阪府文化財センター

秋山浩三 2005b「弥生大形集落断想」『大阪文化財研究』27・28、（財）大阪府文化財センター

秋山浩三 2006a『弥生実年代と都市論のゆくえ 池上曽根遺跡』新泉社

秋山浩三 2006b「池上曽根遺跡」「桑津式土器」「四ツ池遺跡」『日本古代史大辞典』大和書房

秋山浩三 2006c「吉備・近畿の交流と土器」『古式土師器の年代学』（財）大阪府文化財センター

秋山浩三 2006d「銅鐸鋳型の蛍光X線分析と試考実験」『喜谷美宣先生古稀記念論集』喜谷美宣先生古稀記念論集刊行会

秋山浩三 2006e「弥生拠点集落における土器搬入の実態」『研究調査報告』4、（財）大阪府文化財センター

秋山浩三 2006f「弥生の風と火と水と―専業生産の理解をめぐって―」『弥生人 躍動す―池上曽根と吉野ヶ里―』大阪府立弥生文化博物館

秋山浩三 2007a『日本古代社会と物質文化』青木書店

秋山浩三 2007b『弥生大形農耕集落の研究』青木書店

秋山浩三 2007c「池上曽根遺跡」「鬼虎川遺跡」「袴狭遺跡」「東奈良遺跡」「四ツ池遺跡」『東アジア考古学辞典』東京堂出版

秋山浩三 2007d「基調報告② 交流 チャイルドの〈長距離交易〉と唐古・鍵〜纒向の時代」『特別講演・シンポジウム ヤマト王権はいかにして始まったか〈発表要旨・資料集〉』田原本教育委員会・桜井市教育委員会・（財）桜井市文化財協会

秋山浩三 2007e「実録／池上曽根大形建物・井戸の復原工事」『大阪文化財研究』31、（財）大阪府文化財

センター

秋山浩三 2007f「展示批評 企画展示「弥生はいつから⁉—年代研究の最前線—」」『歴博』144、国立歴史民俗博物館

秋山浩三 2007g「煩悶する若き考古技師《欹漏版》」『研究調査報告』5、(財)大阪府文化財センター

秋山浩三 2007h「弥生時代の被熱変形土器類と試考実験」『考古学論究』(小笠原好彦先生退任記念論集刊行会編)真陽社

秋山浩三 2008a「田下駄・「大足」と関連木製品」『季刊考古学』104、雄山閣

秋山浩三 2008b「弥生〈集住〉集落の基本特性」『考古学研究』54 – 4、考古学研究会

秋山浩三 2008c「弥生〈集住〉集落の基本特性」『考古学研究会第54回研究集会 集落から都市へ—集団関係の諸相—』考古学研究会

秋山浩三 2009「年代測定法—近年の理化学的手法と弥生実年代論」『史跡で読む日本の歴史1 列島文化のはじまり』吉川弘文館

秋山浩三 2011「チャイルドの〈長距離交易〉と唐古・鍵〜纒向の時代」『ヤマト王権はいかにして始まったか』(唐古・鍵考古学ミュージアム・桜井市埋蔵文化財センター編)学生社

秋山浩三 2014a「近畿関連資料」『シンポジウム 三世紀の吉備を読み解く』岡山県古代吉備文化財センター

秋山浩三 2014b「土器類の移動・交流からみた吉備と近畿」『シンポジウム ヤマト王権はいかにして始まったか Part. Ⅱ〈発表要旨〉』田原本教育委員会

秋山浩三 2016a「弥生農耕集落の特性と高地性集落の成立類型」『会下山遺跡発掘60周年・国史跡指定5周年記念シンポジウム 会下山遺跡と高地性集落の謎—弥生人はなぜ山の上に住んだのか—講演・報告要旨集』芦屋市・芦屋市教育委員会

秋山浩三 2016b「弥生の大形建物・都市・実年代—池上曽根からの発信」『池上曽根遺跡史跡指定40周年記念シンポジウム 巨大環濠集落の実像—弥生研究と史跡活用のこれから—シンポジウム資料集』大阪府立弥生文化博物館・(公財)大阪府文化財センター

秋山浩三編 1996『史跡池上曽根95』史跡池上曽根遺跡整備委員会

秋山浩三編 1998『史跡池上曽根96』和泉市教育委員会

秋山浩三編 1999『史跡池上曽根97・98』和泉市教育委員会

秋山浩三編 2004『史跡池上曽根99』和泉市教育委員会

秋山浩三編 2007『煩悶する若き考古技師』京都三星出版

秋山浩三・朝田公年編 2000『池島・福万寺遺跡1』(財)大阪府文化財調査研究センター

秋山浩三・朝田公年・中川二美・池谷梓 2002「弥生土器の移動比率—生駒山西麓・河内湖東岸部遺跡群における集計データから—」『立命館大学考古学論集Ⅲ』立命館大学考古学論集刊行会

秋山浩三・大木要 2010「弥生拠点集落・西ノ辻遺跡の再検討」『研究調査報告』7、(財)大阪府文化財センター

秋山浩三・河村恵理 2004「"土佐産"弥生後期土器の近畿初見例をめぐる検討」『瓜生堂遺跡1』(財)大阪府文化財センター

秋山浩三・國下多美樹・清水みき 1992「長岡京跡左京第196・214次(7ANEGZ—1・2地区)〜東二坊大路・二条大路交差点、左京二条三坊一町、鶏冠井清水遺跡〜発掘調査概要」『向日市埋蔵文化財調査報告書』34、(財)向日市埋蔵文化財センター・向日市教育委員会

秋山浩三・後藤理加 1999「巨大環濠集落における漁撈専業度と"船着場"」『みずほ』28、大和弥生文化の会

秋山浩三・小林和美・後藤理加・山崎頼人 2000「近畿における吉備型甕の分布とその評価」『古代吉備』

22、古代吉備研究会

秋山浩三・瀬川貴文・中川二美 2003「生駒山西麓域における在地産・搬入弥生土器の推移」『大阪文化財研究』23、（財）大阪府文化財センター

秋山浩三・手島美香・中川二美・宮田佳代 2004「弥生時代前期の様相 遺物」『瓜生堂遺跡1』（財）大阪府文化財センター

秋山浩三・中川二美・長友朋子・河村恵理 2004「瓜生堂遺跡における生駒山西麓産弥生土器の占有率」『瓜生堂遺跡1』（財）大阪府文化財センター

秋山浩三・仲原知之 1998・99「近畿における石庖丁生産・流通の再検討（Ⅰ）」『大阪文化財研究』15・17、（財）大阪府文化財調査研究センター

秋山浩三・三好孝一・市村慎太郎 2005「中河内地域・縄文時代後期～古墳時代前期の歴博プロジェクト炭素14年代測定資料の現状」『学術創成研究 弥生農耕の起源と東アジア―炭素年代測定による高精度編年体系の構築―大阪現地研究会資料集』国立歴史民俗博物館 学術創成研究「弥生農耕の起源と東アジア」事務局

朝田公年・秋山浩三・山崎頼人 2000「稲株状痕跡の分析視角―現生稲の経時観察・発掘と軟X線分析による試考」『池島・福万寺遺跡1』（財）大阪府文化財調査研究センター

朝日新聞社 1987『週刊朝日百科 日本の歴史80』

朝日新聞社 2003『新訂増補版 週刊朝日百科 日本の歴史73』

東潮 1971「分銅形土製品の研究（Ⅰ）」『古代吉備』7、古代吉備研究会

阿部幸一・山田隆一 1995『志紀遺跡発掘調査概要・Ⅳ』大阪府教育委員会

阿部嗣治 1985「土器の移動についての一考察―庄内式土器を中心として―」『紀要』Ⅰ、（財）東大阪市文化財協会

池上曽根遺跡史跡指定20周年記念事業実行委員会 1996『弥生の環濠都市と巨大神殿』

池上曽根史跡公園協会 2001『池上曽根物語』

石井清司 1989「山陽系土器について 丹後・丹波地域」『京都府弥生土器集成』（財）京都府埋蔵文化財調査研究センター

石川日出志 2008『「弥生時代」の発見 弥生町遺跡』新泉社

石野博信 1990「纒向遺跡と初期ヤマト政権」『東アジアの古代文化』63、大和書房

石野博信 2008『邪馬台国の候補地 纒向遺跡』新泉社

石野博信 2011「唐古・鍵と纒向―弥生から古墳へ―」『ヤマト王権はいかにして始まったか』（唐古・鍵考古学ミュージアム・桜井市埋蔵文化財センター編）学生社

石野博信編 2005『大和・纒向遺跡』学生社

石野博信・関川尚功 1976『纒向』奈良県立橿原考古学研究所

和泉市教育委員会 2000『史跡池上曽根遺跡保存整備事業報告書 第1分冊』

和泉市教育委員会 2001『よみがえるいずみの高殿―弥生時代大型掘立柱建物と刳り抜き井戸の復元―』（史跡池上曽根遺跡保存整備事業報告書 別冊）

市田京子 1990「広島県の田下駄」『木と民俗―日本民具学会論集4』（日本民具学会編）雄山閣出版

井藤暁子 1987「畿内の櫛描紋土器」『弥生文化の研究4 弥生土器Ⅱ』雄山閣出版

井藤暁子・藤田雅子・上西美佐子・清原弘美 1979『池上遺跡 第2分冊 土器編』（財）大阪文化財センター

稲田孝司・大久保徹也・秋山浩三・田崎博之ほか 2008「研究報告についての討議」『考古学研究』55－3、考古学研究会

乾哲也 1996「弥生中期における池上曽根遺跡の集落構造」『ヒストリア』152、大阪歴史学会

井上巖 1998「東奈良遺跡出土器の胎土分析」『東奈良遺跡』（財）大阪府文化財調査研究センター

井上巖 2004「池上曽根遺跡ほかの近畿弥生土器の胎土分析―X線回折試験及び化学分析試験―」『史跡池上曽根99』（(財)大阪府文化財センター編）
井上智博 1992「調査成果 弥生時代」『池島・福万寺遺跡発掘調査概要Ⅶ』(財)大阪府文化財調査研究センター
茨木市 2014『新修茨木市史7 資料編 考古』（茨木市史編さん委員会編）
茨木市・茨木市教育委員会 2006『文化財シンポジウム 銅鐸の謎を知る』
今里幾次 1965「播磨市之郷弥生式遺跡の研究―播磨国弥生式土器の様式分類―」『古代文化』14－9、(財)古代学協会
今里幾次 1969「播磨弥生式土器の動態」『考古学研究』15－4・16－1、考古学研究会
今里幾次 1977「播磨の雲母土器」『考古学研究』23－4、考古学研究会
今里幾次 1980『播磨考古学研究』今里幾次論文集刊行会
今里幾次・松本正信ほか 1984「龍野市とその周辺の考古学資料」『龍野市史4』龍野市
今津勝紀 1998「律令期と流通」『古代史の論点3 都市と工業と流通』小学館
今村峯雄 1999「高精度 ^{14}C年代測定と考古学―方法と課題―」『月刊 地球』号外26、海洋出版
今村峯雄 2000「考古学における ^{14}C年代測定」『考古学と化学をむすぶ』東京大学出版会
今村峯雄・辻誠一郎・春成秀爾 1999「炭素14年代の新段階」『考古学研究』46－3、考古学研究会
芋本隆裕・松田順一郎編 1982『鬼虎川遺跡の金属器関係遺物―第7次発掘調査報告2―』(財)東大阪市文化財協会
岩崎誠 1980「（仮）古市保育所建設にともなう発掘調査概要 長岡京跡左京第17次調査（7ANMMT地区）」『長岡京市文化財調査報告書』5、長岡京市教育委員会
岩崎誠・白川成明・原秀樹 1983「長岡京跡右京第39次（7ANQMK地区）調査概要」『長岡京市文化財調査報告書』11、長岡京市教育委員会
岩崎誠・福永伸哉 1991「考古 弥生時代」『長岡京市史 資料編1』長岡京市
岩松保 1988「木津川河床遺跡昭和61年度発掘調査概報」『京都府遺跡調査概報』30、(財)京都府埋蔵文化財調査研究センター
植木武 1996「初期国家の理論」『国家の形成』三一書房
上村和直 1987『中久世遺跡発掘調査概報 昭和61年度』(財)京都市埋蔵文化財研究所
上村和直・久世康博 1987「平安京左京六条二坊」『昭和59年度 京都市埋蔵文化財調査概要』(財)京都市埋蔵文化財研究所
宇垣匡雅 1986「百間川今谷遺跡（第3尾高地）低水路調査区」『岡山県埋蔵文化財報告』16、岡山県教育委員会
宇垣匡雅 1995「大和王権と吉備地域」『古代王権と交流6 瀬戸内海地域における交流の展開』名著出版
潮田鉄雄 1967「田下駄の変遷」『物質文化』10、物質文化研究会
潮田鉄雄 1973『はきもの』（ものと人間の文化史8）法政大学出版部
宇野隆夫 1996「西洋流通史の考古学的研究」『古代文化』48－10、(財)古代学協会
宇野隆夫 1998「原始・古代の流通」『古代史の論点3 都市と工業と流通』小学館
梅木謙一 1999「伊予における土器交流拠点―松山平野の畿内系土器と宮前川遺跡―」『庄内式土器研究』ⅩⅩ、庄内式土器研究会
梅木謙一 2002a「松山平野出土の古墳時代初頭の吉備型甕・吉備系甕」『環瀬戸内海の考古学―平井勝氏追悼論文集―』古代吉備研究会
梅木謙一 2002b「松山平野における西南四国系土器の流入形態」『四国とその周辺の考古学』犬飼徹夫先生古稀記念論文集刊行会

梅木謙一 2003「西南四国系土器」『松山市埋蔵文化財調査年報』14、松山市教育委員会
梅木謙一 2006「東田大塚古墳出土の大型複合口縁壺の検討―桜井市出土の大型複合口縁壺の理解にむけて―」『東田大塚古墳―奈良盆地東南部における纏向型前方後円墳の調査―』（財）桜井市文化財協会
梅原末治 1927『銅鐸の研究』大岡山書店
瓜生堂遺跡調査会 1980『恩智遺跡Ⅰ（本文編）Ⅱ（図録編）』
江浦洋・井上智博編 1992『池島・福万寺遺跡発掘調査概要Ⅶ』（財）大阪文化財センター
江戸秀輝・坂本憲昭 1999『福井遺跡』（財）高知県文化財団埋蔵文化財センター
大久保徹也 1990「下川津跡における弥生時代後期から古墳時代前半の土器について」『瀬戸大橋建設に伴う埋蔵文化財発掘調査報告Ⅶ 下川津遺跡』香川県教育委員会・（財）香川県埋蔵文化財調査センター・本州四国連絡橋公団
大久保徹也 1995「上天神遺跡の「在地」土器と「搬入」土器」『上天神遺跡』香川県教育委員会ほか
大阪の弥生遺跡検討会 1998『大阪の弥生遺跡Ⅱ』
大阪府教育委員会 1989『東郷遺跡発掘調査概要・Ⅰ』
大阪府教育委員会・（財）大阪府文化財センター 1993『河内平野遺跡群の動態Ⅵ』
大阪府教育委員会ほか 1983『友井東（その2）』
（財）大阪府文化財センター 2003a『久宝寺遺跡現地公開資料』
（財）大阪府文化財センター 2003b『久宝寺遺跡・竜華地区発掘調査報告書Ⅴ』
（財）大阪府文化財センター 2003c『古墳出現期の土師器と実年代 シンポジウム資料』
（財）大阪府文化財センター 2004『小路遺跡』
（財）大阪府文化財センター 2005a『久宝寺遺跡 発掘調査成果―2001～2004年度のまとめ―』
（財）大阪府文化財センター 2005b『小阪合遺跡（その3）』
（財）大阪府文化財センター 2007『久宝寺遺跡・竜華地区発掘調査報告書Ⅶ』
（財）大阪府文化財センター 2008『八尾南遺跡』
（財）大阪府文化財センター 2009a『讃良郡条里遺跡Ⅷ』
（財）大阪府文化財センター 2009b『三宅西遺跡』
（財）大阪府文化財調査研究センター 1995『摂河泉発掘資料精選』
（財）大阪府文化財調査研究センター 1996『下田遺跡』
（財）大阪府文化財調査研究センター 1999「史跡池上曽根遺跡 整備事業弥生時代建物復元工事竣工」（リーフレット）
（財）大阪府文化財調査研究センター 2000『溝咋遺跡（その1・2）』
（財）大阪府文化財調査研究センター 2002a『池島・福万寺遺跡発掘調査概要ⅩⅩⅥ』
（財）大阪府文化財調査研究センター 2002b『志紀遺跡（その2・3・5・6）』
（財）大阪府文化財調査研究センター 2002c『大河内展―弥生社会の発展と古墳の出現―』
（財）大阪府文化財調査研究センター池島分室 1999『公開劇『コメと出会った縄文人』』（第3回現地公開劇パンフレット）
（財）大阪府文化財調査研究センターほか 1996『河内平野遺跡群の動態Ⅲ』
（財）大阪府文化財調査研究センター・和泉市教育委員会編 1996『史跡池上曽根95』
（財）大阪府文化財調査研究センター・和泉市教育委員会編 1997『史跡池上曽根96』
大阪府立泉北考古資料館 1986『大阪府の銅鐸図録』
大阪府立弥生文化博物館 1991『弥生文化 日本文化の源流をさぐる』（弥生文化博物館叢書1）平凡社
大阪府立弥生文化博物館 1992『船橋展』
大阪府立弥生文化博物館 2001『弥生都市は語る―環濠からのメッセージ―』

大阪府立弥生文化博物館 2006『船橋遺跡出土資料１―弥生土器編―』
大阪府立弥生文化博物館 2011『豊饒をもたらす響き 銅鐸』
大阪府立弥生文化博物館 2013『吉備と邪馬台国―霊威の継承―』
大阪府立弥生文化博物館 2015a『河内の美・技・心―考古学研究と船橋遺跡―』
大阪府立弥生文化博物館 2015b『卑弥呼―女王創出の現象学―』
大阪府立弥生文化博物館 2015c「大阪府立弥生文化博物館 卑弥呼と出会う博物館」（リーフレット）
大阪府立弥生文化博物館 2016『平成27年度弥生フェスティバル連続講演会 奇跡の発見！ 松帆銅鐸 講演資料集』
（財）大阪文化財センター 1981『巨摩・瓜生堂』
（財）大阪文化財センター 1983『西岩田』
（財）大阪文化財センター 1984『亀井遺跡Ⅱ』
（財）大阪文化財センター 1985『美園』
（財）大阪文化財センター 1986『亀井（その２）』
（財）大阪文化財センター 1987a『久宝寺北（その１～３）』
（財）大阪文化財センター 1987b『新家（その１）』
大阪歴史学会 1996『ヒストリア』152（特集 池上曽根の弥生遺跡と東アジア）
大塚初重・小田富士雄・松木武彦・松井和幸 2003「特集２ 弥生時代の年代測定をめぐって」『東アジアの古代文化』116、大和書房
大手前大学史学研究所 2007『弥生土器集成と編年―播磨編―』
大野薫 1983「萱振遺跡井戸３出土の布留式土器」『庄内式土器研究』Ⅳ、庄内式土器研究会
大野薫 1992「瓜生堂遺跡北東辺部の調査」『大阪府下埋蔵文化財研究会（第25回）資料』大阪府教育委員会・（財）大阪文化財センター
大場磐雄 1949「木器」『登呂』日本考古学協会
大庭重信 2002a「河内の土器」『大河内展―弥生社会の発展と古墳の出現―』（財）大阪府文化財調査研究センター
大庭重信 2002b「まつりの復原―雁屋遺跡方形周溝墓―」『大河内展―弥生社会の発展と古墳の出現―』（財）大阪府文化財調査研究センター
大橋信弥・山崎秀二編 1979『服部遺跡発掘調査概報』滋賀県教育委員会・守山市教育委員会・（財）滋賀県文化財保護協会
岡野慶隆 2006『加茂遺跡』（日本の遺跡８）同成社
岡村秀典 2001「倭政権の支配構造―古墳出土祭器の象徴性―」『考古学の学際的研究―濱田青陵賞受賞者記念論文集Ⅰ―』岸和田市・岸和田市教育委員会
岡本明郎 1962「田下駄考」『考古学研究』９－２、考古学研究会
岡本茂史 2007「「集落跡」から見えるもの―八尾南遺跡の集落景観―」『2005年度共同研究成果報告書』（財）大阪府文化財センター
岡本武司・芝田和也 1991『新市庁舎建設に伴う上田町遺跡発掘調査（第１工区）現地説明会』松原市教育委員会
岡山県教育委員会 1984『岡山県埋蔵文化財調査報告書』56
岡山県古代吉備文化財センター 1986『所報吉備』１
荻田昭次 1986「西ノ辻遺跡」『東大阪市文化財協会ニュース』２－１、（財）東大阪市文化財協会
置田雅昭 1982「古墳出現期の土器」『えとのす』19、新日本教育図書
置田雅昭 1985「弥生土器から土師器へ」『月刊考古学ジャーナル』252、ニューサイエンス社

小田桐淳 1988「長岡京跡右京第228次（7ANJMM地区）調査概要（2）―右京四条四坊十一町・長法寺遺跡―」『長岡京市文化財調査報告書』20、長岡京市教育委員会
乙益重隆（解説）1991『復刻 朝鮮の在来農具』慶友社
香川県教育委員会ほか 1995『上天神遺跡』
香芝市教育委員会・香芝市二上山博物館 2002『邪馬台国時代の吉備と大和』
香芝市教育委員会・香芝市二上山博物館 2003『邪馬台国時代の出雲と大和』
堅田直 1969『堺市四ツ池遺跡』（帝塚山大学考古学シリーズ5）帝塚山大学考古学研究室
金関恕監修・大阪府立弥生文化博物館編 2001『弥生時代の集落』学生社
金関恕・佐原真編 1985『弥生文化の研究5 道具と技術Ⅰ』雄山閣出版
金村浩一・曽我恭子ほか 1999『瓜生堂遺跡第45次発掘調査概要報告』（財）東大阪市文化財協会
兼康保明 1985「田下駄」『弥生文化の研究5 道具と技術Ⅰ』雄山閣出版
加納俊介・石黒立人編 2002『弥生土器の様式と編年 東海編』木耳社
鎌木義昌 1950「岡山県郷内村前山の弥生式遺跡」『吉備考古』80、吉備考古学会
亀井聡・溝川陽子・堀智美編 1996『河内平野遺跡群の動態Ⅲ』（財）大阪府文化財調査研究センター
亀山行雄 1996a「岡山県津寺遺跡の庄内式併行期の土器について」『庄内式土器研究』XI、庄内式土器研究会
亀山行雄 1996b「古墳時代初頭の土器」『津寺遺跡3』岡山県教育委員会ほか
亀山行雄 2001「吉備の土器・畿内の土器」（「古墳出現期の土師器と実年代」第9回準備会発表資料）
亀山行雄 2002「吉備の外来系土器」『邪馬台国時代の吉備と大和』香芝市教育委員会・香芝市二上山博物館
亀山行雄 2003「吉備地域の古式土師器」『古墳出現期の土師器と実年代 シンポジウム資料』（財）大阪府文化財センター
川瀬貴子・秋山浩三 2004「瓜生堂遺跡北東部の遺跡展開と周辺地域の動態」『瓜生堂遺跡1』（財）大阪府文化財センター
川瀬貴子・秋山浩三編 2004『瓜生堂遺跡1』（財）大阪府文化財センター
川西宏幸 1996「都市と文明」『講座［文明と環境］4 都市と文明』朝倉書店
川西宏幸 1999『古墳時代の比較考古学―日本考古学の未来像を求めて―』同成社
川西宏幸・定森秀夫・植山茂・山田邦和編 1987『京都府（仮称）精華ニュータウン予定地内遺跡調査報告書―煤谷川窯址・畑ノ前遺跡―』（財）古代学協会
岸本道昭 1998「播磨弥生後期前半土器の実体と編年」『小神辻の堂遺跡』龍野市教育委員会
木下忠 1954「弥生文化時代における施肥の問題」『史学研究』57、広島史学研究会
木下忠 1962「木器」『韮山村山木遺跡』静岡県韮山村
木下忠 1964「田植と直播」『日本考古学の諸問題』（考古学研究会編）河出書房
木下忠 1967「考古学研究における「民俗学的方法」」『月刊考古学ジャーナル』12、ニューサイエンス社
木下忠 1969「おおあし」『民具論集Ⅰ』（常民文化叢書2）（日本常民文化研究所編）開明堂
木下忠 1980「湿田と大足」『講座日本の民俗5 生業』有精堂出版
木下忠 1985a『日本農耕技術の起源と伝統』雄山閣出版
木下忠 1985b「田下駄・大足」『民具研究ハンドブック』雄山閣出版
京都市編 1983『史料 京都の歴史2 考古』
（財）京都市埋蔵文化財研究所 1982『中久世遺跡発掘調査概報 昭和56年度』
（財）京都市埋蔵文化財研究所 1990『鳥羽離宮跡発掘調査報告 平成元年度』
京都帝国大学文学部考古学研究室 1943『大和唐古弥生式遺跡の研究』

京都府教育委員会 1978『埋蔵文化財発掘調査概報 1978』
（財）京都府埋蔵文化財調査研究センター 1988『古殿遺跡』（京都府遺跡調査報告書9）
（財）京都府埋蔵文化財調査研究センター 1989『京都府弥生土器集成』
（財）京都府埋蔵文化財調査研究センター 1992『京都府遺跡調査報告書』16
（財）京都府埋蔵文化財調査研究センター 1997『遠所遺跡』（京都府遺跡調査報告書21）
久貝健 1999「御坊市堅田遺跡の前期弥生集落」『弥生文化と海』（紀伊考古学研究会第2回大会）紀伊考古学研究会
久貝健 2000「堅田遺跡前期環濠集落」『弥生文化の成立』（第47回埋蔵文化財研究会発表要旨集）埋蔵文化財研究会
久家隆芳 1998『八田神母谷遺跡』（財）高知県文化財団埋蔵文化財センター
久家隆芳 2000「サンナミ遺跡」『神ヶ谷窯跡・サンナミ遺跡』（財）高知県文化財団埋蔵文化財センター
久家隆芳 2002「南四国西半部の弥生土器」『四国とその周辺の考古学』犬飼徹夫先生古稀記念論文集刊行会
久住猛雄 1999「北部九州における庄内式併行期の土器様相」『庄内式土器研究』XIX、庄内式土器研究会
口野博史・水嶋正稔 1990『郡家遺跡―神戸市東灘区所在御影中町地区第三次調査概報』神戸市教育委員会
國下多美樹 1986「東土川西遺跡の弥生土器―乙訓地域における第5様式～庄内式土器の変遷―」『向日市文化資料館研究紀要』創刊号、向日市文化資料館
國下多美樹 1989「近江系土器について」『京都府弥生土器集成』（財）京都府埋蔵文化財調査研究センター
國下多美樹 1995「山城地域における古式土師器の様相」『庄内式土器研究』IX、庄内式土器研究会
國下多美樹 1999「乙訓地域における土器交流拠点」『庄内式土器研究』XX、庄内式土器研究会
國下多美樹 2001「我がムラの土器は何か―弥生土器の産地同定のための基礎的作業―」『みずほ』36、大和弥生文化の会
久野邦雄 1980「唐古・鍵遺跡出土の絵画文土器について」『考古学雑誌』66－1、日本考古学会
久保哲正 1985「長岡京左京第35次調査（7ANMMO地区）調査概要―左京六条二坊一町・雲宮遺跡―」『長岡京市文化財調査報告書』14、長岡京市教育委員会・長岡京跡発掘調査研究所
工楽善通 1991『水田の考古学』（UP考古学選書12）東京大学出版会
倉橋秀夫 1999『卑弥呼の謎 年輪の証言』講談社
黒板勝美・国史大系編修会 1972『新訂増補 国史大系〈普及版〉延喜式 後篇』吉川弘文館
黒崎直 1970「木製農耕具の性格と弥生社会の動向」『考古学研究』16－3、考古学研究会
黒崎直 1996『古代の農具』（日本の美術357）至文堂
黒須（橋本）亜紀子 2004「溝咋遺跡出土木製品に関する再考察」『大阪文化財研究』26、（財）大阪府文化財センター
小泉龍人 2001『都市誕生の考古学』（世界の考古学⑰）同成社
合田幸美 2000「溝咋遺跡出土の外来系土器について」『溝咋遺跡（その1・2）』（財）大阪府文化財調査研究センター
高知県教育委員会 1986『田村遺跡群（2～4）』（高知空港拡張整備事業に伴う埋蔵文化財発掘調査報告書）
（財）高知県文化財団埋蔵文化財センター 1996『具同中山遺跡群Ⅱ－1』（平成7年度中村宿毛道路埋蔵文化財発掘調査概報Ⅲ）
神戸市立博物館編 2000『国宝桜ヶ丘銅鐸・銅戈―神戸市立博物館―』（財）神戸市体育協会
國分直一（解説）1992『復刻 台湾の農具』慶友社
国立歴史民俗博物館 2003a『国立歴史民俗博物館研究報告会 弥生時代の実年代』

国立歴史民俗博物館 2003b『炭素14年代測定と考古学 国立歴史民俗博物館研究業績集』
国立歴史民俗博物館 2007『弥生はいつから!?―年代研究の最前線―』
小関智弘 2006『職人ことばの「技と粋」』東京書籍
後藤守一 1954「木器」『登呂 本編』日本考古学協会
小林和美 1998「久宝寺遺跡出土の吉備系土器」『大阪文化財研究』14、(財)大阪府文化財調査研究センター
小林謙一・春成秀爾・今村峯雄・坂本稔・陳建立・松崎浩之・秋山浩三・川瀬貴子 2004「大阪府瓜生堂遺跡出土弥生〜古墳時代土器の^{14}C年代測定」『瓜生堂遺跡1』(財)大阪府文化財センター
小林謙一・春成秀爾・坂本稔・秋山浩三 2008「河内地域における弥生前期の炭素14年代測定研究」『国立歴史民俗博物館研究報告』139、国立歴史民俗博物館
小林行雄 1958「大阪府枚岡市額田町西ノ辻遺跡I地点の土器」「大阪府枚岡市額田町西ノ辻遺跡N地点の土器」「大阪府枚岡市額田町西ノ辻遺跡D・E・F・H地点の土器」『弥生式土器集成1』〔=資料編第1分冊〕(日本考古学協会・弥生式土器文化総合研究特別委員会・弥生式土器集成刊行会)真陽社・内外印刷
小林行雄・杉原荘介編 1958『弥生式土器集成1』〔=資料編第1分冊〕(日本考古学協会・弥生式土器文化総合研究特別委員会・弥生式土器集成刊行会)真陽社・内外印刷
小林行雄・杉原荘介編 1961『弥生式土器集成2』〔=資料編第2分冊〕(日本考古学協会・弥生式土器文化総合研究特別委員会・弥生式土器集成刊行会)真陽社・内外印刷(参考―『弥生式土器集成 資料編』としての、〔資料編第1・2分冊〕合本冊:1968、同2版:1973、弥生土器集成刊行会、真陽社)
小林行雄・杉原荘介編 1964『弥生式土器集成 本編1』(日本考古学協会・弥生式土器文化総合研究特別委員会)東京堂
小林行雄・杉原荘介編 1968『弥生式土器集成 本編2』(日本考古学協会・弥生式土器文化総合研究特別委員会)東京堂出版
近藤義行 1977「森山遺跡発掘調査概要」『城陽市埋蔵文化財調査報告書』6、城陽市教育委員会
近藤義郎 1959「共同体と単位集団」『考古学研究』6‐1、考古学研究会
近藤義郎 1962「弥生文化論」『岩波講座 日本歴史1』岩波書店
近藤義郎 1983『前方後円墳の時代』岩波書店
近藤義郎 1985『日本考古学研究序説』岩波書店
近藤義郎 1998『前方後円墳の成立』岩波書店
近藤義郎 2001『前方後円墳と吉備・大和』吉備人出版
近藤義郎・岡本明郎 1962「日本の水稲農耕技術」『古代史講座3 古代文明の形成』学生社
近藤義郎・渋谷泰彦編 1957『津山市弥生住居址群の研究』津山市・津山郷土館
(財)埼玉県埋蔵文化財調査事業団 1991『小敷田遺跡』(埼玉県埋蔵文化財調査事業団報告書95)
斉藤宏 1967『伊豆韮山宮下遺跡』(韮山史刊行委員会 1980『韮山町史2』に再録)
堺市教育委員会 1984『四ツ池遺跡―第83地区発掘調査報告書―』
堺市・堺市教育委員会 1977『堺―四ツ池遺跡の出土品―』
堺市博物館 2001『特別展 堺発掘物語―古墳と遺跡から見た堺の歴史―』
酒井龍一 1997『弥生の世界』(歴史発掘⑥)講談社
佐賀県教育委員会 1985『筑後下流用水事業に係る文化財調査報告書』
佐賀県教育委員会 2003『弥生時代の吉野ヶ里遺跡』
佐賀県教育委員会・佐賀県立博物館 2001『弥生都市はあったか―拠点環濠集落の実像―』
坂本憲昭 1993『野市町本村遺跡発掘調査報告書』野市町教育委員会

佐々木憲一 2007「国家形成と都市」『都城 古代日本のシンボリズム』青木書店
佐原真 1968「畿内地方」『弥生式土器集成 本編2』東京堂出版
佐原真 1970「大和川と淀川」『古代の日本5 近畿』角川書店
佐原真 1975「農業の開始と階級社会の形成」『岩波講座 日本歴史1』岩波書店
佐原真 1979『銅鐸』(日本の原始美術7) 講談社
佐原真 1980「河内の土器」『東山遺跡』大阪府教育委員会
佐原真 1983『日本人の誕生』(大系日本の歴史1) 小学館
佐原真 1996『祭のカネ銅鐸』(歴史発掘⑧) 講談社
佐原真・高井悌三郎 1971「考古学からみた伊丹地方」『伊丹市史1』伊丹市史編纂専門委員会
佐原真・田辺昭三 1965「鶏冠井遺跡」『東海道幹線増設工事に伴う埋蔵文化財発掘調査報告書』
更谷大介 2000『下ノ坪遺跡Ⅲ』野市町教育委員会
沢田正昭・秋山隆保 1980「河内・摂津・和泉出土弥生式土器の胎土X線分析」『東山遺跡』大阪府教育委員会
沢田正昭・秋山隆保・井藤暁子 1985「八尾市美園遺跡出土の変形を受けた土器について」『美園』(財)大阪文化財センター
滋賀県教育委員会 1973『国道8号線長浜バイパス関連遺跡調査報告書Ⅱ』
滋賀県教育委員会事務局文化財保護課ほか 2002『出土文化財管理業務報告書』
滋賀県教育委員会ほか 1978『森浜遺跡発掘調査報告書』
滋賀県教育委員会ほか 1979『服部遺跡発掘調査概報』
滋賀県教育委員会ほか 1984『馬場遺跡発掘調査報告書』
滋賀県立安土城考古博物館 1991『常設展示解説』
滋賀県立安土城考古博物館 2015『よみがえる弥生のムラ 大中の南遺跡 発掘五〇年』
滋賀県立近江風土記の丘資料館 1976『常設展図録』
滋賀民俗学会 1967『大中の湖南遺跡』
四條畷市教育委員会 1994『雁屋遺跡発掘調査概要』
静岡県韮山村 1962『韮山村山木遺跡』
(財) 静岡県埋蔵文化財調査研究所 1987〜90『静岡県埋蔵文化財調査研究所年報』Ⅲ〜Ⅵ
(財) 静岡県埋蔵文化財調査研究所 1987〜91『瀬名遺跡』
(財) 静岡県埋蔵文化財調査研究所 1988『長崎遺跡』
(財) 静岡県埋蔵文化財調査研究所 1991『池ケ谷遺跡』
(財) 静岡県埋蔵文化財調査研究所 1992『長崎遺跡Ⅱ』
史跡池上曽根遺跡整備委員会 1997『池上曽根遺跡シンポジウム3 弥生のまつりと大型建物—弥生神殿をさぐる—資料集』
設楽博己 2013「東奈良銅鐸の文様をめぐって」『三島弥生文化の黎明—安満遺跡の探求—』高槻市立今城塚古代歴史館
設楽博己編 2004『揺らぐ考古学の常識—前・中期旧石器捏造問題と弥生開始年代』総研大日本歴史研究専攻・国立歴史民俗博物館
七田忠昭 2005『吉野ヶ里遺跡』(日本の遺跡2) 同成社
柴田昌児 2005「久枝Ⅱ遺跡に展開した中期弥生集落について」『久枝遺跡 久枝Ⅱ遺跡 本郷Ⅰ遺跡』(財) 愛媛県埋蔵文化財センター
島根県教育委員会 2000『西川津遺跡Ⅶ』
島根県教育庁古代文化センター・島根県教育庁埋蔵文化財調査センター 2006『島根県における弥生時代・

古墳時代の木製品集成』
島根県立八雲立つ風土記の丘資料館 1977『八雲立つ風土記の丘研究紀要Ⅰ 弥生式土器集成』
下澤公明 1984「分銅形土製品」『えとのす』24、新日本教育図書
下條信行・村上恭通 1999『岩木赤坂遺跡』愛媛大学法文学部考古学研究室
下村晴文・福永信雄 1980『もちはこばれた河内の土器』東大阪市立郷土博物館
庄内式土器研究会 1999『庄内式土器研究』ⅩⅩ
白石太一郎 1999『古墳と大和政権―古代国家はいかに形成されたか―』（文春新書036）文芸春秋
白石太一郎 2000『古墳の語る古代史』（岩波現代文庫 学術33）岩波書店
菅榮太郎 2007「弥生時代の集落景観と集団関係」『考古学に学ぶⅢ』同志社大学考古学シリーズ刊行会
菅原章太編 1988『西ノ辻・鬼虎川遺跡―西ノ辻遺跡第6次、第7次、第8次調査 鬼虎川遺跡第18次調査
　　概要報告書―』東大阪市教育委員会ほか
菅原正明 1980a「生駒西麓の土器」『東山遺跡』大阪府教育委員会
菅原正明 1980b「生駒西麓の土器の胎土観察」『東山遺跡』大阪府教育委員会
菅原正明編 1980『東山遺跡』大阪府教育委員会
菅原康夫・梅木謙一編 2000『弥生土器の様式と編年 四国編』木耳社
杉原荘介・小林三郎 1961「兵庫県千代田遺跡」『日本農耕文化の生成 第1冊 本文篇』（日本考古学協会
　　編）東京堂出版
杉本厚典 1999「崇禅寺遺跡の古墳時代初頭の土器様式」『大阪市文化財協会研究紀要』2、（財）大阪市文
　　化財協会
角南聡一郎 1997「西日本における畿内系甕製作技術の展開」『奈良大学大学院研究年報』2、奈良大学大
　　学院
（財）駿府博物館付属静岡県埋蔵文化財研究所 1983『八ッ島遺跡』
関口裕子 2004『日本古代家族史の研究』（上・下）塙書房
摂河泉地域史研究会・乾哲也編 1999『よみがえる弥生の都市と神殿』批評社
仙台市教育委員会 1989『富沢を探る』
仙台市教育委員会 1991『富沢遺跡―第30次調査報告Ⅰ（縄文～近世編）―』
第15回研究集会世話人会編 1984『埋蔵文化財第15回研究集会発表要旨・資料』
第2阪和国道内遺跡調査会 1970『池上・四ツ池 1970』
第2阪和国道内遺跡調査会 1971『池上・四ツ池遺跡』17
高井悌三郎・田辺征夫 1979「伝淡路上御堂出土の銅鐸について」『辰馬考古資料館考古学研究紀要』1、
　　（財）辰馬考古資料館
高倉洋彰・藤尾慎一郎・広瀬和雄・村上恭通・石川日出志 2003「特集 弥生開始年代」『考古学ジャーナ
　　ル』510、ニューサイエンス社
髙島忠平 1980「佐賀県川寄吉原遺跡出土の鐸形土製品の人物絵画」『考古学雑誌』66－1、日本考古学会
高槻市教育委員会 1995『芥川遺跡発掘調査報告書』（高槻市文化財調査報告書18）
高槻市教育委員会 1996『古曽部・芝谷遺跡』（高槻市文化財調査報告書20）
高槻市立今城塚古代歴史館 2013『三島弥生文化の黎明―安満遺跡の探求―』
高橋護 1955「郷内村小学校裏貝塚出土弥生式土器の編年的位置について」『遺跡』23、瀬戸内考古学会
高橋護 1980「入門講座 弥生土器 山陽」『月刊考古学ジャーナル』173・175・179・181、ニューサイエン
　　ス社（同 1983「山陽」『弥生土器Ⅰ』ニューサイエンス社に再録）
高橋護 1988a「岡山県南部地方の土器編年と庄内式」『八尾市文化財紀要』3、八尾市教育委員会文化財室
高橋護 1988b「弥生時代終末期の土器編年」『研究報告』9、岡山県立博物館

高橋護 1991「土師器の編年 中国・四国」『古墳時代の研究6 土師器と須恵器』雄山閣出版
高橋美久二・林和廣 1969「涌出宮遺跡発掘調査概要」『埋蔵文化財発掘調査概報 1969』京都府教育委員会
高橋美久二編 1980「長岡京跡右京第26次発掘調査概要」『埋蔵文化財発掘調査概報 1980－2』京都府教育委員会
武末純一 2002『弥生の村』山川出版社
竹原一彦 1991「内里八丁遺跡の水田跡」『京都府埋蔵文化財情報』41、(財)京都府埋蔵文化財調査研究センター
竹原一彦 1992「第二京阪道路関係発掘調査概要（内里八丁遺跡・口仲谷古墳群）」『京都府遺跡調査概報』51、(財)京都府埋蔵文化財調査研究センター
田代克己・奥井哲秀・藤沢真依 1975「東奈良遺跡出土の銅鐸鎔范について」『考古学雑誌』61－1、日本考古学会
(財)辰馬考古資料館 1988『考古資料図録』
田中清美 1988「加美遺跡1号方形周溝墓出土庄内式土器」『八尾市文化財紀要』3、八尾市教育委員会文化財室
田中琢 1998「まとめと展望」『古代史の論点3 都市と工業と流通』小学館
田中琢・金関恕編 1998『古代史の論点3 都市と工業と流通』小学館
田辺常博 1985「三方町内出土の木製農具（田下駄）について」『三方町文化財調査報告書』6（南前川遺跡）福井県三方郡三方町教育委員会
玉井功・小野久隆・井藤暁子ほか 1982『巨摩・瓜生堂―近畿自動車道天理～吹田線建設に伴う埋蔵文化財発掘調査概要報告書』(財)大阪文化財センター
田原本町教育委員会ほか 2004『唐古・鍵考古学ミュージアム 展示図録』
千喜良淳 1987「弥生時代の畑ノ前遺跡」『京都府（仮称）精華ニュータウン予定地内遺跡発掘調査報告書―煤谷川窯址・畑ノ前遺跡―』(財)古代学協会
チャイルド（VERE. GORDON CHILDE）1950「The Urban Revolution」『THE TOWN PLANNING REVIEW』XXI－I
チャイルド（VERE. GORDON CHILDE）（下垣仁志訳）2013「都市革命」『立命館大学考古学論集Ⅵ 和田晴吾先生定年退職記念論集』立命館大学考古学論集刊行会
中主町教育委員会 1991『平成元年度中主町内遺跡発掘調査年報』
辻本武 1999『倉垣遺跡（E区等）発掘調査概要』大阪府教育委員会
都出比呂志 1970「農業共同体と首長権」『講座日本史1 古代国家』（歴史学研究会・日本史研究会編）東京大学出版会
都出比呂志 1974「古墳出現前夜の集団関係―淀川水系を中心に―」『考古学研究』20－4、考古学研究会
都出比呂志 1975「家とムラ」『日本生活文化史1 日本的生活の母胎』河出書房新社
都出比呂志 1979「集落と地域圏 ムラとムラとの交流」『図説 日本文化の歴史1 先史・原始』小学館
都出比呂志 1982「畿内第五様式における土器の変革」『考古学論考 小林行雄博士古稀記念論文集』平凡社
都出比呂志 1983「弥生土器における地域色の性格」『信濃』35－4、信濃史学会
都出比呂志 1989a『日本農耕社会の成立過程』岩波書店
都出比呂志 1989b「農業発展の諸段階」『日本農耕社会の成立過程』岩波書店
都出比呂志 1997「都市の形成と戦争」『考古学研究』44－2、考古学研究会
都出比呂志 1998a『古代国家の胎動 考古学が解明する日本のあけぼの』（NHK人間大学 1998 1月～3月）

日本放送出版協会
都出比呂志 1998b「弥生環濠集落は都市にあらず」『日本古代史 都市と神殿の誕生』新人物往来社
都出比呂志 2005『前方後円墳と社会』塙書房
都出比呂志編 1998『古代国家はこうして生まれた』角川書店
坪井正五郎 1889「帝国大学の隣地に貝塚の跟跡有り」『東洋学芸雑誌』91、東洋学芸社
出原恵三 1990「「土佐型甕」の提唱とその意義」『遺跡』32、遺跡刊行会
出原恵三 1991『原南遺跡発掘調査報告書』（財）高知県文化財団埋蔵文化財センター
出原恵三 1994『下分遠崎遺跡』（財）高知県文化財団埋蔵文化財センター
出原恵三 1995「四国出土の吉備型甕」『古代吉備』17、古代吉備研究会
出原恵三 2000「土佐地域」『弥生土器の様式と編年 四国編』木耳社
出原恵三 2001「土器と青銅器から見た土佐と宇和」『宇和の古代文化を解剖する』（愛媛大学考古学研究室第1回公開シンポジウム資料）愛媛大学考古学研究室・愛媛県宇和町
出原恵三 2002「黒潮沿岸地域の交流と南四国」『田辺昭三先生古稀記念論文集』田辺昭三先生古稀記念の会
出原恵三 2003「「南四国型」甕の成立と背景」『続文化財学論集 第1分冊』文化財学論集刊行会
出原恵三・池澤俊幸・久家隆芳 2000『北高田遺跡』（財）高知県文化財団埋蔵文化財センター
出原恵三・小嶋博満 2003『東江曲遺跡』（財）高知県文化財団埋蔵文化財センター
出原恵三・松村信博 2001『西鴨地遺跡』（財）高知県文化財団埋蔵文化財センター
寺井誠 2002「特殊器台」『発掘速報展 大河内展』（財）大阪府文化財調査研究センター
寺沢薫 1974「大阪湾沿岸地域における弥生時代遺跡群の展開とその社会（上・下）」『古代学研究』72・73、古代学研究会
寺沢薫 1984「纒向遺跡と初期ヤマト政権」『橿原考古学研究所論集』6、吉川弘文館
寺沢薫 1998「集落から都市へ」『古代国家はこうして生まれた』角川書店
寺沢薫 2000『王権誕生』（日本の歴史02）講談社
寺沢薫・森井貞雄 1989「河内地域」『弥生土器の様式と編年 近畿編Ⅰ』木耳社
寺沢薫・森岡秀人編 1989『弥生土器の様式と編年 近畿編Ⅰ』木耳社
寺沢薫・森岡秀人編 1990『弥生土器の様式と編年 近畿編Ⅱ』木耳社
寺島孝一・横田洋三・若松良一 1984『平安京左京四条三坊十三町─長刀鉾町遺跡─』（平安京跡研究調査報告11）（財）古代学協会
寺前直人 2001「流通論／磨製石庖丁の交易」『シンポジウム「銅鐸から描く弥生社会」予稿集』一宮市博物館
天理市教育委員会 1990『星塚・小路遺跡の調査』
土井孝之 1995「紀伊における庄内式併行期の土器様相」『庄内式土器研究』Ⅹ、庄内式土器研究会
戸原和人 1985「長岡京左京第18次調査（7ANMTD地区）─左京六条二坊七町・雲宮遺跡─」『長岡京市文化財調査報告書』14、長岡京市教育委員会・長岡京跡発掘調査研究所
直木孝次郎編 1978『ジュニア日本の歴史1 日本の誕生』小学館
長岡京市教育委員会 1987『長岡京市遺跡地図〔第2版〕』
（財）長岡京市埋蔵文化財センター 1984『長岡京市埋蔵文化財調査報告書』1
中尾智行 2008「讃良郡条里遺跡の近畿最古の弥生ムラ」『歴史シンポジウム資料 近畿地方最古の弥生ムラをめぐって』寝屋川市・寝屋川市教育委員会
中川二美・秋山浩三 2004「近畿の下川津B類土器をめぐって」『瓜生堂遺跡1』（財）大阪府文化財センター

長津宗重 1989「鬼付女西遺跡B地区の調査」『宮崎県文化財調査報告書』32、宮崎県教育委員会
長友朋子 2013『弥生時代土器生産の展開』六一書房
長友朋子・秋山浩三 2004「弥生土器における色調研究への模索」『瓜生堂遺跡1』（財）大阪府文化財センター
中西靖人 1984「前期弥生ムラの二つのタイプ」『縄文から弥生へ』帝塚山考古学研究所
中西靖人 1992「農耕文化の定着」『新版古代の日本5 近畿Ⅰ』角川書店
長野県 1988『長野県史 考古資料編1－4』
長浜市教育委員会 1995『地福寺遺跡・塚町遺跡発掘調査報告書』
仲原知之 2000「和泉地域の石庖丁生産と流通─近畿における石庖丁生産・流通の再検討（Ⅱ）─」『洛北史学』2、洛北史学会
中村俊亀智 1976「シロフミ田下駄の諸系列」『国立民族学博物館研究報告』1－1、国立民族学博物館
中村たかを（俊亀智）1981『日本の民具』弘文堂
中山正典 1994「田下駄の形態変遷と機能」『瀬名遺跡Ⅲ』（財）静岡県埋蔵文化財調査研究所
奈良県立橿原考古学研究所 2003『奈良県の弥生土器集成』
奈良県立橿原考古学研究所附属博物館編 1987『シンポジウム 弥生人の四季』六興出版
奈良県立橿原考古学研究所附属博物館・田原本町教育委員会 1996『弥生の風景 唐古・鍵遺跡の発掘調査60年』（平成8年度春季特別展）
奈良国立文化財研究所 1980『平城宮発掘調査報告』Ⅹ
奈良国立文化財研究所 1985『木器集成図録 近畿古代篇』
奈良国立文化財研究所 1993『木器集成図録 近畿原始篇』
奈良国立文化財研究所・朝日新聞大阪本社企画部編 1989『「平城京展」図録』朝日新聞大阪本社企画部
奈良市 1974『平城京朱雀大路発掘調査報告』
南根祐（NAM KUNWU）1987「満月の日の祭り─韓国の農耕年中行事から」『週刊朝日百科 日本の歴史80』朝日新聞社（新訂増補版＝『同73』：2003刊）
難波洋三 1986「銅鐸」『弥生文化の研究6 道具と技術Ⅱ』雄山閣出版
難波洋三 2007『難波分類に基づく銅鐸出土地名表の作成』（平成15年度〜18年度科学研究費補助金 基盤研究（C）研究成果報告書）
西アジア考古学勉強会 1994「G. チャイルドの方法論を探る」『溯航』12、早稲田大学大学院文学研究科考古学談話会
西岩田瓜生堂遺跡調査会 1971『西岩田遺跡』
西口陽一・宮野淳一・上西美佐子ほか 1984『山賀（その3）』（財）大阪文化財センター
西谷彰 1999「弥生時代における土器の製作技術交流」『待兼山論叢』33、大阪大学大学院文学研究科
西宮克彦 1980「生駒西麓の土器の胎土についての研究」『東山遺跡』大阪府教育委員会
西村歩 1996「和泉北部の古式土師器と地域社会」『下田遺跡』（財）大阪府文化財調査研究センター
西村歩編 2003『久宝寺遺跡・竜華地区発掘調査報告書Ⅴ』（財）大阪府文化財センター
西本豊弘編 2006『弥生時代の新年代』（新弥生時代のはじまり1）雄山閣
西本豊弘編 2007『縄文時代から弥生時代へ』（新弥生時代のはじまり2）雄山閣
日本考古学協会 1949『登呂』
日本考古学協会 1954『登呂 本編』
韮山町教育委員会 1976『山木遺跡第3次調査概報』
韮山町教育委員会 1977『山木遺跡第4次調査概報』
韮山町教育委員会 1981『山木遺跡第6次調査報告書』

韮山町山木遺跡発掘調査団 1969『山木遺跡―第二次調査概報―』
寝屋川市教育委員会ほか 2001『歴史シンポジウム資料 青銅器の生産と弥生社会』
能登川町教育委員会 1988『斗西遺跡』(能登川町埋蔵文化財調査報告書10)
パク／アン（박 호석／안 승모）2001『한국의 농기구(韓國의農器具 傳統農耕의歷史)』語文閣
橋本高明 1995『寛弘寺遺跡発掘調査概要・XIV』大阪府教育委員会
畑暢子 1980「いわゆる亀井産の土器の検討」『亀井・城山』(財)大阪文化財センター
畑暢子 1998「古墳時代前期の土器・土製品 まとめ」『河内平野遺跡群の動態IV』(財)大阪府文化財調査研究センターほか
浜田恵子 2001「具同中山遺跡群IV出土の弥生時代から古墳時代初頭の土器」『具同中山遺跡群IV』(財)高知県文化財団埋蔵文化財センター
濱田延充 1987「自然河川出土土器のまとめ」『神並・西ノ辻・鬼虎川遺跡発掘調査整理概要・IV』大阪府教育委員会
濱田延充 1990「弥生時代中期におけるいわゆる生駒西麓産土器の製作地」『京都府埋蔵文化財情報』35、(財)京都府埋蔵文化財調査研究センター
原口正三 1973「安満遺跡」『高槻市史6 考古編』(高槻市史編さん委員会編)高槻市役所
原口正三・田辺昭三・田中琢・佐原真 1958『船橋II』平安学園考古学クラブ
原茂光 1988「山木遺跡」『シンポジウム日本における稲作農耕の起源と展開―資料集』日本考古学協会
パリノ・サーヴェイ 2004「池上曽根遺跡の被熱変形土器・土製品に関する自然科学分析」『史跡池上曽根99』和泉市教育委員会
春成秀爾 1984「最古の銅鐸」『考古学雑誌』70-1、日本考古学会
春成秀爾 2004「近畿・中国の実年代」『弥生時代の実年代 炭素14年代をめぐって』学生社
春成秀爾・今村峯雄編 2004『弥生時代の実年代 炭素14年代をめぐって』学生社
春成秀爾・小林謙一・坂本稔・今村峯雄・尾嵜大真・藤尾慎一郎・西本豊弘 2011「古墳出現期の炭素14年代測定」『国立歴史民俗博物館研究報告』163、国立歴史民俗博物館
東大阪市遺跡保護調査会 1981『鬼虎川の銅鐸鋳型』
東大阪市教育委員会 1971『東大阪のあけぼの 東大阪市の歴史と文化財1』
東大阪市教育委員会 2001『東大阪市下水道事業関係発掘調査概要報告―平成12年度―』
東大阪市教育委員会 2002『瓜生堂遺跡第46、47-1・2次発掘調査報告書』
東大阪市立郷土博物館（下村晴文・福永信雄）1980『もちはこばれた河内の土器』
(財)東大阪市文化財協会 1982『鬼虎川の金属器関係遺物―第7次発掘調査報告2―』
(財)東大阪市文化財協会 1987『鬼虎川の木質遺物―第7次発掘調査報告書4―』
(財)東大阪市文化財協会 1988『鬼虎川遺跡調査概要I』
(財)東大阪市文化財協会 1989『(財)東大阪市文化財協会概報集 1988年度』
(財)東大阪市文化財協会ほか 1988『鬼虎川遺跡第19次発掘調査報告書』
東奈良遺跡調査会 1976『東奈良』
東奈良遺跡調査会 1981『東奈良発掘調査概報II』
樋口吉文 1984「土師器」『堺市文化財調査報告』16、堺市教育委員会
兵庫県教育委員会 1966『神戸市桜ヶ丘銅鐸・銅戈調査報告書（図版篇）』(兵庫県文化財調査報告1)（桜ヶ丘銅鐸・銅戈調査委員会篇）
兵庫県教育委員会 1969『神戸市桜ヶ丘銅鐸・銅戈調査報告書（解説篇）』(兵庫県文化財調査報告1)（桜ヶ丘銅鐸・銅戈調査委員会篇）
兵庫県教育委員会 1978『播磨・長越遺跡』(兵庫県文化財調査報告書12)

平井勝・古谷野寿郎 1983「原尾島遺跡（第1低位部）左岸用水路調査区」『岡山県埋蔵文化財報告』13、岡山県教育委員会
広瀬和雄 1986「弥生土器の編年と二、三の問題」『亀井（その2）』（財）大阪文化財センターほか
広瀬和雄 1996「弥生時代の首長」『弥生の環濠都市と巨大神殿』池上曽根遺跡史跡指定20周年記念事業実行委員会
広瀬和雄 1998「弥生都市の成立」『考古学研究』45－3、考古学研究会
広瀬和雄・石神幸子・辻本武・秋山浩三ほか 1986『亀井（その2）』（財）大阪文化財センターほか
広瀬和雄編 1998『日本古代史 都市と神殿の誕生』新人物往来社
広瀬和雄ほか 1996『弥生の環濠都市と巨大神殿』池上曽根遺跡史跡指定20周年記念事業実行委員会
廣田佳久・伊藤強・田中涼子 2001『天神遺跡Ⅱ』（財）高知県文化財団埋蔵文化財センター
廣田佳久・小島恵子・田中涼子 2001『具同中山遺跡群Ⅲ－2』（財）高知県文化財団埋蔵文化財センター
廣田佳久・田坂京子・山本純代 2002『具同中山遺跡群Ⅲ－3』（財）高知県文化財団埋蔵文化財センター
廣田佳久ほか 1986『田村遺跡群―高知空港拡張整備事業に伴う埋蔵文化財発掘調査報告書（第3分冊・第12分冊）』高知県教育委員会
福井英治編 1982『田能遺跡発掘調査報告書』（尼崎市文化財調査報告15）尼崎市教育委員会
福岡市教育委員会 1989『板付周辺遺跡調査報告書15』
福岡市教育委員会 1983『拾六町ツイジ遺跡』
福島県立博物館 1993『稲とくらし』
福永信雄 2001「東大阪市鬼虎川遺跡について」（大阪府立弥生文化博物館 弥生サイト講座1資料）
福永信雄編 2002『瓜生堂遺跡第46、47－1・2次発掘調査報告書』東大阪市教育委員会
藤井直正 1968「河内の土器」『河内考古学』2、河内考古学研究会
藤井直正 1997『郷土史のたのしみ』（財）東大阪市文化財協会
藤尾慎一郎 2004「韓国・九州・四国の実年代」『弥生時代の実年代 炭素14年代をめぐって』学生社
藤田憲司 1984「「搬入土器」研究の課題―巨摩・瓜生堂遺跡報告の検討から―」『大阪文化誌』17、（財）大阪文化財センター
藤田三郎 2011「奈良盆地の弥生環濠集落の解体」『ヤマト王権はいかにして始まったか』（唐古・鍵考古学ミュージアム・桜井市埋蔵文化財センター編）学生社
藤田三郎 2012『唐古・鍵遺跡』（日本の遺跡45）同成社
星川清親 1975『イネの生長 解剖図説』（社）農山漁村文化協会
本田修平 1977「森浜遺跡出土の田下駄について」『民俗文化』168、滋賀民俗学会
前川要 2004「都市 とし」『現代考古学事典』同成社
前田光雄 1994「ムクリ山遺跡」『竜ヶ迫遺跡 ムクリ山遺跡』大月町埋蔵文化財調査センター
間壁忠彦 1958「倉敷市酒津及新屋敷遺跡出土の土器」『瀬戸内考古学』2、瀬戸内考古学会
真木太一 1989「目で見る風の形―穂波と倒伏」『風と自然―気象学・農業気象学へのいざない―』開発社
マクネアン（BARBARA MCNAIRN）1980『The Method and Theory of V. Gordon Childe』Edinburgh University Press
正岡睦夫編 1984『百間川原尾島遺跡2―旭川放水路百間川改修工事に伴う発掘調査Ⅴ』（岡山県埋蔵文化財発掘調査報告56）岡山県文化財保護協会
正岡睦夫・松本岩雄編 1992『弥生土器の様式と編年 山陽・山陰編』木耳社
増田安生 1990「森山東遺跡―E地区」『一般国道23号中勢道路埋蔵文化財発掘調査概報Ⅱ』三重県教育委員会・三重県埋蔵文化財センター
増田安生・和気清章 1989「森山東遺跡の調査」『一般国道23号中勢道路埋蔵文化財発掘調査概報Ⅰ 森山

東・太田遺跡』三重県教育委員会
町田市博物館 1993『農耕図と農耕具展』
松尾洋平 1997「吉備型甕の基礎的考察」『宗教と考古学』勉誠社
松木武彦 1998「戦争の始まりと王権の形成」『古代史の論点4 権力と国家と戦争』小学館
松木武彦 2007『日本列島の戦争と初期国家形成』東京大学出版会
松下勝 1990「播磨のなかの四国系土器」『今里幾次先生古稀記念 播磨考古学論叢』今里幾次先生古稀記念論文集刊行会
松田直則・伊藤強・山崎正明・筒井三菜・久家隆芳 2000『具同中山遺跡群Ⅱ－1』(財)高知県文化財団埋蔵文化財センター
松田直則・浜田恵子・池澤俊幸・筒井三菜 2001『具同中山遺跡群Ⅳ』(財)高知県文化財団埋蔵文化財センター
松原市教育委員会 1991『新市庁舎建設に伴う上田町遺跡発掘調査（第1工区）現地説明会』
松村信博・山本純代 1999『奥谷南遺跡Ⅰ』(財)高知県文化財団埋蔵文化財センター
松本秀人・石井清司 1987「木津町大畠遺跡出土の弥生土器について」『京都考古』47、京都考古刊行会
松山聡ほか編 1995『池島・福万寺遺跡発掘調査概要Ⅹ』(財)大阪文化財センター
三木文雄 1973『銅鐸』（日本の美術88）至文堂
三木文雄 1974『流水文銅鐸の研究』吉川弘文館
水谷寿克・引原茂治・田代弘・森下衛 1985「千代川遺跡第6・7次発掘調査概要」『京都府遺跡調査概報』14、(財)京都府埋蔵文化財調査研究センター
光谷拓実編 2000『埋蔵文化財ニュース』99（年輪年代法の最新情報―弥生時代～飛鳥時代―）奈良国立文化財研究所埋蔵文化財センター
宮路淳子・國乘和雄編 1993『池島・福万寺遺跡発掘調査概要ⅩⅢ』(財)大阪文化財センター
宮本一夫・広瀬和雄・武末純一・常松幹雄・伊藤和史 2003「特集2 弥生時代をどうみるか」『東アジアの古代文化』117、大和書房
宮本馨太郎 1952「田下駄」『日本社会民俗辞典1』（日本民族学協会編）誠文堂新光社
宮脇薫 1998「東奈良遺跡について」『第8回鋳造遺跡研究集会 弥生時代の鋳造』鋳造遺跡研究会
三好孝一 1987「生駒西麓型土器についての一視点」『花園史学』8、花園大学史学会
三好孝一 1992「亀井遺跡出土の鋳造関連遺物」『大阪文化財研究』20周年記念増刊号、(財)大阪文化財センター
三好孝一 1999「河内湖周辺部における弥生時代中・後期の集落」『弥生時代の集落―中・後期を中心として―』埋蔵文化財研究会ほか
三好孝一 2001a「河内湾東・南縁部における弥生文化の受容と定着」『みずほ』35、大和弥生文化の会
三好孝一 2001b「手工業生産と集落」『弥生時代の集落』（大阪府立弥生文化博物館編）学生社
三好孝一編 1996『巨摩・若江北遺跡発掘調査報告書―第5次―』(財)大阪府文化財調査研究センター
向日市教育委員会 1988『向日市埋蔵文化財調査報告書』24
向日市教育委員会 1991『向日市埋蔵文化財調査報告書』19
(財)向日市埋蔵文化財センターほか 1984『向日市埋蔵文化財調査報告書』27
(財)向日市埋蔵文化財センターほか 1990『向日市埋蔵文化財調査報告書』30
(財)向日市埋蔵文化財センターほか 1992『向日市埋蔵文化財調査報告書』34
森岡秀人 1985「土器の交流―西日本―」『月刊考古学ジャーナル』252、ニューサイエンス社
森岡秀人 1991「土師器の移動 西日本」『古墳時代の研究6』雄山閣
森岡秀人 1992「水田跡稲株痕跡の評価をめぐって」『考古学論集』4、考古学を学ぶ会

森岡秀人 1998「年代論と邪馬台国論争」『古代史の論点4 権力と国家と戦争』小学館
森岡秀人 1999「摂津における土器交流拠点の性格」『庄内式土器研究』XXI、庄内式土器研究会
森浩一 1950「河内国恩智出土銅鐸」『古代学研究』3、古代学研究会
森田尚宏・中山泰弘 1992『土佐山田北部遺跡群』土佐山田町教育委員会
森本六爾・小林行雄編 1938・1939『弥生式土器集成図録』〔正編第1～3分冊：森本・小林編 1938、正編解説：小林編 1939〕（東京考古学会学報第1冊）
八尾市教育委員会 1981『昭和53・54年度埋蔵文化財発掘調査年報』（八尾市文化財調査報告7）
（財）八尾市文化財調査研究会 1994『財団法人八尾市文化財調査研究会報告』43
（財）八尾市文化財調査研究会 1996『萱振遺跡』（財団法人八尾市文化財調査研究会報告52）
（公財）八尾市文化財調査研究会 2014『考古資料からみる八尾の歴史―旧石器時代～中世まで―』
八尾市立歴史民俗資料館 2002『卑弥呼の時代と八尾―河内の大集落出現と古墳の始まり―』（平成14年度特別展図録）
安田博幸 1980「生駒西麓の土器の胎土化学分析」『東山遺跡』大阪府教育委員会
矢田勝 1993「土壌層位と堆積層位―水のいたずら―」『研究紀要』IV（水田遺跡調査の方法と研究）（財）静岡県埋蔵文化財調査研究所
矢田勝 1995「中世後期の田植え跡について」『財団法人静岡県埋蔵文化財調査研究所設立10周年記念論文集』（財）静岡県埋蔵文化財調査研究所
柳本照男 1984「布留式土器に関する一試考―西摂平野東部の資料を中心にして―」『ヒストリア』101、大阪歴史学会
柳瀬昭彦・江見正己・中野雅美 1977『川入・上東』（岡山県埋蔵文化財発掘調査報告16）
山形県教育委員会 1964『島遺跡』
山形市史編纂委員会 1960『山形市史 別巻 第1』
山田和吉・堅田至・森田尚宏・小野由香 2002『田村遺跡群・緑の広場発掘調査報告書』（財）高知県文化財団埋蔵文化財センター
山田昌久編 2003『考古資料大観8 弥生・古墳時代 木・繊維製品』小学館
山田隆一 1994「古墳時代初頭の中河内地域」『弥生文化博物館研究報告』3、大阪府立弥生文化博物館
大和弥生文化の会 2003『奈良県の弥生土器集成』
山中章 1985「鶏冠井遺跡銅鐸鋳型の復原」『京都府埋蔵文化財情報』18、（財）京都府埋蔵文化財調査研究センター
山中章・國下多美樹・秋山浩三 1985『特別展示図録 米作りの伝来と乙訓―弥生時代のムラとムラの交流―』向日市文化資料館
山中章・國下多美樹・浜崎悟司・亀割均 1984「長岡京跡左京第100次（7ANEHD地区）～左京二条三坊一町、鶏冠井遺跡第3次～発掘調査概要」『向日市埋蔵文化財調査報告書』11、向日市教育委員会
山中章・長谷川浩一・國下多美樹・亀割均・中井均・松崎俊郎・清水みき・伊辻忠司・橋本清一 1983「長岡京跡左京第82次（7ANEIS地区）～左京二条三坊一町、鶏冠井遺跡第2次～発掘調査概要」『向日市埋蔵文化財調査報告書』10、向日市教育委員会
山本昭 1984「河内国と古代吉備文化―河内出土の吉備系土器をめぐって―」『日本文化史研究』6、帝塚山短期大学日本文化史学会
山本輝雄 1985「長岡京跡右京第108次（7ANLHK－2地区）調査概要―左京五条一坊九町（五条大路）・馬場遺跡―」『長岡京市埋蔵文化財調査報告書』2、（財）長岡京市埋蔵文化財センター
山本英之・山元敏裕・中西克也 1993「弥生時代前期以前の遺構と遺物」『浴・長池遺跡――般国道11号高松東道路建設に伴う埋蔵文化財発掘調査報告1』（高松市埋蔵文化財調査報告第21）高松市教育委

員会
山本博 1957「額田町石器時代遺跡」『陰陽道と額田歴代組』陰陽道額田歴代組編史委員会
(株)雄山閣 2003『季刊 考古学』84（特集 古墳出現前後の西日本）
横山佐夜子 2002「弥生時代前期の土器について」『瓜生堂遺跡第46、47－1・2次発掘調査報告書』東大阪市教育委員会
吉原達生・森田尚宏 1990『稲荷前遺跡発掘調査報告書』土佐山田町教育委員会
吉村正親 1985「中久世遺跡（MK6）」『京都市内遺跡試掘立会調査概報 昭和59年度』(財)京都市埋蔵文化財研究所
吉本尭俊・北山惇・浪貝毅 1970『森本遺跡発掘調査概要』長岡京跡発掘調査団
米子市教育委員会ほか 1986a『池ノ内遺跡』
米子市教育委員会ほか 1986b『目久美遺跡』
米田敏幸 1985「中河内の庄内式と搬入土器について」『考古学論集』Ⅰ、考古学を学ぶ会
米田敏幸 1986「中田1丁目39番地出土土器」『八尾市文化財紀要』2、八尾市教育委員会文化財室
米田敏幸 1992「大阪府下の庄内式土器出土遺跡と搬入土器」『庄内式土器研究』Ⅰ、庄内式土器研究会
米田敏幸 1993「近畿からみた九州の庄内式土器」『月刊考古学ジャーナル』363、ニューサイエンス社
米田敏幸 1994「河内における庄内式土器の編年」『庄内式土器研究』Ⅶ、庄内式土器研究会
米田敏幸 1997「庄内式土器研究の課題と展望―庄内式土器研究会10年―」『庄内式土器研究』XIV、庄内式土器研究会
米田敏幸 1999「邪馬台国河内説の検証～河内からみた纒向遺跡～」『庄内式土器研究』XIX、庄内式土器研究会
米田文孝 1983「搬入された古式土師器―摂津・垂水南遺跡を中心として―」『関西大学考古学研究室開設三十周年記念 考古学論叢』関西大学文学部考古学研究室
ルゲイツ／スタウト（RICHARD T. LEGATES／FREDERIC STOUT）編 1996『The City Reader』Routledge
若林邦彦 1997「中河内弥生中期土器にみる諸相―「生駒西麓型土器」のもつ意味―」『考古学研究』43－4、考古学研究会
若林邦彦 1999「贈与交換と弥生時代社会―大阪湾岸部における弥生時代中～後期の社会変化について―」『歴史民俗学』14、歴史民俗学研究会
若林邦彦 2001「弥生時代大規模集落の評価―大阪平野の弥生時代中期遺跡群を中心に―」『日本考古学』12、日本考古学協会
若林邦彦 2003「基礎集団・遺跡群・弥生地域社会」『考古学に学ぶⅡ』同志社大学考古学シリーズ刊行会
和島誠一 1948「原始聚落の構成」『日本歴史学講座』学生書房
和島誠一 1973『日本考古学の発達と科学的精神』和島誠一著作集刊行会
渡辺昇 1990「長越遺跡における土器の搬入形態」『今里幾次先生古稀記念 播磨考古学論叢』今里幾次先生古稀記念論文集刊行会
渡辺昇 1999「庄内期の播磨の集落」『庄内式土器研究』XXI、庄内式土器研究会
渡辺昌宏編 1985『美園』(財)大阪文化財センター
渡部武（解説）1993『復刻 満洲の在来農具』慶友社
渡部武（解説）1995『復刻 華北の在来農具』慶友社

図・表出典一覧

第Ⅰ部　図1：大阪府立弥生文化博 1992、2006、2015a、大阪府文化財調査研究セ 2002cから改変作成、図2：佐原 1968から改変作成、図3：都出 1979から改変作成、図4～9・11～14：秋山 1989a、図10：秋山 1989a、岩崎・福永 1991、図15：秋山 1989b、図16：秋山 1989cから改変作成、図17：山中 1985から改変作成、図18～37：秋山 2006e、図38～40：長友・秋山 2004、図41～55：秋山 2006c、図56・57：秋山 2002d、図58：大阪府立弥生文化博 2013、図59：秋山 1986c、図60～66：中川・秋山 2004、図67～78：秋山・河村 2004／表1～3：秋山 1989a、表4・5：秋山 2006f、表6・7：秋山 2006c、表8：中川・秋山 2004、表9：秋山・河村 2004

第Ⅱ部　図79～80・83～89：秋山 1993、図81：秋山 1993、秋山・國下・清水 1992から改変作成、図82：秋山 1993、滋賀県立安土城考古博 1991から改変作成、図90・91：秋山 2008a、図92：福島県立博 1993、町田市博 1993から改変作成、図93・95～103：朝田・秋山・山崎 2000、図94：秋山・朝田編 2000／表10・11：朝田・秋山・山崎 2000

第Ⅲ部　図104・106・111：秋山 2004d、図105：秋山 2006a、2009、図107：秋山 2006a、春成 2004、図108：藤尾 2004から改変作成、図109：小林・春成・今村・坂本・陳・松崎・秋山・川瀬 2004、秋山 2004dから改変作成、図110：秋山 2006a、図112：小林・春成・坂本・秋山 2008、図113：秋山 2009、西本編 2007から改変作成、図114～121：秋山 2007h、図122～134：秋山 2006d、図135：広瀬・石神・辻本・秋山ほか 1986、大阪府立泉北考古資 1986から改変作成、図136：八尾市文化財調査研究会 2014から改変作成、図137：秋山 1986b、図138：大阪府立弥生文化博 2011／表12：秋山 2007h

第Ⅳ部　図139～149：秋山 2006a、図150：秋山 2006a、2016b、大阪府立弥生文化博 1991、2015b、2015cから改変作成、図151～177：秋山 2007e

第Ⅴ部　図178～184：秋山 2006a、2007b、2008cほかから改変作成、図185：大阪文化財セ 1987aから改変作成、図186・187：秋山 2005a、大阪府文化財セ 2005aから改変作成、図188：大阪府文化財調査研究セ池島分室 1999から改変作成、図189：秋山保管資料から作成、図190～193：秋山 2006fから改変作成、図194：茨木市 2014、茨木市・茨木市教委 2006から改変作成、図195：設楽 2013、髙槻市立今城塚古代歴史館 2013、図196：東大阪市文化財協会 1982から改変作成、図197：堺市・堺市教委 1977、堺市博 2001から改変作成、図198：チャイルド 1950から改変作成、図199：奈良県立橿原考古学研附属博・田原本町教委 1996、唐古・鍵考古学ミュージアムHPデータから改変作成、図200～208：秋山 2007d、2011

〈上記では、図表ともに、本書であらたに作成・採用したもの以外は、主として初出稿文献をその典拠としている。本来の個別詳細に関しては、「初出文献（原題）・成稿一覧」に示した各文献に明記しているので、それらにあたっていただきたい。ただし、本書出版社による再作成分もあり、一部改変した箇所をふくむ。また、本件について、読者にとっては煩瑣になる点と、一部は原典作成者・機関に対しやや配慮を欠する点、あわせてのご寛恕を乞いたい。〉

写真提供（掲載許可）機関一覧

図1（1, 2）（撮影：出合 明）・図150：大阪府立弥生文化博物館
図1（3：大阪市指定文化財）・図39（1左：同前）・図57（3, 5～7）：公益財団法人大阪市博物館協会大阪文化財研究所
図10：長岡京市教育委員会
図39（2, 3左）・図56（1, 2）・図57（1, 2, 4）・図94・図98・図135（1, 2）・図138・図185・図186・図187：公益財団法人大阪府文化財センター
図39（2）：四條畷市教育委員会・四條畷市立歴史民俗資料館
図52（左）・図56（3）：八尾市立埋蔵文化財調査センター
図52（右）：大阪府教育委員会
図82（左）：滋賀県教育委員会
図82（右）：滋賀県立安土城考古博物館
図92（1）：只見町教育委員会
図104・図106（1, 2）・図114・図122・図144・図145・図146・図150（2）・図152・図154：和泉市教育委員会
図135（3）：東京国立博物館
図197（2）：堺市文化財課
図199（1）・図202：田原本町教育委員会
図199（2）：奈良県立橿原考古学研究所附属博物館

上記以外は著者関係および各引用文献より

〈上記の諸機関ならびに実務を担当いただいた各氏に篤く謝意を申し上げたい。なお、和泉市教育委員会関係資料のうち、図104（2, 3）・図106（2）・図114（2a～2c）・図122・図145・図152・図154に関しては、秋山撮影分にあたる。〉

初出文献（原題）・成稿一覧

〔本書内容の多くは下記のとおりの既刊拙稿で構成されているが、一書として編むにあたり、除加筆・表記統一などの一定の調整をほどこした。ただし、当初の論旨は変更していない。〕

はしがき…新稿

第Ⅰ部　土器移動と地域間交流
第 1 章…「「河内系」土器について」〔(財)京都府埋蔵文化財調査研究センター『京都府弥生土器集成』1989年3月〕
補編 1 …「山陽系土器について　山城地域」〔(財)京都府埋蔵文化財調査研究センター『京都府弥生土器集成』1989年3月〕
補編 2 …「ムラ・ムラの交流」〔京都民報社『京都民報』1990年2月11日掲載コラム〕、「まちと暮らしの京都史4　原始─④ムラ・ムラの交流─河内や近江から弥生土器が移動」〔文理閣『まちと暮らしの京都史』1994年3月〕
第 2 章…「弥生拠点集落における土器搬入の実態」〔(財)大阪府文化財センター『研究調査報告』第4集 2006年3月〕
補編 3 …「"赤い器台"と"白い器台"、そして"黒い器台"─序にかえて─」「おわりに」〔「弥生土器における色調研究への模索」中の第1・8項、(財)大阪府文化財センター『瓜生堂遺跡1』2004年2月〕
第 3 章…「吉備・近畿の交流と土器」〔(財)大阪府文化財センター『古式土師器の年代学』2006年3月〕
補編 4 …「変貌する弥生社会　他地域との交流」〔(財)大阪府文化財調査研究センター『発掘速報展 大阪 大河内展─弥生社会の発展と古墳の出現─』2002年1月〕
補編 5 …「分銅形土製品」〔大阪府教育委員会・(財)大阪文化財センター『亀井（その2）』1986年3月〕
第 4 章…「近畿の下川津B類土器をめぐって」〔(財)大阪府文化財センター『瓜生堂遺跡1』2004年2月〕
第 5 章…「"土佐産"弥生後期土器の近畿初見例をめぐる検討」〔(財)大阪府文化財センター『瓜生堂遺跡1』2004年2月〕

第Ⅱ部　農具と田植え
第 6 章…「「大足」の再検討」〔考古学研究会『考古学研究』第40巻第3号 1993年12月〕
補編 6 …「田下駄・「大足」と関連木製品」〔雄山閣『季刊考古学』第104号 2008年8月〕の後半部
第 7 章…「稲株状痕跡の分析視角─現生稲の経時観察・発掘と軟X線分析による試考」〔(財)大阪府文化財調査研究センター『池島・福万寺遺跡1』2000年2月〕

第Ⅲ部　理化学分析・試考実験と実年代論
第 8 章…「年代測定法─近年の理化学的手法と弥生実年代論」〔吉川弘文館『史跡で読む日本の歴史1 列島文化のはじまり』2009年11月〕、「「2つの事件」と近畿」〔学生社『弥生時代の実年代 炭素14年代をめぐって』2004年6月〕、「展示批評 企画展示「弥生はいつから!?─年代研究の最前線─」」〔国立歴史民俗博物館『歴博』144、2007年9月〕
第 9 章…「弥生時代の被熱変形土器類と試考実験」〔真陽社（小笠原好彦先生退任記念論集刊行会編）『考古学論究』2007年3月〕
第10章…「銅鐸鋳型の蛍光X線分析と試考実験」〔喜谷美宣先生古稀記念論集刊行会『喜谷美宣先生古稀記念論集』2006年6月〕
補編 7 …「銅鐸形土製品」〔大阪府教育委員会・(財)大阪文化財センター『亀井（その2）』1986年3月〕

第Ⅳ部　大形建物と史跡整備
第11章…「教科書に登場する遺跡 池上曽根遺跡」〔考古学研究会『考古学研究』第44巻第4号 1998年3月〕
補編 8…「いけがみそねいせき［池上曽根遺跡］」〔大和書房『日本古代史大辞典』2006年1月〕、「池上曽根遺跡 いけがみそねいせき」〔東京堂出版『東アジア考古学辞典』2007年5月〕
第12章…「実録／池上曽根大形建物・井戸の復原工事」〔(財)大阪府文化財センター『大阪文化財研究』第31号 2007年3月〕

第Ⅴ部　集落特性と専業・都市論
第13章…「弥生〈集住〉集落の基本特性」〔考古学研究会『考古学研究』第54巻第4号 2008年3月〕、「弥生〈集住〉集落の基本特性」〔考古学研究会『考古学研究会第54回研究集会 集落から都市へ―集団関係の諸相―』2008年4月〕、「研究報告についての討議」〔考古学研究会『考古学研究』第55巻3号 2008年12月〕での発言記録内容
補編 9…「縄文から弥生時代へ 久宝寺ムラの誕生」〔(財)大阪府文化財センター『久宝寺遺跡発掘調査成果―2001～2004年度のまとめ―』2005年3月〕
補編10…「〈かいだい〉ジョウとヤヨイからのメッセージ」〔(財)大阪府文化財調査研究センター池島分室『公開劇『コメと出会った縄文人』』(第3回現地公開劇パンフレット) 1999年11月〕
第14章…「弥生の風と火と水と―専業生産の理解をめぐって―」〔大阪府立弥生文化博物館『弥生人 躍動す―池上曽根と吉野ヶ里―』2006年10月〕
補編11…「よついけいせき［四ツ池遺跡］」〔大和書房『日本古代史大辞典』2006年1月〕、「四ツ池遺跡 よついけいせき」「鬼虎川遺跡 きとらがわいせき」「東奈良遺跡 ひがしならいせき」〔東京堂出版『東アジア考古学辞典』2007年5月〕
第15章…「チャイルドの〈長距離交易〉と唐古・鍵～纒向の時代」〔学生社(唐古・鍵考古学ミュージアム・桜井市埋蔵文化財センター編)『ヤマト王権はいかにして始まったか』2011年5月〕、「［シンポジウム］ヤマト王権はいかにして始まったか」〔同前所収〕での発言記録内容、「基調報告② 交流 チャイルドの〈長距離交易〉と唐古・鍵～纒向の時代」〔田原本教育委員会・桜井市教育委員会・(財)桜井市文化財協会『特別講演・シンポジウム ヤマト王権はいかにして始まったか〈発表要旨・資料集〉』2007年10月〕

結び・あとがき、として…新稿

〈なお、第4・5・7章の初出稿は、私が担当した瓜生堂遺跡と池島・福万寺遺跡の発掘調査・整理に当時参加してくれていた、大阪大学大学院生・中川二美（第4章、現：東大寺境内史跡整備計画室）、(財)大阪府文化財センター専門調査員・河村恵理（第5章、現：中央学園高等専修学校）、(財)大阪府文化財調査研究センター専門調査員・朝田公年（第7章、現：岐阜市教育文化振興事業団）、奈良大学大学院生・山崎頼人（同、現：小郡市教育委員会・小郡市埋蔵文化財調査センター）との、軽重差はあるものの共同作業に依拠する成果であったことにより連名公表した論考にあたる。その具体に関しては初出稿末尾に明記したとおりであるが、当該内容の企図・推進・全体調整等を私がおこなったので本書に収載することにした。それを可能とされた上記各氏に対するあらためての謝意を、あの頃の私をふくめたメンバーの《ほとばしる熱情》を回顧しつつ、表しておきたい。〉

結び・あとがき、として

1──弥生の「モノ」と「ムラ」へのアプローチ、をふりかえるなら

　本書は、5部構成、あわせて15章、11補編からなる。
　それぞれの拙稿は、公刊時期もさまざまで1986年から2011年の長きにおよび、系統だった意図のもとで執筆したものではない。これらを一定の括りに収め、つぎのように配列した内容にあたる。そのつどの成稿契機や個人的な事ごとにも若干ふれながら、あらためて簡単にふりかえっておきたい。

　第Ⅰ部「土器移動と地域間交流」では、弥生時代におけるモノ（遺物）のなかで最も出土量が多い土器類を検討素材とした。なかでも胎土や形態的な特徴から地域特性が把握しやすい各地の土器に着目し、その移動現象の把握からうかがえる、地域間における関係性をめぐる考察を試みた。
　第1章「「河内系」土器について」は、肉眼でも識別がたやすい大阪・中河内地域の生駒山西麓産土器における、京都府内（山城・丹波・丹後地域）への搬入実態を小地域・細別時期ごとにトレースした。私の生地・居所が生駒山西側の扇状地にある西ノ辻遺跡内ということもあって、同土器類に関心をいだいていたが、京都府向日市に職を得たことを契機に悉皆把握に努めた。その結果、生駒山西麓産土器の搬入様相が、決して固定された平板なものではなく、脈々とした動態を示すことを明らかにし、それら変転の背景を議論した。
　第2章「弥生拠点集落における土器搬入の実態」は、同じく生駒山西麓産土器を分析の有効手段としたものだが、職場が大阪に変わってからの検討作業にあたる。河内湖東岸部遺跡群（西ノ辻遺跡、鬼虎川遺跡、水走遺跡ほか）や、私が発掘・整理にかかわった瓜生堂遺跡、亀井遺跡という拠点集落（ムラ）における、時期ごとにみられる土器移動の変遷を詳細整理した。それを受け、各地域特有の様相にそくした評価を加え、土器移動比率の推移が地域社会の復原に有効である点を主張できた。
　第3章「吉備・近畿の交流と土器」は、弥生時代末～古墳時代初期において、吉備地方南部で製作された吉備型甕に焦点をあてた。その分析経緯は、私の出身大学が当地在であることが間接

的に影響している。近畿地方にはこの種の吉備型甕が中河内地域を中心として数多く搬入されているが、その現象をふまえ、古墳出現期において肝要な役割をはたした吉備と近畿（大和や河内地域ほか）の、重要な相互関係性にかかわる理解を示した。

第4章「近畿の下川津B類土器（讃岐産）をめぐって」は、上記した瓜生堂遺跡からの出土類例の検討に基礎をおいており、弥生時代後期前半ほかにみられる、讃岐産（下川津B類）土器の近畿地方への搬入現象に対して検討を加えた。前章の吉備型甕の時期よりさかのぼる段階にも、河内地域が西方世界との交流における玄関口として大きな役割をなした事実を提示できた。

第5章「「土佐産」弥生後期土器の近畿初見例をめぐる検討」は、同じく瓜生堂遺跡で確認された、稀有資料となる南四国（土佐）産甕の詳細を分析し、それらの故地の探索に対しても執拗にとりくみ、搬入されてきた経路などを想定してみた。

補編1〜5には、第Ⅰ部各章と関連する、山陽、山陰、近江、東海など各地からの土器移動や、地域間交流、瀬戸内方面からもたらされた分銅形土製品などの内容を付載した。なかんずく、弥生土器の色調にうかがえる意味や機能に関する問題提起（補編3）は、今後の研究方向を指し示す重要要素と考えている。

第Ⅱ部「農具と田植え」では、木製のモノ（木器）と、それらから派生する課題をあつかった。

第6章「「大足」の再検討」は、木製農具である田下駄・「大足」類を俎上にのせたが、その成稿契機は、京都在職時に良好な出土例に恵まれた鶏冠井清水遺跡における発掘所見にある。この種の農具の新しい構造復原・分類案を実証的に示し、それぞれの機能比定を総合的に推断した。それらを根拠とし、弥生農耕技術の理解に重大な位置をしめる、田植え（稲移植栽培技法）の出現期に対する一定の見通しにも言及した。なお、ここで提示した「大足」構造の新案は、その後の研究に少なからず影響をもたらしたと考えてよいであろう。

第7章「稲株状痕跡の分析視角」は、田植えの考古学的実証において「遺構」として重要視される稲株（状）痕跡をめぐる研究史をふまえ、これら痕跡の考察にいどんだ内容にあたる。その通底には、発掘担当した池島・福万寺遺跡で確認した実例に対する理解を一層深めたい、とした願いがある。愚考とも揶揄されるような、現水田における稲成長の経時観察と稲株「発掘」や、軟X線分析などによる試みを実践しながら模索をつづけたが、決定的な展望は提出できなかった。しかし、水田遺構面で検出できる稲株（状）痕跡の傾斜角度が、水田を吹きぬける風の方向と一定の相関関係をそなえる蓋然性を想起できた。その点は、有意義な収穫と自負している。

補編6には、国内資料では従来まったく認識されていなかったものだが、水田代踏み・均し用農具の可能性がある木器の存在、を示唆する提案を収めた。この種のモノに対してもこれから留意されれば、と考えている。

第Ⅲ部「理化学分析・試考実験と実年代論」では、最近の理化学的分析法の進展にともない、大きなパラダイム転換を誘引した弥生実年代の問題と、弥生時代の各種モノを対象とした「試考」的な実験をとりあげた。後者の敢行に関しては、不十分な準備ではあったが、私なりの稚拙な思

惑などを検証したい、とする欲求のあらわれである。

　第8章「年代測定法」は、その内実については、奇しくも、私がかかわった池上曽根遺跡の年輪年代測定の結果（「池上曽根事件」）が、弥生時代～古墳出現期の実年代研究にとって大きな意味をもつ。さらに、近畿弥生時代での炭素14年代測定の展開において先駆的で重要な位置をしめた、瓜生堂遺跡や河内地域の諸遺跡についても個人的な深い脈絡を有する。そのあたりの具体的な経緯を論説するとともに、新年代観と近畿弥生ムラの展開における関係性などをめぐってコメントを付した。

　第9章「弥生時代の被熱変形土器類と試考実験」は、池上曽根遺跡でも大量の出土をみた、被熱変形土器類の評価を追究した試みにあたる。この類のモノはこれまで、金属器生産との関係がとりざたされたり、反対に、否定的に裁断されたり、謎の多い代物となっている。それらの発生環境の把握のために実験をおこなったもので、その実践所見をふまえ、成因解釈への私なりの展望を主張した。

　第10章「銅鐸鋳型の蛍光X線分析と試考実験」は、同じく池上曽根遺跡の、銅鐸鋳型の鋳造面に照射された蛍光X線分析結果への疑問に端を発している。つまり、鋳造面からは関連する金属成分の検出が皆無、というデータを自分なりに検討しようとした試考実験・理化学的分析である。それらの模索結果を考慮しつつ、被検試料に対する分析方法・精度などのあり方をあらためて思量するなら、通り一遍の分析や解析を実施するだけでは、過去の実態を精確に把握するうえでじつに多くの困難がつきまとうことを警鐘として示せた。

　補編7には、銅鐸鋳型に付会させて、かなり以前に報告したものであるが、亀井遺跡の銅鐸形土製品2点に関し考察を進めた卑見を配した。

　第Ⅳ部「大形建物と史跡整備」では、大規模で拠点的な弥生ムラの代表格である池上曽根遺跡の概要と、当遺跡の史跡公園化整備に関する項目を収めた。1990年代後半を中心に、史跡整備計画にともなう発掘調査や整備復原工事を担当した私の経験を基盤としている。

　第11章「教科書に登場する遺跡　池上曽根遺跡」は、史跡整備に付随する発掘で比較的詳細に解明された近年の成果内容をもりこみ、図・写真を多用しつつ、副読本風に当遺跡の簡略な概要をまとめた。

　第12章「実録／池上曽根大形建物・井戸の復原工事」は、実際の史跡公園化整備にあたって施工された、大形建物や大形井戸などの構築物復原事業にかかわる内容である。進捗状況が把握できる備忘録的な写真を、私なりに整理し、将来へ託すささやかな記録遺産とした。

　補編8には、辞典に掲載した池上曽根遺跡のサマリーを再録しておいた。

　第Ⅴ部「集落特性と専業・都市論」では、弥生ムラをやや広い視野であつかった内容と、ムラの実相をめぐって近年よく議論される、手工業領域における専業生産や弥生都市論の問題にとりくんだ。

　第13章「弥生「集住」集落の基本特性」は、考古学研究会の研究集会「集落から都市へ―集団

関係の諸相―」の報告要旨にあたり、私自身がこれまで考究してきた各地の弥生ムラに対する基本的理解について、凝縮した摘要を収載した。

　第14章「弥生の風と火と水と」は、池上曽根遺跡史跡指定30周年記念と銘打った、弥生文化博物館特別展の『図録』特別論考に掲載した分析に相当する。原稿依頼を受けた当時、文芸的な標題に決め、悦に入っていた我が身を思い出す。内容は、各地の弥生遺跡のなかで工房域として推定される考古データなどを個別に整理したうえで、それらを素材とした。さらに、各種の手工業生産に密接で強く関連する風・火・水と、場所（不動産）的特性との不可分な実態を示し、工種ごとに検討を試みた。それを基礎とし、専業生産（度）の理解をめぐっての考察を加えるとともに、生産活動の実相解明にアプローチした。

　第15章「チャイルドの「長距離交易」と唐古・鍵〜纒向の時代」は、奈良県内で開催された、「ヤマト王権はいかにして始まったか」と題するシンポジウムでの基調報告である。ヨーロッパで活躍した考古学者チャイルドの重要論文「都市革命」に提示される、都市10指標の一つ「長距離交易」をキーワードにすえた。弥生時代〜古墳時代初頭（「唐古・鍵〜纒向の時代」）の交易・物流・交流を主にあつかい、それらの現象整理をベースとする見解を提示した内容になっている。つまり、池上曽根や唐古・鍵の時代（弥生時代）の都市論に強く反駁し、列島における都市出現の認定基準に対する私見などを述べた。

　補編9〜11には、第Ⅴ部各章ではとりあげなかった縄文・弥生移行期のムラの問題、および、第14章でふれた拠点的なムラ内の鋳造工房にかかわる事項などをふくめた。

2― さまざまな記念周年、そして

　以上のとおり、本書に収めた拙稿のほとんどは、私自身が担当した発掘現場から得られた具体的な資料（モノやムラなどの情報）やその観察に基礎をおき、そこからの分析や考察が重要素材・財産となっている。表現を変えれば、大所高所からの演繹的な観念論などを不得手とする者にとっては、最も身近な個別データの解析をつみあげて、帰納的に物事を構築する手段を選択せざるをえなかった、ということを意味している。

　ところで、担当した弥生遺跡の諸調査のなかで、本書でも主要ファクターになっている発掘として池上曽根遺跡があげられる。当遺跡の具体的な内容に関しては、本文でも再三述べたとおりである。また、遅々として進捗せずではあったが、拙著の諸作業を細々と継続させた2016年は、この池上曽根遺跡にとって、さまざまな記念すべき節目の年となっている。

　つまり、第14章で若干ふれたように、当遺跡が1976年に国史跡に指定されてから40周年、考古学界に重要な影響を与えた大形建物の年輪年代成果（紀元前52年）が対外公表されてから20周年、遺跡整備による池上曽根史跡公園がオープンしてから15周年にあたる。

　さらに、私の現勤務地である大阪府立弥生文化博物館は、当遺跡内に設けられたサイトミュー

ジアムという位置づけとともに、国内唯一の弥生文化専門博物館として1991年2月2日に開館したが、あれからちょうど25周年にも相当することになる。

　そのこともあり、本館では、開館25周年記念特別展（「鉄の弥生時代」）を開催し、あわせて、史跡指定40周年記念展示（「青銅器生産の謎」）も実施した。地元の和泉市・泉大津市にあっても関連行事を年間を通じて計画されたが、年末12月18日には和泉市内に所在する桃山学院大学において弥生文化博物館や関連機関の主催で、史跡指定40周年記念シンポジウム「巨大環濠集落の実像─弥生研究と史跡活用のこれから─」を開催し、本館館長とともに私も登壇した。

　このような事情を背景とし、当拙著の刊行も、それら周年節目の、個人的記念の一つとして密かに心づもりをしていた次第である。ところが、まさに私的事情から2016年内発刊を逸してしまった。ただし、この〈あとがき〉を詰まりに記している段階はまだ年内という事実、とともに、2016年度内刊行だとするご都合主義的な解釈を容認いただき、〈記念企画〉の最末席にしがみついている、と私自身は独善的に納得しようとしているところとなっている。

　それと誠に蛇足ではあるが、この2016年は、私が考古学専攻生として大学入学してから40年経過した年であり、さらに、初めて考古学に関する論考めいた原稿を公刊できた時点から30年め、社会人ながら学位を取得して10年め、にも重なっている。こんな、40年、30年、10年という節目も、個人史的には本書の出版とあわせて記憶しておきたいと考えていた。そのような諸々の牽強付会、ご寛恕を願いたい。

　最後に、近年の私は考古学の世界から直截的には距離をおいた状態にいるが、今回の書物の準備を進めていた過程においては、本書「はしがき」に記したような、蒼い時代の〈ワクワク感〉がずいぶん久しぶりに甦ってきた。この不思議な、往時のそして新たな高揚感が自己満足的に味わえた事実を、臆面もなく告白しておく。

　加えて、現職場である大阪府立弥生文化博物館の黒崎直館長以下の職員諸氏、私の本来の所属である（公財）大阪府文化財センターの各氏をはじめ、これまでの私をあたたかく許諾し見守っていただいた多くの方々に深くお礼を申し上げておきたいと思う。また、本書企画を推進し編集の尽力を惜しまれなかった新泉社の竹内将彦氏に感謝したい。

　いろいろなことがあった、2016年が過ぎ去ろうとしている。
　皆さん、本当にありがとうございました。
　そして、いつも、いつまでも、……。

　　　　2016年12月31日

　　　　　　　　　　　　　　　　　　　　　　　　　　　　　　　　　　秋山　浩三

著者紹介

秋山浩三（あきやま こうぞう）

1957年	大阪府枚岡市（現・東大阪市）生
1983年	岡山大学大学院修士課程文学研究科史学専攻修了
1983年	（財）大阪文化財センター（非常勤調査員）
1984年	向日市教育委員会（嘱託ほか）
1988年	（財）向日市埋蔵文化財センター
1993年	（財）大阪府埋蔵文化財協会〈その後、（財）大阪文化財センターと統合し（財）大阪府文化財調査研究センターに、（財）大阪府博物館協会と統合し（財）大阪府文化財センターに組織名称が変更〉、現：（公財）大阪府文化財センター
2006年	博士（文学）（大阪大学）
2013年	大阪府立弥生文化博物館〈指定管理：（公財）大阪府文化財センター〉
現　在	同館 副館長兼学芸課長 神戸女子大学・近畿大学・大阪樟蔭女子大学講師（非常勤）

主要著書：
『物集女車塚』（1988年・向日市教育委員会、共編著）
『弥生実年代と都市論のゆくえ 池上曽根遺跡』（2006年・新泉社、単著）
『日本古代社会と物質文化』（2007年・青木書店、単著）
『弥生大形農耕集落の研究』（2007年・青木書店、単著）
『煩悶する若き考古技師』（2007年・京都三星出版、共編著）
『考古学とその周辺—交合・産・陰陽道・臼』（2017年近刊・清風堂書店、単著）、ほか

弥生時代のモノとムラ

2017年3月31日　第1版第1刷発行

著　者＝秋山浩三

発行者＝株式会社 新 泉 社
東京都文京区本郷2-5-12
振替・00170-4-160936番　TEL 03(3815)1662／FAX 03(3815)1422
印刷・製本　創栄図書印刷

ISBN978-4-7877-1703-0　C1021